Konzepte der Humanwissenschaften

Paul L. Wachtel

Psychoanalyse und Verhaltenstherapie. Ein Plädoyer für ihre Integration

Klett-Cotta

Aus dem Amerikanischen übersetzt von Holger Fließbach und Heiner Kober
Die Originalausgabe erschien unter dem Titel
»Psychoanalysis and Behavior Therapy«
im Verlag Basic Books, New York 1977

Printed in Germany 1981
Umschlag: Heinz Edelmann
Satz: Dörlemann-Satz, Lemförde
Druck: Gutmann, Heilbronn

CIP-Kurztitelaufnahme der Deutschen Bibliothek

Wachtel, Paul L.:
Psychoanalyse und Verhaltenstherapie: e. Plädoyer für ihre Integration/
Paul L. Wachtel. [Aus d. Amerikan. Übers. von Holger Fliessbach u. Heiner Kober].
— Stuttgart: Klett-Cotta, 1981.
(Konzepte der Humanwissenschaften)
Einheitssacht.: Psychoanalysis and behavior therapy <dt.>
ISBN 3-12-908560-2

Für Ellen

Inhalt

Vorwort
von Gerald C. Davison

Vor einigen Jahren erhielt ich einen Anruf von einem klinischen Psychologen aus der »City« (wie die Bewohner von Long Island Manhattan nennen). Wie er sagte, war er daran interessiert zu sehen, wie die Verhaltenstherapie *gemacht* werde, statt nur über sie zu *sprechen.* Dieser Mann rief von der Universität New York aus an, wo er damals lehrte. Jahrelang hatte er vorwiegend psychodynamisch gearbeitet, war aber dessen ungeachtet bereits erstaunlich gut über Verhaltenstherapie informiert. Ganz offensichtlich kannte er die Literatur, die über mein Verfahren geschrieben worden war, besser als ich die Bücher über das seine!

So kam Paul Wachtel eines Dienstagnachmittags zu mir heraus, um durch einen Einwegspiegel zu beobachten, wie ich einen Klienten interviewte. Die Sitzung fand im Rahmen eines Schulungsseminars des Stony Brook's Postdoctoral Program für Verhaltensmodifikation statt. Nach Beendigung der Sitzung begab ich mich zur üblichen Besprechung mit den vier Teilnehmern dieses Ausbildungsprogramms in den Seminarraum. Doch dieses Mal kam es *anders* und viel besser. Nachdem Wachtel sich unsere Diskussion eine Weile angehört hatte, begann er, am Gespräch teilzunehmen und darüber zu sprechen, was er gesehen hatte, was ich seiner Meinung nach zu verschiedenen Zeitpunkten der Sitzung versucht hatte und was er anders gemacht hätte. Es war äußerst frappierend. Seine Kommentare und die sich daran anschließende Diskussion machten deutlich, daß wir häufig nur das sehen, was wir zu sehen gewillt sind, und daß wir uns als Therapeuten in einem manchmal sehr engen Rahmen von Parametern bewegen, der uns von unseren theoretischen Vorurteilen gesteckt wird. Was mich an Wachtels Diskussionsbeiträgen besonders faszinierte, war der Umstand, daß seine interpersonalen ichanalytischen Vorschläge einige jener Verhaltenspläne zu ergänzen schienen, die ich damals mit dem Klienten verfolgte.

Er besuchte zahlreiche andere Seminare, und mein Respekt für seine disziplinierte Kreativität wuchs. Daraufhin begann ich, einige seiner Manuskripte zu lesen, darunter auch Kapitel dieses Buches. Mir ist nie etwas intellektuell Anregenderes begegnet.

Um nur auf einige wenige Themen des Buches einzugehen: Wachtel wendet sich energisch gegen jene Auffassung von Psychopathologie, die er poetisch als »Kältesteppenmammut« bezeichnet und die seiner Ansicht nach die psychoanalytische Theorie charakterisiert. Danach bleibt in der Psyche des Patienten ein verdrängter Konflikt »erfroren«, der vom Analytiker ausgegraben werden muß, wenn wirkliche Fortschritte im Hier und Jetzt erzielt werden sollen. Man geht davon aus, daß die Neurose aus den fruchtlosen Versuchen erwächst, jene eingekapselten Reste aus der Vergangenheit zu bewältigen, die wegen ihrer Isolation vom Ich weiterhin ihre primitiven Forderungen stellen. Wachtel fordert seine psychodynamisch arbeitenden Kollegen — einschließlich der zeitgenössischen Ichanalytiker — auf, diese Auffassung fallenzulassen und sich statt dessen darauf zu konzentrieren, aktuelle Verhaltensmuster zu ändern. Dies bedeutet unter Umständen nicht nur eine größere Hilfe für den Klienten, sondern es kann auch die Natur der Kindheitskonflikte selbst verändern. Denn wenn ein Erwachsener sexuelle Beziehungen aufgrund kindlicher Traumata fürchtet, könnte dann diese verborgene Furcht nicht dadurch modifiziert werden, daß man die Verhaltensmuster des Erwachsenen ändert? Dieser Vorschlag, für den nach meiner Auffassung vieles spricht, veranlaßte Wachtel, seine psychodynamisch orientierten Kollegen zu ermutigen, sich die jüngeren Entwicklungen in der Verhaltenstherapie zunutze zu machen. Verhaltensänderung — so meinen viele von uns — ist für eine Änderung im kognitiven Bereich durchaus nicht irrelevant.

Man glaube jedoch nicht, Wachtel beschäftige sich nur mit der Situation seiner psychoanalytischen Freunde. Er setzt sich auch sehr scharfsinnig mit der Frage auseinander, inwiefern klinische Verhaltenstherapeuten von einer eingehenden Beschäftigung mit dem zeitgenössischen analytischen Denken profitieren könnten. Er weist darauf hin, daß die Verhaltenstherapie sich dem *Inhalt* menschlichen Daseins verschließt. Unsere Stärke sind weit eher die funktionalen Beziehungen, das *Was* des Verhaltens haben wir ziemlich vernachlässigt. Wachtel schlägt vor, Verhaltenstherapeuten sollten sich an der analytischen Theoriebildung orientieren, um zu sehen, welche *Arten* von Problemen Menschen haben können. Die psychoanalytische Theorie nimmt zum Beispiel an, daß Kinder ihren Eltern gegenüber starke und ambivalente Gefühle hegen, die genug Unlust erregen, um verdrängt (völlig vergessen) zu werden. Betrachten wir daraufhin einmal die Bewertungskriterien eines typischen Verhaltenstherapeuten bei der Arbeit mit einem männlichen Klienten, der anscheinend übermäßige Furcht vor heterosexuellen Beziehungen hat. In den meisten Fällen wird im Mittelpunkt der Therapie der Versuch stehen, diese Ängste durch systematische Desensibilisierung und/oder rationale Umstrukturierungstechniken abzubauen. Wenn Verhaltensdefizite Teil des klinischen Erscheinungsbildes sind, werden wir uns unter Umständen auch auf die Vermittlung sozialer Fertigkeiten konzentrieren. Soweit so gut. Wachtel aber würde von seinem psychoanalytischen Standpunkt aus vermuten, daß ein solcher Klient möglicherweise auch eine Wut auf Frauen habe — eine Reaktion, die aus seinen kindlichen Konflikten mit der Mutter erwachsen ist. (Wir Verhaltenstherapeuten würden dies, wenn wir dazu gezwungen wären, mit »Stimulusgeneralisierung« übersetzen; doch das spielt keine Rolle.) Diese Hypothese würde ihn veranlassen, auf die Gefühle des Klienten gegenüber seiner Mutter und eine möglicherweise vorhandene Abneigung gegen Frauen überhaupt einzugehen. Diese andere Perspektive müßte klinische Daten zutage fördern, die sich von denen eines Verhaltenstherapeuten, dessen Denken nicht von analytischer Theoriebildung beeinflußt ist, grundsätzlich unterscheiden würden. Entsprechend diesen unterschiedlichen Voraussetzungen sieht auch die Verhaltensintervention jeweils anders aus.

Dies sind nur einige von Wachtels Argumenten. Ich halte »Psychoanalyse und Verhaltenstherapie« für eines der wenigen wirklich wichtigen Bücher, die in den letzten zwanzig Jahren im Bereich der klinischen Psychologie oder Psychiatrie veröffentlicht worden sind. Es wird, so glaube ich, zu einem Markstein in der Literatur werden, die zu erklären versucht, warum Menschen unglücklich oder verzweifelt sind, und die beschreibt, wie die Versuche, ihnen von professioneller Seite zu helfen, aussehen könnten. Es führt die einfache, aber häufig außer acht gelassene Tatsache vor Augen, daß niemand die Wahrheit für sich gepachtet hat. Wir haben viel erreicht, doch unsere Unwissenheit ist noch immer größer als unser Wissen. Vor allem werden wir wohl einige der uns liebgewordenen Annahmen aufgeben müssen, wenn wir über Trivialitäten hinausgelangen wollen. Wachtels brillante und beredte Vorschläge sind eine Möglichkeit, einem erweiterten Verständnis den Weg zu bereiten. Einige seiner Vorschläge werden viele Leser verwirren, doch wir sollten ihm dankbar dafür sein, daß er uns aus unserer Selbstgefälligkeit aufrüttelt. Er ist ein guter Wissenschaftler und erwartet aus diesem Grund Einwände gegen seine eingestandenermaßen spekulativen Gedanken. Doch ist er auch ein einsichtsvoller Gelehrter, der zu Recht davon ausgehen darf, daß die von ihm vorgeschlagene Integration von Verhaltenstherapie und psychodynamischem Denken im Kern eine wesentliche Wahrheit enthält.

Ich habe dieses Buch gelesen — deshalb beneide ich den Leser, der das Vergnügen der Lektüre noch vor sich hat.

Gerald C. Davison
Professor für Psychologie und Psychiatrie

Vorwort
von Hans H. Strupp

Dr. Wachtel hat ein wichtiges, längst fälliges und zukunftweisendes Buch geschrieben. Unmißverständlich zeichnet es den Weg vor, den psychotherapeutische Praxis und Forschung in den kommenden Jahren einschlagen müssen. Er hat neue Gesichtspunkte in das langfristige Bemühen eingebracht, voneinander abweichende theoretische Standpunkte miteinander zu verschmelzen und dem Fernziel einer einheitlichen psychotherapeutischen Disziplin näherzukommen. Er gehört zu den wenigen Menschen, die sowohl mit psychodynamischen als auch mit verhaltensorientierten Prinzipien und Techniken gänzlich vertraut sind; und da er stets verständlich bleibt, nur begründete Kritik übt und ehrlich ist, gelingt es ihm, allen parteiischen Auseinandersetzungen aus dem Wege zu gehen. Obwohl seine Vorliebe der psychodynamischen Therapie zu gelten scheint und er (meines Erachtens zu Recht) Bewunderung hegt für die wesentlichen Erkenntnisse, die sie hervorgebracht hat, nimmt er die Verhaltenstherapie und ihre Lehren ernst.

Seit den Anfängen der Psychoanalyse bestand und besteht ihr größtes Versäumnis darin, empirischen Daten und der tatsächlichen Natur der Interaktion zwischen Patient und Therapeut zu wenig Beachtung zu schenken — ein Versäumnis, das eine radikale Abkehr von der grundlegenden Arbeit Breuers und Freuds in den achtziger Jahren des vorigen Jahrhunderts bewirken muß. Es gibt kaum Beschreibungen jener Interventionen, die für die therapeutische Veränderung ausschlaggebend sind. Von wenigen Ausnahmen abgesehen, haben sich die psychoanalytischen Schriften mit Abstraktionen höherer Ordnung und metapsychologischen Ausflügen beschäftigt. Wir haben nie genau erfahren, was zwischen Freud und seinen Patienten vor sich gegangen ist. All das aber, was Freud zu ihnen sagte, während sie sich von der Couch erhoben und das Behandlungszimmer verließen, mag ebenso Teil seines therapeutischen Einflusses gewesen sein wie die »Interpretationen«, die er gab, während sie auf der Couch lagen. Einige wenige beherzte Pioniere wie Franz Alexander und Thomas French haben erkannt, wie wichtig es ist, die Patient-Therapeut-Interaktion eingehend zu untersuchen; doch immer noch besitzen wir nur spärliche Information darüber, welches die typischen Merkmale der psychoanalytisch orientierten Psychotherapie — der heutzutage verbreitetsten Methode — sind. Zweifellos hat Freud die Psychoanalyse nie so praktiziert, wie er sie in seinen Schriften dargestellt hat, und die Kluft zwischen tatsächlicher psychoanalytischer Praxis und den hehren Prinzipien ist heute breiter denn je zuvor. Im großen und ganzen hat die psychoanalytische Therapie seit Freud wenig grundsätzliche Veränderungen erlebt, von Fortschritten ganz zu schweigen. Der Beitrag der Verhaltenstherapic besteht, neben herausfordernden technischen Innovationen, in der neuen und beständigen Berücksichtigung empirischer Daten, in ihrem ernsthaften Interesse an Testverfahren, die notwendig sind, wenn die Ergebnisse der Psychotherapie einer wissenschaftlichen Untersuchung standhalten sollen, und in einer kritischen Haltung gegenüber Verallgemeinerungen, die am grünen Tisch vorgenommen werden.

Zum gegenwärtigen Zeitpunkt sollte man eigentlich zahlreiche kritische Analysen darüber erwarten, was diese beiden wichtigsten Standpunkte zu bieten haben und wie einer den anderen befruchten kann. Natürlich gibt es Licht und Schatten bei beiden. Doch bislang sind wenig vergleichende Analysen gemacht worden. Viele Jahre hat eine polemische Auseinandersetzung, die mit Slogans und Klischees arbeitete — »das medizinische Modell«, »Symptomersatz«, »Diagnostizieren«, »das Unbewußte«, »Spontanremission« —, wirkliche Fortschritte verhindert. Nur wenige analytische Praktiker und Theoretiker haben sich systematisch mit der Verhaltenstherapie auseinandergesetzt; umgekehrt haben Verhaltenstherapeuten grobe Unkenntnis über das Wesen psychoanalytischer Therapie an den Tag gelegt. Die Zeit ist jetzt reif für eine gründliche Untersuchung darüber, wie diese beiden Formen psychotherapeutischer Behandlung tatsächlich funktionieren, welche Gemeinsamkeiten und Unterschiede sie aufweisen und welches ihre Möglichkeiten und ihre Grenzen bei bestimmten Patienten sind.

Dr. Wachtel hat auf diesem Gebiet einen vielversprechenden Anfang gemacht, einen Anfang, der in absehbarer Zukunft zweifellos weiterverfolgt und fortgesetzt werden wird. Wollen wir auf unserem Felde vorwärtskommen, dann kann es gar nicht anders sein. So hat er zunächst einmal weiteres Beweismaterial dafür angeführt, daß auch die Verhaltenstherapeuten mit Schlußfolgerungen arbeiten — wie sollte es auch anders sein? —, und daß auch analytische Therapeuten ihre Patienten auf vielfältige Weise »beeinflussen« und »stärken«. In vielerlei Hinsicht hat er die Forschung weiter vorangetrieben als andere vor ihm. Letzten Endes mag es unüberbrückbare Gräben zwischen den beiden Standpunkten geben, die einer weiteren Untersuchung und Dokumentation bedürfen. Doch wichtiger ist Dr. Wachtels Eintreten für Unvoreingenommenheit und die Anerkennung der Tatsache, daß wir alle an einem wissenschaftlichen Unterfangen mitwirken, das ständig in Fluß und in Entwicklung begriffen ist. Ein psychotherapeutisches System ist — dies sollten sowohl Analytiker als auch orthodoxe Verhaltenstherapeuten gelernt haben — kein Dogma, sondern besteht aus einer Reihe vorläufiger Hypothesen, die geprüft, verbessert und neuerlich geprüft werden müssen.

Wenn Begriffe und Bezeichnungen als Dogmen verstanden werden, gewinnen sie eine Eigenwirklichkeit, die verhängnisvolle Folgen hat. Betrachten wir beispielsweise die empirischste aller Formulierungen, die »Übertragung«. Was kann es Wichtigers geben als das, was zwischen einem Therapeuten und einem Patienten im »Hier und Jetzt« vor sich geht? Was kann wichtiger sein als das, was ein Patient (häufig unwissentlich) mit dem Therapeuten (als Vertreter der Erwachsenenrealität) im Kontext einer bestimmten Sitzung zu tun versucht, wie er die Wirklichkeit kraft seiner Abwehrmechanismen und Kindheitsphantasien verzerrt und wie er die Gesamtheit der neurotischen Probleme ausagiert, die jene »Krankheit« konstituieren, deren Heilung er wünscht?

Schüchternheit, Feindseligkeit, Unterwürfigkeit gegenüber dem Therapeuten, neurotische Verhaltensmuster aller Art — dies sind realistischere und potentiell bedeutsamere Daten als der Wert auf einem Psychogalvanometer oder die Eintragung in einer Beurteilungsskala. Auch wenn wir noch große Mühe haben, diese Erscheinungen zu messen, so sollte uns dies nicht an der Erkenntnis hindern, daß die wirklichen Daten der Psychotherapie in der Patient-Therapeut-Interaktion zu finden sind.

Doch gehören Übertragungsphänomene (wie Wachtel zu Recht sagt) für die meisten Verhaltenstherapeuten immer noch zu den unbekannten Größen unter den psychoanalytischen Begriffen. Die meisten psychoanalytischen Autoren haben ihrerseits zu wenig getan, um diese ergiebigste Fundgrube psychologischen Wissens noch vollständiger zu erschließen. Übertragungsphänomene stellen einen gemeinsamen Schatz an empirischen Daten von außerordentlicher Wichtigkeit dar. Doch nur eine Handvoll psychoanalytischer Autoren — wie etwa Dr. Merton Gill — hat auf die überragende Bedeutung und die zu wirklichen Veränderungen führenden Auswirkungen einer »Analyse« dieser Transaktionen hingewiesen, die in der analytischen Situation ablaufen und gegenüber dem Interesse an der »Vergangenheit« immer Vorrang haben müssen.

Der Nachdruck, den Verhaltenstherapeuten auf empirische Daten legen, hat großen Einfluß auf die psychotherapeutische Forschung gehabt und dazu beigetragen, der Psychotherapie eine Zukunft als wissenschaftliche Disziplin zu sichern. In einer Zeit, da einerseits neue Systeme und Techniken das therapeutische Feld überschwemmt haben und andererseits Betroffene, Gesetzgeber und die große Öffentlichkeit von den helfenden Berufen, insbesondere im Bereich der Psychiatrie, Rechenschaft verlangen, ist Dr. Wachtels Buch ein willkommenes Plädoyer für Rationalität, Vernunft und unzweideutige Aussagen am Ort therapeutischen Geschehens.

Hans H. Strupp
Professor für Psychologie
Vanderbilt University

Vorrede

Der Entstehung dieses Buches ist eine gewisse Ironie eigen. Es begann mit einer Einladung zu einem Symposium, das nie stattgefunden hat, und mit dem Versuch, für dieses Symposium einen Vortrag auszuarbeiten, der die dort versammelten Verhaltenstherapeuten in ihre Schranken weisen sollte. Zu jener Zeit war ich davon überzeugt, daß Verhaltenstherapie töricht, oberflächlich und möglicherweise sogar unmoralisch sei. Meine Ausbildung — die ausgezeichnet gewesen ist und mich in vielerlei Hinsicht zu kritischem Fragen angeregt hat — hatte in mir eine Abneigung gegen die Verhaltenstherapie hervorgerufen, die — wie ich heute sehe — nicht auf einer genauen Untersuchung dessen beruhte, was Verhaltenstherapeuten tun, sondern auf einem ausgeprägten Sinn für »wir« und »sie«.

Während ich also meinen *coup de grâce* vorbereitete, war ich zum ersten Mal gezwungen, mir wirklich anzusehen, was Verhaltenstherapie ist, und sorgfältig über ihre Probleme nachzudenken. Was ich sah und worauf ich bei meinen Überlegungen stieß, überraschte mich. Gewiß fand ich Dinge, über die sich streiten ließ; aber ich fand auch vieles, was beeindruckend, klug und faszinierend war, und ich stellte fest — was vielleicht am überraschendsten war —, daß sich die besondere Spielart psychodynamischen Denkens, um die ich mich seit einigen Jahren bemühte, in erstaunlichem Maße mit dem deckte, was zahlreiche Verhaltenstherapeuten taten ...

Der Vortrag, der darlegen sollte, warum Verhaltenstherapie schlecht und des Interesses eines in die Geheimnisse der Psychoanalyse Eingeweihten nicht wert sei, ist zu einem Buch geworden, das beschreibt, warum Verhaltenstherapie gut und für die Entwicklung psychodynamischen Denkens von entscheidender Bedeutung ist. Statt die Philister zu erschlagen, habe ich sie in meine Arme geschlossen. Ich wurde jedoch nicht zur Verhaltenstherapie »bekehrt«. Der Terminus »Verhaltenstherapie«, wie er gegenwärtig verwendet wird, bezeichnet in der Regel einen klinischen Ansatz und einen Standpunkt, der dem psychoanalytischen Denken entgegengesetzt ist oder es völlig außer acht läßt. Wenige Verhaltenstherapeuten sind mehr als nur oberflächlich mit psychoanalytischen Formulierungen und Beobachtungen vertraut. Die meisten machen es sich einfach und tun die Psychoanalyse als ein Zerrbild ab, ohne diese bedeutsame Tradition menschlichen Nachdenkens über den Menschen je wirklich kennengelernt zu haben. Meine eigene fachliche Ausbildung fand innerhalb der psychoanalytischen Tradition statt, und meine Achtung für den Reichtum und die Bedeutung dieser Tradition wurde auch dann nicht geringer, als mir zunehmend klar wurde, was ihr von ihren vorgeblichen Freunden und Hütern angetan worden war.

Die Argumente dieses Buches kreisen um zwei Hauptthemen. Erstens müssen wir *helfen,* um zu helfen. Ich wende mich vor allem gegen den Standpunkt minimaler Intervention, der für die klinische Praxis in der psychoanalytischen Tradition bisher charakteristisch gewesen ist (ebenso wie für weite Bereiche der mit Begriffen wie »klientenzentriert«, »humanistisch« oder »existentiell« bezeichneten Therapien). Aus materiellen wie ethischen Gründen plädiere ich dafür, in die störenden Lebensmuster des Patienten aktiv einzugreifen, und ich versuche das Argument zu entkräften, daß eine solche Intervention entweder das Ausmaß der möglichen Veränderung beeinträchtige oder den Menschen inhuman und verächtlich behandle.

Zweitens plädiere ich für eine Theorie der Persönlichkeit, die die traditionelle psychoanalytische Vorstellung (z. B. die Vorstellung einer »archäologischen« Schichtung, d. h. äußerlicher Oberflächen, die den eigentlichen Kern der Persönlichkeit verbergen) durch eine Konzeption zyklischer Ereignisse ersetzt. Diese bestätigen sich selbst durch eine Reihe komplexer Feedbackprozesse, in denen das Zusammenwirken mit anderen Menschen wesentlich ist. Persönlichkeit ist ein Prozeß, keine Zwiebel, bildlich gesprochen. Sicher verbirgt unser manifestes Verhalten auf vielerlei Weise wichtige Dinge über uns selbst, doch wenn wir bei einem Patienten Schicht um Schicht abschälen, trägt dies nicht wesentlich dazu bei, ihn gründlicher kennenzulernen oder ihm zu helfen, sich zu verändern. Ich habe in diesem Buch zu zeigen versucht, daß die Beobachtungen von Analytikern über menschliche Selbsttäuschung und die vielfältigen Bedeutungen menschlicher Belange sich in einen Begriffsrahmen einfügen lassen, der nicht impliziert, daß hinter der Fassade des alltäglichen Lebens eine »innere Realität« lauert, die von den Ereignissen unseres Erwachsenenlebens getrennt und unberührt von ihnen ist.

Ich bezweifle weder die entscheidende Rolle, die die Kindheit für die Formung unserer späteren Persönlichkeit spielt, noch die Bedeutsamkeit jener Gefühle und Ereignisse, die wir seit Freud als entscheidende Merkmale dieser frühen Jahre anerkennen müssen. Aber ich versuche, »Entwicklung« anders zu konzipieren, als Freud es getan

hat, und die Bedeutung meines Ansatzes für das therapeutische Unterfangen deutlich zu machen.
Manchen Lesern wird auffallen, daß viele der Gedanken und Methoden, die in diesem Buch vorgelegt werden, mit Entwicklungen in anderen theoretischen und therapeutischen Traditionen übereinstimmen. Die Verbindungslinien, die sich zwischen meinem Standpunkt und den Ansätzen der Familientheoretiker und Familientherapeuten ergeben, sind wohl einer eingehenderen Untersuchung wert. Die Tatsache, daß wir uns hier auf psychodynamische und verhaltensorientierte Begriffe konzentrieren, sollte nicht so verstanden werden, als ob dies die beiden einzig möglichen Orientierungen für eine Persönlichkeitstheorie und für die Psychotherapie wären. Doch üben diese Begriffssysteme heute auf die klinische Praxis und die Theorie wahrscheinlich den größten Einfluß aus. Darüber hinaus kommt es nur selten zu Konfrontationen auf diesem Gebiet, auf dem Antagonismen und Mißverständnisse so ausgeprägt sind und das deshalb für einen Integrationsversuch eine große Herausforderung — aber auch eine große Möglichkeit — darstellt.

Dies ist ein klinisches und ein theoretisches Buch für klinische Psychologen und Persönlichkeitstheoretiker. Es bringt authentische klinische Beispiele aus der psychotherapeutischen Praxis und es beschäftigt sich mit einer Reihe von Problemen, die meiner Meinung nach von entscheidender Bedeutung für die Persönlichkeitstheorie sind. Es wendet sich jedoch nicht ausschließlich an Leute vom Fach. Ich glaube, daß es für Studenten der klinischen Psychologie und der Persönlichkeitspsychologie in den unteren und oberen Semestern eine nützliche ergänzende Lektüre sein kann. Außerdem hoffe ich, daß dieses Buch ebenso für interessierte Laien von Nutzen sein wird. Zu erkennen, wie menschliches Verhalten und/oder die menschliche Natur zu verstehen sind und wie die Persönlichkeit sich entwickelt und verändert, das sind schließlich Dinge, die nicht nur für Angehörige einer bestimmten Disziplin interessant sind. Viele der hier erörterten Fragen sind von großer Bedeutung für die Möglichkeiten eines gesellschaftlichen Wandels und für die Frage, wie ein solcher Wandel bewirkt werden kann. Aus Gründen des Platzes und um das Thema nicht zu zersplittern, habe ich mich entschlossen, auf diese Fragen im vorliegenden Buch nicht näher einzugehen, doch scheinen sie mir eng mit den Problemen verwandt zu sein, die tatsächlich erörtert werden, und ich hoffe, der Leser wird sich dazu anregen lassen, die von mir entwickelten Gedankengänge entsprechend fortzuführen.

Das Buch legt wenig neue »Daten« in dem Sinne vor, wie die Psychologie diesen Begriff verwendet, obschon es klinische Beobachtungen beibringt, die die theoretischen Ausführungen belegen und illustrieren sollen. Insofern weicht es von einer einflußreichen Tradition in der Psychologie ab, welche Daten über die Theorie und Gewißheit über die Spekulation stellt. Die Probleme, die die Erforschung der Persönlichkeit und ihrer Veränderung stellt, scheinen noch nicht so weit geklärt zu sein, daß die Ansammlung von Daten sich bislang als fruchtbar erwiesen hätte (obwohl diese gewiß im Überfluß vorhanden sind). Es bedarf weiterer kritischer Überlegungen darüber, wie die Probleme begrifflich zu fassen sind, was wir alles wissen sollten und auf welch verschiedene Weisen sich das bislang Beobachtete verstehen läßt. Wir müssen die Voraussetzungen, die unseren Fragen zugrunde liegen, genauer untersuchen. Denn unsere Fragen sind unser Schicksal: Sobald wir eine Frage aufgeworfen haben, liegt die Antwort auf sie schon bereit, verborgen wie die Statue im Marmorblock des Bildhauers. Der experimentierende Forscher besteht in der Regel pedantischer als der Bildhauer darauf, daß das, was sich schließlich offenbart, bereits vorhanden gewesen ist, aber nicht weniger als der Bildhauer beeinflußt er das Ergebnis durch die Art und Weise, wie er die Aufgabe mit seinen Werkzeugen angeht.
Die Psychologie war bisher besessen von Antworten. Dieses Buch befaßt sich in der Hauptsache mit Fragen. Obschon ich einen entschiedenen Standpunkt zu psychologischen Fragen einnehme und obwohl ich einige Therapieverfahren vorschlage, die sich von diesem Standpunkt herleiten, besitze ich keine unwiderlegbaren Daten, um den Skeptiker zu überzeugen. Aber ich versuche unzweideutige Fragen aufzuwerfen — Fragen, welche die bislang zusammengetragenen Daten kritisch überprüfen und die darüber Aufschluß geben sollen, welche Art von Daten erforderlich ist, um bei der Frage, wie neurotisches Elend am besten bewältigt werden kann, den Streit um Worte *tatsächlich* durch Fakten zu ersetzen.

Das erste Buch eines Autors bietet ihm Gelegenheit, viel Dankesschuld abzutragen, die sich im Laufe der Jahre angesammelt hat. Da ist zunächst einmal die Columbia University, der ich großen Dank schulde und an der ich als Undergraduate jener ganz besonderen Art geistiger Anregung begegnet bin, die diese Universität bietet und die mir fortan den Mut gegeben hat, »große Probleme« anzugehen. Als graduierter Student an der Yale University hatte ich dann das Glück, viele Lehrer zu haben, die mir dabei halfen, die falsche Dichotomie zwischen klinischem und forschungsorientiertem Ansatz auf unserem Gebiet zu meiden. Sidney J. Blatt spielte eine besonders wichtige Rolle während meiner Jahre in Yale. Seymour B. Sarason regte mich ständig dazu an, meine Auffassung von der Rolle und der Denkweise des Klinikers zu erweitern. Mein Verständnis des psychoanalytischen Denkens und seiner klinischen Anwendung erhielt eine feste Grundlage durch die wertvollen Kurse und Seminare bei George Mahl, Ernst Prelinger und Roy Schafer. Der Einfluß von John Dollard, bei dem ich meinen ersten Kurs in Psychotherapie absolvierte und der mein erster Supervisor war, wird dem mit der Materie vertrauten Leser dieses Buches nicht verborgen bleiben. Die Lehrtätigkeit von Dollard und Miller an der Yale University während der Jahre, die ich dort verbrachte, spielte eine außerordentlich wichtige Rolle für mich. Sie lieferten mir ein Modell, das mir half, psychoanalytische und lerntheoretische Konzepte als miteinander zu vereinbarende und einander ergänzende Methoden zu verstehen.

Nachdem ich die Yale University verlassen hatte, war ich in der glücklichen Lage, von vielen Kollegen, die sich durch ungewöhnliche Klugheit und Begabung auszeichneten, lernen zu können. Am Downstate Medical Center war mir Jean G. Schimek ein Vorbild achtungsvoller Respektlosigkeit vor der psychoanalytischen Orthodoxie, darüber hinaus übte er viel wertvolle und geistreiche Kritik an meinen ersten Versuchen, über bestimmte Aspekte der psychoanalytischen Theorie zu schreiben. Das Research Center for Mental Health an der New York University unter den Direktoren George Klein und Robert Holt, später unter der Leitung von Leo Goldberger, bot mir eine Umgebung, in der ich täglich die allerneuesten Trends psychoanalytischen Denkens studieren konnte und in der ich mich in einem Kreise von Kollegen befand, deren Fähigkeiten und psychoanalytische Kenntnisse überragend waren. Ein Seminar für Fakultätsangehörige, das von Merton Gill gehalten wurde und das sich mit der Rolle des tatsächlichen Verhaltens des Psychoanalytikers im Hinblick auf die Übertragungsreaktionen des Patienten beschäftigte, regte mich ganz besonders an zu dem Zeitpunkt, da die Gedanken für dieses Buch gerade Gestalt annahmen.

Während dieser Jahre gab mir auch meine Ausbildung in Psychoanalyse und Psychotherapie im Rahmen des Postdoctoral Program der New York University Gelegenheit, klinische Erfahrungen zu sammeln, die nicht durch die besondere Form irgendeiner theoretischen Position eingeschränkt waren. Das Programm, das unter Leitung von Bernie Kalinkowitz stand, bot allen Gelegenheit, sich frei zu entfal-

ten. Meine Supervisoren in diesem Programm — Sabert Basescu und Ruth-Jean Eisenbud, George Kaufer und Herbert Zucker — vertraten jeweils unterschiedliche Ansätze in der klinischen Arbeit. Sie alle lehrten mich, Dinge zu sehen, die ich bis dahin noch nicht gesehen hatte. Besonders George Kaufer nahm sich während dieser Jahre als Mentor meiner an. Vielleicht zeigen sich seine besonderen Qualitäten am deutlichsten darin, daß er mich so großzügig bei der Abfassung eines Buches unterstützte, dessen Schlußfolgerungen sich von den seinen so sehr unterscheiden. Auch Emmanuel Ghent ließ mir in diesen Jahren eine besondere Art von Unterstützung zukommen. Sein Einfluß wirkte sich auf mich sehr befreiend aus.
Während der Jahre, da ich mit der Arbeit an dem vorliegenden Projekt beschäftigt war, verdankte ich zwei Umständen unschätzbare Hilfe und Anregung. Einmal der Atmosphäre, die meine Studenten und Kollegen im Ph. D.-Programm* für klinische Psychologie im City College schufen. Dieser Atmosphäre, in der meine Gedanken ohne Arg in Frage gestellt und ohne falsche Scham gelobt wurden, verdanke ich viel. Meine zweite wichtige Hilfsquelle waren zahlreiche Verhaltenstherapeuten, die bereit waren, ihre Arbeit mit mir zu erörtern und sie mich aus erster Hand beobachten zu lassen. Insbesondere möchte ich mich für die Anregung und Zusammenarbeit bedanken, zu der mir Gerald Davison und Arnold Lazarus Gelegenheit gaben, außerdem für die wertvolle Ausbildung in Verhaltenstherapie, die ich bei Joseph Wolpe und seinen Mitarbeitern im Sommerinstitut an der Temple Universität erhielt. Ein Stipendium von der Forschungsstiftung der City University of New York ermöglichte mir, dieses Sommerinstitut zu besuchen. Ein Reisestipendium des American Council of Learned Societies gestattete mir, an einem internationalen Symposion über Interaktionspsychologie in Stockholm teilzunehmen, bei dem meine Vorstellungen über Persönlichkeitstheorie eine weitere Klärung erfuhren. Auch aller anderen Unterstützung, die ich erfuhr, soll hier dankbar gedacht sein, wie z. B. der mir von Dr. Otto A. Will Jr. angebotenen Möglichkeit, während der letzten Phasen der schriftlichen Ausarbeitung die Bücherei des Austen Riggs Center in Stockbridge (Massachusetts) zu benutzen und mit den dortigen Fakultätsangehörigen zusammenzuarbeiten.
Zahlreiche Freunde und Kollegen lasen das Manuskript und versorgten mich mit wertvollen Anregungen, auch wenn sie die Dinge von anderen Voraussetzungen aus sahen. Es ist mir eine Freude, Arthur

*Programm für Studenten, die an einer Dissertation arbeiten (Anm. d. Übersetzers).

Arkin, Marvin Goldfried, Ronald Murphy, I. H. Paul, Russell Rodewald, Jean Schimek und Lloyd Silverman für ihre Beiträge zu danken. Zum Schluß ein ganz besonderer Dank: Häufig erwähnt ein Autor an diesem Punkt der Vorrede die Opfer, die seine Frau und seine Kinder gebracht haben, und hebt hervor, wie geduldig sie es ertragen haben, daß er völlig in seiner Arbeit aufging, und so fort. Sicherlich hat sich meine Frau Ellen in den Jahren, da ich dieses Buch geschrieben habe, mit vielem abfinden und mit meinen Stimmungsschwankungen fertigwerden müssen, die von den jeweils erzielten Fortschritten abhingen, die sich aber alle auf sie auswirkten. Und sie *hat* meine Anstrengungen ermutigt (wozu auch gehörte, daß sie jedes Kapitel einsichtsvoll kommentierte). Aber sie hat nicht die Rolle der geduldigen Anbeterin gespielt, die für eine größere Sache bescheiden beiseite tritt. Für sie gibt es nichts Wichtigeres als zu *leben*. Dank ihrer wurde beim Schreiben dieses Buches das Leben nicht hintangestellt, und unser Sohn und unsere Tochter mußten nicht die liebevolle Zuwendung ihres Vaters durch seinen Erfolg ersetzen. Die Anzahl von Wochenenden, an denen das Buch den Sieg über die Familie davongetragen hat, ist klein. Gegen sie stehen viele liebevolle Interaktionen, die mich bei der Anstrengung, dieses Buch zu schreiben, unterstützten. Dafür bin ich meiner Frau zutiefst dankbar. Deshalb sei ihr dieses Buch in Liebe gewidmet.

1
Einleitung

Die Psychotherapie ist nicht nur eine Technik, die von einem Praktiker ausgeführt wird. Psychotherapien hat es in der Geschichte schon immer gegeben. Immer waren sie in philosophischen Auffassungen von der menschlichen Natur und der Stellung des Menschen im Universum verwurzelt. Die Theorien, die den zeitgenössischen psychotherapeutischen Anstrengungen zugrunde liegen, reflektieren und formen zugleich die Auffassung von den menschlichen Möglichkeiten und dem richtigen Leben in unserer Kultur. Dieses Buch ist wesentlich mit der Beziehung zwischen Theorie und Therapie befaßt. Während es sich in erster Linie mit der Psychotherapie beschäftigt, ist es doch auch ein Buch über Persönlichkeitstheorie. Ich gehe von der Prämisse aus, daß die Psychotherapie einerseits im Lichte der Theorien verstanden werden muß, die sie leiten, und daß andererseits die therapeutische Praxis eine einzigartige Gelegenheit bietet, eine theoretische Perspektive auf die Probe zu stellen und ihre Implikationen in der Praxis zu entdecken.

Unter den Theorien, die die psychotherapeutische Arbeit bestimmen, hat in unserer Kultur die Psychoanalyse viele Jahre lang eine vorherrschende Stellung eingenommen. Sie hat die Auffassung des Laien von der menschlichen Natur ebenso geformt wie die Auffassung des Therapeuten von der Art und Weise, wie er bei seiner technischen Aufgabe vorzugehen habe. Die Entwicklung der Psychoanalyse bedeutete ursprünglich einen entscheidenden Durchbruch für das Selbstverständnis des Menschen. Sie räumte mit viel Heuchelei auf und warf ein kritisches Licht auf alte und verschlissene Annahmen. Heute ist jedoch die Vitalität, die für die psychoanalytische Bewegung einst so kennzeichnend gewesen ist, in geringerem Maße spürbar. Wie so viele Revolutionen politischer und geistiger Natur hat auch diese ein neues Establishment hervorgebracht, das eifersüchtig über die geltenden Auffassungen wacht. Da gibt es jene, die aus der Psychoanalyse ein unantastbares, in Stein gehauenes Denkmal zu Ehren Freuds machen wollen, statt sie als lebendige, ständig in Fluß befindliche Weiterführung der Forschungsarbeit zu sehen, als die Freud sie praktiziert hat.

Gewiß sind auch heute noch schöpferische Stimmen innerhalb der

Psychoanalyse zu vernehmen. In jüngerer Zeit haben zahlreiche bekannte psychoanalytische Denker grundsätzliche Fragen über die Begriffe und Ausdrücke aufgeworfen, die von Freud benutzt und von Männern wie Hartmann und Rapaport erweitert worden sind. Doch selbst in diesen bemerkenswerten Anstrengungen sind bislang kaum Ansätze zu erkennen, die uns tatsächlich dazu führen könnten, irgend etwas ganz anders zu machen. In den letzten beiden Jahrzehnten hat es nicht allzuviele Veränderungen in der psychoanalytischen Technik gegeben.

Die neuen Wege, die zur Bewältigung menschlicher Probleme eingeschlagen wurden, haben ihren Ursprung zumeist anderswo. Gruppen- und Familientherapie, therapeutische Vorgehensweisen, die Körperbewußtsein und Sinneswahrnehmungen betonen, Gemeinde-Psychiatrie sowie andere Standpunkte und Perspektiven haben sich in jüngerer Zeit in bemerkenswerter Weise entwickelt. Die Vertreter dieser Richtungen wichen häufig sehr stark vom klassischen psychoanalytischen Ansatz ab und gerieten mit den Vertretern des traditionellen Standpunktes über Fragen der Ethik wie der Praxis aneinander. Trotzdem gibt es Gemeinsamkeiten zwischen ihnen. Die Psychoanalyse kann als der Boden verstanden werden, auf dem viele dieser neueren Ansätze gewachsen sind. Viele der wichtigsten Vertreter der neuen Therapien sind ursprünglich psychoanalytisch ausgebildet worden. In mancherlei Hinsicht kann ihre Arbeit als ein Ergebnis psychodynamischen Denkens betrachtet werden, das sich von seinen Ursprüngen gelöst hat und beginnt, die Theorie in Frage zu stellen, aus der es hervorgegangen ist. Die Verhaltenstherapie dagegen ist eine wichtige neue Richtung, die sich weitgehend *in Opposition* zur Psychoanalyse entwickelt hat. Das gegenseitige Mißtrauen, das sich die Vertreter der beiden Standpunkte entgegenbringen, ist beträchtlich. Psychoanalytiker und Verhaltenstherapeuten scheinen kaum in irgendeinem Punkt einer Meinung zu sein, ausgenommen in der gemeinsamen Überzeugung, daß sie sich wenig zu sagen haben und daß die beiden Standpunkte grundsätzlich unvereinbar sind.

In der Tat gehen die beiden Ansätze in ihren extremen Ausformungen außerordentlich stark auseinander. Die klassische Freudsche Triebtheorie und die radikale Verhaltensmodifikation im Sinne Skinners haben wenig miteinander gemeinsam. Aber es gibt viele Erben Freuds, und die verhaltenstherapeutische Bewegung weist viele Risse und Kontroversen auf, die sich hinter der Opposition gegen die Psychoanalyse, in der sich die meisten Verhaltenstherapeuten allerdings einig sind, verbergen.

Nicht alle, deren Denken von Freud genährt wurde, haben alles geschluckt, was der Begründer der Psychoanalyse lehrte. Die Beiträge von Erikson, Horney, Sullivan, Alexander und anderen entwerfen ein Bezugssystem, das wohl den Beobachtungen entspricht, auf denen die Psychoanalyse beruht; es ist aber potentiell auch in der Lage, neuere Methoden und Perspektiven aufzunehmen und zu integrieren, die von Verhaltenstherapeuten geliefert werden.[1]

Andererseits sind die Ergebnisse lerntheoretischer Forscher durchaus vereinbar mit vielem, was die Psychoanalytiker vorgelegt haben, und werfen auf diese Dinge ein neues Licht, wie Dollard und Miller (1950) vor nunmehr bald dreißig Jahren erstmalig gezeigt haben.

Ich gehe von der Prämisse aus, daß sich psychodynamische und verhaltensorientierte Ansätze in der Psychotherapie und im Hinblick auf das Verständnis der Persönlichkeit weit besser miteinander vereinbaren lassen, als man allgemein annimmt, und daß eine Integration ihrer Konzepte und Beobachtungen unsere klinische Arbeit und unser Verständnis des menschlichen Verhaltens sehr bereichern kann. Die Arbeit des Verhaltenstherapeuten verspricht das zu liefern, was in der Psychoanalyse am empfindlichsten vermißt worden ist: eine Möglichkeit, aktiv in menschliches Elend einzugreifen, das wir dank der Psychoanalyse so klar verstehen können. Der größte Beitrag der psychoanalytischen Betrachtungsweise besteht darin, daß sie unser Verständnis von Sinngehalten, die in unseren Gedanken und Handlungen latent vorhanden sind, revolutioniert hat. Ihre Stärke liegt nicht in einer kausalen Analyse unseres Verhaltens, sondern darin, daß sie uns das verborgene Streben und die enorme Komplexität unseres Affektlebens zeigt. Die Bedeutung der Psychoanalyse als einer Disziplin, die sich vor allem mit Sinngehalten beschäftigt, ist in wachsendem Maße von zeitgenössischen psychoanalytischen Autoren ins Blickfeld gerückt worden, denen die groben Tautologien, wie sie sich in Formulierungen wie »psychische Energie« und »Besetzung« ausdrücken, weit ferner stehen, als den meisten Verhaltenstherapeuten klar ist.

Die Psychoanalyse hat ein ganz anderes Korpus von Beobachtungen geliefert, als das lerntheoretische Laboratorien oder die Kliniker, die

[1]Es mag manchen Leser befremden, all diese Namen nebeneinander zu sehen, da sie zu ganz unterschiedlichen politischen Gruppierungen im Organisationsgefüge psychoanalytischen Denkens gehören. Außerdem mögen manche dieser Denker und ihrer Anhänger meiner Vermutung widersprechen, ihre Vorstellungen vertrügen sich mit der Verhaltenstherapie. Der Leser sei gebeten, sein Urteil in dieser Frage so lange aufzuschieben, bis die entscheidenden Argumente dargelegt worden sind.

verhaltenstherapeutisch arbeiten. Der Kliniker, der sich innerhalb eines psychodynamischen Bezugssystems bewegt, wird andere Dinge bemerken als der Verhaltenstherapeut. Meine Erfahrung hat mich gelehrt, daß Wissenschaftler, die sich an einem dieser beiden umfassenden Bezugssysteme orientieren, oft nur recht oberflächliche (und manchmal überhaupt keine) Kenntnis von den wichtigsten Regelmäßigkeiten besitzen, die von den Forschern der anderen Seite beobachtet werden.[2] Jeder verteidigt seine Position, indem er den anderen karikiert, und vermeidet, indem er so verfährt, jede grundlegende Veränderung des eigenen Standpunktes.

Ich trete nicht dafür ein, daß sich Verhaltenstherapeuten ein bißchen Psychoanalyse aneignen oder Psychoanalytiker ein wenig von der Verhaltenstherapie Gebrauch machen. Meine Hoffnung ist vielmehr, daß sich aus dem Versuch, ein Bezugssystem zu entwickeln, das die aus beiden Traditionen zusammengetragenen Beobachtungen (und Richtlinien für Beobachtungen) umfaßt, ein neuer, vollständigerer und integrierter Ansatz finden läßt. Ein Ergebnis einer solchen Integration wäre — so hoffe ich — die Entwicklung wirksamerer psychotherapeutischer Verfahren. Und es läßt sich absehen, daß ein eingehenderes Verständnis der Entwicklung und Stärkung der Persönlichkeitsstörungen auch Bedeutung für die Vermeidung von Persönlichkeitsstörungen und für die Bemühungen um sozialen Wandel erlangen wird.

Der psychodynamische und der verhaltensorientierte Standpunkt sind nicht nur durch die Beschäftigung mit unterschiedlichen Daten charakterisiert, sondern auch durch ihre unterschiedliche Erkenntnistheorie. Beides (die unterschiedlichen Daten und die unterschiedliche Erkenntnistheorie) ist natürlich nicht unabhängig voneinander. Viele der Faktoren, die von den Psychoanalytikern beobachtet wurden und die sie als klar belegt betrachten, gelten bei verhaltensorientierten Wissenschaftlern als unbegründete Spekulation und nicht

---

[2] Im Verlaufe dieses Buches wird diese ziemlich globale Unterscheidung genauer ausgeführt werden. Wir werden die wichtigen Unterschiede innerhalb des psychodynamischen und des verhaltenstherapeutischen Lagers betrachten. Diese globale Dichotomie reicht für den gegenwärtigen Zweck jedoch aus, weil die Grenze, hinter der die Unwissenheit beginnt, ziemlich scharf gezogen ist. Die Vertreter unterschiedlicher Standpunkte innerhalb der Verhaltenstherapie mögen untereinander uneins sein, doch sind sie sich über die theoretischen Grundlagen des anderen im klaren; diese Kenntnis der Grundlagen fehlt ihnen, wenn sie die Psychoanalyse betrachten. Für die psychodynamischen Denker gilt umgekehrt das gleiche.

verifizierbare Schlüsse. Der Psychoanalyse tut in dieser Hinsicht tatsächlich eine Klärung not. Ich werde später noch Gelegenheit haben, auf einige der Anstrengungen zu sprechen zu kommen, die von jüngeren psychoanalytischen Theoretikern unternommen worden sind, um diese Fragen zu klären. Die Feststellung, wann man es in der Psychoanalyse eigentlich mit Daten und wann mit Theorien zu tun hat, wird von zahlreichen psychoanalytischen Autoren mittlerweile als eine Hauptaufgabe angesehen.

Im weiteren Fortgang werden uns noch viele andere erkenntnistheoretische und methodologische Fragen beschäftigen. Von besonderem Interesse wird die Tatsache sein, daß das psychoanalytische Denken in seiner Geschichte zumeist auf eine Auswahl an Material angewiesen war, die von Analytikern aus einer Riesenmasse von Daten getroffen wurden, und die auf unterschiedlichste Weise hätte organisiert werden können. Daraus ergibt sich auch die interessante Frage, in welchem Maße diese Daten als Reaktionen von Patienten zu werten sind, die — da außerordentlich abhängig von ihrem Analytiker — feinste Signale auffangen und das zurückgeben, was von ihnen erwartet wird.

Meine eigene Position zu diesen Fragen ist skeptischer als die der meisten Psychoanalytiker. Freud neigte dazu, seine brillanten Vermutungen und Spekulationen als erwiesene Gewißheiten auszugeben, und diese Tendenz hat sich in großen Teilen der psychoanalytischen Literatur erhalten. Viel zu viel wird als durch Beobachtung *bewiesen* angesehen, was bei näherem Hinsehen schwierige Fragen aufwerfen würde. Viel zu wenige Wissenschaftler auf dem weiten Feld psychoanalytischen Denkens betrachten die Erkenntnisse, die außerhalb der Patient-Therapeut-Interaktion gewonnen werden, als wertvoll, besonders dann, wenn sie allgemein akzeptierten Annahmen widersprechen. Doch trotz aller methodologischen Probleme, die die Psychoanalyse in sich birgt, scheinen mir auch die methodologischen Verbote des Behaviorismus nicht akzeptabel zu sein. Es ist keine zufällig gewählte Ausdrucksweise, wenn ich von einer Integration des psychodynamischen und des *verhaltensorientierten,* nicht des *behavioristischen* Standpunkts spreche. Der Terminus »Behaviorismus« hat für mich die Nebenbedeutung einer Methodologie des »du sollst nicht«, einer ausdrücklichen Vermeidung bestimmter Konzepte oder Denkweisen. Wenn eine solche Auffassung auch wichtige Warnungen enthält, so erscheint sie mir doch als zu streng. Sie verlangt von uns, wertvolle begriffliche Hilfsmittel zu verleugnen und bedeutsame Erfahrungen nicht zur Kenntnis zu nehmen.

Wenn ich von einem *verhaltensorientierten* psychotherapeutischen Ansatz spreche, meine ich damit in erster Linie einen Ansatz, der sich auf die manifesten Ereignisse im Leben des Patienten konzentriert sowie auf ein Repertoire von Techniken (auf die später einzugehen sein wird), die zur Veränderung bestimmter störender Verhaltensmuster beizutragen scheinen. Diese Techniken orientieren sich an zahlreichen mehr oder weniger verwandten begrifflichen Modellen, denen das Konzept des Lernens zentral ist. Die Schwierigkeiten des Patienten werden als erlernte Reaktionen auf bestimmte Situationen gesehen und die Therapie als ein Verfahren verstanden, das dem Patienten hilft, diese Reaktionen zu verlernen und/oder neue, adaptivere zu lernen.
Gegen eine so allgemeine Form der Beschreibung von Psychotherapie ist nichts einzuwenden. Auch psychoanalytische Therapie ist eine Lernerfahrung, und es läßt sich leicht zeigen, daß etwa die psychoanalytische Theorie der Neurose — besonders seit Freuds revidiertem Angstverständnis (Freud, 1926a) — ein Lernmodell ist. Verhaltensorientierte Ansätze tendieren jedoch eher dazu, sich spezifischen Reaktionen auf spezifische Situationen zuzuwenden und zu behaupten, daß Veränderungen eines bestimmten störenden Verhaltens häufig dauerhaft bewirkt werden können, ohne daß eine vollständige Reorganisation der Persönlichkeit erforderlich wäre. So ist hier, was das Methodische angeht — und dies ist einer der vielen verwirrenden Streiche, die uns die Sprache auf diesem Gebiet spielt —, der verhaltensorientierte Standpunkt in gewisser Weise *analytischer* als die Psychoanalyse selbst.[3] Die meisten — wenn nicht alle — verhaltensorientierten psychotherapeutischen Methoden beruhen auf jenem Konzept, das im allgemeinen als Reiz-Reaktions-Psychologie (stimulus-response) bezeichnet wird. Insofern dieses Konzept impliziert, daß der Mensch auf Umweltereignisse passiv reagiert, insofern es bedeutet, daß »Stimuli« sich am besten als physikalische Energiequanten verstehen lassen, die auf Rezeptoren einwirken, oder daß es sinnlos ist, die Motive, Gefühle und Wahrnehmungen zu untersuchen, die unser Verhalten beeinflussen, wendet sich dieses Buch gegen eine solche Auffassung. Ich glaube aber, daß es durchaus möglich ist, die meisten der von Verhaltenstherapeuten entwickelten psychotherapeutischen Methoden zu verwenden, ohne diese Einstellung zu

---

[3]Hier ist in keiner Beziehung ein Werturteil intendiert. Die wichtige Frage, wann es nützlich ist, Besonderheiten isoliert zu betrachten, und wann es besser ist, von einem integrierten System auszugehen, wird uns noch eingehender beschäftigen.

teilen. Tatsächlich versteht die Mehrheit der Verhaltenstherapeuten, denen ich begegnet bin, den Menschen oder die Psychologie keineswegs in dieser Weise.

Diejenigen unter den Verhaltenstherapeuten, deren Anschauungen differenzierter sind, sind sich darüber im klaren, daß häufig nur eine lose, auf Analogie beruhende Verbindung zwischen den von ihnen verwendeten Methoden und den Lernexperimenten besteht, die diesen Methoden angeblich zugrunde liegen. Einem Großteil der Kliniker, die sich an der Verhaltenstherapie orientieren, dienen die verschiedenen Lernmodelle, die aus der experimentellen Forschung erwachsen sind, nur als Anregung, als richtungsweisende Metaphern. Ich meine, daß diese Metaphern sehr wertvoll und provozierend waren und daß sie zu wichtigen Fortschritten geführt haben. Aber sie können sich nachteilig auswirken, wenn die Verknüpfung von klinischer Arbeit und Forschung im Labor zum Zwecke der Polemik oder Mythenbildung übertrieben oder mißverstanden wird. Leider ist dies nicht selten der Fall, vielleicht deshalb, weil unter den führenden Vertretern der verhaltenstherapeutischen Bewegung Psychologen sind, die fast ausschließlich experimentelle Forscher mit wenig oder keiner klinischen Erfahrung sind. Aus dieser Perspektive sehen die Dinge einfacher aus, und Fallberichte vermitteln in der Regel nicht die subtilen Einzelheiten, die notwendig sind, um zu verstehen, welcher Abstand sich zwischen Labor und Klinik auftut.

Verhaltenstherapeuten haben häufig eben deshalb Erfolg, weil sie *nicht* behavioristisch im engeren Sinne sind. In ihrer klinischen Arbeit stellen sie fest, daß es notwendig ist, Schlüsse zu ziehen und sich in gleicher Weise mit dem zu befassen, was ihre Patienten wünschen und fühlen, wie mit dem, was sie tun. Die meisten der praktizierenden Therapeuten, mit denen ich diese Frage diskutiert habe, haben im privaten Gespräch eingestanden, daß das, was sie tatsächlich tun, ganz anders aussieht als das, was man aufgrund der Literatur erwarten würde. (Dies — es sei nebenbei erwähnt, obwohl es nicht unwichtig ist — trifft übrigens auch für psychoanalytisch orientierte Therapeuten zu). Wenn wir, statt von Reizen und Reaktionen zu sprechen — womit ein Anspruch auf Genauigkeit verbunden ist, den die klinische Realität nicht einlöst —, einfach von erlernten Mustern sprechen, wie Situationen erfahren und bewältigt werden, dann bekommen wir einen Bezugsrahmen, der ebenso flexibel wie brauchbar ist.

Dank der klinischen Untersuchungen von Verhaltenstherapeuten verstehen wir heute viel besser, wie unser Verhalten mit den Ereignissen zusammenhängt, die in unserem Leben stattfinden. Und sie haben — wie wir in späteren Kapiteln sehen werden — dem Kliniker, der diese Dinge in Erfahrung bringen möchte, wertvolle Richtlinien an die Hand gegeben. Dieser Bereich der verhaltensorientierten Arbeit ergänzt in idealer Weise jene interpersonale Schule der Psychoanalyse, die sich mit anderen Mitteln eine ähnliche Aufgabe gestellt hat. Verhaltenstherapeuten haben (gestützt auf ihre Verhaltensanalysen) Interventionsformen für gestörte interpersonale Beziehungsmuster entwickelt, die eine grundlegende Abkehr von allem darstellen, was in traditionellen Therapien bislang praktiziert wurde. Außerdem sind sie — wenn sie auch nicht ausschließlich mit dem Einzelfall befaßte Wissenschaftler sind, wie es uns die Literatur einreden möchte — beträchtlich vorsichtiger bei der Evaluierung ihrer Konzepte und Ergebnisse, als es sonst bei Psychotherapeuten üblich ist.

Diese Einleitung ist nicht der Ort für den Versuch, die Behauptung zu rechtfertigen, daß uns die Integration von psychodynamischen und verhaltensorientierten Auffassungen weiter bringen werde als das Bemühen, diese Ansätze isoliert voneinander zu entwickeln. Tatsächlich wird auch das ganze Buch — wie der aufmerksame Leser wohl schon vermuten wird — keinen unzweideutigen Beweis für eine solche Behauptung liefern. Um dies leisten zu können, sind Jahre schöpferischer Innovation und sorgfältiger Auswertung durch eine Vielzahl von Klinikern und Forschern erforderlich. Das vorliegende Buch soll nur zeigen, daß ein Schritt in diese Richtung vielversprechend ist, und will in groben Zügen darlegen, wie man dabei vorgehen könnte. Wenn der Leser — welcher Überzeugung er auch immer anhängen mag — sich über die uneingestandenen Voraussetzungen und möglichen Grenzen seiner eigenen Auffassung klarer wird und wenn er ein größeres Interesse daran gewinnt, sich näher mit ihm zuvor fremden Denkrichtungen zu befassen, dann hat dieses Buch seinen Zweck erfüllt.

I

2

Psychoanalyse: Von der Medizin zur Psychologie

Rückblickend betrachtet mag es weitgehend als historischer Zufall erscheinen, daß die Psychoanalyse als Ableger der Medizin begann. Die Verbindungen zwischen Psychoanalyse und Medizin sind heute ziemlich willkürlich und die Ursache von viel Verwirrung. Die Tätigkeit des Psychoanalytikers heute ähnelt der des Arztes weit weniger als vielen Tätigkeiten in anderen Berufen und Disziplinen. Tatsächlich erweckt die Struktur der psychoanalytischen Beziehung in vielen Dingen den Eindruck, als sei sie ausdrücklich dazu bestimmt, sich von der traditionellen Arzt-Patient-Beziehung zu *unterscheiden.* Weiterhin zeigt sich ironischerweise, daß die Hauptkonkurrenz, die der Psychoanalyse heute erwachsen ist — die Verhaltenstherapien —, in vielerlei Hinsicht eine Rückkehr zu jener Art von Arzt-Patient-Beziehung darstellt, von der sich die Psychoanalyse gelöst hat. Ich sage »ironischerweise«, weil eines der häufigsten Argumente, das von verhaltenstheoretisch orientierten Autoren gegen die Psychoanalyse vorgebracht wird, besagt, die Psychoanalyse halte sich immer noch an das überholte »medizinische Modell« oder an die Auffassung von der psychischen Störung als einer »Krankheit«. Ich werde mich mit der Triftigkeit dieser Frage später auseinandersetzen, ebenso wie mit einigen der ökonomischen und soziologischen Konflikte, die in der Rede vom »medizinischen Modell« zum Ausdruck kommen.

Zunächst möchte ich jedoch einmal untersuchen, wie Freud selbst sich vom medizinischen zum psychologischen Theoretiker entwickelt hat und was er an Gepäck von dieser »Reise« mitbrachte. Es war nicht nur eine Laune der Geschichte, daß die Ursprünge der Psychoanalyse in der Medizin lagen. Zum einen: die Psychoanalyse beschäftigt sich mit Geheimnissen. Die Gedanken, Gefühle und Erfahrungen, die für den Psychoanalytiker von größtem Interesse sind, gehören nicht zu den Dingen, die man jemand anderem bereitwillig mitteilen würde. Es handelt sich vielmehr um Dinge, die wir gewöhnlich noch nicht einmal uns selbst sagen. Um also eingeweiht zu werden, um die Daten zu erhalten, auf denen die psychoanalytische Theorie basiert, muß man schon eine Persönlichkeit sein, der außerordentlich viel Vertrauen entgegengebracht wird. Das Bild des klugen, freundlichen Arztes ist wahrscheinlich besser geeignet als das Bild der meisten anderen Berufe, um in Menschen jenes Gefühl von Vertrauen zu wecken, das sie wagen läßt, die unbotmäßigen Gedanken oder Erinnerungen mitzuteilen, die sich ihrem bewußten Zugriff entziehen.

Die Rolle des Priesters deckte sich wahrscheinlich am ehesten mit der des Arztes, und zwar insofern, als auch ein Priester Vertrauen schuf und die Erwartung weckte, die Enthüllung mit Scham- und Schuldgefühlen verbundener Gedanken werde kluge und verständnisvolle Aufnahme finden. Die meisten wichtigen Informationen, auf denen die psychoanalytische Theorie aufbaut, wurden wahrscheinlich lange, bevor sie auf der Couch mitgeteilt wurden, im Beichtstuhl bekannt. Sicherlich hätte nur wenig von dem, was Freud im Es entdeckte, Augustinus schockiert, und die Zerstörung des Mythos von der kindlichen Unschuld durch Freud wäre dem christlichen Heiligen zweifellos als ein ziemlich alter Hut erschienen.

Der Klerus hatte mit dem medizinischen Beruf noch ein anderes Merkmal gemeinsam, das vermutlich entscheidend dazu beigetragen hat, die psychoanalytisch ausschlaggebenden Informationen hervorzulocken. Arzt wie Priester haben mit Menschen zu tun, die verzweifelt der Hilfe bedürfen. In einer traditionellen Gesellschaft wird wahrscheinlich nur eine unmittelbare Gefahr für Körper oder Seele den guten Bürgern jene schlimmen Gedanken entlocken können, die zu unterdrücken man ihnen fast seit der ersten Dämmerung ihres Bewußtseins beigebracht hat. Ob die Verbreitung der Gedanken Freuds oder andere moderne Entwicklungen bewirkt haben, daß sich das Selbstverständnis der Menschen oder ihre Toleranz für Abweichungen wirklich und grundlegend verändert hat, ist schwer zu entscheiden. Es hat aber zumindest den Anschein, als ob sich die Art und Weise, wie wir uns selbst vor anderen *darstellen,* gegenüber früheren Zeiten verändert habe. In manchen Kreisen unserer Gesellschaft tut ein Mensch, der von sich behauptet, er habe nie seine Mutter begehrt oder seinen Sohn gehaßt, seinem guten Namen Abbruch.

Doch auch heute gibt es noch immer viele Geheimnisse, die wir anderen wahrscheinlich nicht enthüllen würden, es sei denn, wir litten sehr stark oder müßten dies zumindest befürchten. Vielleicht wird deshalb so häufig berichtet, daß Menschen, die unter dem Druck beträchtlicher Angst eine Therapie beginnen, mehr Nutzen aus ihr ziehen als Leute, die sich zu Beginn der Behandlung wohler fühlen (Luborsky u. a., 1971). Jedenfalls scheint es so, als habe Freud von seinen Patienten Dinge gehört, die man ihm nicht berichtet hätte, wäre er nicht die einzige Hoffnung auf Linderung des Leidensdrucks gewesen. Wäre er nur Forscher gewesen und hätte sich nicht auch in der

helfenden Rolle des Arztes befunden, wären seine Ergebnisse wohl weniger kontrovers gewesen — aber auch weniger aufregend.
Doch noch eine andere, damit verwandte Erwägung macht es verständlicher, daß die Psychoanalyse von einem Arzt entwickelt wurde. Freuds Entdeckungen kreisten um die Psychologie uneingestandener psychischer Vorgänge. Er untersuchte jene psychischen Prozesse, die von ihren »Besitzern« nicht als Teil ihrer Persönlichkeit anerkannt wurden. Es überrascht nicht, daß diese oft schwer zu akzeptierenden psychologischen Ereignisse sich häufig in scheinbar nicht-psychischen Symptomen ausdrücken, etwa in Klagen über somatische Störungen. Viele Patienten, die Freud zu Anfang seiner Karriere aufsuchten, konnten über das, was sie quälte, nur sprechen, indem sie sagten, sie hätten körperliche Beschwerden oder mit ihrem Nervensystem sei etwas nicht in Ordnung. Menschen, deren Beschwerden eingestandenermaßen psychischer Natur waren, suchten ihn in größerer Zahl erst später auf. Diese zweite Gruppe könnte für die psychologische Theoriebildung auf den ersten Blick anregender erscheinen. In jüngerer Zeit ist es tatsächlich auch so gewesen. Schizoide, narzißtische und zwanghafte Tendenzen, tief in der Persönlichkeit des Patienten eingebettet, bilden den Brennpunkt gegenwärtiger psychoanalytischer Theoriebildung.
Doch die Bedeutung verleugneter Gefühle und Wünsche und das Maß an Schwierigkeiten, die sie uns bereiten, offenbart sich ungeschminkter, wenn die Verleugnung vollständiger ist. Auch heute noch ist man vielfach der Auffassung, die psychoanalytische Behandlung von Zwangsneurotikern oder von Menschen mit Charakterstörungen sei weit schwieriger als die von Hysterikern. Bei Hysterikern weiß man eher, was sie nicht wissen. Ihre Naivität ist weit größer und auffälliger. Patienten, die besser in der Lage sind, ihre Gefühle zu psychologisieren, stellen sowohl für die Behandlung als auch für die Begriffsbildung erhebliche Probleme dar. Wenn der Theoretiker vor der Aufgabe steht, die Bedeutung von etwas *Fehlendem* (oder zumindest von etwas scheinbar Fehlendem) zu entdecken, so ist diese Entdeckung unter Umständen etwas leichter, wenn der Mangel total und deshalb potentiell auffälliger ist, als wenn er kaum merklich ist. Der Mensch, der einem erzählt, er habe Angst, der aber verbirgt, wieviel Angst er hat, oder derjenige, der einen gewissen Ärger eingesteht, während er gleichzeitig größeren Ärger verheimlicht, bedeutet für die Aufdeckung von Problemen ein größeres Problem als der Mensch, der die auffällige Behauptung aufstellt, kein ärgerlicher oder ängstlicher Gedanke sei ihm jemals in den Sinn gekommen.

Das Nichtvorhandene oder Unausgesprochene, mit dem sich die Psychoanalyse heute befaßt, unterscheidet sich von dem, was ursprünglich darunter verstanden wurde. Heute beschäftigen sich Psychoanalytiker mit einer außerordentlichen Vielfalt von Erscheinungen, die nicht (oder nur teilweise) bewußt sind. Wünsche, Phantasien, Ängste, moralische Urteile — all dies und noch viel mehr gehört in den Bereich psychoanalytischer Nachforschung. Sie sind für den Psychoanalytiker von Interesse, weil sie zwar verborgen sein können, dabei aber unser Verhalten und unser bewußtes Erleben beeinflussen, obgleich sie in unserer Selbstdarstellung und Geschichte fehlen.

Ursprünglich jedoch war psychoanalytische Nachforschung sehr viel enger umgrenzt. Bei den allerersten Fällen, die Freud behandelte, war es sein ausdrückliches Ziel, abwesender *Erinnerungen* habhaft zu werden. Sobald der Patient — mit den entsprechenden starken Emotionen — das betreffende Ereignis erinnerte, erwartete man, daß das Symptom verschwand. Wenn es wieder auftrat, ging man davon aus, daß das erinnerte Ereignis nicht das ursprünglich pathogene Geschehnis gewesen war, sondern nur ein später assoziativ damit verknüpftes, und man suchte weiter nach einer noch früheren Erinnerung, im Vertrauen darauf, daß die Heilung vollständig und von Dauer sein werde, wenn dieses einmal ins Gedächtnis zurückgerufen worden sei.

Diese Auffassung wurde ursprünglich empirisch aus Beobachtungen gewonnen. Breuers Erfahrungen mit der berühmten Patientin Anna O. Anfang der achtziger Jahre (Breuer und Freud, 1895) ließen den Wert dieses methodischen Ansatzes erstmals ahnen. Breuers Bemühungen um diese Patientin hatten ihren Ursprung nicht in erster Linie in einer besonderen theoretischen Neigung, sondern waren eher ein Ergebnis des Zufalls. Die »kathartische« Technik wurde zumindest ebenso von Anna O. selbst wie von ihrem Arzt entdeckt. Er bemühte sich erst dann rational und mit Absicht um eine kathartische Behandlung, als er beobachtet hatte, daß Anna sich offensichtlich besser fühlte, nachdem sie anderen Leuten von den Phantasien und Halluzinationen berichtet hatte, die sie in dem veränderten Bewußtseinszustand erlebte, zu dem sie neigte. An den Tagen, an denen sie nichts aussprach, zeigte sich keine Erleichterung ihres Zustandes bei ihr. Allmählich übernahm Breuer dann die Rolle des Zuhörers, wenn Anna in einem selbsthypnotischen Zustand von ihren Phantasien und Vorstellungen berichtete. Diese »talking cure« (Redekur) brachte langsame und bescheidene Fortschritte.

Auch die Bedeutung, die dann der Erinnerung an das *erstmalige Auftreten* des Symptoms beigemessen wurde, war das Ergebnis einer zufälligen Beobachtung. Anna begann einmal über ihre englische Gouvernante zu sprechen, gegen die sie eine heftige Abneigung gehegt hatte. Sie erzählte Breuer dann mit großem Abscheu, daß sie einmal das Zimmer dieser Gouvernante betreten und gesehen habe, wie deren Hund aus einem Glas getrunken habe. Trotz ihres großen Abscheus habe sie damals aus Höflichkeit nichts gesagt. Nachdem sie unter allen Anzeichen jenes heftigen Ärgers, den sie damals zurückgehalten hatte, von diesem Vorfall erzählt hatte, bat sie um ein Glas Wasser, trank eine große Menge davon und erwachte dann mit dem Glas an den Lippen aus der Hypnose. Bis dahin hatte sie seit geraumer Zeit unter einer phobischen Unfähigkeit zu trinken gelitten. Trotz ihres schrecklichen Durstes hatte sie allein von Obst gelebt. Nachdem sie sich an den Vorfall erinnert hatte, verschwand das Symptom vollständig und kehrte nie mehr zurück.
Im Anschluß an diese recht auffällige Beobachtung entwickelte Breuer mit Anna jene Verfahren, die zum Ausgangspunkt für Freuds Arbeit wurden. In hypnotischem Zustand konzentrierte Anna sich darauf, die Erinnerung an das früheste Ereignis wachzurufen, das mit jedem ihrer Symptome verknüpft war. Breuer stellte jedoch fest, daß es gewöhnlich unmöglich war, das ursprüngliche Ereignis unmittelbar anzugehen. Und selbst wenn es gelang, dieses ins Gedächtnis zurückzurufen, zeitigte ein so direkter Angriff auf das Ziel wenig therapeutische Wirkung. Er mußte vielmehr den langsamen und systematischen Weg über jüngere Ereignisse einschlagen, bis das ursprüngliche Ereignis schließlich erinnert wurde.[1] Wenn dieses Ereignis, von entsprechend heftigen Affekten begleitet, erzählt wurde, verschwand das Symptom.

Das frühe theoretische Interesse

Ein leitendes Prinzip fand in die Entwicklung psychoanalytischen Denkens schon ziemlich früh Eingang: Wenn keine Besserung eintritt oder wenn die Besserung nicht von Dauer ist, dann verfolge man die Geschichte des Patienten noch weiter zurück. Dies scheint eine empirisch begründete Verallgemeinerung zu sein, zu der die Daten und nicht irgendeine vorgefaßte Meinung des Forschers zwingen.

[1] Der Leser sollte diese Beobachtung wieder vor Augen führen, wenn an späterer Stelle des Buches die systematische Desensibilisierung erörtert wird.

Angesichts der ersten Beobachtungen, die sich Breuer und Freud aufgedrängt haben, war dies in der Tat eine vernünftige Annahme.
Doch läßt sich die Unterscheidung zwischen Theorie und Daten nicht leicht treffen. Daten und Theorie *erzeugen* einander in komplexer Weise. Wir werden den Nachdruck, den die Psychoanalyse auf die Vergangenheit legt, noch einer kritischen Prüfung unterziehen und betrachten, wie unterschiedlich sich klinische Beobachtungen verstehen lassen. Doch im Augenblick wollen wir uns mit jenen frühen Entwicklungen der Theorie befassen, die sich aus dieser allgemeinen Fragestellung ergaben. Zunächst einmal stellten die vergessenen Ereignisse, die wiederentdeckt wurden, offenbar eine Fülle von Vorfällen dar, die zu vergessen der Patient guten Grund hatte. Zu den »traumatischen« Erinnerungen, von denen in den *Studien über Hysterie* (Breuer und Freud, 1895) berichtet wird, gehörte zum Beispiel, daß eine Gouvernante von ihrem sehr bewunderten und heimlich geliebten Hausherrn angebrüllt wurde, weil sie einer Besucherin gestattet hatte, die Kinder zu küssen; daß jemand erschöpft und kummervoll am Krankenbett eines Kindes saß und fürchtete, es zu wecken; daß jemand von Brüdern und Schwestern mit toten Tieren beworfen worden war; und daß ein Patient sich Vorwürfe machte, als er — zu Besuch beim kranken Vater — den Wunsch verspürte, im Nachbarhaus zu sein, aus dem Tanzmusik herüberklang. Wie wir wissen, fiel Freud bald auf, wieviele dieser traumatischen Erinnerungen sexuellen Inhalts waren (das gilt übrigens auch für Breuer, dessen Furcht vor Übertragung und Gegenübertragung ihn jedoch, dem Vernehmen nach, zögern ließ, diesen Weg weiter zu verfolgen). Selbst wenn die wiederentdeckten Situationen anfangs nicht sexueller Natur zu sein schienen, führte das Verfahren, nach immer früheren Erinnerungen zu suchen, bis das Symptom dauerhaft verschwunden war, schließlich zu Inhalten sexueller Art.
Wie Freud (1914b) in *Zur Geschichte der psychoanalytischen Bewegung* schilderte, glaubte er anfangs, die sexuellen Traumata seien die eines Erwachsenen. Die Vorstellung von einer infantilen Sexualität akzeptierte er nur zögernd. »Man merkte zuerst nur, daß man die Wirkung aktueller Eindrücke auf Vergangenes zurückführen müßte. Allein, ›der Sucher fand oft mehr, als er zu finden wünschte‹. Man wurde immer weiter zurück in diese Vergangenheit gelockt, und endlich hoffte man in der Pubertätszeit verweilen zu dürfen, in der Epoche des traditionellen Erwachens der Sexualregungen. Vergeblich, die Spuren wiesen noch weiter nach rückwärts, in die Kindheit und in frühe Jahre derselben« (S. 55).

1896 hatten Freuds Forschungen den Punkt erreicht, an dem er die Behauptung aufstellen konnte, alle hysterischen und zwangsneurotischen Patienten hätten ein traumatisches Sexualerlebnis in ihrer Kindheit gehabt, das sie verdrängt hätten und das sie nur unter den besonderen Bedingungen der von ihm angewandten Behandlung erinnern könnten. Zu diesem Zeitpunkt hatte sich seine Behandlungsmethode gegenüber den zuerst benutzten hypnotischen Verfahren bereits erheblich verändert. Freie Assoziationen waren nun das wichtigste Mittel, um die Spuren der Neurose zurückzuverfolgen.

In seinem zweiten Aufsatz über die »Abwehr-Neuropsychosen« versicherte Freud (1896), daß es bei jedem Fall von Hysterie ein Erlebnis passiver Verführung mit einer tatsächlichen Reizung der Geschlechtsorgane gebe. »In jedem Falle ist eine Summe von krankhaften Symptomen, Gewohnheiten und Phobien nur durch das Zurückgehen auf jene Kindererlebnisse erklärlich, und das logische Gefüge der neurotischen Äußerungen macht eine Ablehnung jener aus dem Kinderleben auftauchenden, getreu bewahrten Erinnerungen unmöglich.«[2] (S. 383) Spätere Traumata können seiner Auffassung nach nur dann hysterische Symptome hervorrufen, wenn sie die Gedächtnisspur eines Kindheitsereignisses reaktivieren, das, statt bewußt erinnert zu werden, verdrängt wird und dessen Affekt mit Hilfe eines solchen Symptoms entladen wird.

Auch Zwangssymptome schrieb er einem kindlichen Sexualerlebnis zu; doch hierbei handelte es sich um Erlebnisse, in denen das Kind eine aktive Rolle spielte, als Aggressor auftrat und erhebliche Lust erlebte. Die Zwangssymptome selbst werden an dieser Stelle des Aufsatzes als eine Form des Selbstvorwurfes beschrieben und später ausführlicher als »Kompromißhandlungen zwischen den verdrängten und den verdrängenden Vorstellungen« (S. 387) bezeichnet. Freud nahm an, daß eine solche sexuelle Aktivität in der Kindheit auf ein noch früheres Erlebnis passiver Verführung folge.

[2]Beachten wir wieder Freuds Neigung, die Schlußfolgerungen aus seinen Beobachtungen als unstrittig hinzustellen. Da er in diesem Falle später selbst eingestanden hat, daß er falsche Schlüsse aus den Daten gezogen habe, sollten wir vielleicht Vorsicht walten lassen, angesichts der äußersten Gewißheit, die Freud — und da folgen ihm viele moderne Analytiker — hinsichtlich seiner späteren Versuche an den Tag legte, seine zwar bedeutungsvollen, aber durchaus nicht unzweideutigen Daten zu ordnen. Übertriebene Gewißheit ist die größte Schwierigkeit, mit der sich die Psychoanalyse herumzuschlagen hatte.

Diese frühe Theorie zeichnet sich durch eine gewisse Schönheit aus. Im Gegensatz zu der ziemlich barocken Überladenheit späterer Entwicklungen im psychoanalytischen Denken ist sie einfach und unmittelbar. Sie gründet sich auf einfache empirische Beobachtungen. Wenige Schlußfolgerungen sind erforderlich, um zu entscheiden, ob eine Hypothese bestätigt worden ist oder nicht. Während Beobachter sehr unterschiedlicher Meinung darüber sein können, ob ein bestimmter Traum und seine Assoziationen auf einen ödipalen Konflikt hindeuten oder nicht, darf man weitgehende Einigkeit erwarten, wenn es um die Frage geht, ob ein Patient ein bestimmtes Verführungserlebnis aus seiner Kindheit berichtet hat oder nicht und ob das Symptom verschwunden ist oder nicht, wenn das Erlebnis schließlich erinnert worden ist.

Zahlreiche Merkmale, die auch später für das psychoanalytische Denken wichtig geblieben sind, waren bereits in dieser sehr frühen Theorie vorhanden. Die Vorstellung einer Quantität (zunächst des »Affekts«, später der »Energie«), die entladen werden muß und die verschoben werden kann, läßt sich bereits erkennen. Sie bleibt eine Schlüsselvorstellung in Freuds Theorie. Ebenfalls schon erkennbar und dazu bestimmt, im psychoanalytischen Denken auch weiterhin eine zentrale Funktion einzunehmen, ist der Begriff einer intentionalen Verdrängung aus dem Bewußtsein und der damit verwandte Begriff von Gegenkräften, die erfahrungsgemäß mit dem Widerstand in der Behandlung verknüpft sind. Und wir sehen natürlich, daß die Vorstellung der Sexualität als des Ursprungs neurotischer Probleme nachdrücklich betont wird.

Doch trotz ihrer zahlreichen wichtigen Erkenntnisse mußte diese Theorie aufgegeben werden. Nach einem Zeitraum von mehreren Jahren kam Freud zu der Einsicht, daß sie in dieser Form nicht zutreffen könne. In einem Brief vom 21. September 1897 führt er einige der Gründe an, die dafür verantwortlich sind, daß seine Zweifel an der Theorie wachsen, die er seine »Neurotica« genannt hat. Er bemerkt, daß die Analysen, denen er seine Patienten unterzieht, weder vollständig noch erfolgreich seien. Die Patienten würden ihm fortlaufen, und die Teilerfolge, die er erziele, ließen sich auch anders erklären. Außerdem habe ihn seine Theorie zu dem Schluß geführt, daß pervertierte Handlungen an Kindern in einem Maße an der Tagesordnung sein müßten, daß er es kaum glauben könne. Er habe festgestellt, daß Hysterie weit häufiger sei, als er erwartet habe. »Die Perversion muß unermeßlich häufiger sein als die Hysterie, da ja Erkrankung nur eintritt, wo sich die Ereignisse gehäuft haben und ein die Abwehr schwächender Faktor hinzugetreten ist« (Freud, 1887—1902, S. 230).

Ein dritter Gesichtspunkt war seine wachsende Überzeugung, daß das Unbewußte nicht zwischen Faktum und Phantasie unterscheide. Schließlich wurde die Skepsis gegenüber seiner Theorie noch durch die Feststellung genährt, daß selbst in den schwersten Psychosen und den verworrensten Delirien keine Erinnerungen an frühere Kindheitserlebnisse auftauchen.

Neufassung der psychoanalytischen Theorie

Schließlich fand Freud ja dann einen Weg, die offensichtlichen Fehler in seinen Formulierungen zu beseitigen und doch die wichtigsten Einsichten zu retten, die er hinsichtlich der Rolle unbewußter Prozesse gewonnen hatte. Doch handelte es sich hier nicht nur darum, »zu retten, was zu retten war«. Freuds begriffliche Neufassung dessen, was er den Berichten seiner Patienten entnommen hatte, war eine verblüffende geistige Tour de force, vielleicht die brillanteste Leistung seines Lebens. Was zuerst wie ein Scheitern erschien, stellte sich als ein entscheidender Schritt nach vorn heraus. Freud weitete den Geltungsbereich seiner Theorien aus, so daß sie jetzt nicht mehr allein eine begrenzte Zahl bestimmter Abweichungen betrafen, sondern den gesamten Bereich der psychischen Funktionen des Menschen abdeckten.

Freud hatte auch schon vor der Erkenntnis, daß seine »Neurotica« falsch waren, versucht, seine Perspektive zu erweitern. Sein posthum entdeckter *Entwurf einer Psychologie* (Freud, 1895) war der Versuch, eine allgemeine Psychologie zu entwickeln, die sich auf neurologische Konzepte und auf eine Reihe allgemeiner Annahmen stützte, die er sein ganzes Leben lang in der einen oder anderen Form beibehalten hat. (Beispielsweise findet sich dort sein Modell des Nervensystems als eines Apparats zur Spannungsabfuhr, mit den daraus folgenden Annahmen von verschiebbaren Energiequanten und der Notwendigkeit für den Menschen, allmählich die Fähigkeit zu entwickeln, die Abfuhr zugunsten letzlich sicherer und vollständigerer Befriedigung aufzuschieben.) Dieser Entwurf von 1895 ist in jüngerer Zeit (Pribram und Gill, 1975) als eine beeindruckende Annäherung an unser heutiges Wissen vom Nervensystem beurteilt worden. Er ist außerdem für viele Analytiker von großem Interesse als ein früher Versuch, die Voraussetzungen auszuarbeiten, auf denen der psychoanalytische Standpunkt basiert. Doch als Theorie einer allgemeinen Psychologie ist dieser Entwurf von begrenztem Wert, und Freud selbst entschied sich dafür, ihn nicht zu veröffentlichen. Solange er die Auffassung vertrat, die in seinem zweiten Aufsatz über die »Abwehr-

Neuropsychosen« (Freud, 1896) zum Ausdruck kommt, stellte die Logik seiner eigenen Theorie die Bedeutung in Frage, die seine Beobachtungen für psychologische Probleme im allgemeinen haben sollten. Denn er behauptete zu beobachten, wie sich Reaktionen auf bestimmte traumatische Vorfälle änderten. Die Relevanz solcher Beobachtungen im Hinblick auf Menschen, die in ihrer Kindheit *keine* Verführung erlebt haben, war nicht ersichtlich. Die Theorie mußte ihrem Wesen nach in erster Linie eine medizinische bleiben; es war eine Theorie der Neurose, aber nicht der Psyche im allgemeinen. Die Berücksichtigung der Lebensgeschichte erfolgte in diesem frühen Stadium der Theorie in erster Linie aus dem Gesichtspunkt der *Ätiologie*, nicht aus dem der *Entwicklung*, wie es für die heutige psychoanalytische Theorie charakteristisch ist. Ebenso gibt es hier keinen wirklich adaptiven Gesichtspunkt (Rapaport und Gill, 1959), sondern nur einen pathologischen.

Umweltereignisse wurden von Freud zu diesem Zeitpunkt zwar berücksichtigt (bis zur Entwicklung der psychoanalytischen Ichpsychologie sogar stärker als bei späteren Versionen psychoanalytischen Denkens), doch nur als unglückliche Zufälle, die dem Individuum zustoßen, nicht als Anpassungsprobleme, die zu bewältigen das Individuum lernen muß. Die Theorie beschäftigte sich im wesentlichen mit den widrigen Folgen einer begrenzten Klasse von Ereignissen. Dem übrigen menschlichen Dasein schenkte sie relativ wenig Aufmerksamkeit.

Doch sobald Freud den Sprung gemacht hatte und die Berichte seiner Patienten nicht mehr als Darstellung tatsächlicher Ereignisse verstand, sondern als verschwommene und veränderte Bilder ihrer Kindheitswünsche und -phantasien, veränderte sich die Situation dramatisch. Seine neue Theorie besagte, daß ihm der Platz, den er hinter der psychoanalytischen Couch einnahm, den Blick auf ein universelles Dilemma bot, dem sich jeder Mensch in seiner Entwicklung gegenübersieht. Eine tatsächliche Verführung in der Kindheit konnte nicht für jeden Menschen als Teil seiner Geschichte postuliert werden, sehr wohl aber die Notwendigkeit, mit den intensiven Gefühlen und Wünschen, die sich im Schoße der Familie entwickeln, fertigwerden zu müssen. Sobald Freud die Patientenberichte als Phantasien begriffen hatte, brauchte er seine Patienten nicht mehr als unglückliche Geschöpfe zu verstehen, die sich durch ihre Erlebnisse von uns übrigen Menschen unterscheiden, sondern er konnte sie nun als Individuen sehen, deren Bemühen, allen Menschen gemeinsame Probleme zu lösen, besonders unproduktiv geblieben war.

Wenn Freuds theoretische Neufassung der Patientenberichte auch einen entscheidenden Wendepunkt in der Entwicklung der Psychoanalyse darstellt, so gilt dennoch, daß die frühere Fassung sich schicksalhaft auf das Freudsche Denken ausgewirkt hat; dieses hat sich niemals vollständig verändert. Das heißt, die Suche nach verdrängten Erinnerungen gab dem psychoanalytischen Denken eine entschieden historisch ausgerichtete Prägung. Erinnerungen beziehen sich per definitionem auf etwas Vergangenes und nicht auf das, was gegenwärtig geschieht. Die aktuelle Lebenssituation des Patienten, die Art und Weise, wie er hier und jetzt lebt, erscheinen vom Standpunkt einer Theorie, die sich mit der pathogenen Auswirkung nichtassimilierter Erinnerungen beschäftigt, als weitgehend irrelevant. Noch ausgeprägter ist dies der Fall, wenn die Theorie Kindheitserinnerungen in den Mittelpunkt rückt. Aus dieser Perspektive betrachtet erscheinen Persönlichkeit und Lebensstil des Erwachsenen als unvermeidliches Resultat von Dingen, die Jahre zurückliegen. Von Interesse sind sie — wenn überhaupt — nur als Zeichen für das, was zu jener Zeit geschehen sein muß, als den Dingen *wirklich* Wichtigkeit zukam. Um die Schwierigkeiten des Patienten dauerhaft und umfassend abzubauen, scheint es notwendig, die Restbestände aus der Vergangenheit aufzudecken. Auf der Ebene gegenwärtiger Funktionen und gegenwärtiger Einflüsse einzugreifen, scheint dagegen nutzlos zu sein.[3]

Diese Betonung der Vergangenheit wurde auch dadurch nicht abgemildert, daß Freud die Berichte seiner Patienten nun als Phantasien statt als wahrheitsgetreue Erinnerungen verstand. Sie wurden noch immer als *Kindheits*phantasien begriffen, die deshalb überdauerten, weil bestimmte *frühere* Umstände von Bedeutung gewesen waren, und nicht deshalb, weil zum *gegenwärtigen* Zeitpunkt irgend etwas Besonderes geschah. Es läßt sich leicht verstehen, warum dies so war. Zum einen besaßen die Ereignisse, die von Freuds Patienten erinnert wurden, und jene Enthüllungen, die einen spürbaren therapeutischen Effekt hatten, eine historische Dimension. Das heißt, seine Patienten verwendeten zu Anfang der Analyse relativ wenig Zeit darauf, über

[3] Dies traf weniger auf jene Schwierigkeiten zu, die Freud als »Aktualneurosen« einstufte und für die die sexuellen Praktiken der Erwachsenen entscheidend sein konnten. Es traf aber entschieden für seine Auffassung von den »Psychoneurosen« zu, die ihn sehr viel mehr interessierten und die eigentlich das Modell abgaben, auf das sich seine allgemeine Neurosentheorie stützte.

ihre Kindheit nachzudenken, während ihnen im weiteren Verlaufe der Behandlung immer mehr über ihre Kindheit einfiel. Zum anderen schien das endgültige Verschwinden der Symptome mit der gesteigerten Aufmerksamkeit für die Kindheit der Patienten zu korrelieren. So entstand der Eindruck des »Je früher, desto tiefer« (insofern aktivere und ausgedehntere Nachforschungen erforderlich waren, um diese Dinge zutage zu fördern) und die Meinung, daß der Zugang zu früheren Erlebnissen ein entscheidender Faktor für den therapeutischen Erfolg bedeutete.

Ein zweiter wichtiger Grund für das hartnäckige Festhalten der Psychoanalyse an der Vergangenheit war die Tatsache, daß der Versuch, im Rahmen der Gegenwart zu arbeiten, wenig Erfolg hatte. Bei der Weiterentwicklung der Freudschen Theorie wurde schon früh der Versuch unternommen, durch die Konzentration auf gegenwärtige Ereignisse eine Änderung im Befinden des Patienten zu erreichen. Doch Beeinflussung, Ratschläge, gutes Zureden und Appelle an die Willenskraft schienen günstigstenfalls eine vorübergehende Besserung zu bewirken.[4]

Schließlich läßt sich die Tatsache, daß die alten Denkmodelle weiter verfolgt wurden, auch aus dem konservativen Zug verstehen, der jeder Theoriebildung eigen ist. Veränderungen an der grundlegenden Theorie jedes wissenschaftlichen Unternehmens darf man nur erwarten, wenn sie absolut notwendig erscheinen.

Dies dürfte ganz besonders bei einer so persönlichen Wissenschaft wie der Psychoanalyse der Fall sein — persönlich in dem doppelten Sinne, daß sie mit einem einzigartig affektbeladenen und wertorientierten Gegenstand zu tun hat und zugleich in beispielloser Weise die Schöpfung eines einzigen Menschen ist.

Spätere Entwicklungen

Eine Zeitlang beschäftigte sich die Psychoanalyse fast ausschließlich damit, die Inhalte und Metamorphosen der heimlichen Phantasien und die Reihe jener Kindheitswünsche in allen Einzelheiten zu be-

[4] Viele Analytiker glauben, die Techniken der Verhaltenstherapie seien lediglich jene oberflächlichen Versuche, die Patienten zu manipulieren, die Freud erprobt und als unzulänglich verworfen hatte. Wenn wir diese Verfahren in späteren Kapiteln eingehender untersuchen, dürfte deutlich werden, inwiefern sie sich von den von Freud versuchten Methoden unterscheiden und warum es wahrscheinlich ist, daß sie sich im Unterschied zu diesen frühen Versuchen als nützlich erweisen.

schreiben, von denen man meinte, sie seien biologisch vorgegeben. Den Reaktionen auf tatsächliche Ereignisse und Situationen im Leben des betreffenden Menschen wurde kaum Aufmerksamkeit geschenkt, es sei denn, man machte diese Reaktionen dafür verantwortlich, biologisch vorgegebene Wünsche zu früh oder zu intensiv geweckt oder solche Wünsche übermäßig frustriert zu haben. Jenes erstaunliche Ausmaß an adaptivem Lernen während des ganzen Lebens, das sich nicht in das begriffliche Schema der Triebweckung oder Triebfrustrierung pressen ließ, war von geringem Interesse.

Wie Rapaport (1960) es ausdrückt: »Die Triebtheorie nahm Freud lange Zeit auf Kosten all seiner anderen empirischen Entdeckungen und begrifflichen Schöpfungen in Anspruch. Als er seine Aufmerksamkeit diesen anderen Entdeckungen und begrifflichen Schöpfungen zuwandte, hatten Psychoanalytiker und andere es schwer, die alte Einseitigkeit aufzugeben, die sie von ihm übernommen hatten« (S. 176f.). Nach Rapaport gilt diese Ausschließlichkeit des Interesses allerdings nicht mehr für ein differenziertes, auf Freudschem Gedankengut basierendes Denken, das mit den Entwicklungen in der Ichpsychologie vertraut ist. Rapaport vertritt die Auffassung, daß die theoretischen Entwicklungen, die wir Hartmann und Erikson verdanken, eine Integration des Wissens über Anpassung, Lernen und soziale Interaktion mit früheren psychoanalytischen Vorstellungen über Triebschicksale und infantile Phantasien ermöglicht haben. Er meint weiter, daß Entwicklungen, die einen interpersonalen und »kulturgeschichtlichen« Ansatz verfolgen und die etwa von Autoren wie Horney und Sullivan vertreten werden, uns nicht weiterbringen können, weil es ihnen nicht gelingt, eine solche Integration vorzunehmen; statt dessen verwerfen sie frühere Einsichten.

Auch Arlow und Brenner (1964) meinen, daß die Entwicklung der Ichpsychologie dem psychoanalytischen Denken neue Möglichkeiten von großer Tragweite beschere. Die Autoren gehen ausführlich auf die Bedeutung der erstmalig 1923 in *Das Ich und das Es* entworfenen »Strukturtheorie« für die klinische Praxis ein. Bei dieser Diskussion weisen sie auf zahlreiche bedeutsame — und progressive — Veränderungen in Verständnis und Technik der Psychoanalyse hin, die sich aus der Entwicklung der psychoanalytischen Ichpsychologie ergeben: Einschätzung der Abwehrmechanismen als uneingestandene *Aktivitäten* des Individuums, die unbedingt genauer untersucht werden sollten; Einsicht in den spezifischen und einseitigen Charakter von Regressionen und in die pathologische Beteiligung adaptiver Funktionen an Konflikten; schließlich das Verständnis dafür, wie die

regressiven Erscheinungen der Psychose dazu dienen können, vor Angst zu schützen.
Es bleibt jedoch anzumerken, daß Arlow und Brenner — obwohl sie die sich aus der Strukturtheorie ergebenden neuen Perspektiven betonen — dennoch ein Hauptmerkmal psychoanalytischen Denkens beibehalten, das, wie wir gesehen haben, seinen Ursprung in der allerfrühesten Phase psychoanalytischer Forschung und Begriffsbildung hat: nämlich die Vorstellung, daß es unabdingbar sei, die Vergangenheit eines Menschen zu ergründen, um zu einem wirklichen Verständnis gelangen zu können. Man steuert jetzt nicht mehr so direkt auf das Ziel los, wendet sich einer eingehenden Analyse der Widerstände zu, statt unmittelbar darauf zu dringen, der Patient solle sich trotz dieser Widerstände erinnern. Der Inhalt, nach dem man jetzt sucht, sind Wünsche und Phantasien, nicht Erinnerungen an tatsächliche Traumata. Doch wie in den Neurotica wird das Leiden des Patienten noch immer wesentlich darauf zurückgeführt, daß etwas aus seiner Vergangenheit fortgesetzt auf Anerkennung dringt, ungeachtet der Versuche des Patienten, so zu tun, als sei es nicht vorhanden.
In den nächsten beiden Kapiteln werden wir kritisch untersuchen, ob der Nachdruck, den das psychoanalytische Denken auf die Vergangenheit legt, gerechtfertigt ist. Ziel dieser Kritik ist es nicht, unser Denken einfach von früheren Sichtweisen zu befreien. Ich selbst halte die gegenwärtige psychoanalytische Auffassung von der Vergangenheit für ein Relikt der in diesem Kapitel beschriebenen frühen Versuche zur Theoriebildung. Und ich glaube, daß unser verändertes Verständnis dessen, was Freud *wirklich* beobachtete, wenn seine Patienten ihm berichteten, was ihnen »zustieß«, auch eine veränderte Strategie der Begriffsbildung verlangt. Darüber hinaus glaube ich, daß man die wichtigen Entwicklungen in der therapeutischen Praxis, die nicht psychoanalytischen Ursprungs sind, unbedingt in Rechnung stellen und benutzen muß. Ich behaupte, daß vor allem die scharfe Trennung zwischen dem psychodynamischen und dem verhaltensorientierten Standpunkt der Entwicklung beider Ansätze im Wege war und verhindert hat, daß es zu einem integrierten psychotherapeutischen Ansatz von größtmöglicher Wirksamkeit gekommen ist.[5]

[5]Auch für eine Integration von Gruppen- und Familientherapie und zeitgenössischer Psychoanalyse — eine wichtige, lohnende und eigenständige Aufgabe — ist es erforderlich, die psychoanalytische Auffassung von der Vergangenheit neu zu überdenken.

3
Das Historische und das Innerseelische

Freuds Auffassung von der Rolle der Vergangenheit für die psychischen Funktionen im Leben des erwachsenen Patienten steht jedem Versuch, psychoanalytische und verhaltensorientierte Ansätze zu integrieren, als ein Haupthindernis im Wege. Das Urteil vieler Analytiker, demzufolge ihr therapeutisches Repertoire durch die Aufnahme verhaltensorientierter Methoden oberflächlicher werden würde, erklärt sich vor allem aus ihrer Vorstellung vom Einfluß vergangener Erlebnisse und psychischer Prozesse auf gegenwärtige Erlebnis- und Verhaltensweisen.[1] Wir wollen deshalb unsere Untersuchung der Frage, welche Chancen eine Integration der beiden Richtungen besitzt, damit beginnen, daß wir die historische Dimension im psychoanalytischen Denken betrachten. Wir wollen uns dann der Frage zuwenden, wie dieser Aspekt der psychoanalytischen Theorie die Analytiker dazu geführt hat, ein so breites Spektrum therapeutischer Interventionsmöglichkeiten zu verwerfen, die aus heutiger Sicht von erheblichem Wert für ihre Patienten hätten sein können.

Die Psychoanalyse ist nicht die einzige Theorie, die die Bedeutung der Kindheit in den Mittelpunkt ihrer Betrachtungen rückt und die sich bemüht, die Gefühle und das Verhalten eines Menschen anhand seiner Lebensgeschichte zu verstehen. Eine Vielfalt psychologischer Theorien geht davon aus, daß frühe Erfahrungen geeignet sind, lebenslange Verhaltensmuster zu schaffen, wenn nicht bestimmte ungewöhnliche Ereignisse folgen. Die besondere Weise aber, in der die Psychoanalyse die historische Perspektive bei der Erforschung psychischer Phänomene behandelt, ist ebenso unverwechselbar wie umstritten. Dies gilt besonders für ihre Erklärung des unvergleichlich nachdrücklichen Einflusses, der Kindheitserlebnissen zukommt. Die Beziehungen zwischen frühen Verhaltensweisen und Erlebnissen

[1] Dies ist natürlich nicht der einzige Grund für die Skepsis psychodynamisch orientierter Denker gegenüber dem Wert von verhaltensorientierten Verfahren. Von großer Bedeutung ist auch, daß sie beim Patienten Einsicht und Verständnis für notwendig halten, um bedeutsame Veränderungen bewirken zu können. Hinzu kommt eine Vielzahl verwandter konzeptioneller und ethischer Fragen. Diese wollen wir in späteren Kapiteln betrachten.

und solchen im späteren Leben lassen sich auf mancherlei Weise verstehen. Auch die Tatsache, daß viele der alltäglichen Verhaltensweisen des Erwachsenen seiner gegenwärtigen Realität offensichtlich unangemessen sind, läßt sich unterschiedlich deuten. Das Besondere an der psychoanalytischen Erklärung dieses Problems ist die Behauptung, der Einfluß bestimmter Kindheitswünsche und Kindheitsängste bestehe weiter *ungeachtet späterer Erfahrungen, die aller Erwartung nach diese Wünsche und Ängste hätten verändern müssen.* Verdrängung hindert den Menschen (psychoanalytischer Auffassung zufolge) nicht nur daran, sich das Verdrängte bewußt zu machen, sie hindert auch den verdrängten Wunsch oder die verdrängte Phantasie daran, »erwachsen zu werden«, sich im Laufe der Entwicklung so zu verändern, wie es die nicht verdrängten Wünsche oder Phantasien tun.

Der Analytiker räumt ohne weiteres ein, daß die bewußten, nicht verdrängten Bestrebungen des Kindes verändert oder in eine andere Richtung gelenkt werden können, wenn die Wertvorstellungen des Kindes sich wandeln und seine moralischen Auffassungen reifen. Neue Informationen und die Gebote der Logik bewirken häufig, daß wir bewußt getroffene Entscheidungen umwerfen und nicht länger nach Zielen streben, die wir einst hoch geschätzt haben. Doch Antriebskräfte, die offenbar im Bewußtsein nicht vertreten sind, scheinen den modifizierenden Einflüssen rationalen Denkens und widersprüchlicher Information weit weniger zugänglich zu sein. Die Sehnsucht nach der Mutter und die Phantasien, die im Verlaufe der psychoanalytischen Behandlung erwachsener Männer häufig zutage treten, scheinen einem naiven Vierjährigen angemessen, der zur Befriedigung seiner Bedürfnisse in erster Linie von der Mutter abhängt, der nur geringe Erfahrungen mit anderen Frauen hat, die seine idealisierte Vorstellung von der Mutter berichtigen könnten, und der noch kaum damit begonnen hat, die Menschen wie ein Erwachsener als komplexe Wesen mit Stärken und Schwächen, schönen und häßlichen Seiten wahrzunehmen. Obwohl dem Patienten bewußt ist, daß seine Mutter jetzt eine Frau mittleren Alters ist, die wahrscheinlich weit weniger attraktiv ist als die meisten Frauen, denen er begegnet, obwohl er ohne weiteres zugibt, daß sie ihn und andere häufig ärgert und daß sein Vater mit ihr zweifellos nicht viel Spaß im Bett gehabt hat, und obwohl er weiß, daß viele andere ihn weit besser befriedigen könnten, läßt er uneingestandene Zeichen dafür erkennen, daß es ihn immer noch mit derselben Inbrunst nach ihr verlangt wie zu der Zeit, als sie die ganze Welt für ihn bedeutete und sie der geheiligte Mittelpunkt seines kindlichen Universums war. Die Tatsache, daß er die Realitäten seines Lebens und die begrenzten Möglichkeiten der Befriedigung, die ihm die Mutter bietet, ganz bewußt wahrnimmt und versteht, scheint an seinem Verlangen überhaupt nichts zu ändern.

Der Begriff der abgespaltenen Systeme

Freud stützte sich bei seinem Versuch, das Fortbestehen solcher scheinbar anomalen Wünsche zu erklären, weitgehend auf das Konzept der Abspaltung oder Abtrennung psychischer Funktionen. Er stellte fest, daß bestimmte Aspekte unseres psychischen Lebens (besonders jene, die unbewußt sind) offensichtlich unveränderlich sind und sich damit im Gegensatz zu vielen anderen unserer psychischen Funktionen befinden, die sehr wohl auf geänderte Bedingungen reagieren. Dadurch sah er sich veranlaßt, sein Modell von der Funktionsweise der Seele an der Vorstellung von gesonderten psychischen Systemen zu orientieren, die unsere Erfahrung und unser Verhalten häufig in widersprüchlicher Weise beeinflussen und dadurch Disharmonie in unseren Bemühungen stiften, Befriedigung und Sicherheit in der Welt zu finden.

In seinen frühesten Schriften, als er sich noch vorwiegend mit unbewußten Erinnerungen beschäftigte, deutete Freud (gemeinsam mit Breuer) an, daß die Verdrängung der Erinnerung an das traumatische Ereignis dieses nicht nur von der Bewußtheit ausschließe, sondern es auch daran hindere, sich mit den übrigen Vorstellungen und Erinnerungen des Menschen zu verbinden. Durch seine Einkapselung und die nichtvollzogene Integration mit den übrigen mentalen Funktionen des Menschen habe es nicht Teil an den Prozessen, durch die die Erinnerung an emotional erregende Ereignisse in der Regel ihre ursprüngliche affektive Intensität verlöre. Nichtverdrängte Erinnerungen seien einem Verschleißprozeß unterzogen, der den assoziierten Affekt auf »Abfuhrbahnen« wie Weinen, Lachen, Umhergehen, Handeln oder auch Durchdenken abbaue.[2] Dieses Durchden-

[2]Wir brauchen uns hier nicht mit dem thermodynamischen Modell zu befassen, das durch Termini wie »Abfuhr« ins Spiel gebracht wird. Freuds Neigung, ein Konzept psychischer Energie zu verwenden, ist des öfteren kritisch untersucht worden. Wie sich herausstellte, ist es weit weniger eng mit der Struktur psychoanalytischen Denkens verbunden, als man ursprünglich gemeint hatte. (Vgl. Holt, 1965, 1967; Klein, 1967; Loevinger, 1966; Schafer, 1972, 1973; Wachtel, 1969).

ken diene der Abfuhr des mit einer Vorstellung verknüpften Affektes, indem es einerseits von dem Drang befreie, über diese Vorstellung immer wieder nachzudenken, und indem es andererseits die Bedeutung dieser Vorstellung dadurch verändere, daß es sie mit anderen vergleiche, die Dinge in die rechte Perspektive rücke und so fort. Verdrängte Erinnerungen dagegen blieben dadurch, daß sie solchen Prozessen nicht unterzogen würden, frisch und behielten ihre ursprüngliche Bedeutung und Intensität. Die unbewußten Erinnerungen wurden als »zeitlos« verstanden und im Gegensatz zu Erinnerungen an nichtverdrängte Ereignisse gesehen, die in dem Maße, wie neue Ereignisse einen wichtigen Platz in der Lebensgeschichte des Menschen einnehmen, allmählich ihre ausschließliche Bedeutung verlieren.

Freuds Beschreibung des andauernden Einflusses der Vergangenheit erinnert an die Geschichten von den Kältesteppenmammuts, die man im arktischen Eis eingefroren gefunden hat und die nach Tausenden von Jahren noch so vollkommen erhalten waren, daß ihr Fleisch von jedem genossen werden konnte, dem der Sinn nach so uralter Kost stand. Freud war außerordentlich beeindruckt von der »Frische« und Lebhaftigkeit der Erinnerungen, die enthüllt wurden, nachdem er die Schichten des Widerstands durchstoßen hatte. Er meinte, sie seien dadurch konserviert worden, daß sie keinen Zugang zu den üblichen Assoziationsbahnen gehabt hätten.

Auch Beobachtungen aus anderen Fachrichtungen scheinen die Auffassung zu bestätigen, daß Erinnerungen unter bestimmten Umständen so gespeichert werden können, daß sie über Jahre hinweg verborgen bleiben und dann mit außerordentlicher Stärke und Lebhaftigkeit auftreten. Penfield hat beispielsweise berichtet, daß Patienten Erinnerungen von fast halluzinatorischer Lebhaftigkeit beschrieben, wenn bestimmte Hirnregionen bei operativen Eingriffen stimuliert wurden (Penfield und Roberts, 1959). Obgleich die von ihm vorgenommene Lokalisierung bestimmter Funktionen im Gehirn in Zweifel gezogen worden ist und obgleich viele moderne Erklärungen des Gedächtnisses mehr Wert auf die Rekonstruktion als auf die Speicherung genauer Abbilder vergangener Erfahrungen legen, scheinen Beobachtungen dieser Art sich mit den Beobachtungen zu decken, die Freud so beeindruckt haben.

Oder noch ein anderes Beispiel: Eine Freundin und Kollegin von mir versetzte ihren Mann und einige Krankenschwestern dadurch in Erstaunen, daß sie, nach der Entbindung ihres Kindes aus der Narkose erwacht, in einem Kauderwelsch zu sprechen begann, dabei aber zu glauben schien, sich verständlich auszudrücken. Glücklicherweise war ein anderer Patient in der Nähe, der zufällig Ungarisch sprach und der die Laute, die sie ausstieß, ohne Schwierigkeiten als akzeptable, wenn auch etwas simple ungarische Sätze erkannte. Sie war in Ungarn geboren und hatte in ihren ersten Lebensjahren Ungarisch gesprochen. Doch war sie dann sehr bald in die Vereinigten Staaten gekommen und sprach nun als Erwachsene ein akzentfreies Englisch, während sie ihr Ungarisch »verlernt« hatte. Sobald die Patientin ganz aus der Narkose erwacht war, drückte sie sich wieder in ausgezeichnetem Englisch aus. Und bis heute ist sie im Normalzustand nicht in der Lage, in Budapest auch nur die Uhrzeit zu erfragen. Solche Beispiele lassen darauf schließen, daß es, wie auch immer die Mittel zur Speicherung und die Gedächtnisprozesse im einzelnen aussehen mögen, Wege gibt, vergangene Erlebnisse lange Zeit zu speichern, ohne daß es zu jenem Verschleiß von Gedächtnisspuren kommt, der Studenten in Examenszeiten so oft verzweifeln läßt und dem die experimentellen Gedächtnisforscher so viel Interesse entgegenbringen. Die Bedeutung solcher Beobachtungen für die Freudsche Auffassung vom »zeitlosen Unbewußten« ist jedoch alles andere als klar. Selbst zu dem frühen Zeitpunkt psychoanalytischer Theoriebildung, als Freud noch glaubte, seine Patienten litten unter den Erinnerungen an tatsächliche Ereignisse, schliefen diese Erinnerungen ganz und gar nicht. Wenn wir unsere Metapher noch ein bißchen weiterspinnen wollen, so trompeteten die Kältesteppenmammuts, die Freud in den paläolithischen Schichten der Seele eingefroren sah, laut genug, um die Toten aufzuwecken, und ganz gewiß störten sie den Schlaf der Lebenden. Die Erinnerungen waren nach Freuds Auffassung dem Bewußtsein nicht zugänglich, aber sie waren dennoch sehr aktiv. Er meinte sogar, daß es einer fortgesetzten Anstrengung bedürfe, um sie daran zu hindern, ins Bewußtsein zu dringen.

Verdrängung und nichtintegrierte sexuelle Entwicklung

Freuds theoretisches Interesse verlagerte sich schließlich von den verdrängten Erinnerungen an wirkliche Ereignisse auf die verdrängten Phantasien, die mit nicht-akzeptierbaren Wünschen umd Impulsen assoziiert sind. Dabei wurde die theoretische Darstellung jener Vorgänge, die die »Zeitlosigkeit« des Unbewußten verursachen, verändert und weiter ausgearbeitet. Doch nach wie vor galt die Verdrängung als Hauptursache für die Verhinderung von Integration und Bewußtsein. In den *Drei Abhandlungen zur Sexualtheorie* (1905) entwarf Freud ein Bild von der Entwicklung des Sexualtriebs. Er meinte in diesem Aufsatz, daß sich zu einem frühen Zeitpunkt im Leben zahlreiche voneinander getrennte Triebe und Impulse entwickelten, die unter idealen Umständen in der Pubertät zu einem einheitlichen Genitaltrieb integriert würden. Freud verstand also die Komplexität der erwachsenen Sexualität (wobei sexuelle Aktivität und Lust nicht nur genitale, sondern auch orale und anale Aspekte einschließen und sich ebenso sadistische wie masochistische, exhibitionistische wie voyeuristische Aktivitäten und Lusterlebnisse zeigen können) als die Integration einer Vielfalt von relativ unabhängigen Motivationstendenzen, die sich schon beim Kind zeigen.

Die erfolgreiche Integration dieser »Triebkomponenten« sah Freud durch die Verdrängung gefährdet. Wenn eine Triebkomponente verdrängt werde, dann werde sie vom übrigen Gang der Entwicklung abgetrennt. Sie bleibe unbewußt und isoliert, während das übrige Triebleben fortgesetzt und allmählich ausgeformt werde. Dies geschehe durch Entwicklungsprozesse und den zunehmenden Einfluß von Realitätserfahrungen auf die Art der Wünsche und auf die Menschen, Zeitpunkte und Orte, denen diese Wünsche gelten. Nach Freuds Auffassung wird also der Rest unserer Wünsche »erwachsen«, während die verdrängten — und damit an der Integration in die übrige Persönlichkeit gehinderten — Wünsche in ihrer ursprünglichen und primitiven Form aktiv bleiben.

Abgespaltene Systeme und Ichpsychologie

Die enge Verbindung von Verdrängung, unveränderlichem Fortbestehen von vergangenen psychischen Tendenzen und dem Konzept gesonderter psychischer Systeme zeigt sich in Freuds Denken nach 1923 besonders deutlich. In diesem Jahr veröffentlichte er *Das Ich und das Es*, ein Werk, in dem er seine Theorie zu dem entwickelt hatte, was man später die »Strukturtheorie« nannte. In dieser Arbeit unterschied er zwischen dem kohärenten Ich und dem Verdrängten, das von ihm abgespalten wird. Diese letztere Seite unserer psychischen Funktionen bezeichnet Freud als das Es.[3]

Freuds Konzeptualisierung dieser separaten Systeme oder Strukturen war von ihm nicht als formale Theorie beabsichtigt. Im Vorwort zu *Das Ich und das Es* bringt er ganz deutlich zum Ausdruck, daß

---

[3]Das Es deckt sich jedoch nicht völlig mit dem Verdrängten (vgl. Gill, 1963; Schur, 1966).

seine Darlegungen dort »beim Gröbsten Halt machen«. Es ist wichtig, daß wir uns dies klarmachen, weil in heutigen psychoanalytischen Arbeiten häufig auf das »Ich« Bezug genommen wird, als ob es sich dabei nicht um einen ersten begrifflichen Versuch zum Verständnis der Organisation und der Struktur psychischer Prozesse handle, sondern vielmehr um eine von Natur aus gegebene Entität. Man fragt, was das Ich ist, und nicht, ob es überhaupt sinnvoll ist, von der Vorstellung eines Ichs auszugehen.

Solche Tendenzen in der psychoanalytischen Literatur verschleiern die Probleme, mit denen Freud rang. Das »Ich« war für Freud selbst da, wo seine Ausführungen am klarsten und schlüssigsten sind, keine real gegebene Entität, deren Eigenschaften es zu untersuchen galt. Es war der Versuch eines Konzepts, das verschiedene theoretische Probleme zusammenfassen sollte, die nach Freuds Auffassung miteinander zusammenhingen. In Freuds Schriften lassen sich implizit mehrere Definitionen des Ichs entdecken, nicht nur eine einzige. Dies waren nicht widersprüchliche oder unvereinbare Definitionen, sondern Kristallisationspunkte seiner Arbeit — Ausgangspunkte, die einen Eindruck von der Organisation psychischer Prozesse vermittelten. Wir müssen diese unterschiedlichen Ansätze eines Ichkonzepts kurz untersuchen, um ermessen zu können, inwiefern Freuds Verwendung dieses Konzepts für unser Verständnis der psychoanalytischen Auffassung von der Vergangenheit relevant ist und welche anderen Ansätze uns zur Verfügung stehen.

Aspekte des Ichkonzepts

Das Ich bezeichnete Freud als den Teil der Psyche, der zusammenhängend und organisiert ist. »...das Ich (ist) eine Organisation (...), das Es aber keine« (Freud, 1926, S. 124). Freud bezog sich auf eine organisierte Entität, um den Umstand zu erklären, daß erfolgreiche Anpassung eine Anstrengung voraussetze, in der verschiedene psychische Prozesse miteinander koordiniert sein und gemeinsam in einem einheitlichen System funktionieren müßten (wie Synthese und Organisation ja Lebensprozesse überhaupt charakterisieren und vielleicht sogar definieren).

Wenn wir auch für Untersuchungs- und Diskussionszwecke Prozesse wie Motivation, Wahrnehmung, Gedächtnis und so fort analytisch voneinander unterscheiden können, so hängt unser Überleben doch davon ab, daß diese verschiedenen, ständig ablaufenden adaptiven Prozesse gemeinsam als System funktionieren. Wenn wir hungrig sind, müssen wir uns daran erinnern, wo wir Nahrung finden können, wir müssen sie vor uns sehen, sie zum Munde führen und so fort. Dies könnte nicht geschehen, wenn nicht Motivation, Gedächtnis, Wahrnehmung und Motorik koordiniert würden. Die Wahrscheinlichkeit, daß wir mit leerem Magen nach Nahrung suchen, wäre ohne diese Koordination nicht größer als die Wahrscheinlichkeit, mit vollem Magen zu suchen. Auch die Wahrscheinlichkeit, daß wir uns dann eher auf die Nahrung hinbewegen, die wir sehen, als zu irgendeinem anderen Objekt in unserem Gesichtsfeld, wäre nicht größer. Kurzum, wir würden ganz einfach nicht so funktionieren, daß wir überleben könnten.

Die Eigenschaft, psychische Funktionen organisieren und koordinieren zu können, wurde also in Freuds Theorie durch ein organisiertes *System*, das Ich, repräsentiert. Unter diesem Gesichtspunkt wird das Es durch seine Abgetrenntheit von dieser Organisation definiert. Psychische Prozesse, die dem Es zugeschrieben werden, sind nicht mit den Anpassungsaktivitäten des »Ich«-Systems koordiniert. Wollen wir dies besser verstehen, müssen wir einen zweiten Versuch Freuds betrachten, das Ich zu konzeptualisieren.

Das Ich wurde von ihm auch als psychisches System beschrieben, das *von der Wahrnehmung ausgeht*, oder, wie er an anderer Stelle sagt, »das Ich ist der durch den direkten Einfluß der Außenwelt (...) veränderte Teil des Es ...«.[4] Er sagt dann weiter: »Die Wahrnehmung spielt für das Ich die Rolle, welche im Es dem Trieb zufällt« (1923, S. 252).

Dieses Konzept versteht das Ich als ein System psychischer Prozesse, die auf Umweltereignisse reagieren. Das heißt, was »dort draußen« geschieht — zumindest in der Form, in der es sich unserer Wahrnehmung darstellt —, hat beträchtlichen Einfluß darauf, welche Gedanken gedacht, welche Wünsche geweckt werden, nach welchen Wün-

[4]Diese Ausdrucksweise impliziert, daß ursprünglich nur das Es war — das heißt, daß alle psychischen Prozesse, die das Ich konstituieren, Modifikationen von ursprünglich primitiven Trieben sind. Beschäftigt man sich eingehender mit den Problemen, die diese Bezeichnung mit sich bringt, kommt man wie Hartmann, Kris und Lœwenstein (1946) zum Postulat eines ursprünglich undifferenzierten Ich-Es.

[5]Das Ich reagiert nach psychoanalytischer Auffassung natürlich auch auf Einflüsse, die keine Umweltereignisse sind, etwa auf die Erzeugung von Es-Wünschen und auf die Verbote des Überichs.

[6]Phantasien oder Wünsche des Es sind für Umweltereignisse nicht *völlig* unzugänglich. Sie können beispielsweise durch solche Ereignisse geweckt oder ausgelöst werden.

schen man sich richtet und so fort, *sofern diese Gedanken, Wünsche oder sonstigen psychischen Prozesse und Vorgänge Teil des Ichsystems sind.*[5] Phantasien und Wünsche, die Teil des Es sind und deshalb laut Definition an der Koordination und Organisation des Ichsystems nicht teilhaben, stehen dagegen nach dieser Auffassung nicht unter dem Einfluß unserer Wahrnehmung von wirklichen Ereignissen »draußen«. Sie sind also auch nicht Gegenstand der Realitätsüberprüfung. Nach Freud bleiben diese Wünsche und Phantasien (unbewußt) erhalten, obwohl sie außerordentlich unrealistisch sind.[6]
Man geht auch davon aus, daß sie fortbestehen, selbst wenn sie sich mit anderen wichtigen Zielen oder Vorstellungen nicht vertragen. Wenn es erlaubt ist, die theoretischen Metaphern durcheinanderzuwürfeln, können wir sagen, daß die Theorie der kognitiven Dissonanz nur im Ich gilt. Das Ich als organisiertes psychisches System ist den Zwängen der Logik unterworfen. Werden dort inkonsistente Vorstellungen gehegt oder unvereinbare Dinge gewünscht, entsteht eine Spannung, die zur Veränderung des einen oder anderen Teils des Systems führt. Nach Freuds Auffassung sind dagegen die Wünsche oder Phantasien des Es nicht in dieser Weise organisiert. Unverträgliche Wünsche und Vorstellungen, die in erheblichem Gegensatz zu anderen, von uns gewußten Dingen stehen, bleiben ohne irgendeine Modifikation erhalten, sofern sie nicht Teil des Ichsystems sind.
Wenn wir die Bezeichnungen betrachten, die Freud seinen Konstrukten gegeben hat, so wirft dies noch ein anderes Licht auf die Ziele, die er mit seiner Konzeption des Ichs als einem System und des Es als davon getrenntem Komplex im Auge hatte. Schon aus dem Namen geht hervor, daß das Ich als eine Organisation psychischer Prozesse verstanden wird, zu denen das Selbstgefühl gehört und die stark von diesem geprägt sind. Damit ist nicht gesagt, daß alle psychischen Prozesse, die als Teil des Ichsystems verstanden werden, als Teil des Selbst erfahren werden oder als das anerkannt werden, was »ich« tue. Im Gegenteil, gerade zu den Beobachtungen, die entscheidenden Anteil daran hatten, daß Freud sich zur Neufassung seiner Theorie im Sinne von Begriffen wie Ich, Es und Überich entschloß, gehören »Ichprozesse«, die nicht als Selbst erlebt werden. So werden z. B. auch jene Aktivitäten, die die Psychoanalytiker als Abwehrmechanismen bezeichnen, als Teil des Ichsystems verstanden, obgleich

---

Doch nach Freuds Auffassung werden sie durch aktuelle Ereignisse nicht ständig *verändert*, wie unvereinbar sie auch immer mit dem, was die Wahrnehmung an Information liefert, sein mögen (vgl. Kapitel 4, S. 65–67).

der Patient sie häufig nicht als »sein« Tun erlebt und anerkennt. Die Neigung, gerade dann besonders nett zu sein, wenn nicht-akzeptable feindselige Impulse aufsteigen, oder sich ganz einem irrelevanten intellektuellen Problem zuzuwenden, wenn ein merkwürdiges und störendes Gefühl sich regt, ist in der Regel nicht Teil des Bildes, das ein Mensch mit dieser Neigung von sich selbst hat. Die enge Verbindung zwischen Ichsystem und der Erfahrung des Selbst erschöpft sich im übrigen nicht in der Namensgebung, sondern zeigt sich vielerorts in Freuds Schriften. So stellt er beispielsweise fest, daß das Ich »vor allem ein Körper-Ich« ist (Freud, 1923, S. 255). Er weist darauf hin, daß der Säugling ein Gefühl für das Selbst entwickle, indem er den eigenen Körper erforsche. Dies sei der eigentliche Ausgangspunkt für die Entwicklung der Ichorganisation.

Außerdem weist die Tatsache, daß die Abwehrmechanismen vom Ich ausgehen, darauf hin, daß das Ich als System eng mit dem Selbstgefühl verbunden ist. Schon am Beginn seiner psychoanalytischen Arbeit war Freud aufgefallen, daß die Menschen sich bemühten, aus ihrer Erfahrung das auszuschließen, was sich nicht mit ihrem Gefühl von dem vertrug, was sie waren oder sein wollten. Das Ichsystem ist keinesfalls synonym mit dem Selbstgefühl, das nur ein Aspekt oder ein Teil des Ichkonstruktes ist. Dennoch ist das Selbstgefühl ein sehr wichtiges Unterscheidungsmerkmal zwischen dem Ich als einem System und dem Es, das von diesem System ausgeschlossen ist.

Weitere Implikationen des Strukturmodells

Nach Freuds späteren Formulierungen werden also jene Tendenzen, gegen die sich die Abwehrmechanismen eines Menschen richten, nicht nur im Unbewußten gehalten. Sie werden zudem von jenem koordinierten System abgespalten, das für die Anpassung des Individuums sorgt. Das macht sie für die Aufnahme neuer Information aus der Umwelt relativ unzugänglich, und sie können nicht als zum Selbst gehörend erlebt werden.[7] Tatsächlich wurde aus der Sicht der Strukturtheorie zunehmend deutlich, daß sich bestimmte Vorstellun-

[7]Es muß darauf hingewiesen werden, daß der Theorie nach die Systeme nicht *absolut* getrennt sind. Freud bemerkt zu einer Abbildung, die sein theoretisches Modell darstellen soll: »Das Ich ist vom Es nicht scharf getrennt, es fließt nach unten hin mit ihm zusammen.« Ohne *jede* Verbindung zwischen den Systemen gäbe es keine Möglichkeit, die Tatsache zu erklären, warum verdrängte Triebe fähig sind, das Verhalten zu beeinflussen und Störungen hervorzurufen.

gen und Strebungen, die wenigstens in geringem Maße bewußt waren, am besten als zum Es gehörig verstehen ließen und daß sie problematische Konsequenzen hatten, die denen völlig unbewußter Strebungen sehr ähnlich waren.

Verdrängung aus dem Bewußtsein wurde nun klarer als eine Form von Abwehr verstanden, die sich gegen bedrohliche Vorstellungen und Neigungen richtete. Menschen, die Isolierung und Intellektualisierung als Abwehrmechanismen benutzen, können häufig Wünsche oder Phantasien aussprechen, die zu verbalisieren andere Menschen überhaupt nicht in der Lage sind. Diese Aussagen sind jedoch in der Regel affektlos, in andere psychische Prozesse nicht in gleicher Weise integriert wie Tendenzen, gegen die sie sich nicht wehren. Der zur Intellektualisierung neigende Patient sagt vielleicht, er wisse, daß ein bestimmter von ihm geäußerter Wunsch oder eine Phantasie unlogisch sei oder sich nicht mit dem vertrage, was — wie er sehr wohl wisse — in seinem ureigensten Interesse liege. Aber es ist auch klar, daß die Vorstellungen sich durch den Umstand, daß er um ihre Unlogik weiß, in keiner Weise verändern. Die Logik, die einen modifizierenden oder regulierenden Einfluß ausübt und die meisten Vorstellungen des Patienten koordiniert, scheint also von dieser besonderen Vorstellung abzuprallen, als sei sie nicht Teil des regulierten Gedankensystems.

Außerdem wird die Vorstellung, gegen die der Patient sich durch Isolierung oder Intellektualisierung wehrt, ungeachtet der Tatsache, daß sie dem Bewußtsein manchmal auch zugänglich sein kann, nicht mit dem Gefühl erlebt, daß sie Teil des Selbst ist. Häufig wird sie wie eine Art Rückschluß erlebt, als etwas, was von außen beobachtet und nicht im Innern erfahren wird. (»Es ist, als müßte ich wollen ...«, »Ich vermute, das bedeutet, daß ich versuche ...«, »Ich scheine zu fühlen ...« und nicht: »Ich wünsche ...« oder »Ich fühle ...«). Die Vorstellung bleibt also »Es«, sie wird nicht »Ich«.

Eben diese Beobachtungen veranlaßten Freud dazu, das Ziel des psychoanalytischen Prozesses anders zu beschreiben. Es galt nicht mehr, das Unbewußte bewußt zu machen, sondern nun hieß es, wo Es war, soll Ich sein. Es genügt nicht, daß eine Vorstellung bewußt ist. Wie wir gesehen haben, kann sie — zumindest in gewissem Umfange — bewußt und trotzdem Teil des Es sein.[8]

---

[8]Die Frage, was eigentlich »bewußt« ist, ist nicht einfach. Horney (1939) spricht beispielsweise von »unbewußten Tendenzen«, wenn jemand um gewisse Tendenzen in seinem Verhalten zwar weiß, sich aber über ihren Umfang oder ihre volle Bedeutung

Das heißt, sie kann auch dann noch von den modifizierenden Einflüssen ausgeschlossen sein, die die Prozesse jenes organisierten Anpassungssystems regeln, das Freud Ich nennt. Solche offensichtlich bewußten, jedoch abgewehrten Vorstellungen haben auf die Anpassung die gleichen psychologischen Auswirkungen wie die Vorstellungen, die in Freuds früherer Theorie Teil des »Unbewußten« waren. Sie sind unumstößlich und unrealistisch, weil sie sich nicht in Reaktion auf neue, von außen kommende Daten verändern und weil sie nicht in das richtige Verhältnis gerückt und dadurch modifiziert werden, wie das im Alltag häufig mit Vorstellungen geschieht, die uns vertrauter sind. Die Frage, ob sie bewußt werden, ist also nicht so wichtig wie die Frage, ob sie Teil des Ichs werden — das heißt, ob sie gezähmt werden, indem sie in ein System, das nach Anpassung strebt, integriert werden.

Psychotherapeutische Implikationen

Dieses ichpsychologische Modell ist gewiß weit differenzierter als das Modell der abgespaltenen Erinnerungen, das sich in Freuds frühesten psychoanalytischen Schriften findet. Es eröffnet dem psychoanalytischen Interesse ein Spektrum zahlreicher neuer Erscheinungen. Doch in vielerlei Hinsicht bleibt es doch nur eine verfeinerte Spielart des »Kältesteppenmammut«-Modells.

Dies gilt insbesondere für die therapeutische Technik der Psychoanalyse. Die große Zahl von Forschungsarbeiten zur Wahrnehmung, zu den kognitiven Stilen und den verschiedenen Anpassungsstrategien, die im Namen der psychoanalytischen Ichpsychologie durchgeführt worden sind, haben sich nur in geringem Umfang auf die Neurosentheorie und kaum auf die psychoanalytische Technik ausgewirkt. Analytiker wenden jetzt weit mehr Aufmerksamkeit der Frage zu, wie der Patient im einzelnen einige seiner Neigungen dissoziiert (das heißt der Frage, wie die Abwehrprozesse tatsächlich verlaufen); sie sind bemüht einzuschätzen, wie die Probleme des Patienten durch Defekte in seinen Ichfunktionen verstärkt werden, etwa durch fehlerhaftes Denken, fehlerhafte Realitätsüberprüfung, fehlerhafte Triebkontrolle und so fort. Doch nach wie vor wird das Hauptproblem des Neurotikers in der Spaltung seiner psychischen Prozesse gesehen, die

nicht im klaren ist. In der psychoanalytischen Literatur ist auch die Unterscheidung zwischen »intellektueller« und »emotionaler Bewußtheit« üblich, aber dennoch unklar (vgl. Kapitel 6).

aus der Abwehr gegen Kindheitsbestrebungen entsteht: also im Fortbestehen nicht-integrierter Restbestände aus der Kindheit, die sich der Einwirkung neuer Lebenserfahrungen entziehen.

Der Zusammenhang zwischen neueren Formulierungen und dem ursprünglichen Konzept von der Konservierung bestimmter Erinnerungen zeigt sich besonders deutlich in einem Abschnitt bei Stone (1961). Das ist insofern von Bedeutung, als Stones Buch einen der wichtigsten Versuche darstellt, die Rolle des Therapeuten innerhalb der klassischen psychoanalytischen Tradition zu erneuern. Stone schreibt, daß »echte Übertragung ... unverkennbar ihren infantilen Charakter bewahrt. Wie sehr auch die gegebenen früheren Beziehungen zu den wirklich erwachsenen Beziehungsmustern beigetragen haben mögen (etwa durch Identifikation, Begrenzung, übernommene Lehren), so unterscheidet sich doch die aus ihnen abgeleitete Übertragungsbeziehung von letzteren, *etwa in dem Sinne, wie Breuer und Freud (1895) die Krankheitsfolgen des pathogenen traumatischen Erlebnisses verstanden haben, das weder als solches abreagiert noch assoziativ der Persönlichkeit einverleibt worden ist«* (S. 67; Hervorhebung von P. L. W.).

Diese Auffassung von der innerseelischen Erhaltung der Vergangenheit ist von erheblicher Tragweite. Nach ihr erwächst die Neurose des Patienten in erster Linie aus seinen fortgesetzten und fruchtlosen Versuchen, jene internalisierten Reste seiner Vergangenheit zu bewältigen, die, da sie von seinem adaptiven und integrativen Ich isoliert sind, weiterhin ihre primitiven und völlig realitätsfernen Ansprüche stellen. Deshalb meint man, eine erfolgreiche Behandlung müsse die Voraussetzungen dafür schaffen, daß diese anachronistischen Neigungen bewußt erlebt und in das Ich integriert werden können, so daß sie sich kontrollieren und modifizieren lassen. Das Vehikel dieses Bemühens ist die »Übertragungsneurose«, die Verlagerung der neurotischen Tendenzen des Patienten auf die Person des Analytikers. Die Übertragungsneurose offenbart und unterstreicht durch ihre Heftigkeit und Unangemessenheit die infantilen Ursprünge der Schwierigkeiten des Patienten. In seiner wegweisenden Arbeit über die psychoanalytische Technik stellt Greenson (1967) fest, daß die Übertragungsneurose »dem Patienten das wichtigste Hilfsmittel bietet, um zu den *abgewehrten früheren pathogenen Erlebnissen* Zugang zu gewinnen. Das Wiedererleben der verdrängten Vergangenheit mit dem Analytiker und in der analytischen Situation ist die wirksamste Möglichkeit, die neurotische Abwehr und den neurotischen Widerstand zu überwinden. So wird sich der Psycho-

analytiker große Mühe geben, die Übertragungssituation abzusichern und jede Beeinträchtigung zu verhindern, die ihre volle Ausbildung verkürzen könnte ... Jedes Eindringen der persönlichen Eigenschaften und Wertmaßstäbe des Analytikers wird als Faktor erkannt, der die Reichweite der Übertragungsneurose des Patienten beschränken könnte. Deutung ist die einzige Methode, mit der Übertragung umzugehen, die es ermöglicht, daß sie bis zum Ende ihren Lauf nimmt« (S. 201; Hervorhebung von P. L. W.).
Wie Stone weist auch Greenson darauf hin, daß der Analytiker nicht kalt, reserviert und völlig unansprechbar zu sein braucht — ja, es nicht einmal sein darf. Stone empfiehlt »ärztliche Anteilnahme« von seiten des Analytikers, damit dieser den Patienten verstehen und ihm helfen kann. Greenson beschreibt sehr ausführlich, wie sich ein »Arbeitsbündnis« mit dem Patienten herstellen läßt, das es diesem ermöglicht, an dem schwierigen und für ihn frustierenden Unternehmen, das eine Analyse darstellt, aktiv mitzuarbeiten.
Zwar bedeuten ihre Positionen eine Modifizierung gewisser radikaler Auslegungen der Freudschen Empfehlung, der Analytiker müsse ein Spiegel oder eine *tabula rasa* sein, doch vertreten sowohl Greenson als auch Stone die Auffassung, diese Haltung der Nachgiebigkeit und des Mitgefühls müsse auf ein Minimum beschränkt werden und dürfe nicht weiter gehen, als notwendig sei, um die Kooperation des Patienten sicherzustellen. Beide Bücher sind gespickt mit Warnungen vor den Grenzen therapeutischer Wirksamkeit, die sich — den Autoren zufolge — immer dann zeigen, wenn der Therapeut die Übertragungsneurose verzerrt oder einengt. So sagt Greenson etwa, daß »jede Verhaltensweise oder Haltung seitens des Analytikers, die über eine angemessene menschliche und unzudringliche Einstellung hinausgeht, die Entwicklung und Erkenntnis der Übertragungsphänomene verschleiert und verzerrt« (S. 272), und er fügt an anderer Stelle hinzu: »Jede *abweichende* psychoanalytische Schule kann dadurch beschrieben werden, daß sie in irgendeiner Form von dieser Art und Weise, die Übertragungssituation zu handhaben, *abgeht«* (S. 151; Hervorhebung von P. L. W.).
Wenn der Analytiker sich entschließt, eine Übertragungsneurose zu provozieren, und auf alle therapeutischen Interventionsmaßnahmen verzichtet, die möglicherweise die Übertragungsneurose eingrenzen, dann bedeutet dies, daß der Patient einiges zu leiden hat. Zum einen kann die Übertragungsneurose selbst sehr unangenehm sein. Heftige Emotionen von einer Intensität, wie sie eher für Kinder als für Erwachsene kennzeichnend ist, treten auf, häufig in unbegreiflicher

Weise.[9] Im übrigen ist man sich allgemein darüber einig, daß die Übertragungsneurose sich ohne erhebliche Frustration nicht in der angezeigten Weise entwickeln kann. Außerdem muß der Analytiker so anonym wie möglich bleiben, um dem Patienten beweisen zu können, daß er — der Patient — seine Reaktionen, die aus der Vergangenheit herrühren, auf den Analytiker verschiebt. Deshalb trifft der Analytiker abgesehen von der Interpretation wenig Anstalten, aktiv in das Leben des Patienten einzugreifen. So verzichtet er auch auf viele Interventionen, die eine sofortige Linderung des derzeitigen Leidens bedeuten würden. Schließlich müssen wir uns darüber klar sein, daß die Strategie der Veränderung, die darauf abzielt, eine Übertragungsneurose zunächst hervorzurufen und dann aufzulösen, einen Prozeß in Gang setzt, der erst nach Jahren abgeschlossen ist.
Wenn der Patient diese Nöte ertragen kann, halten die Analytiker sie jedoch für das »Mittel der Wahl«, da sie meinen, daß die hierdurch bewirkten Veränderungen weit umfassender und dauerhafter sind als bei irgendeiner anderen Behandlungsform.

Eine solche Einschätzung ergibt sich fast zwingend aus der Auffassung, daß die eigentliche Ursache für die gegenwärtige Neurose des Patienten *in Tendenzen zu suchen ist, die in der Vergangenheit eingeschlossen wurden und weiterhin einen an Qualität und Heftigkeit unveränderten Druck ausüben, der durch nichts beeinflußbar ist, was gegenwärtig im Alltag des Patienten geschieht.*

Wenn diese Auffassung richtig ist, dann müßte auf jeden Fall diejenige Behandlung am wirksamsten sein, die die eingeschlossenen Tendenzen freisetzt, so daß sie in den Rest der Persönlichkeit integriert werden und den Gesetzen der Logik und der Wirklichkeit in derselben Weise unterworfen werden können, wie es für die reiferen Neigungen des Patienten schon zutrifft. Die klassische psychoanalytische Situation herzustellen, ist demnach vorwiegend eine Methode, um das Auftreten von Phantasien und Strebungen zu unterstützen, die sich auf andere Weise nicht direkt ausdrücken lassen.

---

[9]Die klassische Vorstellung, derzufolge die Übertragungsneurose die ursprünglichen neurotischen Probleme *ersetze*, läßt vermuten, daß das Leiden insgesamt nicht größer wird. Doch Greenson bemerkt, daß die Neurose des Patienten außerhalb der analytischen Situation häufig »nur verblaßt und relativ unbedeutend wird im Vergleich zur Übertragungsneurose — nur um im äußeren Leben des Patienten wieder zu erscheinen, wenn eine andere Konstellation das Bild der Übertragung beherrscht« (S. 200). An anderer Stelle sagt er, daß »die psychoanalytische Behandlung eine zeitraubende, langfristige und kostspielige Therapie ist, die ihrer innersten Natur nach häufig quälend ist«.

Nach der klassischen Vorstellung besteht die einzige Alternative zur langsamen und mühevollen Aufdeckung der eingeschlossenen Vergangenheit darin, dem Patienten dabei zu helfen, sie noch gründlicher zu vergraben und sich lediglich Erleichterung von ihrem störenden Druck zu verschaffen. Diese Art der Behandlung kann leidenden Menschen manchmal erhebliche Linderung bringen, und zwar häufig in viel kürzerer Zeit und auf weit weniger unangenehme Weise als durch eine Analyse. Nach Ansicht der meisten Analytiker muß der Patient für solch eine weniger aufwendige Behandlung jedoch einen hohen Preis zahlen. Einerseits wird der Patient, wenn man ihm lediglich dabei hilft, seine Vergangenheit besser abzuwehren, statt sie in seine gegenwärtige Persönlichkeit zu integrieren, weiterhin einen erheblichen Teil seiner seelischen Reserven in den Dienst seiner Abwehrkräfte stellen — Reserven, die in unserer schwierigen Zeit dringend für andere Lebensaufgaben gebraucht werden. Die Aufmerksamkeit, die der Patient aufwenden muß, um sich selbst unter Kontrolle zu halten, muß anderen Dingen entzogen werden. So ist zu vermuten, daß das Leben dieses Patienten in bestimmten Bereichen weniger reich und ausgefüllt sein wird.

Von anderer Seite wird darauf hingewiesen, daß die Erleichterung, die dem Patienten durch solche »Hilfsmaßnahmen« verschafft wird, dazu führt, daß man ihn erneut von Quellen der Lust und Kreativität abschneidet, die Teil unseres natürlichen Erbes sind. Die infantilen Strebungen werden hauptsächlich deshalb gefürchtet, weil sie zum ersten Male zu einem Zeitpunkt auftraten, da der Patient einerseits abhängiger von mächtigen anderen Menschen und andererseits weniger in der Lage war, seine Impulse zu kontrollieren und geeignete Gelegenheiten der Wunscherfüllung von ungeeigneten zu unterscheiden. Wenn diese Strebungen akzeptiert und in die erwachsene Persönlichkeit integriert werden und nicht länger eine Bedrohung darstellen, dann können sie auch modifiziert und in einer reiferen Form ausgedrückt werden. Damit stünde auch der Weg zu größerer Kreativität, zu einer Bereicherung des Lebens und zu größerer Lust offen.

Schließlich befürchten manche Analytiker, daß therapeutische Maßnahmen, die die zugrundeliegenden Konflikte nicht aufdecken und lösen, keine dauerhaften Veränderungen schaffen können. Neue Schwierigkeiten könnten auftreten, sobald irgendeine Geringfügigkeit das prekäre Gleichgewicht stört. Da die Anpassungsfähigkeit des Patienten, so argumentieren sie, bereits ständig dadurch in Anspruch genommen ist, daß er einen gewissen Teil seiner Energie zur Abwehr aufbieten muß, ist der nicht-analytisch behandelte Patient außerordentlich anfällig gegen Krankheiten, den Verlust seiner Stellung, Veränderungen in einer wichtigen Beziehung usw.

Der Leser wird an dieser Stelle wahrscheinlich auf das breite Spektrum psychoanalytisch ausgerichteter Therapien hinweisen, die zwischen den beiden Polen der klassischen Analyse und der rein helfenden Therapie angesiedelt sind. Doch nach der klassischen Vorstellung lassen sich diese Therapien am besten als verschiedene Mischformen von Aufdeckung einerseits und aktiver Unterstützung andererseits verstehen (wobei zu letzterer Maßnahmen wie Suggestion, Ermutigung, Stärkung von Abwehrversuchen, Rat durch den Therapeuten, Manipulation von Umweltbedingungen und so fort gehören[10]). Betrachtet man beispielsweise die Reaktionen der Psychoanalytiker auf das Bemühen von Alexander und French (1946), die psychoanalytische Technik zu ändern, so findet man am häufigsten die Kritik, trotz ihres Versuchs einer aufdeckend-interpretierenden Therapie hätten die beiden Autoren der Übertragungsneurose keine Möglichkeit zur freien Entfaltung gelassen. Modifikationen, die (im Sinne der weiter unten zu erörternden Auffassung) eine Veränderung erleichtern und die Wirksamkeit psychoanalytisch ausgerichteter Bemühungen steigern könnten, erscheinen aus der klassischen Freudschen Perspektive als Kompromisse, die zwar bei manchen Patienten nützlich sein mögen, aber niemals so tiefe oder umfassende Veränderungen bewirken können wie die klassische Analyse, sofern der Patient »analysierbar« ist (vgl. Bibring, 1954; Eisler, 1956, 1958; Gill, 1954; Greenacre, 1954; Rangell, 1954).

Es ist klar, daß die Einführung verhaltensorientierter Methoden vom klassischen Freudschen Bezugssystem her gesehen als außerordentliche Einengung erscheinen muß. Wie wirksam sie sich auch immer bei der Veränderung wichtiger spezifischer Verhaltens- und Interaktionsmuster erweisen mögen, letztlich — so wird eingewendet — begrenzen sie doch immer die Tiefe und den Umfang der durch eine Analyse zu erzielenden Veränderung. Sie würden die Frustration mindern, die wichtig ist, um die ungeschmälerte Übertragungsneurose hervorzurufen (vgl. besonders Menninger, 1958), und sie würden in stärkerem Maße die Anonymität des Therapeuten aufheben, von der man doch glaubt, sie sei sowohl für die Auslösung als auch für die Lösung der Übertragungsneurose wesentlich. Die Auffassung,

[10] Bibring (1954) hat in einem Artikel von einigem Einfluß eine etwas komplexere Kategorisierung vorgeschlagen, in der er zwischen suggestiven, abreaktiven, manipulativen, klärenden und deutenden Techniken unterscheidet.

daß solche Methoden im Gegenteil den Veränderungsprozeß beschleunigen und das Leiden an ihm verringern, ja, die Veränderungen sogar intensivieren könnten, erscheint aus psychoanalytischer Sicht als hoffnungslose Illusion. Die Beobachtungen der Psychoanalytiker lassen sich jedoch auch noch anders ansehen. Das Bild, das sie von den Möglichkeiten eines Durchbruchs in der therapeutischen Wirksamkeit oder von dem Wert neuerer Interventionsmethoden zeichnen, ist dann nicht ganz so entmutigend. Im nächsten Kapitel wollen wir ein solches alternatives Bezugssystem betrachten. Wir werden dabei die Auffassung vertreten, daß dieses Bezugssystem einerseits in der Lage ist, all die grundlegenden Beobachtungen einzuordnen, auf die sich Freudsche Analytiker berufen haben, und daß sich andererseits aus der Perspektive dieses anderen Systems eine beträchtliche Zahl an therapeutischen Aktivitäten in Betracht ziehen läßt, ohne daß deshalb das Schreckgespenst auftauchen müßte, die Therapie bleibe oberflächlich und unvollständig oder sie lasse irgend etwas Verfaultes im Inneren der Seele zurück.

4
Eine interpersonale Alternative

In diesem Kapitel wollen wir uns mit der Frage beschäftigen, ob es möglich ist, die scheinbar kindliche Qualität des Phantasielebens und der verborgenen Strebungen neurotischer Patienten zu erklären, ohne von der Annahme auszugehen, daß es sich bei diesen um eingeschlossene Reste aus der Vergangenheit handelt, die sich nur langsam verändern lassen, indem man allmählich Schicht um Schicht der innerseelischen Struktur abträgt. Anders gefragt: Können wir diese Tendenzen des Patienten durch seine gegenwärtige Lebensweise erklären, und würden sich diese Manifestationen verändern, wenn sich auch seine Lebensweise veränderte?

Die im folgenden entwickelte Alternative steht den Auffassungen von Horney, Sullivan und Erikson sehr nahe, weicht aber doch in einigen wichtigen Punkten von ihnen ab. Vielleicht die wichtigste Abweichung ist mein Schluß, daß die Einsicht in die Rolle, die interpersonale Ereignisse in bezug auf das Fortbestehen der Neurose spielen, eine aktivere Intervention des Therapeuten erforderlich macht, um die neurotischen Muster zu verändern. Der Pfad, der von der interpersonal orientierten psychodynamischen Theorie zu den von Verhaltenstherapeuten entwickelten Interventionen führt, ist nicht gerade ausgetreten. Der Leser ist vielleicht daran interessiert, den Gedankengang, der mich auf diesen ungewöhnlichen Weg geführt hat, sorgfältig nachzuvollziehen und zu prüfen.

Wünsche als abhängige und unabhängige Variablen

Die traditionelle Psychoanalyse untersucht einen unbewußten Wunsch oder eine unbewußte Phantasie vor allem als unabhängige Variable — als Ursache mit herauszufindenden Wirkungen. Doch Wünsche und Phantasien lassen sich durchaus auch als abhängige Variablen untersuchen — als etwas, das seinerseits Ursachen hat. Einer der wertvollsten Beiträge, der den Vertretern des interpersonalen psychoanalytischen Ansatzes ebenso wie einigen existentialistischen Autoren zu danken ist, ist die Erkenntnis, daß wir immer *in Situationen* leben, daß unsere Wahrnehmungen, unsere Gefühle und unser Verhalten immer *auf* etwas reagieren. Statt jemanden global als zornigen Menschen zu beschreiben oder als einen Menschen, der häufig mit feindseligen Impulsen kämpfen muß, ist es nützlicher zu fragen, *wann* bei ihm diese feindseligen Impulse erregt werden oder *wann* es zum Konflikt kommt. Auch bei modernen Autoren Freudscher Prägung läßt sich ein wachsendes Interesse für die situationsbedingten Umstände feststellen, die einen Impuls hervorrufen.

Silverman (1972) untersucht beispielsweise in faszinierend detaillierter Weise die Bedingungen, die dazu angetan sind, verbotene Wünsche zu erregen. Als klinisches Beispiel führt er ein bestimmtes Symptom bei einer kinderlosen und unverheirateten Frau an. Sie konnte ohne Schwierigkeiten angeben, wann dieses Symptom zum ersten Male aufgetreten war: Sie hatte gerade begonnen, einen Zeitungsartikel zu lesen, als es begann. Der Inhalt des Artikels schien in keiner Beziehung zu all ihren Konflikten oder ihrem Symptom zu stehen. Im Verlaufe der analytischen Sitzung fiel ihr ein, daß der Autor des Artikels *Rothschild* hieß und daß sie kürzlich eine *Geburtsanzeige* von einer alten Freundin erhalten hatte, der gegenüber sie immer beträchtliche Eifersucht und Rivalitätsgefühle gehegt hatte.

Der Name der verheirateten Freundin war Roth, und Patientin wie Analytiker hatten den Eindruck, daß der Name des Autors, *Rothschild,* unbewußterweise ihre feindseligen und eifersüchtigen Gedanken gegen das Neugeborene, das *Kind von Roth (child of Roth),* aufgewühlt hatte. Interessanterweise hatte sich kein Symptom eingestellt, als sie die Geburtsanzeige bekam und die Eifersucht auf die Rivalin und den Wunsch nach einem eigenen Kind bewußt verspürt hatte. Silverman meint nun, das Symptom sei immer dann als Folge dieser Gedanken und Gefühle aufgetreten, wenn sie erregt wurden, ohne daß es der Patientin bewußt war.

Die Tatsache, daß auch Psychoanalytiker inzwischen solche Erwägungen berücksichtigen, zeigt das zunehmende Interesse der psychoanalytischen Ichpsychologie an der Rolle, die konkrete Lebensereignisse bei der Beeinflussung der beobachteten klinischen Erscheinungen spielen. Es ist jedoch unbedingt festzuhalten, daß selbst in diesem aus jüngster Zeit stammenden Beispiel die Rolle der Umweltereignisse lediglich darin besteht, etwas wachzurufen, was schon vorhanden ist und nur auf seine Freisetzung wartet. Obgleich den allgemeinen theoretischen Äußerungen von Analytikern zufolge konkrete Ereignisse in vielfältiger Weise die Welt des Patienten beeinflussen können, kann man in den klinischen Beispielen der psychoanalytischen Literatur dennoch fast durchgehend feststellen, daß die Außenwelt — sofern sie überhaupt in Betracht gezogen wird — in erster Linie als Auslöser verstanden wird, der lediglich imstande ist, die verschiedenen Seiten jener bereits ausgeformten Struktur, die man Persönlichkeit nennt, zu aktivieren.[1]

Man beschäftigt sich kaum mit der Frage, wie diese Struktur durch die Handlungen der Person und durch die Konsequenzen dieser Handlungen stabilisiert oder verfestigt wird. Die Struktur ist mehr oder weniger gegeben. Die Annahme, die entscheidenden Züge der Persönlichkeit ließen sich im wesentlichen nur aus der Kindheit des Patienten und nicht aus seiner aktuellen Lebenssituation verstehen, hat anscheinend eine Untersuchung der selbst-stabilisierenden Prozesse verhindert, die ein dauerhafter Teil der Persönlichkeit sind.

Betrachtet man die Sache aus einem etwas anderen Blickwinkel, so läßt sich in der Regel erkennen, daß die Wünsche und Konflikte, die das Leben eines Menschen beherrschen, aus seiner Lebensweise ebensosehr *folgen* wie sie diese *verursachen*. Betrachten wir beispielsweise einen Patienten, der zwanghafte Anstrengungen unternimmt, aktiv und unabhängig zu sein und Verantwortung für andere zu übernehmen. Häufig stellt sich heraus, daß es solche Menschen unbewußt nach der Befriedigung ihrer Abhängigkeitsbedürfnisse verlangt und daß sie das Ausmaß ihrer passiven Sehnsüchte fürchten. Wir müssen jedoch nicht unbedingt annehmen, daß die bewußten Einstellungen eines solchen Menschen einfach eine Abwehr von Wünschen aus der Vergangenheit sind. Wir können genausogut untersuchen, wie dieses besondere Muster zwanghafter Aktivität und Verantwortlichkeit die sogenannten oralen Bedürfnisse überhaupt erst *schafft:* Indem solch ein Mensch ständig übermäßige Verpflichtungen auf sich nimmt und sich zugleich jeder Möglichkeit beraubt, ein normales Abhängigkeitsbedürfnis zu bekunden, wird in ihm dauernd ein ungewöhnlich heftiges Verlangen nach Abhängigkeit genährt (wobei er vor allem deshalb fortfährt, eine übermäßig unabhängige Lebensweise an den Tag zu legen, weil er die Heftigkeit dieses ständig erzeugten

[1] Schafer (1972) hat in einem wichtigen Aufsatz kritisiert, daß Psychoanalytiker Ausdrücke wie »innerlich«, »äußerlich« und »Struktur« in einer Weise verwenden, die sie unzulässig konkretisiert und die das *Handeln* der Menschen vernachlässigt. Ich bin sehr einverstanden mit vielem, was in diesem Artikel vorgebracht wird. Doch da ich in diesem Buch versuche, eine bestehende Denkweise zu beschreiben, werde ich diese Ausdrücke verwenden, denn sie geben die entsprechenden Vorstellungen wieder, und in ihnen lassen sie sich leichter erkennen. Ich meine aber nicht, daß es ratsam wäre, neue theoretische Positionen mit ihrer Hilfe formulieren zu wollen.

Abhängigkeitsbedürfnisses fürchtet). Wenn wir dieses Abhängigkeitsbedürfnis nicht mehr als eine bloße Perpetuierung der Vergangenheit verstehen, dann erkennen wir, wie es in der Gegenwart ebensosehr durch das eigene Verhalten des Patienten wachgerufen wird wie durch das Verhalten, das er in anderen wachruft.

Ähnlich verhält es sich mit dem Patienten, dessen übertriebene Nettigkeit und Freundlichkeit als Abwehr von extremer Wut und Rachsucht verstanden wird. Wenn wir nach psychoanalytischer Weise die Geschichte dieses Menschen zurückverfolgen, mag es durchaus den Anschein haben, als lasse sich von daher seine Situation hinreichend rechtfertigen und verstehen. Wir entdecken vielleicht in seiner Geschichte heftige Todeswünsche gegenüber einem Elternteil, die zu verbergen er sich verzweifelt bemüht hat. Und wir werden vielleicht entdecken, daß dieses Muster sich durch sein ganzes Leben zieht, was natürlich die Vermutung nahelegt, er wehre immer noch dieselben Kindheitswünsche ab. Wir finden unter Umständen sogar Bilder und Ereignisse in seinen Träumen, die darauf hindeuten, daß diese heftigen Regungen gegen den Vater oder die Mutter andauern, und vielleicht werden wir auch andere Anzeichen der abgewehrten Wut auf diesen Elternteil erkennen.[2] Wenn wir uns jedoch die alltäglichen Interaktionen des Patienten ansehen, entdecken wir noch eine ganze Menge mehr. Wir stellen möglicherweise fest, daß seine Bescheidenheit ihn veranlaßt hat, eine Stellung anzunehmen, die seinen tatsächlichen Möglichkeiten gar nicht entspricht und die er nur schweigend und grollend erträgt. Im Berufsleben wie in seinen anderen sozialen Interaktionen wird er wahrscheinlich nicht in der Lage sein, das zu verlangen, was ihm zusteht, und er wird möglicherweise Dinge für andere tun, die er eigentlich gar nicht tun will. Man kann dann sagen, daß dies übermäßig zurückhaltende und selbstverleugnende Verhalten durch sein Bedürfnis motiviert ist, seine starken aggressiven Antriebe zu verbergen — und diese Aussage wäre auch in einem gewissen Maße richtig. Doch gilt in gleichem Maße, daß ein solcher Lebensstil Wut *erzeugt.* Uneingestandener Ärger mag von Kindheit an ein ständiges Merkmal seines Lebens sein, doch die zornigen Gedanken, die nachts in seinen Träumen ihr Unwesen treiben, lassen sich anhand dessen verstehen, was er sich tagsüber selbst eingebrockt hat.

Solch ein Mensch ist in einem Teufelskreis gefangen. Nachdem er früh gelernt hat, seine feindseligen Gefühle zu fürchten, hat er de-

---

[2]Zur Frage, warum dies der Fall sein könnte, vgl. S. 83—89.

monstrative Verhaltensmuster aufgebaut, die jene Gefühle unterdrücken und verbergen sollen. Schon die bescheidenste Selbstbehauptung erscheint ihm als gefährlich, weil er dahinter ein mächtiges Reservoir an Gewalttätigkeit spürt.[3] Doch eben durch die übermäßigen Einschränkungen, die er seinem Selbstausdruck auferlegt, schafft er die Bedingungen für neue Impulse zur Gewalttätigkeit. Die Ironie liegt darin, daß seine Impulse in hohem Maße ein Produkt der Abwehr gegen sie sind.

In gewisser Hinsicht schützt er sich mit gutem Grund gegen seinen Ärger: Zu jedem Zeitpunkt ist er tatsächlich potentiell aufbrausend, ist er wirklich voll Groll und (uneingestandenem) Haß; er wäre in der Tat tückisch und rachsüchtig, wenn er sich nicht so große Mühe geben würde, anders zu sein. Wenn er nicht so häufig zurückstecken würde, wenn er mit vernünftiger Selbstbehauptung handeln und seine Ansprüche bei anderen geltend machen könnte, dann würde er feststellen, daß sich seine unter der Oberfläche angestaute Wut verringern würde. Da aber zu jedem gegebenen Zeitpunkt reale aggressive Strebungen und Phantasien aus seiner Lebensweise erwachsen, hat er Angst, so zu handeln. So tut er sich noch mehr Zwang an und erzeugt dadurch noch heftigeren Groll in sich selbst, der ihn wiederum zu noch weitergehender Selbstverleugnung motiviert und infolgedessen abermals starken, wenn auch uneingestandenen Groll weckt. So perpetuiert er seinen persönlichen Mythos, der zu besagen scheint, daß er einen Kern von Wut in sich trägt, an den er nicht rühren darf und der ein Teil seines Wesens ist. Und auch sein Analytiker wird diesen Mythos weitgehend bestätigen, indem er ihm erklärt, daß der Ärger aus der Vergangenheit des Patienten resultiert und nicht eine Reaktion auf seine Lebensumstände ist.

Veränderlichkeit des Verhaltensmusters

Das Verständnis für ein solches Leben wird noch schwieriger, wenn wir uns das alltägliche Verhalten des Patienten, von dem oben die Rede war, noch genauer ansehen. Wir werden dann wahrscheinlich feststellen, daß er sich nicht *immer* als Mauerblümchen aufführt. Sel-

[3]Hier wie andernorts in unserer Erörterung bedeutet die Verwendung von Ausdrükken wie »empfinden«, »glauben«, »fürchten« und ähnlicher Wendungen nicht unbedingt eine bewußte Erfahrung. Vgl. Schafer (1972), der sich mit dem falschen Problem auseinandersetzt, das dadurch aufgeworfen wird, daß man unter solchen Ausdrücken nur die Beschäftigung mit bewußten Inhalten versteht.

ten wird ein Mensch sich in allen Situationen gleich verhalten. Wahrscheinlich werden wir bemerken, daß er sich zahlreichen Situationen gewachsen zeigt, während ihm andere besondere Schwierigkeiten bereiten. Situationen sind von unterschiedlicher Bedeutung für einen Menschen. Während manche Situationen seinen Konflikt und seine Angst in erhöhtem Maße wachrufen, sind andere völlig problemlos. Der Patient kann dies leicht übersehen, weil er die Situationen, mit denen er angemessen umgeht, wahrscheinlich (besonders im Kontext einer Therapiesitzung) nur als Hintergrund, als kaum der Rede wert erlebt.

So ist Patient A, der sich in einer intellektuellen Diskussion leicht behaupten kann, möglicherweise nicht in der Lage, einem anderen Menschen zu sagen, daß er irgend etwas, was dieser tut, nicht mag, oder in einem Gespräch über die Frage, in welchem Restaurant man essen wolle, auch nur zu äußern: »Nein, ich mag kein chinesisches Essen. Können wir nicht woanders hingehen?« Die Situation, die er angemessen bewältigt, wird von ihm in der Therapie als nebensächlich hingestellt. »Natürlich kann ich mich in unpersönlich-konventionellen Situationen ausdrücken. Aber wenn es um konkrete persönliche Beziehungen geht, bin ich ein Versager.«[4]

Patient B dagegen hat möglicherweise kaum Schwierigkeiten, seine Vorliebe für bestimmte Restaurants oder seinen Ärger über irgendwelche unbedachten Handlungen auszudrücken, kann aber nicht anders als anderen nach dem Munde reden, wenn das Gespräch sich intellektuellen oder philosophischen Fragen zuwendet. Dieser Patient wird von sich behaupten: »Sicher, mit Bagatellen werde ich fertig, doch wenn sich das Gespräch wichtigen Dingen zuwendet, zeigt sich, wie wenig in Wirklichkeit an mir dran ist.«

Beiden Patienten ist wohl bis zu einem gewissen Grade bewußt, daß andere Menschen Schwierigkeiten mit dem haben, was ihnen selbst leichtfällt, doch keiner macht sich klar, daß der andere unter seiner Unzulänglichkeit in gleicher Weise leidet wie er selbst unter seiner eigenen. Es ist aus verschiedenen Gründen wichtig, von dieser häufig unbemerkten Variabilität im Verhalten des Patienten Kenntnis zu

---

[4]In diesem besonderen Falle sprechen wir natürlich von einem Menschen, der eine gewisse Einsicht in seine Lebensweise gewonnen hat. Bei einem anderen Menschen oder vielleicht bei jemandem, der sich in einem früheren Stadium der Therapie befindet, werden wir möglicherweise feststellen, daß ihm dieses Problem überhaupt nicht bewußt ist. Der Patient behauptet nur, daß er zu aller Welt nett zu sein versucht, aber dabei merkwürdig deprimiert ist oder von Kopfschmerzen geplagt wird.

nehmen. Erstens kann die Erkenntnis, daß es viele Bereiche des täglichen Lebens gibt, in denen er sich angemessen verhält, und daß diese Bereiche unter Umständen genau so »wichtig« sind wie jene, in denen er sich ängstlich oder unzulänglich zeigt, für den Patienten schon an sich eine wichtige Einsicht sein, die aus der ersten therapeutischen Exploration erwächst. Manchen Patienten verstellt die Tatsache, daß sie sich generell für »neurotisch« oder für »Versager« halten, den Blick auf die Wirklichkeit ihres alltäglichen Verhaltens.[5] Zweitens werden Therapeut wie Patient die Lebensweise des Patienten besser verstehen, wenn im Mittelpunkt der Therapie nicht ein globales Bild von der Persönlichkeitsdynamik oder den Interaktionsmustern des Patienten steht, sondern eine eingehende Betrachtung der Variationen dieses Musters. Und drittens eröffnet — wie wir unten deutlicher sehen werden — eine solche Untersuchung von variablen Verhaltensmustern im Lebensstil eines Patienten eine gute Möglichkeit, um die Standpunkte von psychodynamischen und verhaltensorientierten Wissenschaftlern einander anzunähern (und daß diese Annäherung ein lohnendes Unterfangen ist, soll in diesem Buch ja bewiesen werden!)

Eine weitere Variante im Verhalten des Patienten, der in problematischer Weise nicht sich selbst zu behaupten weiß, ist vielleicht von noch größerem Interesse. Wir können nicht nur damit rechnen, daß es Situationen gibt, in denen er sich ganz angemessen verhält, wir werden wahrscheinlich auch feststellen, daß er sehr wohl hin und wieder Ausbrüche von Ärger zeigt. Manchmal kann dieses Verhalten einfach darauf zurückgehen, daß der Patient unmittelbar durch Belohnung und Bestrafung gelernt hat, daß Ärger in manchen Fällen akzeptabel ist und in anderen nicht (vgl. Bandura und Walters, 1963; oder Mischel, 1968). Doch häufig ist unübersehbar, daß solche Zorn-

[5]Anderen ist natürlich der Blick auf die Realität ihrer *Probleme* verstellt. Bei diesen Menschen, die sich zwanghaft in einem günstigen Licht zeigen müssen, ist man ständig versucht, einzuwerfen: »Warum sind Sie dann eigentlich in therapeutischer Behandlung?« Natürlich würde man mit einem solchen Menschen in mancherlei Hinsicht anders beginnen. Aber auch da ist es wichtig zu wissen, wo er Schwierigkeiten hat und wo keine. Es soll hier natürlich nicht behauptet werden, man brauche nur darauf hinzuweisen, wo ein Mensch den Anforderungen seines Lebens gewachsen ist, um seine globale Selbstverdammung auszuräumen. Dies ist ein komplexes Problem, in dem natürlich jene Erscheinungen, die von Psychoanalytikern unter der Rubrik des »persekutorischen Überichs« subsumiert werden, eine große Rolle spielen. Wie diese Erscheinungen hier verstanden werden — und inwiefern sich diese Auffassung von anderen unterscheidet —, wird im Fortgang des Buches deutlich werden.

ausbrüche eng mit der übermäßigen Bescheidenheit verknüpft sind, die der Patient ansonsten meist an den Tag legt.

Ein anschauliches Beispiel hierfür bot eine Patientin, die eine stark abhängige, anklammernde Beziehung zu ihrem Freund hatte, von dem sie sich »nach Strich und Faden« ausnutzen ließ. Häufig erschien ihr Freund zu Verabredungen zu spät und entschuldigte sich dann meist ziemlich nachlässig. Nicht selten brachte sie seine Unpünktlichkeit in arge Verlegenheit (er verspätete sich jedoch nie, wenn sie etwas vorhatten, was ihm wichtig war), aber auf seine sehr beiläufigen Entschuldigungen reagierte sie stets mit der Versicherung, das mache gar nichts, an solchen Dingen nehme sie keinen Anstoß usw. Es gab zwar viele Anzeichen dafür, daß sie in Wirklichkeit sehr verärgert über seine Unpünktlichkeit war, doch sie gab vor, das sei nicht tragisch zu nehmen, und außerdem habe sie nicht an ihm herumnörgeln wollen.

Als sie eines Tages bei einem anderen Paar zum Abendessen eingeladen waren, kam er etwa zwanzig Minuten zu spät. Als er kam, explodierte sie und schrie ihn an, er verderbe ihr alles, das andere Paar werde nie wieder ein Wort mit ihr wechseln, andere Leute seien ihm anscheinend völlig egal usw. Wütend und unter Tränen warf sie ihm vor, er glaube, er könne kommen, wann es ihm passe, er komme immer zu spät, weil es ihm gleichgültig sei, was sie denke.

Ihr Freund war über diesen Wutausbruch anfangs etwas verblüfft und reagierte dann selbst ärgerlich. Er sagte, er habe sie von Anfang an darauf hingewiesen, daß er möglicherweise etwas später kommen werde (was richtig war), und außerdem habe das andere Paar gesagt, sie sollten »so gegen halb acht« kommen; es werde ihnen also wohl kaum etwas ausmachen, wenn sie zwanzig Minuten später kämen. Dann fügte er hinzu, was ihn besonders ärgere, sei dieses Getue wegen seiner Unpünktlichkeit, nachdem sie ihm wiederholt gesagt habe, es mache ihr nichts aus, wenn er zu spät komme. Warum zum Teufel werfe sie ihm nun Gleichgültigkeit und Rücksichtslosigkeit vor, wo sie doch so oft selbst gesagt habe, sie sei nicht böse, wenn er zu spät komme! Er sagte, es tue ihm leid, daß er unpünktlich gewesen sei, aber es sei lächerlich, wenn sie wegen einer solchen Lappalie herumzetere, und er finde, sie sei verrückt, wenn sie einen derartigen Aufstand wegen nichts und wieder nichts mache. Daraufhin brach sie erneut in Tränen aus, bat ihn um Verzeihung und sagte, sie verstehe selbst nicht, was in sie gefahren sei.

Statt daß ihr Zornausbruch der sie störenden Unpünktlichkeit ihres Freundes endgültig ein Ende gesetzt hätte, trug er dazu bei, genau jenes Muster zu verstärken, in dem sie sich gefangen sah. Da sie ihrem Freund verschwiegen hatte, was sie von seiner Unpünktlichkeit hielt, kam ihre Reaktion für ihn »aus heiterem Himmel«. Statt sich endlich einmal Gedanken darüber machen zu müssen, wie er sie bisher behandelt hatte, konnte sich ihr Freund nun bequem über ihren »Wankelmut« hermachen. Sie sah das Ereignis als eine Bestätigung dafür an, daß sie tatsächlich »verrückt« und »potentiell gewalttätig« sei und daß sie von Glück sagen könne, einen Freund zu haben, der es neben ihr aushielt. Daraufhin war sie noch eifriger bemüht, die Rolle der guten, verständnisvollen und zuverlässigen Freundin zu spielen; wieder stellte sie minimale Anforderungen an ihren Freund und verbarg jedes Anzeichen von Unzufriedenheit vor ihm ... wodurch ihr Groll wuchs, bis es schließlich zum nächsten Ausbruch kam.

Ein Vergleich mit der Freudschen Auffassung

Diese Überlegungen werden dem psychoanalytisch gebildeten Leser wahrscheinlich vertraut vorkommen. Ihm sind in seiner Praxis solche Zusammenhänge aufgefallen, und wahrscheinlich hat er sie mit Kollegen erörtert. Eben weil sie so vertraut klingen, wird er möglicherweise meinen, dieser Gesichtspunkt sei in der psychoanalytischen Literatur durchaus schon behandelt worden. Er gehöre zu jenen Errungenschaften, die der Psychoanalyse durch die Entwicklung der Ichpsychologie zugewachsen seien, und die Psychoanalyse unterscheide sich von anderen Ansätzen doch gerade dadurch, daß sie eine solche Perspektive in ein weiteres und tieferes Bezugssystem integriere, statt es »reduktionistisch« und unter Ausschluß der »harterkämpften« Einsichten in das Wesen der primitiven biologischen Antriebe in den Mittelpunkt zu rücken.
Ich glaube, der Analytiker, der diese Auffassung vertritt, wird überrascht sein, wenn er die klassische psychoanalytische Literatur unter diesem Gesichtspunkt noch einmal studiert und feststellt, wie selten die auf den letzten Seiten beschriebene Perspektive in Fallberichten und klinischen Beschreibungen zur Sprache kommt. Klipp und klar heißt das: die orthodoxen psychoanalytischen Zeitschriften erwähnen kaum jemals diesen Aspekt der klinischen Daten. Wenn diese Überlegungen auch zum praktischen Verständnis gehören, das jeder Analytiker in seiner Arbeit beweist, so sind sie nicht recht in die *Theorie* integriert, die seine Arbeit leitet. Dies gilt insbesondere für die Theorie der therapeutischen Veränderung, und diese entscheidet in ho-

hem Maße darüber, welche therapeutischen Wahlmöglichkeiten uns als »legitim« erscheinen.[6]

Das Fehlen einer wirklich interpersonalen Perspektive in den psychoanalytischen Fallberichten steht in einer Tradition, die bereits mit Freud beginnt. Fenichel (1940) behauptet in einer Kritik von Horneys *New Ways in Psychoanalysis,* daß Freud in seinen Fallstudien häufig jenen Teufelskreis darstelle, den Horney beschreibt. Ich muß gestehen, daß ich bei der Lektüre dieser Fallstudien nicht viele solcher Beschreibungen entdecken konnte. Freuds besondere Begabung lag darin, Sinngehalte zu entziffern — zu erkennen, was durch die Träume, Phantasien, Assoziationen, Versprecher und (in etwas geringerem Maße) durch die Handlungen des Patienten ausgedrückt wird. Doch Interaktionssequenzen hat Freud nicht untersucht. Wenn sich seine Fragen dem sichtbaren interpersonalen Verhalten des Patienten zuwandten, war dieses Verhalten in der Regel nur als ein weiteres Ausdrucksmittel der zugrundeliegenden psychischen Dynamik von Interesse. Selten wurde es auf seine *Konsequenzen* hin untersucht. Selbst bei seiner eingehenden Beschäftigung mit der Übertragung, bei der man doch eigentlich hätte erwarten können, daß den interpersonalen Aspekten größere Aufmerksamkeit geschenkt würde, beachtet Freud die Interaktionssequenzen nicht weiter und berücksichtigt auch nicht, wie gegenwärtiges Verhalten und dessen Konsequenzen alte Verhaltensmuster perpetuieren. Die extreme Asymmetrie der analytischen Situation sollte dem Patienten möglichst deutlich vor Augen führen, daß sein Verhalten keine Reaktion auf irgendeine Aktion des Analytikers war, sondern vielmehr aus einem fast unerbittlichen Assimilationsprozeß im Patienten erwachse. Der theoretische Rahmen, den Freud entworfen hatte, sah kaum vor, daß der Analytiker untersuchte, inwiefern das Verhalten des Patienten eine Reaktion auf das aktuelle Verhalten anderer war, und er legte noch weniger Wert auf die Untersuchung der Frage, inwiefern sich das Verhalten anderer als Funktion der Handlungen des Patienten verstehen ließ.

---

[6]Stone (1961, S. 18) weist darauf hin, daß die theoretische Vorstellung, die der Analytiker sich von der analytischen Situation macht, »von großem Einfluß ist und Befangenheit oder sogar Schuldbewußtsein verursacht, wenn ihre Grenzen überschritten werden.« Notwendigerweise werden Analytiker vom reinen klassischen Modell abweichen, doch wenn andersartige Interventionen als Abweichungen von einem Ideal verstanden werden, statt in das theoretische Modell integriert zu werden und unsere Auffassung von dem, was das Ideal sei, zu verändern, dann sind unsere Möglichkeiten, neue Einsichten anzuwenden, sehr begrenzt.

Jüngere Analytiker bringen diesen Fragen eine gewisse Aufmerksamkeit entgegen, besonders aus der Sicht der psychoanalytischen Ichpsychologie. Rapaport (1958) hat beispielsweise dem Konzept der »Reiznahrung« einen zentralen Platz in seiner Diskussion der Ichautonomie eingeräumt. Er hat vorgebracht, daß psychische Strukturen häufig Umweltreize brauchen, um sich selbst zu erhalten, und daß ohne solche »Nahrung« psychische Handlungsmuster nicht in ihrer ursprünglichen Form fortdauern. An anderem Ort (Rapaport, 1960) stellt er sogar fest, daß »zum Teufelskreis der Neurose wesentlich der Umstand gehört, daß der Patient sich ständig Situationen (Stimulationen) aussetzt, die dazu tendieren, sein Abwehrverhalten auszulösen sowie seine Abwehr zu verstärken, und Situationen vermeidet, die geeignet wären, alternative Verhaltensweisen auszulösen, wodurch es dem Patienten leichterfallen würde, seine Abwehr aufzugeben« (S. 892). Zwar machen solche Ausführungen deutlich, daß die hier vertretene Auffassung dem psychoanalytischen Denken nicht fremd ist, doch muß zugleich darauf hingewiesen werden, daß Rapaport unvermittelt abbricht, bevor er die im »Reiznahrungs«-Konzept enthaltenen Möglichkeiten gründlicher durchdacht hat. Er teilt zwar die Auffassung, daß Abwehrmechanismen und andere Ichstrukturen teilweise auf den Umweltfeedback angewiesen sind, doch werden sie »*letztlich* durch *innere* (triebbedingte) Reiznahrung aufrechterhalten« (Rapaport, 1958, S. 737; Hervorhebung von P.L.W.).
Die Frage, *ob nicht Triebe oder Motive selbst der Reiznahrung bedürfen,* wird nie ernsthaft in Betracht gezogen. In gewissem Sinne wird durch die im vorliegenden Buch dargelegte alternative Auffassung genau diese Frage aufgeworfen: Welche Feedbackereignisse sind notwendig, damit ein Patient unbeirrt weiterhin dieselben Dinge wünscht wie als Kind? Das heißt, welche Reiznahrung ist erforderlich, um jene Strukturen aufrechtzuerhalten, die die Psychoanalyse als Teil des Es bezeichnet?[7] Die eingehende Beschäftigung mit dieser Frage ist von großer Bedeutung nicht nur für die Theorie, sondern vor allem auch für das therapeutische Eingreifen.
Eine interpersonale Perspektive zeigt sich auch in der Art und Weise, wie moderne Analytiker ihre eigenen emotionalen Reaktionen auf ihre Patienten verstehen. Die eigene Reaktion auf seinen Patienten läßt den Analytiker häufig besser erfassen, was andere Menschen, die

---

[7]Auch hier geht es mir nicht um den Terminus »Struktur« (vgl. Fußnote S. 61), sondern darum, klarzustellen, welche Parallelen und Differenzen es zwischen Rapaports und meiner Auffassung von der Beibehaltung psychischer Ereignismuster gibt.

im Leben des Patienten Bedeutung besitzen, wahrscheinlich bei der Interaktion mit ihm empfinden. Doch selbst dann verwendet der Analytiker solche Einsichten eher zu einer Erklärung dessen, was der Patient *will,* statt damit deutlich zu machen, was der Patient provoziert oder wogegen er angeht. Es heißt also: »Sie möchten, daß Sie mir leid tun« oder »Sie versuchen mich dazu zu bringen, daß ich Ihnen helfe«, und nicht »Sie bringen die Leute dazu, daß sie Mitleid mit Ihnen haben und Sie unterstützen, und so haben Sie nie die Möglichkeit, die Dinge zu lernen und selbst auszuprobieren.«
Versuchte der Therapeut, den Patienten auf diese Weise zu verstehen, würde er vielleicht feststellen, daß diesem, da er keine Möglichkeit hat zu lernen, nur das Gefühl bleibt, *nichts anderes tun zu können* als die Leute dazu zu bringen, Mitleid mit ihm zu haben, und zu hoffen, daß sie ihm helfen. Das trägt weiter zur Erhaltung des Teufelskreises bei. Solange es dem Patienten gelingt, sich Hilfe zu verschaffen, wird er auch weiterhin Hilfe *brauchen.* Wie wir sehen werden, wird ein Therapeut, der das Problem in dieser Weise versteht, weniger geneigt sein, sich ausschließlich auf Interpretationen des Verhaltens zu verlassen. Allem Anschein nach ist es nützlich, dem Patienten dabei zu helfen, bestimmte Erfahrungen zu machen, die geeignet sind, den Teufelskreis aufzubrechen — etwa dadurch, daß er bestimmte Verhaltensweisen in einer geschützten Situation lernt. (Darauf werde ich in Kapitel 10 näher eingehen.) Es sei jedoch darauf hingewiesen, daß es, selbst wenn Analytiker in dieser Weise Interaktionssequenzen beachten, im Wesen der klassischen analytischen Situation liegt, daß sie ihre Aufmerksamkeit solchen Problemen doch bestenfalls flüchtig zuwenden. Wie ich in den folgenden Kapiteln zeigen werde, muß man gewöhnlich, um ein genaues Bild davon zu bekommen, wie eine bestimmte Sequenz im Leben des Patienten im einzelnen aufgebaut ist, hartnäckige, eindringliche und detaillierte Fragen stellen, die sich nicht mit den Prinzipien der freien Assoziation und des Nichteingreifens vereinbaren lassen, welche selbst in ganz modernen Lehrbüchern der psychoanalytischen Technik (z. B. Greenson, 1967) oder auch der psychoanalytisch orientierten Psychotherapie (z. B. Langs, 1973) vertreten werden.
Wird jedoch den in der Gegenwart ablaufenden interpersonalen Prozessen nicht *sehr viel* Aufmerksamkeit geschenkt, so werden sie wahrscheinlich nicht als ausreichende Erklärung jener Phänomene erscheinen, die der Analytiker beobachtet. Nur eine detaillierte Untersuchung der Feinheiten solcher Interaktionen kann eine überzeugende Alternative zur traditionellen psychoanalytischen Betonung

der Vergangenheit liefern. Die in der Freudschen Tradition stehende Psychotherapie lenkt die Forschung nicht von sich aus in diese Richtung.[8]

Ein alternatives Entwicklungsmodell

Auffassungen wie den hier dargelegten wird in der psychoanalytischen Literatur häufig der Vorwurf gemacht, es fehle ihnen die »genetische Perspektive«. Deshalb werden sie als unvollständig oder reduktionistisch angesehen. Gewiß betont der in diesem Buch beschriebene Ansatz weit weniger als die orthodoxe Psychoanalyse die Notwendigkeit, daß der Patient seine Geschichte verstehen müsse, um sein neurotisches Dilemma zu lösen. Dennoch leugnet er die Bedeutung der Entwicklung keineswegs.

Der Zweifel daran, ob es für therapeutische Zwecke notwendig sei, die Geschichte eines Problems in allen Einzelheiten zu verstehen, bedeutet mitnichten, daß Forschung und Theorie nicht versuchen sollten zu erklären, wie die Probleme entstanden sind.

Denn Problemen *vorzubeugen*, ist letztlich menschlicher und auch wirksamer, als sie zu behandeln, wenn sie erst einmal entstanden sind. Und um vorbeugen zu können, muß man unbedingt wissen, wie Probleme sich entwickeln — welche Wurzeln in der Kindheit sie haben und welchen Veränderungen sie später unterworfen sind. Und noch entschiedener erfordert die therapeutische Arbeit mit Kindern eine genaue Kenntnis der Denk- und Handlungsweisen, die für verschiedene Altersgruppen typisch sind, sowie die Kenntnis der Schwierigkeiten und Dilemmata, denen sich Kinder verschiedener Altersgruppen in der Regel gegenübersehen. Trotzdem muß die Überlegung erlaubt sein, ob die therapeutische Arbeit mit Erwachsenen nicht von ihrem eigentlichen Ziel abgelenkt wird, wenn der Therapeut die analytische Situation zum Schauplatz solcher Erforschungen macht.[9]

---

[8]Die Übertragungsbeziehung in der klassischen analytischen Situation ist kein Ersatz für die detaillierte Kenntnis der Sequenzen, die sich im Alltag des Patienten vollziehen. Die unbestimmte Haltung des Analytikers, sein Bestreben, mit dem Patienten möglichst wenig in der Art zu interagieren, die für andere Beziehungen typisch ist, erschweren eine Untersuchung der Frage, wie der Patient auf die tatsächlichen und manifesten Verhaltensweisen anderer Menschen reagiert und wie er umgekehrt auf sie einwirkt, außerordentlich; dadurch, daß der Analytiker lediglich interpretiert und sich meistens schweigend verhält, verstümmelt er die Interaktionssequenzen und veranlaßt den Patienten, in Monologen sich auszudrücken.

Wenn man die Art und Weise, wie der Patient durch seine gegenwärtige Lebensweise seine Probleme perpetuiert, in den Mittelpunkt des Interesses rückt, heißt das nicht, daß keine Kontinuität zwischen seinen gegenwärtigen Reaktionen und denen der Vergangenheit bestünde. Die Ähnlichkeiten liegen auf der Hand. Ebenso klar ist die außerordentliche Bedeutung der Kindheit für die Ausbildung jener Lebensweise, die sich dann beim Erwachsenen zeigt. Die Suche nach Korrelationen zwischen Kindheitserlebnissen und Erwachsenenproblemen scheint mir eine wichtige Forschungsrichtung zu sein, auch wenn sie für die therapeutische Veränderung nicht so unmittelbar entscheidend ist.

Doch wenn Verknüpfungen oder Zusammenhänge zwischen Vergangenheit und Gegenwart entdeckt sind, bleibt immer noch die Frage: Wie wird die Kontinuität hergestellt? Nach der traditionellen psychoanalytischen Auffassung von Entwicklung werden die Überreste vergangener Muster hierarchisch geschichtet. Dies ist eine archäologische Vorstellung. Die Aufmerksamkeit gilt der frühen Strukturierung der Persönlichkeit; die Persönlichkeitsmuster, die sich am Ende der ödipalen Phase herausgebildet haben, werden als endgültig und als relativ unbeeinflußbar durch sich wandelnde Umstände angesehen.

Doch es gibt auch noch eine andere Möglichkeit, die Tendenz zur Beibehaltung früher Muster zu erklären; dabei lassen sich auch jene Fälle besser verstehen, in denen eine Veränderung ziemlich auffällig ist. (Außerdem bietet dieser Ansatz — wie wir im Fortgang sehen werden — weit mehr Möglichkeiten, um Veränderungen zu bewirken.) Diese Auffassung geht davon aus, daß jene Erlebnisse, die wir in früher Kindheit durchleben, und die Art und Weise, wie wir mit ihnen fertigwerden, von großem Einfluß darauf sind, welche Erfahrungen uns später zuteil werden, wie wir diese Erfahrungen wahrnehmen und wie wir mit ihnen fertigwerden.

Beispielsweise wird ein Zweijähriger mit einem gewinnenden und heiteren Wesen weit eher freundliches Interesse und Aufmerksamkeit bei den Erwachsenen hervorrufen als ein Kind, das ziemlich ruhig und in sich gekehrt ist. In der Regel wird dieses in sich gekehrte

---

[9]Natürlich erhebt sich in diesem Zusammenhang auch die wichtige Frage, ob die Rekonstruktionen der erwachsenen Patienten ein *genaues* genetisches Bild entwerfen. Selbst innerhalb der Psychoanalyse sind die wirksamsten Verfahren zur Untersuchung von Entwicklungsproblemen die Beobachtung von Kindern und Langzeitstudien, und nicht so sehr die Rekonstruktion.

Kind auf eine Umwelt treffen, die ihm relativ geringe interpersonale Möglichkeiten bietet, wodurch die Wahrscheinlichkeit einer grundlegenden Änderung bei diesem Kind weiter zurückgeht. In ähnlicher Weise wird das erste Kind wahrscheinlich ständig erfahren, daß andere Menschen nett sind und es ihnen Spaß macht, mit ihm zu interagieren. Auch dieses Muster wird sich wahrscheinlich im Laufe der kindlichen Entwicklung immer mehr verfestigen. Beide Kinder werden also nicht nur unterschiedliche Verhaltensweisen bei anderen hervorrufen, sondern sie werden auch dieselben Reaktionen anderer unterschiedlich deuten.

Das heitere Kind wird unter Umständen eine schweigende oder verdrießliche Reaktion bei einem anderen als Spiel empfinden und möglicherweise mit seiner Interaktion fortfahren, bis es am Ende doch noch eine anerkennende Reaktion bekommt. Das ruhigere Kind, das nicht viel Interaktion gewöhnt ist, wird Schweigsamkeit oder Verdrießlichkeit rasch als Signal verstehen, sich zurückzuziehen.

Wenn wir uns die beiden Kinder als Erwachsene ansehen, werden wir vielleicht feststellen, daß die Unterschiede zwischen ihnen noch immer evident sind: der eine aufgeschlossen, freundlich und immer das Beste von den Menschen erwartend; der andere schüchtern und immer ungewiß, ob seine Mitmenschen auch wirklich Interesse an seiner Person haben. Ein Kindheitsmuster hat sich auf diese Weise bis ins Erwachsenenalter hinein erhalten. Doch verstehen wir den Entwicklungsprozeß nicht richtig, wenn wir uns nicht klarmachen, wie nach und nach Lehrer, Spielkameraden, Freunde und Kollegen als »Komplizen« in den Vorgang hineingezogen worden sind, durch den dieses Muster hartnäckig aufrechterhalten wird. Und wir verkennen meines Erachtens die Möglichkeiten der Veränderung, die sich uns bieten, wenn wir uns nicht klarmachen, daß es auch im gegenwärtigen Leben des Patienten solche »Komplizen« gibt und daß eine Änderung wahrscheinlich erst möglich ist, wenn diese aufhören, ihre Komplizenrolle mitzuspielen.

Wir müssen uns jedoch darüber im klaren sein, daß es nicht leicht sein wird, die Komplizen zu einer Änderung ihrer Haltung zu bewegen. Die Signale, die wir aussenden und die von den anderen aufgefangen werden, schaffen ein starkes Kraftfeld. Der schüchterne Mensch tut viele (manchmal fast unsichtbare) Dinge, die es dem Mitmenschen schwermachen, ihm gegenüber sehr lange offen zu bleiben. Wahrscheinlich wird selbst ein gutwilliger Mensch den Schüchternen schließlich in seiner Auffassung bestärken, daß die anderen tatsächlich nicht sehr an ihm interessiert sind.

So betrachtet bleiben die frühen Muster also nicht trotz der sich wandelnden Umstände im Leben des Patienten erhalten, sondern weil dessen Erfahrungs- und Interaktionsmuster die alten Bedingungen immer wieder neu erzeugen. In vielen Fällen sind die Auswirkungen minimal und fallen ohne sorgfältige Beobachtung kaum ins Auge. Doch bei genauerem Hinsehen läßt sich erkennen, daß jeder Mensch ziemlich regelmäßig Reaktionen bei anderen hervorruft, die eine bestimmte Verzeichnung aufweisen und seine besondere interpersonale Welt definieren. Selbst in scheinbar gleichen Situationen wird jeder von uns wahrscheinlich unterschiedliche interpersonale Signale empfangen, die die Textur seiner Erfahrung in entscheidender Weise verändern. Wir handeln dann wiederum so, wie es diesem besonderen Stand der Dinge zu entsprechen scheint, und schaffen damit die Voraussetzungen dafür, daß die anderen abermals in gleicher Weise auf uns reagieren. Damit ist die Ausgangssituation für die Wiederholung des Musters geschaffen. Das Verhaltensmuster ist also nicht in der Vergangenheit durch eine innerseelische Strukturierung eingeschlossen worden, sondern wird im Laufe des Lebens ständig wiederholt, und zwar so, daß es über die Jahre hin konsistent bleibt. Dieses Verhaltensmuster mag unangemessen erscheinen, weil es der »durchschnittlich zu erwartenden Umwelt« des Erwachsenen nicht recht entspricht, dafür ist es aber um so besser auf die für diese Person typische, verzeichnete Version dieser Umwelt abgestimmt.

Wenn wir bei der Perpetuierung charakterologischer Muster so viel Wert auf die zyklische Wiederholung interpersonaler Ereignisse und auf das tatsächliche Verhalten von »Komplizen« legen, so bedeutet dies nicht, daß die betreffende Person jede Situation »objektiv« wahrnimmt. Die meisten Kliniker kennen Beispiele in Hülle und Fülle dafür, daß Patienten das, was um sie herum vorgeht, verzeichnen. Dies trifft besonders für die Übertragungsphänomene zu. Jede vernünftige Erklärung für die Perpetuierung neurotischer Muster muß solche Aspekte der seelischen Funktionsweise einschließen. Doch statt mich auf die Metaphern zu stützen, die die Analytiker traditionellerweise für die Konzeptualisierung solcher Phänomene benutzen, ziehe ich es vor, mit Piagets Begriff vom »Schema« zu arbeiten. Dieser Begriff impliziert nicht nur, daß wir neue Erfahrungen älteren, vertrauteren Anschauungsweisen assimilieren (ein Vorgang, auf dem das Übertragungskonzept beruht), sondern auch, daß wir uns schließlich dem, was tatsächlich vorgeht, anpassen.

So begegnet der Patient wie bei Übertragungsphänomenen neuen Menschen und neuen Beziehungen unter dem Gesichtspunkt ihrer

Ähnlichkeit mit früheren. Und häufig kann man — besonders unter den besonderen Umständen einer psychoanalytischen Situation — scheinbar völlig willkürliche Annahmen und Wahrnehmungen feststellen. Doch grundsätzlich bin ich der Meinung, daß sich die Anpassung immer sehr rasch vollzieht und daß sie schließlich — ohne das Vorhandensein reaktiver Reizquellen — zu einem durchaus zutreffenden Bild dessen führen würde, was die Person tatsächlich erlebt.[10] Das Problem ist nur, daß andere Menschen solche »reaktiven Reizquellen« darstellen. Wie sie sich uns gegenüber verhalten, wird in hohem Maße davon beeinflußt, wie wir uns ihnen gegenüber verhalten — letztlich also davon, wie wir sie anfänglich wahrnehmen. Das anfängliche (in einem gewissen Sinne verzerrte) Bild, das wir uns von jemandem machen, kann sich also als ein ziemlich genaues Instrument zur Vorhersage seines Verhaltens uns gegenüber herausstellen. Da wir von unserer Erwartung ausgehen, der andere werde sich feindselig, entgegenkommend oder sexuell auffordernd verhalten, werden wir wahrscheinlich so agieren, daß wir das entsprechende Verhalten tatsächlich bei ihm hervorrufen; so haben wir unsere (ursprünglich ungenaue) Wahrnehmung »bestätigt«. Damit werden wir in unserer Tendenz bestärkt, die nächste Beziehung mit derselben einseitigen Wahrnehmung zu beginnen. So wird der ganze Prozeß wahrscheinlich von vorne beginnen.

Mit Hilfe einer solchen Perspektive ist es uns möglich, Kontinuität wie Veränderung in dasselbe Bezugssystem einzuordnen. Dieser Prozeß einer »verzerrrten« Wahrnehmung, die die Reaktionen anderer verschiebt und dadurch die problematische Art des Erfahrens »bestätigt«, dauert sehr häufig jahrelang an und ist für die Erscheinungen verantwortlich, die analytischen Beobachtern so vertraut sind. Manchmal jedoch tritt eine Persönlichkeit auf den Plan, die kraft ihrer eigenen interpersonalen Geschichte und ihres persönlichen Kraftfeldes zum guten oder schlechten in den Entwicklungsprozeß eingreift, statt vorhandene Tendenzen einfach zu bestätigen.[11] Möglicherweise ist das Verhalten des Patienten nicht dazu geeignet, aus diesem Eingreifen in den Entwicklungsprozeß dauerhaften Nutzen zu ziehen, doch wenn das der Fall ist, dann darf man erwarten, daß

---

[10] Ob — und in welcher Weise — ein solcher Blickwinkel dazu beitragen kann, zu verstehen, wie psychotische Menschen ihre Umwelt wahrnehmen, ist gegenwärtig nicht klar, da es erhebliche Meinungsverschiedenheiten zu der Frage gibt, welche Bedeutung hier erfahrungsmäßige und biologische Faktoren haben und wie sie aufeinander einwirken.

der Patient sich dem neuen Input schließlich anpassen und sich in einem wichtigen Aspekt seines Lebens beträchtlich verändern wird. Wahrscheinlich sind viele der »spontanen« Heilungen, die die Erfolgskontrolle in der Psychotherapie so schwierig machen, das Ergebnis solcher Anpassungsprozesse.

Kraft seiner Ausbildung und dank der Tatsache, daß er sich dem Verhalten des Patienten zuwendet, ist der Therapeut in einer besonders günstigen Lage, die Art und Weise, wie der Patient bisher andere Menschen erlebt hat, zu verändern, statt sie gleichfalls zu bestätigen — wenn auch Wolf (1966) feststellt, daß dies wohl nicht annähernd so häufig geschieht, wie man hoffen möchte. Vor allem die weniger reaktive Haltung des Psychoanalytikers gegenüber dem Patienten scheint (ungeachtet der anderen Einschränkungen) die Wahrscheinlichkeit zu mindern, daß er sich ebenso bestätigend verhält wie frühere Komplizen in der Neurose des Patienten. Eine feste Garantie dafür gibt es allerdings ganz und gar nicht (vgl. besonders Kapitel 5 und 11).

Häufig lassen sich die scheinbar bizarren und unrealistischen Reaktionen des Patienten gegenüber dem Analytiker als Symbolisierungen dessen verstehen, was sich tatsächlich — wenn auch verdeckt — zwischen Therapeut und Patient abspielt. Selbst wo dies nicht der Fall ist, braucht man die scheinbar anachronistische Reaktion nicht als Auslöser eines Reaktionsmusters aufzufassen, das in der Kindheit so konserviert worden ist, daß jede weitere Möglichkeit der Anpassung an neue Ereignisse ein für allemal ausgeschlossen wäre. Untersuchungen auf der Basis des hier vertretenen Standpunktes zeigen häufig, daß im Leben des Patienten an jenem von mir beschriebenen bestätigenden Prozeß zumindest andere Menschen beteiligt waren, auch wenn der Analytiker nicht dazu gehört. Dann ist ein beträchtliches Maß an Durcharbeitung nötig, weil die Erfahrung der »Nichtbestätigung« durch den Analytiker sich nicht mit einer langen Reihe anderer Erfahrungen verträgt, durch die Erwartungshaltungen geschaffen worden sind, die nicht schon nach zwei oder drei »Nichtbestätigungs«-Erfahrungen aufgegeben werden. Die assimilativen Tendenzen können stark sein, wenn sie auch nicht unüberwindlich sind.

---

[11]Weniger dramatische Prozesse, bei denen jeder der Beteiligten sich ein bißchen verändert, sind durchaus üblich. Gewöhnlich ist die Veränderung jedoch nur geringfügig, weil jeder die Freiheit besitzt, wegzugehen, statt sich zu verändern. Je mehr die Beteiligten genötigt sind, zusammenzubleiben, desto mehr kann einer den anderen verändern.

Das hypothetische Beispiel mit den beiden Zweijährigen wurde gewählt, um zu zeigen, wie sich die auffällige Kontinuität im Leben eines Menschen anhand eines Entwicklungsmodells verstehen läßt, das die kontinuierliche Reaktionsbereitschaft auf aktuelle Ereignisse betont. In Wirklichkeit ist der Entwicklungsverlauf wahrscheinlich komplizierter und nicht so konsequent wie in unserem Beispiel. Die Wahrscheinlichkeit, daß zumindest einige nichtbestätigende Ereignisse eintreten, und die dann zu erwartende Anpassung an diese werden wahrscheinlich zu weniger starken Unterschieden führen. Die Kompliziertheit ergibt sich aus unserer Fähigkeit, zwischen den Implikationen verschiedener Situationen zu unterscheiden, besonders angesichts des Umstands, daß sich nicht nur unser offenkundiges Verhalten von Situation zu Situation ändern kann, sondern auch unsere Phantasien, Wünsche und Ängste.[12]

Die Bedeutung von Konflikt und Abwehr macht das Bild noch unübersichtlicher, weil durch sie psychologisch motivierte Fehlwahrnehmungen und bestimmte Verhaltensweisen ins Spiel kommen, deren Bedeutung kaum verstanden oder falsch dargestellt wird.

Wie zu Anfang dieses Kapitels und andernorts in diesem Buch beschrieben, lassen sich Konflikt- und Abwehrmuster nicht nur als Ausdruck eines innerseelischen Zustandes verstehen, sondern auch als Teil eines Prozesses, in dem eine wichtige Rolle dem durch die Perpetuierung jener Abwehrmuster verzerrten Feedback zufällt. So sind die Abwehr- und Anpassungsprozesse auf vielfältige Weise mit den tatsächlichen Geschehnissen verwoben, die sie hervorrufen oder auf die sie treffen. Schließlich müssen wir bedenken, daß auch angeborene konstitutionelle Faktoren und endogen bedingte Veränderungen das Verhalten der Person und ihre Umwelt formen. Der extravertierte Zweijährige, der so bezaubernd ist, kann zur Nervensäge werden, wenn er mit vier eine epigenetisch bedingte, ständig wachsende Aufdringlichkeit an den Tag legt, die die Toleranzfähigkeit seiner Eltern und anderer wichtiger Bezugspersonen übersteigt (Erikson, 1963). Daraufhin kann sich sein Entwicklungsgang erheblich

---

[12]Wir müssen uns jedoch auch klarmachen, daß interpersonale, affektbeladene Situationen oft außerordentlich unbestimmt sind und daß unser Unterscheidungsvermögen dabei weit geringer ist als in Situationen, in denen die Hinweisreize deutlicher sind. Wir müssen uns vor Augen führen, daß die Beständigkeit unseres Verhaltens ebenso aus der besonderen Interpretation feinster interpersonaler Hinweisreize erwächst wie aus den gleichfalls evidenten klaren Unterscheidungen und situationsspezifischen Reaktionen (vgl. Mischel, 1973b; Wachtel, 1973a, 1973b).

verändern. Besonders Erikson hat deutlich gezeigt, wie diese verschiedenen Faktoren im Verlaufe der Entwicklung interagieren.

Bindungen an »frühe Objekte«

Bei der Beschreibung dieser Auffassung von seelischer Entwicklung müssen wir an diesem Punkt noch eine weitere wichtige Frage berücksichtigen. Häufig offenbart die psychoanalytische Exploration, daß der Patient in seinem Phantasieleben und in seinen heimlichen Tendenzen an Personen aus seinem frühen Leben gebunden bleibt, ohne daß es ihm bewußt ist. Gewöhnlich wird eine solche Bindung als Erklärung für die Hemmungen und Symptome des Erwachsenen gewertet. Die saugende Kraft der Vergangenheit wird als ursächlicher Einfluß angesehen. Wir wollen nun eine andere Deutung dieser häufig gemachten Beobachtung zur Diskussion stellen.

Nehmen wir an — um nur noch *ein* weiteres Beispiel zu nennen —, unser Zweijähriger habe es mit einer wieder anders gearteten Gruppe ineinander verzahnter Einflüsse zu tun, die er dann perpetuiert. Nehmen wir an, er werde von seiner Familie nicht dazu ermutigt, jene Fertigkeiten zu entwickeln, mit deren Hilfe er sich größere Unabhängigkeit von der Familie erwerben könnte. Das muß nicht die Form ausdrücklicher Verbote oder massiver Einmischung annehmen. Der Knoten ist nämlich häufig fester geschürzt, wenn er nicht so leicht erkennbar ist, etwa wenn ein ambivalenter Elternteil das Kind explizit ermutigt, sich unabhängig zu machen, diesen Versuch gleichzeitig aber in sehr subtiler und versteckter Weise unterminiert. Vielleicht reagiert die Mutter, ohne es zu merken, häufiger mit Herzlichkeit und Aufmerksamkeit, wenn das Kind liebevoll sagt: »Ich hab' dich lieb, Mama«, als wenn es ihr etwas zeigt, was es zusammengebaut hat. Vielleicht umarmt sie es, wenn es abseits von den anderen Kindern steht (»um es zu trösten, damit es keine Angst davor hat, mit ihnen zu spielen«), statt ihm dabei zu helfen, das Spiel aus eigener Initiative zu beginnen, oder statt sich selbst der Kindergruppe anzuschließen, bis ihr Kind sich dort wohlfühlt. Vater oder Mutter können das Kind auf vielfältige Weise — durch Unwissenheit oder auch durch uneingestandene Absicht — an sich binden und seelisch verkrüppeln und sich gleichzeitig einbilden, die Unabhängigkeitsbestrebungen des Kindes zu ermutigen.

Wenn dies der Fall ist, kommt wahrscheinlich irgendwann der Punkt, an dem die Eltern die ängstliche Anhänglichkeit ihres Kindes als etwas wahrnehmen, was es von seinen Altersgenossen unterscheidet.

Nicht selten reagieren sie darauf mit Nörgeln, Klagen oder Beleidigungen, wobei Angst, Bestürzung, Schuld oder Verzweiflung ihre Motive sind. Selbst wenn die Eltern auf Vorwürfe wie »Was ist nur los mit dir? Warum kannst du nicht wie andere Kinder sein?« verzichten, kann allein die Tatsache, daß sie damit fortfahren, das Kind zu altersangemessenen Aktivitäten anzuhalten (ohne aber tatsächlich Anstalten zu machen, dem Kind bei diesem Übergang wirksam zu helfen), vom Kind als Bestrafung erlebt werden, unter der es sehr leidet.

Ein Kind, das in eine solche Entwicklungssackgasse gerät, wird wahrscheinlich enger an seine Eltern gebunden bleiben als die meisten anderen Kinder seines Alters. Da ihm weniger Möglichkeiten zur Verfügung stehen, Gefühle der Befriedigung und Sicherheit zu erleben, wird es wahrscheinlich mehr als die meisten anderen Kinder das Bedürfnis haben, Mamas oder Papas kleiner Junge zu sein. Dadurch wird es mit großer Wahrscheinlichkeit nicht nur daran gehindert, seine Umwelt zu erforschen und sich zu behaupten — ein Verhalten, das erforderlich ist, um die Fertigkeiten zu entwickeln, die ihn aus diesem Dilemma hinausführen könnten —, sondern es wird vermutlich auch große Angst davor haben, Ärger oder Widerspruch gegenüber seinen Eltern zum Ausdruck zu bringen — und das unter Bedingungen, die weit mehr als üblich dazu angetan sind, seinen Ärger zu erregen. So sehen wir ein unglückliches kleines Kind, das Angst davor hat, sich von der Mutter fortzuwagen, das so an ihrem Rockzipfel hängt, daß sie sich darüber ärgert (obwohl es sie vielleicht auch befriedigt), das frustriert und gereizt ist und vielleicht sogar die besitzergreifende Absicht hinter der von der Mutter betriebenen schädlichen Abkapselung spürt. Trotzdem versucht es verzweifelt, loyal zu bleiben, ein »guter Junge« zu sein, zumindest die Sicherheit seiner Bindung an die Mutter zu bewahren. Dadurch hindert es sich selbst weiterhin daran, die notwendige Unabhängigkeit und Offenheit zu entwickeln, um die Loslösung von der Mutter zu wagen oder die Fähigkeit zu erlangen, die Komplexität seiner Gefühle ihr gegenüber zu bewältigen.

In vielen Fällen entwickelt sich das Kind trotzdem weiter, obwohl es mit einem solchen Dilemma konfrontiert ist. Es gibt genügend Gegenkräfte sowohl in den angeborenen Entwicklungsprozessen als auch in den Erwartungen und in der Belohnungsstruktur des breiteren gesellschaftlichen Rahmens — und sogar in anderen Aspekten des elterlichen Verhaltens. So wachsen Millionen von Kindern mit einer solchen Biographie auf und werden Steuerzahler, Eheleute und

Eltern, das heißt, in einem sehr allgemeinen Sinne, funktionsfähige Erwachsene. Es bedarf schon ganz außergewöhnlicher Anstrengungen, um die kognitive und die Persönlichkeitsentwicklung so gründlich zu hemmen, daß diese Mindestkriterien von »Normalität« nicht erreicht werden.[13]

Doch die Situation, die ich beschrieben habe, fordert ihren Tribut. Solch ein Mensch »schafft es« nicht ohne Leiden und Kämpfe — und gewöhnlich schafft er es nicht, ohne einen psychischen Preis dafür zu bezahlen. In vielerlei Hinsicht wird er langsamer vorankommen als seine Altersgenossen, er wird es zwar schließlich auch so weit bringen wie sie, aber er wird immer das Gefühl haben, ein bißchen zurück oder ein bißchen »draußen« zu sein, er wird weniger wagen, weniger meistern, deshalb beim nächsten Male wieder weniger riskieren und so fort.

Einen bestimmten Menschen dieser Art habe ich an anderer Stelle (Wachtel, 1976) eingehender beschrieben. Als er zu mir in die Behandlung kam, war er noch Student, der zwar beim Studium recht erfolgreich, aber fast völlig unfähig war, mit Menschen an der Universität auch nur ein belangloses Gespräch zu führen, ohne unter schweren Ängsten zu leiden. Seine Träume und Assoziationen wiesen ziemlich auffällig auf jene intensiven Bindungen an die Mutter hin, die in der psychoanalytischen Literatur häufig betont und zerpflückt und nicht selten als primäre Ursache der gegenwärtigen Schwierigkeiten im Leben des Patienten angesehen werden. Was mich jedoch erstaunte, waren die kumulativen Auswirkungen einer Lebensgeschichte, in der jene Erfahrungen, die notwendig sind, um soziale Fertigkeiten und die Fähigkeit zum zwanglosen Umgang mit Menschen zu entwickeln, einfach nicht vorkamen. Ich nahm daher an, daß der gegenwärtige Kausalnexus weit komplizierter sei, selbst wenn die schwierigen Bindungen des Patienten an seine Mutter historisch früher und insofern primär waren. Da seine Mutter zu diesem Zeitpunkt nahezu der einzige Mensch war, mit dem er zusammensein konnte, ohne vor Angst hilflos zu sein, war es ebenso sinnvoll, seine gegenwärtige Bindung an sie als Funktion seiner trostlo-

---

[13]Diese Kriterien sind nur auf jene Leistungsfähigkeit bezogen, mittels derer in der Regel neurotische Schwierigkeiten von ernsthafteren unterschieden werden. Damit soll keineswegs angedeutet sein, daß Menschen, die nicht heiraten oder keine Kinder haben, unter einer schweren Persönlichkeitsstörung leiden. Allerdings würde mein Urteil wohl anders aussehen, wenn es dem Betreffenden völlig an zwischenmenschlichen Beziehungen fehlte.

sen Lebenssituation zu verstehen, wie von der umgekehrten und traditionelleren Interpretation auszugehen. In seinem Leben war es zu einer Ereigniskette gekommen, die ihn in vielen verschiedenen Aspekten seines Daseins an seine Mutter band. Diese Konstellation schien fortdauern zu müssen, solange ihm keine Alternativen zur Verfügung standen. Diese Erwägungen führten zu dem Schluß, daß unmittelbare Anstrengungen mit dem Ziel, seine sozialen Fertigkeiten zu trainieren und die soziale Angst zu reduzieren, jene Bindungen an seine Mutter lockern könnten, die dieser Angst »zugrundezuliegen« schienen.

Viele andere Fälle, denen wir in der Therapie begegnen, sind wesentlich subtiler als der eben angeführte, doch nicht unbedingt grundsätzlich verschieden. Dieser Patient war in einem wichtigen Bereich seines Lebens so gravierend und unübersehbar behindert, daß die Bindungen an seine Mutter ganz offenkundig wurden (wenn sie ihm auch gewiß nicht in all ihren Verästelungen bewußt waren). Wie sein gegenwärtiges Leben zu diesen Bindungen beitrug, war für jeden erkennbar, der den entsprechenden theoretischen Standpunkt einzunehmen gewillt ist. Bei einem anderen Patienten mag die Bindung jedoch völlig unbewußt und nur in seinen Träumen und Assoziationen evident sein. Er mag mit diesen starken regressiven Wünschen und Phantasien in seinem Unbewußten kämpfen, während er sich in seinem Alltag scheinbar recht erfolgreich und unabhängig verhält.

Nun hätte der Patient natürlich keinen Grund, eine Therapie zu beginnen, wenn er in seinem gegenwärten Leben tatsächlich frei und erfolgreich wäre. Ebensowenig hätte sein Therapeut irgendeinen Grund, den ödipalen Wünschen und Phantasien, die er in den Produktionen seines Patienten entdeckt, eine neurotogene Bedeutung beizumessen. Es muß im Leben des Patienten irgend etwas nicht in Ordnung sein, sonst wären solche Wünsche und Phantasien ohne größeren Belang. In manchen Fällen fallen zunächst nur ein oder zwei isolierte Symptome an einem ansonsten scheinbar psychisch gesunden Menschen auf. Nach Ansicht des Analytikers sind in diesem Falle die Symptome aus dem Konflikt des Patienten hinsichtlich der fortdauernden Bindung an Personen aus der Vergangenheit erwachsen. Dies war die klassische Vorstellung von der Neurose. Freud analysierte ursprünglich Symptome, nicht den Charakter.

Als neuere theoretische Entwicklungen jedoch dazu führten, auch die Lebensweise des Patienten eingehender zu überprüfen, wurde es zunehmend schwieriger, Beispiele für reine Symptomneurosen zu finden, die keinerlei charakterologische Züge aufwiesen. Man nimmt sogar an, daß es sich dann möglicherweise um jene einfachen konditionierten Reaktionen handelt, die von den Verhaltenstherapeuten anfangs als Modell für alle Neurosen vorgeschlagen wurden. Doch wird auch den Verhaltenstherapeuten zunehmend bewußt, daß solche einfachen neurotischen Reaktionen selten so isoliert von der Lebensweise des Patienten sind, wie man ursprünglich geglaubt hatte (z. B. Lazarus, 1971; Fodor, 1974), und ganz gewiß sind einfache konditionierte Reaktionen nicht das, woran Analytiker denken, wenn sie von Neurosen sprechen.

In den meisten Fällen ist es also möglich, Bereiche von Hemmung, Angst oder mangelhaft angepaßtem Verhalten festzustellen, die in gewisser, allerdings weniger krasser Weise der totalen und offensichtlichen Lebensunfähigkeit des Patienten entsprechen, von dem oben die Rede war. Der Patient mag sich beispielsweise im sozialen Umgang als ganz ungezwungen und kompetent erweisen, bei sexuellen Annäherungsversuchen aber gehemmt sein. Oder er ist in der Lage, sexuelle Aktivitäten weitgehend mühelos anzubahnen und zu vollziehen, erlebt aber dabei keine vollständige Entspannung und Befriedigung. Vielleicht ist auch der sexuelle Aspekt sexueller Beziehungen völlig befriedigend, aber es fehlt der wirkliche Austausch persönlicher Gefühle.

Wenn man feststellt, daß diese Beschränkungen im Leben eines Menschen zusammen mit uneingestandenen Bindungen an Elternfiguren auftreten, könnte man jede dieser genannten Beschränkungen den Auswirkungen dieser Bindungen zuschreiben. So hat die traditionelle Psychoanalyse solche Beobachtungen auch verstanden. Daraus wurde gefolgert, man müsse daran arbeiten, diese Bindungen aufzulösen, um dem Patienten die Möglichkeit zu größerer Freiheit zu geben. Aber auch hier ist es sinnvoll, zu untersuchen, inwiefern etwa das Verlangen nach der idealen Mutter der Kindheit vom gegenwärtigen Lebensstil genährt wird, der keine Möglichkeit bietet, völlig zufriedenstellende Erfahrungen im Bereich von Intimität und sinnlicher Befriedigung zu machen.

Der Reiz, von der ödipalen Vorstellung auszugehen, intensiviert sich jedes Mal, wenn der Patient eine Begegnung erlebt, die sich als frustrierend und enttäuschend herausstellt. Wie sehr auch die wechselvollen Gefühle gegenüber der Mutter den Menschen in eine bestimmte Bahn gedrängt haben mögen, die seine Freiheit in einigen wichtigen Belangen eingeschränkt hat, so sind doch auch die konkreten Interaktionen mit anderen Menschen für die Perpetuierung dieses Musters bedeutsam. Wenn man eine ängstliche oder zurückhaltende Einstellung zur Sexualität oder Intimität hat, bringt man dies auch seinen Partnern bei. Für eine befriedigende Sexualität und das Erlebnis von Intimität ist gegenseitiges Vertrauen und Verständnis erforderlich. Wenn ein Mensch in einer neuen Beziehung Zurückhaltung an den Tag legt, kann der Partner nicht mehr lange offen mit ihm sein. So wird der Patient in seinem Leben immer wieder feststellen, daß seine Abwehrhaltung in entsprechenden Situationen »gerechtfertigt« ist, da er unfehlbar enttäuscht wird und feststellten muß, daß seine Partner sich in verletzender Weise verkrampfen oder sich abschließen (was ihn veranlaßt, das nächste Mal abermals Zurückhaltung an den Tag zu legen, wodurch es wiederum zu entsprechenden Reaktionen beim Partner kommt).[14]

Nach dieser Auffassung müssen ödipale Sehnsüchte, selbst wenn sie häufig »real« sind, nicht unbedingt die primäre treibende Kraft hinter den gegenwärtigen Schwierigkeiten des Patienten sein. Man kann ihr Vorhandensein und sogar ihre Intensität zur Kenntnis nehmen, ohne sie unbedingt für den springenden Punkt halten zu müssen. Man kann statt dessen die Auffassung vertreten, daß die in der Familie erzeugten Konflikte zu einer fortgesetzten Reihe von Erfahrungen führen, die ihre eigene Dynamik entwickeln und die ihrerseits wieder eine Funktion der ödipalen Sehnsüchte der Erwachsenenjahre sind. Dann kann man erwarten, daß der Versuch, unmittelbar in die Ereignisse einzugreifen, die diesen Teufelskreis perpetuieren, im Falle eines Erfolgs dazu führt, daß sich der Einfluß der ödipalen Wünsche und Phantasien auf den Patienten verringert. Die sorgfältige Untersuchung der interpersonalen Signale, die der Patient aussendet und die eine gemeinsame Intimität stören, würde sich als zumindest ebenso wichtig erweisen wie die sorgfältige Analyse regressiver Phantasien. Neue Methoden zur Veränderung dieser Signale und Interaktionen, wie sie in späteren Kapiteln beschrieben werden, würden dann einen zentralen Platz bei dem Versuch einnehmen, eine Verhaltensänderung beim Patienten herbeizuführen.

[14] Es sollte klar sein, daß ich hier etwas beschreibe, was nicht unbedingt bewußt vor sich geht. Statt also ausdrücklich ein eingeschränktes Geschlechtsleben mit den Reaktionen des Partners zu rechtfertigen, kann der Betreffende durchaus seine Partner und sein Geschlechtsleben eine ganze Zeitlang über den grünen Klee loben. Erst eine sorgfältige Überprüfung mag die besondere Unzufriedenheit oder Unfreiheit im Leben des Patienten offenbaren.

Die beiden Modelle — das Modell der Verdrängung, die bestimmte Aspekte der psychischen Entwicklung von der Beeinflussung durch neue Wahrnehmungen abschneidet, und das Modell, das die Rolle von Wahrnehmungen für die Beibehaltung alter Interaktionsmuster betont (und zugleich hervorhebt, daß neue Wahrnehmungen durch eben die Muster, die sie perpetuieren, erzeugt werden) —, schließen sich nicht unbedingt gegenseitig aus. Grundsätzlich kann jedes der beiden Modelle für unterschiedliche Fälle relevant sein. Selbst dort, wo das erste Erklärungsmodell angebracht ist, kann das zweite hinzugezogen werden, weil es zusätzliche komplizierende Faktoren vor Augen führt (wie beim Konzept des sekundären Krankheitsgewinns). Die klinische Evidenz und die Regeln zu ihrer Auswertung sind noch nicht genau genug, um zwischen den beiden Auffassungen von neurotischem Geschehen zu unterscheiden.

Viele psychoanalytische Autoren haben denn auch die Auffassung vertreten, beide Modelle müßten herangezogen werden. Sie bringen vor, daß ein interpersonaler Standpunkt allein zum Verständnis der Neurose nicht ausreiche und daß die moderne Psychoanalyse Freudscher Prägung unter Berücksichtigung der in neuerer Zeit in der Ichpsychologie gemachten Erkenntnisse umfassender und deshalb vorzuziehen sei. Unter den neueren Vertretern dieser Auffassung bringen Zetzel und Meissner (1973, S. 26—38) die interessantesten Argumente vor, da sie sich auf illustratives klinisches Material stützen und nicht bloß auf die Behauptung, alle Nicht-Freudianer seien oberflächlich. Wenn sie den interpersonalen Standpunkt jedoch für unvollständig halten, scheinen sie ihn mit einem methodischen Ansatz zu verwechseln, der sich nur mit oberflächlichen Einstellungen und Anpassungsproblemen beschäftigt und Dingen wie Konflikt, Abwehr oder unbewußten Prozessen so gut wie keine Aufmerksamkeit schenkt. Die interpersonale Auffassung befaßt sich aber durchaus mit Fragen jener Art, von denen die Autoren meinen, sie lägen außerhalb der Reichweite eines interpersonalen Ansatzes (z. B. in dem Fall, wo die Angst eines Patienten vor ärgerlichen und feindseligen Gefühlen und seine Furcht, seinen Bruder zu übertreffen, von Bedeutung sind, weil sie seine offensichtlicheren — aber auch abgewehrten — passivabhängigen Wünsche und Ängste motivieren). Die interpersonale Auffassung unterscheidet sich vom psychoanalytischen Ansatz nur in der Frage, ob diese unbewußten Konflikte in erster Linie unter dem Gesichtspunkt der Vergangenheit zu verstehen sind.

Zetzel und Meissner berichten, daß ihr Patient als Kind mit der Angst vor seiner Wut auf den größeren Bruder dadurch fertiggeworden sei, »daß er alle Versuche, mit seinem Bruder offen zu rivalisieren, aufgab und statt dessen eine stark passive und positive Identifikation mit ihm ausbildete.« Dies heißt für mich jedoch nicht, daß man durch Einsicht in die gegenwärtige Lebensweise des Patienten seinen abgewehrten Ärger auf den Bruder nicht aufdecken oder erhellen könnte. Ich würde erwarten, daß der Patient infolge des Kompromisses, den er in seiner Kindheit geschlossen hat, einen Lebensstil entwickelt hat, in dem Ärger und Konkurrenz mit dem Bruder keinen Raum haben, der aber trotzdem (dank der fortgesetzten Ehrerbietung vor dem Bruder, und zwar offensichtlich trotz erheblich größerer eigener Fähigkeiten) ständig solche Gefühle nährt. Der erschreckende Drang, den (trotz allem geliebten und in gewisser Hinsicht auch benötigten) Bruder zu vernichten, ist nicht überraschend, wenn man bedenkt, daß der Patient fortgesetzt darauf verzichtet, sich seinem Bruder gegenüber zu behaupten, und daß dadurch seine Frustration und psychische Schädigung ständig zunehmen. Die Fortdauer dieser als übermäßige Kooperationsbereitschaft in Erscheinung tretenden Abwehrbemühungen ist wiederum nicht überraschend angesichts der (weitgehend unbewußten) destruktiven Triebe, die jedes Aufbegehren gegenüber dem Bruder nun wachrufen würde — und ebenso angesichts des (nicht ganz unrichtigen) Gefühls des Patienten, sein Platz in der sozialen Ordnung von Beruf und Familie sei eng mit seiner besonderen Rolle als »netter« Mensch, der das »Richtige« tut, verknüpft. Nach meiner Auffassung führt der Kindheitskonflikt also zu einem Lebensstil, der einen Teufelskreis schafft, in dem verbotene Wünsche, die jetzt ein Produkt seiner gegenwärtigen Lebensweise, nicht seiner eigenen inneren Realität sind, ständig geweckt und dann abgewehrt werden. Diese Auffassung betrachtet zwar unbewußte Konflikte auf vielen »Ebenen«, konzeptualisiert sie aber als Implikationen des gegenwärtigen Lebensstils und nicht als Ausdruck vergangener Erlebnisse, die durch Verdrängung und Abwehr fixiert worden sind.

Indem ich mich auf die gegenwärtigen Prozesse der Perpetuierung eines bestimmten Verhaltens und das sie in Gang haltende Feedback konzentriere, treffe ich eine heuristische Wahl. Ich glaube zwar nicht, daß die Konzeptualisierung abgespaltener Systeme sich als völlig verdienstlos herausstellen wird. Mir scheint jedoch, daß der traditionelle psychoanalytische Ansatz die Rolle dieser Konzeptualisierungen bei der Perpetuierung neurotischer Lebensweisen erheblich überbetont hat und daß diese Betonung selbst einen Teufelskreis widerspiegelt: Wer sich eine solche Konzeptualisierung als Begriffsrahmen wählt, wird in seinen Beobachtungen aller Wahrscheinlichkeit nach die Auffassung von einer eingekapselten und gegen jeden Einfluß abgeschirmten Vergangenheit bestätigt finden und folglich ermutigt werden, seine Beobachtungen in der einmal begonnenen Weise fortzusetzen. Denn dieses Modell hat — wie in Kapitel 3 dargelegt — zu der Auffasung geführt, daß bestimmte Arten der Fragestellung und der therapeutischen Intervention ausgeschlossen seien. Durch Abweichung von der traditionellen Rolle des Therapeuten, die diesem vorschreibt, möglichst unaufdringlich und zurückhaltend den freien Assoziationen des Patienten zuzuhören, sieht man das Ausmaß möglicher Veränderung in der Persönlichkeitsstruktur des Patienten gefährdet. Aber ohne daß man mit größerer Aktivität fragt und interveniert, werden die gegenwärtigen Feedbackprozesse, die die alten Verhaltensmuster aufrechterhalten, mit Sicherheit nicht deutlich erkennbar.

Die traditionelle psychoanalytische Haltung ermöglicht allerdings bestimmte Arten von Beobachtungen, zu denen der in diesem Buch vertretene Ansatz aktiver Interventionen unter Umständen keine Gelegenheit bietet. Als *Forschungs*instrument scheint mir die psychoanalytische Methode jedoch die meisten jener Schätze ans Tageslicht gebracht zu haben, zu deren Hebung sie entwickelt worden ist. Der Ertrag war außerordentlich groß, doch nach 75 Jahren scheint mir die Wahrscheinlichkeit weiterer Überraschungen wesentlich kleiner zu sein als zu dem Zeitpunkt, da man das erste Mal auf diese außergewöhnlich reiche Ader stieß. Und als *therapeutisches* Instrument wiegen nach meiner Auffassung die Nachteile der psychoanalytischen Methode schwerer als ihre Vorteile.

Der Freudsche psychoanalytische Ansatz ist nicht »umfassender«. Obgleich seine neuere Spielart im Prinzip sowohl intrapsychische als auch interpersonale Aspekte betont, hat der Nachdruck, der auf die intrapsychischen Aspekte gelegt worden ist, notwendigerweise die Erforschung der interpersonalen Aspekte eingeschränkt. Der Unterschied zwischen dem streng psychoanalytischen und dem interpersonalen Modell liegt weder im Grad der Aufmerksamkeit, die sie unbewußten Prozessen und Konflikten schenken, noch in der Frage, ob es ihnen gelingt, das Problem zu umgehen, mögliche Beobachtungen und therapeutische Maßnahmen auf Kosten anderer auszuschließen — dieses Problem ist nicht zu umgehen. Sie unterscheiden sich vielmehr durch die Art und Weise, wie sie anhaltende unbewußte Konflikte und »infantile« Züge erklären, und durch die Richtung, die sie bei der Suche nach neuen Erkenntnissen und verbesserter therapeutischer Effektivität einschlagen. Wenn ich die Rolle interpersonaler Feedbackprozesse in den Mittelpunkt rücke (und dadurch die Rolle von Prozessen vernachlässige, die dem Feedback unzugänglich bleiben), wage ich eine Entscheidung in der Frage, wo die größeren Risiken und Möglichkeiten liegen. Das gleiche macht der Psychoanalytiker.

5

Einige therapeutische Implikationen des interpersonalen Modells

Wie wir gesehen haben, ist das Modell der nicht-integrierten Vergangenheit eng mit einem therapeutischen Ansatz verbunden, in dem die psychoanalytische Interpretation die bevorzugte Interventionsform darstellt, während andere Interventionen nach Möglichkeit vermieden werden. Praktische Rücksichten aber auf die Zeit und das Geld, die dem Patienten zur Verfügung stehen; diagnostische Rücksichtnahme auf die Frustationstoleranz des Patienten und auf seine Fähigkeit, mit neuen Einsichten ohne desintegrierende Angst fertigzuwerden; sowie prinzipielle, humane Erwägungen, die manchmal Rat, Unterstützung oder andere nicht-interpretative Hilfe angezeigt erscheinen lassen — alle diese Umstände verlangen ab und zu vom Analytiker, in unterschiedlichem Maße auf nicht-interpretative Weise zu intervenieren. Obschon diese nicht-interpretativen Interventionen häufig notwendig sind, meint man dennoch, sie würden der Tiefe und Dauer der erreichbaren Veränderung Abbruch tun.

Wenn Es-Wünsche im wesentlichen Kräfte aus der Vergangenheit sind, die sich durch gegenwärtige Erfahrungen und Wahrnehmungen nicht modifizieren lassen, dann läßt sich in der Tat nur wenig dadurch erreichen, daß man die gegenwärtige Lebensweise des Patienten verändert. Seine alltäglichen Interaktionen interessieren dann vor allem deshalb, weil sie seinen innerseelischen Zustand widerspiegeln oder ausdrücken, nicht aber, weil sie ein entscheidender Bestandteil jener Prozesse sind, die diesen Zustand verursachen oder in Gang halten. Fortschritte in der Ichpsychologie haben nun bewirkt, daß führende Analytiker in der therapeutischen Beziehung sowie beim Wecken und »Lösen« der Übertragungsneurose mit größerer Differenziertheit vorgingen.[1] Sie haben jedoch nichts an der Bedeutung geändert, die dem Versuch beigemessen wird, tief vergrabene Wünsche und Ängste aufzudecken und zu beweisen, daß deren Intensität aus der Vergangenheit stammt. Diese Fortschritte haben zu

[1]Das Wort »Lösen« steht in Anführungszeichen, weil es ein Ausdruck ist, der in psychoanalytischen Schriften zwar häufig benutzt wird, um Veränderungen zu erklären, dessen Bedeutung jedoch ganz und gar nicht klar ist. In Kapitel 6 wird die Lösung neurotischer Konflikte eingehender untersucht werden.

einem erweiterten und weniger intellektuellen Verständnis der psychoanalytischen Interpretation geführt und die Einsicht gebracht, daß auch nicht-interpretative Maßnahmen notwendig sind, um die Interpretation so effektiv wie möglich zu machen. Sie haben jedoch grundsätzlich nichts an der Auffassung geändert, daß die Interpretation die »Königin« der psychotherapeutischen Interventionen sei und daß Veränderungen im Verhalten des Patienten, die aus anderen Quellen stammen, im Vergleich dazu gering zu schätzen seien.
Die interpersonale Auffassung psychischer Konflikte sowie primitiver Strebungen und Phantasien, die in Kapitel 4 dargelegt wurde, ist hiervon ganz verschieden. Ich werde sogleich aufzeigen, welche Folgen sich aus diesem wichtigen Unterschied nach meiner Auffassung für die Psychotherapie ergeben. Vorher ist es jedoch nützlich, die psychotherapeutischen Empfehlungen von Sullivan und von Horney zu betrachten, da sich viele Aspekte der im vierten Kapitel erläuterten Ausführungen aus ihrer Arbeit herleiten, diese beiden Theoretiker aber dennoch zu weithin anderen Schlußfolgerungen hinsichtlich des therapeutischen Prozesses als ich kommen. Ich will damit zugleich zeigen, daß es ihnen in verschiedener Hinsicht nicht gelungen ist, die Möglichkeiten ganz auszunutzen, die in ihren eigenen schöpferischen Formulierungen angelegt sind.
Horneys Auffassung vom therapeutischen Prozeß deckt sich in vielerlei Hinsicht mit der traditionellen psychoanalytischen Auffassung. Die Aufgabe des Patienten besteht darin, »sich so vollständig und frei wie möglich auszudrücken ... sich seiner unbewußten Triebkräfte und ihres Einflusses auf sein Leben bewußt zu werden ... und die Fähigkeit zu entwickeln, jene Einstellungen zu verändern, die seine Beziehung zu sich selbst und zu seiner Umwelt stören« (Horney, 1942, S. 101). Die Aufhebung einer Verdrängung eröffne Möglichkeiten zum Handeln und versetze den Patienten in die Lage, den Weg aus dem Dilemma zu erkennen, in das er blind hineingestoßen worden ist. Für Horney geht es bei dem Bemühen um Änderung nicht in erster Linie »um spektakuläre Modifizierungen des Handelns oder Verhaltens, etwa der Art, daß der Patient die Fähigkeit gewinnt oder zurückgewinnt, in der Öffentlichkeit aufzutreten, schöpferisch zu arbeiten, zu kooperieren oder sexuell potent zu sein, oder daß er seine Phobien oder depressiven Tendenzen verliert«. Nach Horney werden sich solche Änderungen »in einer erfolgreichen Analyse *automatisch* einstellen. Dies sind jedoch *keine primären Änderungen,* sondern sie sind das Ergebnis weniger sichtbarer Änderungen *innerhalb der Persönlichkeit«* (Horney, 1942, S. 118; Hervorhebung von P. L.W.).

Wie diese inneren Änderungen sich im einzelnen vollziehen, macht Horney nicht ganz deutlich. Sie spricht davon, daß der Patient »eine realistischere Haltung gegenüber sich selbst gewinnt, statt zwischen Selbstverherrlichung und Selbsterniedrigung hin und her zu schwanken; daß er aktiv, selbstbewußt und mutig wird, statt träge und ängstlich zu sein; daß er fähig wird zu planen, statt sich treiben zu lassen; daß er seinen Schwerpunkt in sich selbst findet« und so fort. Wie jedoch die Veränderungen aus den Ereignissen der psychoanalytischen Sitzung hervorgehen sollen, wie etwa die Behauptung, daß die »zwanghaften Bedürfnisse des Patienten sich verringern werden, sobald irgendeine Angstquelle verringert worden ist«, bleibt ziemlich unbestimmt. Sobald ein »verdrängtes Gefühl der Erniedrigung erkannt und verstanden wird, wird es automatisch zu größerer Freundlichkeit kommen, selbst wenn die Frage, ob mehr Freundlichkeit überhaupt wünschenswert wäre, gar nicht berührt worden ist« (Horney, 1942, S. 119).

Es ist nicht klar, was hier mit »verstanden« eigentlich gemeint ist, oder wie solch ein Verständnis zu größerer Freundlichkeit führen kann, wenn die Person weiterhin (wenn auch jetzt bewußt) vor Erniedrigung Angst hat. Horney macht auch nicht deutlich, *wie* eine Angstquelle »verringert« wird. Ähnlich vage ist ihre Feststellung, daß der Patient, wenn er seine »Angst vor dem Versagen erkannt und vermindert hat, spontan aktiver wird und Risiken auf sich nimmt, die er bislang unbewußt vermieden hat.« Aber — so müssen wir wieder fragen — wie wird die Angst vor Versagen »vermindert«? Horneys Schriften lassen darauf schließen, daß solch eine Angst vor dem Versagen und die Abwehrmechanismen, die zu ihrer Bewältigung aufgebaut worden sind, das Versagen tatsächlich noch wahrscheinlicher machen, weil der Patient vermutlich alle Erfahrungen vermieden hat, die notwendig gewesen wären, um jene Fertigkeiten zu entwickeln, die für erfolgreiches Handeln gebraucht werden. Angesichts dieser Situation dürfte Einsicht allein kaum genügen, um den Teufelskreis zu durchbrechen. Der Patient kann völlig zu Recht das Gefühl haben, daß seine Angst vor dem Versagen ursprünglich irrational gewesen ist, daß ihn aber die Art und Weise, wie er mit dieser Angst umgegangen ist, so machtlos gemacht hat, daß er nun tatsächlich aller Wahrscheinlichkeit nach versagen wird, wenn er den Versuch riskiert, es den anderen gleichzutun.[2] So hat es den Anschein, als lasse

---

[2]Die irrationale Angst vor Versagen wird von zwei Aspekten gekennzeichnet. Einmal hat sie ein zwanghaftes Bedürfnis nach Erfolg zur Folge, das aus jedem Versagen eine

Horneys Beschreibung des therapeutischen Prozesses nicht nur zahlreiche entscheidende Fragen offen, sondern als werde sie auch durch die Implikationen ihrer eigenen Einsichten in Frage gestellt.[3]

Wenden wir uns nun Sullivans Auffassungen vom therapeutischen Prozeß zu. Seine Konzeption läßt sich nicht so leicht kennzeichnen, weil er mit zwei ziemlich verschiedenen Auffassungen vom therapeutischen Prozeß operiert. In mancher Hinsicht teilt er viele der traditionellen Ansichten, die sich auch in Horneys Ausführungen zu diesem Gegenstand finden. Sullivan sah seine Aufgabe darin, dem Patienten zu einem besseren Verständnis seines Lebens zu verhelfen und ihm zu ermöglichen, in sein bewußtes Selbstverständnis jene motivationalen Tendenzen einzugliedern, die er abgespalten hatte. Sullivan nahm an, daß der Patient, sobald er diese Dinge klar erfaßt habe, selbst mit ihnen fertigwerden könne. Nach seiner Auffassung verfolgt der Therapeut »grundsätzlich das Ziel, eine gewisse Vorstellung davon zu gewinnen, was die Person an einem erfolgreichen Leben hindert, wobei wir sicher sind, daß alles sich von selbst regeln wird, sobald es uns gelingt, die Hindernisse auszuräumen ...

Ich habe mich nie dazu aufgerufen gefühlt, irgend jemanden zu ›heilen‹. Darum haben sich die Patienten selbst gekümmert, sobald ich die notwendige Durchforstung usw. vorgenommen hatte. Es ist fast unheimlich, wie die Dinge verblassen, wenn ihre *raison d'être* offenbar wird. Der Mensch ist eben einfach so außerordentlich adaptiv, daß er, sobald er irgendeine Chance zu einer einigermaßen vernünftigen Analyse seiner Situation hat, sich aller Wahrscheinlichkeit nach in eine Reihe von Experimenten stürzt, die allmählich zu einem erfolgreicheren Leben führen ... Aufgabe des Patienten wie des Therapeuten ist es, an der Aufdeckung jener Faktoren zu arbeiten, die für die immer wiederkehrenden Fehler des Patienten verantwortlich sind und die ihn veranlassen, sich für unwirksame und unangemessene Handlungsweisen zu entscheiden. Es besteht keine Notwendigkeit, mehr zu tun« (Sullivan, 1954, S. 238f.)

Tragödie, nicht nur eine Enttäuschung macht. Zum anderen bringt sie eine außerordentlich pessimistische Einschätzung der eigenen Erfolgswahrscheinlichkeit mit sich. Die letzten Ausführungen im Buch gelten diesem zweiten Aspekt. Doch die Frage, wie die Furcht vermindert wird, betrifft ebenso den ersten Aspekt.

[3] Wenn ich hier oder an anderer Stelle einem Theoretiker nicht folge, der beschreibt, wie sich seiner Meinung nach die Veränderung vollzieht, heißt das nicht unbedingt, er habe keine therapeutischen Erfolge erzielt, sondern nur, daß die Erklärung seiner Erfolge nicht völlig befriedigend ist.

Sullivan betont also wie Horney und die Freudianer die vorrangige Rolle der Einsicht beim therapeutischen Änderungsprozeß. An vielen Stellen gibt er zu verstehen, daß Bestrebungen, auf andere Art als durch die Förderung von Einsicht helfen zu wollen, den Patienten möglicherweise infantilisieren, daß sie rücksichtslos und antitherapeutisch sein könnten. Insofern war er wie Horney ein traditioneller psychodynamischer Therapeut. In einer bestimmten wichtigen Hinsicht war er sogar noch traditioneller als Horney. Sullivan legte großen Wert auf eine eingehende Erforschung der Vorgeschichte des Patienten. Obgleich er es unterließ, nach Manifestationen infantiler Sexualität zu suchen, und obgleich er den zeitlichen Rahmen einer nachhaltigen Veränderung weiter faßte, als das traditionelle Freudsche System es vorsieht, war für ihn dennoch der Hauptpfeiler aller therapeutischen Maßnahmen das Bemühen, dem Patienten seine eigene Vergangenheit bzw. sein Bestreben, diese zu verbergen, einsichtig zu machen. Dies steht in scharfem Gegensatz zu Horneys Überzeugung, daß sinnvolle Veränderung am ehesten möglich ist, wenn man versteht, wie der Patient sein Leben in der Gegenwart führt. Sie war der Auffassung, daß die Beschäftigung mit der Vorgeschichte des Patienten häufig zu einer unabsichtlichen Kollusion des Therapeuten mit den Widerständen des Patienten führe, was es diesem erlaube, die aktuelle Bedeutung bestimmter Verhaltensweisen in seinem Leben vor sich zu verbergen.

Sullivan hat jedoch oft auch eine andere Auffassung von Therapie vertreten, die sich von der bislang erörterten völlig unterscheidet und sich weit besser mit meiner eigenen Auffassung verträgt. In *The Psychiatric Interview* (1954) betont Sullivan mehrfach die Bedeutung einer *»Handlungsanweisung«* als wesentliches Element, um jene Fortschritte zu festigen, die im Laufe der von Patient und Therapeut gemeinsam unternommenen Exploration erzielt worden sind. Hier wird offenbar ein ganz anderes Bild entworfen als mit der Empfehlung, der Therapeut solle klären, wo sich der Patient gegen ein Verständnis der Ereignisse in seinem Leben wehrt, um die Dinge dann dem Patienten selbst zur Aufarbeitung zu überlassen.

Bis zu einem gewissen Grade kann man den Versuch machen, diese beiden Auffassungen miteinander zu vereinbaren, indem man feststellt, daß Sullivan die »Handlungsanweisung« vom alltäglichen Erteilen von Ratschlägen unterscheidet. Eine lange Fußnote auf den Seiten 212—214 in *The Psychiatric Interview* betont, daß es im allgemeinen nutzlos und sogar schädlich sei, Ratschläge zu erteilen, von bestimmten ungewöhnlichen Umständen abgesehen. Das einzige explizite Beispiel für eine »Handlungsanweisung« an den Patienten — sie ergeht, wenn einige Dinge am Ende der Sitzung noch unklar geblieben sind — ist die schlichte Äußerung: »Es ist unverständlich, warum es zu dem und dem gekommen ist. Nun, vielleicht fällt es Ihnen bis zum nächsten Mal ein« (S. 212). Doch ist dieser Versuch, Sullivans unterschiedliche Auffassungen auf einen Nenner zu bringen, nicht sehr überzeugend. Selbst beim letztgenannten Beispiel rechtfertigt Sullivan anschließend die Tatsache, daß der Therapeut dem Patienten etwas »aufgibt«: »Ob der Therapeut eine Hausaufgabe vorschlägt oder nicht, der Patient wird sich vor der nächsten Sitzung auf jeden Fall irgend etwas überlegen, und *der Therapeut wird vielleicht etwas besser als der Patient beurteilen können, was sich als nützlich erweisen könnte«* (S. 212; Hervorhebung von P. L. W.). Wenig später meint Sullivan (wobei er sich allerdings ausdrücklich auf eine Situation bezieht, in der der Therapeut den Patienten nicht wiedersehen wird), daß der »Interviewer« einen Verlauf der Ereignisse aufzeigen solle, »um den der Interviewte sich nach Möglichkeit bemühen sollte und der — nach Auffassung des Interviewers — angesichts der zusammengetragenen Daten seine Aussichten auf Erfolg und Befriedigung im Leben erhöhen würde« (S. 212).

Sullivans Widerstreben, Patienten Ratschläge zu erteilen, scheint also weitgehend auf der Erkenntnis zu beruhen, daß Ratschläge in bezug auf das, was in irgendeiner besonderen Situation zu tun sei, sich an persönlichen Wertvorstellungen und Vermutungen orientieren und in keinerlei Hinsicht objektiv oder durch besonderen Sachverstand geprägt sind. Einerseits macht sich der Therapeut des Mißbrauchs schuldig, wenn er seine privilegierte Position dazu nutzt, seine persönlichen Ansichten zu problematischen und stark persönlich gefärbten menschlichen Entscheidungen durchzusetzen. Andererseits ist es nicht nur zulässig, sondern es entspricht sogar seiner Verantwortung, sein berufliches Wissen und seine berufliche Erfahrung dazu zu benutzen, dem Patienten die mit einiger Wahrscheinlichkeit voraussagbaren Konsequenzen bestimmter Handlungen darzulegen. Es ist diese Richtung in Sullivans Denken, die sich mit einer aktiveren, stärker steuernden therapeutischen Orientierung verträgt — und im weiteren Sinne mit der Ergänzung der psychodynamischen Erforschung des Patienten durch verhaltensorientierte Interventionen.

Zur Zeit Sullivans war die Technik der psychotherapeutischen Intervention beträchtlich weniger entwickelt als heute. Besonders die Interventionsmethoden, die die moderne Verhaltenstherapie kennzeichnen, waren entweder noch gar nicht entwickelt oder noch weitgehend unbekannt. Sullivan standen so gut wie keine wirksamen Alternativen zur Verfügung, als er die Auffassung vertrat, der Therapeut solle sich im wesentlichen mit der Aufdeckung der psychischen Struktur begnügen und den Rest dem Patienten überlassen. Dies war vor allem Ausdruck seiner ablehnenden Reaktion auf das Bestreben von Psychiatern, ihren Patienten subjektive Ratschläge aufzudrängen, deren therapeutischer Wert sehr begrenzt war und die häufig eine eher paternalistische Einstellung zum Patienten verrieten.

Außerdem war Sullivan wohl tiefer in dem sehr stark von Freud beeinflußten Milieu der amerikanischen Psychiatrie verwurzelt, als man gemeinhin annimmt. Trotz der zunehmenden Distanz von Freud, die sich in seiner Sprache und in bestimmten wichtigen thematischen Bereichen bemerkbar machte, behielt er in vielerlei Hinsicht im wesentlichen das Freudsche Modell der therapeutischen Situation bei. Vom Vorzug einer möglichst geringen direkten Intervention waren die meisten jener Therapeuten tief überzeugt, die von der Bedeutung unbewußter Motivationen bei psychischen Prozessen ausgingen. In den meisten psychoanalytischen Schriften zur Therapie wird eine scharfe Trennungslinie zwischen explorativer Therapie auf der einen und manipulativer oder aktiv helfender Therapie auf der anderen Seite gezogen; und obgleich Sullivans theoretische Formulierungen eine Grundlage zur Überwindung dieser Unterscheidung liefern, spiegelt sie sich dennoch in den meisten seiner Äußerungen über psychoanalytische Therapie.

Indem Sullivan den Therapeuten jedoch als teilnehmenden Beobachter versteht, bringt er gleichzeitig ein neues Element in das Verständnis des therapeutischen Prozesses ein. Dieses Element impliziert die Möglichkeit, daß der Therapeut sich auf weit vielfältigere Weise in den therapeutischen Prozeß einbringen kann. Der Therapeut kann niemals wirklich eine »tabula rasa« sein; auch kann man »den Patienten« niemals in irgendeinem abstrakten oder isolierten Sinne sehen. Immer sieht man die Person *in einem Kontext,* und in der Psychotherapie ist der Therapeut Teil dieses Kontextes. Er ist ebensosehr Teil des Kontextes, wenn er schweigsam und unsichtbar ist, wie wenn er dem Patienten von Angesicht zu Angesicht gegenübersitzt und offen und erkennbar auf ihn reagiert.

Mit einer gewissen Berechtigung könnte man einwenden, daß der Therapeut zwar zwangsläufig eine gewisse Verantwortung für das trägt, was der Patient im Behandlungszimmer tut und fühlt, daß aber, wenn man das eigene Verhalten von Augenblick zu Augenblick und von Sitzung zu Sitzung so wenig wie möglich verändert, ein größerer

Anteil des Geschehens auf Faktoren im Patienten zurückgeht. Merton Gill (1954), einer der scharfsinnigsten Autoren innerhalb der Freudschen Tradition, bemerkt, daß die »deutlichsten Übertragungsmanifestationen diejenigen sind, die sich einstellen, wenn das Verhalten des Analytikers konstant bleibt, da unter diesen Umständen Veränderungen dieser Übertragungsmanifestationen nicht auf irgendeine äußerliche Situation, auf eine Veränderung in der interpersonalen Beziehung zurückgeführt werden können, sondern der Analysand allein die Verantwortung für sie akzeptieren muß« (S. 781).
Von einem interpersonalen Standpunkt aus würde jedoch die Reihe zunehmend primitiver und bizarrer Reaktionen, die sich im Laufe einer Analyse zeigen, nicht als eine durch Regression bedingte Freilegung von »Persönlichkeitsschichten« des Patienten erscheinen, sondern als ein Einblick in die Hierarchie von Reaktionen, die der Patient hinsichtlich *seiner besonderen Arten von Frustration* aufgebaut hat. Die Grenzen teilnehmender Beobachtung — sozusagen das Heisenberg-Prinzip — lassen sich durch konstantes Verhalten nicht aufheben. Man beschränkt dann nur seine direkten Beobachtungen darauf, daß man zusieht, wie der Patient mit einer Situation fertig wird. Der Analytiker wird davor gewarnt, die Übertragungsbedürfnisse des Patienten zu befriedigen oder, verhaltenstheoretisch ausgedrückt, die ursprünglichen Bemühungen des Patienten in dieser Situation zu verstärken. Wie nicht anders zu erwarten, nimmt der Patient, wenn er für seine ersten Anstrengungen kaum belohnt wird, Zuflucht zu anderen, in seiner Hierarchie tiefer angesiedelten Reaktionen auf diese Situation, bis er schließlich seine verzweifeltsten und irrationalsten Anstrengungen unternommen hat, um wenigstens *irgendeine* Reaktion von dem Menschen zu bekommen, an den er sich um Hilfe gewandt hat.
Hat man dadurch wirklich einen tieferen Einblick in die Persönlichkeit gewonnen? Mit demselben Recht könnte man die Behauptung aufstellen, daß das, was man auf diese Weise zu sehen bekommt, nicht tief, sondern unwahrscheinlich ist, und daß man Reaktionsweisen beobachtet, die ganz *un*charakteristisch für den Patienten sind — Reaktionsweisen, zu denen er nur seine Zuflucht nimmt, wenn alles andere fehlschlägt. Außerdem sind einem solchen Bemühen, in die Tiefe zu dringen, enge Grenzen gezogen. Indem das Verhalten des Therapeuten konstant bleibt, versichert dieser, daß er nicht darauf aus sei, die Reaktionen des Patienten auf die meisten der typischen Verhaltensweisen zu beobachten, denen dieser täglich begegnet. Was empfindet der Patient und wie reagiert er, wenn er gelobt, gescholten

oder herausgefordert wird? Es geht nicht darum, daß der Therapeut den Patienten systematisch auf jede nur denkbare Weise behandelt, die bei der Behandlung eines menschlichen Wesens möglich ist, nur um zu sehen, wie der Patient reagiert. Die ethischen wie praktischen Gründe, dergleichen zu unterlassen, liegen auf der Hand. Doch wenn man das, was in einer psychoanalytischen Sitzung offenbart wird, von einer interpersonalen Perspektive her sieht, gelangt man zu der Auffassung, daß (a) eine größere Bandbreite »erlaubter« Verhaltensweisen des Therapeuten zu einer größeren Bandbreite potentieller Manifestationen des Patienten in den Sitzungen führt; und (b) daß das, was bei konstantem Verhalten des Therapeuten zum Vorschein kommt, ganz bestimmt nicht »die« wahre zugrundeliegende Persönlichkeit des Patienten ist, sondern jene Aspekte seiner möglichen Formen von Anpassung, zu denen er in einem Kontext von Frustration und mimimalem Feedback tendiert.[4]

Die interpersonale Perspektive und die aktive Intervention des Therapeuten

Aus interpersonaler Sicht gibt es eine Anzahl von Anzeichen, die auf den Wert einer unmittelbaren Intervention des Therapeuten in die alltäglichen Lebensprobleme seines Patienten schließen lassen. Erstens scheint — wie wir gerade gesehen haben — die Vorstellung eine Illusion zu sein, daß der Therapeut, indem er nichts Auffälliges tut, den Patienten (und der Patient sich selbst) so sehe, wie er wirklich ist, da dessen innere Prozesse nicht durch irgendeine irreführende Beziehung zu äußeren Ursachen seines Verhaltens entstellt würden. Zweitens braucht der Therapeut nicht zu befürchten, die den Problemen des Patienten zugrundeliegende Ursache könnte unangetastet bleiben und weiterhin Symptome erzeugen oder den Charakter des Patienten verzerren, wenn er als Therapeut durch sein Eingreifen verhindert, daß eine vollständige therapeutische Regression eintritt und archaische Wünsche zutage treten. Nach interpersonaler Auffassung existieren diese Wünsche nur deshalb in so primitiver und intensiver Form, weil ein selbstzerstörerischer, zyklischer, neurotischer Prozeß abläuft. Die unbewußten Antriebe und Phanta-

[4]Natürlich gewinnt man daraus, wie der Patient seine Interaktionen mit andern beschreibt, eine Vorstellung davon, wie er auf verschiedene interpersonale Hinweisreize reagiert. Doch um ganz ausreichende Information zu erhalten, sind — wie in Kapitel 7 zu zeigen sein wird — möglicherweise Befragungsmethoden erforderlich, die sich vom traditionellen psychoanalytischen Ansatz vollkommen unterscheiden.

sien sind ebensosehr eine Folge der Neurose wie ihre Ursache. Wenn man direkt in die Interaktionen des Patienten mit anderen eingreift, wird man vielleicht niemals Gelegenheit haben, jene archaischen Manifestationen zu bemerken, die der Analytiker in einer regressiven Übertragungsneurose beobachtet. Doch nach der hier vertretenen Auffassung wäre dies nicht deshalb der Fall, weil der Therapeut nicht entdeckt hätte, was in der Seele des Patienten wirklich vorhanden ist, sondern weil er durch sein Tun schon *verändert* hat, was dort vorhanden ist.

Schließlich müssen wir auch berücksichtigen, welcher Preis für die *Nicht*-Intervention zu zahlen ist. Wenn der neurotische Prozeß weitgehend dadurch in Gang gehalten wird, daß die neurotischen Annahmen des Patienten durch die Konsequenzen, die sie hervorrufen, immer wieder neu bestätigt werden, dann bieten sich viele Punkte an, an denen dieser Teufelskreis durchbrochen werden kann. Interpretative Bemühungen, die Einsicht in die Ursprünge der Neurose oder auch in gegenwärtige Motive vermitteln sollen, sind nur eine von vielen Möglichkeiten, den destruktiven Zirkel der Ereignisse zu unterbrechen. Häufig bleiben solche Deutungsversuche fruchtlos, wenn sie sich nicht mit dem Bemühen verbinden, dem Patienten unmittelbar zu neuen Verhaltensweisen in alltäglichen Situationen zu verhelfen.

Mit dieser Frage werden wir uns in Kapitel 10 eingehender beschäftigen. Hier möge eine kurze Illustration genügen.

Betrachten wir einen jungen Mann, der aufgrund seiner Entwicklungsgeschichte beträchtliche Angst vor sexueller Aktivität hat und so daran gehindert ist, jene sozialen Fertigkeiten zu lernen, die erforderlich sind, um sich einer Frau zu nähern, die ihn interessiert. Er ist in einem Teufelskreis gefangen, in dem seine Angst vor sexueller Erregung zur Vermeidung sexueller Situationen führt, folglich zu unzulänglicher Ausbildung der Fertigkeiten sozialer Begegnung, folglich zu unbeholfenen und ungeeigneten Annäherungsversuchen, folglich zur Zurückweisung, was dann schließlich die Angst vor sexuellen Gefühlen noch intensiver macht. Dieses zyklische Muster, das sich unzählige Male wiederholt, dürfte weit mehr Schuld an seiner gegenwärtigen Angst vor Frauen tragen als die exotischen symbolischen Repräsentanten seiner Angst, die in den analytischen Sitzungen schließlich »emporkommen«. Seine Angst mag durchaus begonnen haben, als er vier war und es ihn nach seiner Mutter verlangte, doch sie besteht fort, weil seine sexuelle Aktivität auch weiterhin unangenehme Reaktionen der Mitmenschen hervorruft. In manchen

Fällen dieser Art kann es sich als unmöglich erweisen, die Angst des Patienten in der Therapiesitzung durch interpretierende Arbeit wirksam zu reduzieren, wenn nicht auch sehr entschiedene Anstrengungen unternommen werden, um sicherzustellen, daß er die erforderlichen sozialen Fertigkeiten erwirbt: Seine »Einsicht« während der Sitzung, daß seine Furcht »unrealistisch« ist, wird nach der Sitzung durch die Erfahrung widerlegt, daß er sich einer Frau nähert und wiederum scheitert.

Diese Beschreibung — die ja davon ausgeht, daß der Therapeut unter Umständen auch grundlegende soziale Fertigkeiten zu lehren hat und daß sein Bemühen, Einsicht zu vermitteln, möglicherweise fehlschlägt, wenn er sich nicht genügend darum bemüht, dem Patienten effektive Verhaltensweisen zu vermitteln — wird vielen dynamisch orientierten Therapeuten nicht gefallen, selbst wenn sie meinen, sie seien eher interpersonal als streng psychoanalytisch orientiert. Man setzt häufig voraus, daß der Patient sich rasch in einer sozial angemesseneren Weise verhält, sobald er einmal die Hemmungen verstanden hat, die aus der Vergangenheit stammen. Nach meiner Auffassung zeugt diese Erwartung von einer Unterschätzung der Vielschichtigkeit interpersonaler Kommunikation. Ich möchte behaupten, daß sich dem interpersonal orientierten Therapeuten, der diese Erwartung hegt, das interpersonale Verständnis für die von der Psychoanalyse erforschten Ereignisse und Erscheinungen noch nicht in seiner vollen Bedeutung erschlossen hat. In Kapitel 10 werde ich versuchen, dies ausführlicher zu belegen.

Situationismus, Humanismus und Interaktionssequenzen

Die hier und im letzten Kapitel dargelegte Auffassung betont die Rolle gegenwärtiger konkreter Ereignisse bei der Beeinflussung unseres Verhaltens und sogar unserer Motive. Außerdem mißt sie den Konsequenzen von Handlungen große Wichtigkeit bei. Eine solche Auffassung kann leicht mit jenem Ansatz verwechselt werden, den Bowers (1973) zutreffend als »Situationismus« kritisiert hat, oder mit der einseitigen Betonung von Reaktionskonsequenzen, die für einige Vertreter des Skinnerschen Behaviorismus typisch ist. Es muß deshalb deutlich gemacht werden, wodurch sich mein Ansatz von den genannten beiden Auffassungen unterscheidet und inwiefern er eine »psychodynamische« Orientierung teilt.

Mit »Situationismus« bezeichnet Bowers die metaphysische Annahme — von der viele experimentelle Forscher ausgehen —, daß

das menschliche Verhalten im wesentlichen und letztlich von äußeren Bedingungen kontrolliert werde und daß individuelle Faktoren der Disposition oder des Organismus von geringer oder keiner Bedeutung seien. Dieser Situationismus ähnelt der von Chein (1962) beschriebenen Position, die den Menschen als »ohnmächtig reagierend« versteht. Häufig geht damit die Auffassung Hand in Hand, daß Motive und Kognitionen entweder Epiphänomene sind, die überhaupt keinen Einfluß auf die Ereignisse haben, oder daß sie bestenfalls schwache Variablen sind, die nur einen sehr geringen Einfluß ausüben. Oft ist vorgebracht worden, daß sich diese Auffassung, da sie die Wahl- und Entscheidungsfreiheit des Menschen ausklammere, nicht mit einer humanistischen Haltung vertrage (vgl. besonders Skinner, 1971). Ebensowenig lasse sie sich mit der Psychoanalyse vereinbaren, da sie offensichtlich behaupte, Phantasien oder Motive würden das Verhalten nicht wirklich determinieren, sie seien bestenfalls »psychische Zwischenstationen«, und wenn man sich ihnen zuwende, werde man von der wichtigeren Aufgabe abgelenkt, das Verhalten auf Umweltereignisse zu beziehen.
Die in Kapitel 4 und 5 diskutierte Auffassung stellt im Gegensatz dazu aber weder die Wirklichkeit menschlicher Wahlfreiheit noch die Gültigkeit von Motiven und Phantasien als Determinanten des Verhaltens in Frage. Die Frage nach der menschlichen Wahl- und Entscheidungsfreiheit wird in Kapitel 12 noch einmal aufgegriffen. Die Rolle von Phantasien und Motiven wollen wir bereits jetzt betrachten.
Wenn die vom Psychoanalytiker entdeckten Phantasien und Motive als Reaktion auf die Ereignisse im Leben des Patienten verstanden werden, wird damit nicht die Auffassung in Frage gestellt, daß das Verhalten durch Kognitionen und Erwartungen motiviert oder geleitet wird. Wie oben gezeigt, geht der hier vorgelegte Ansatz von der Annahme aus, daß Motive und Phantasien mit großem Nutzen sowohl als Ursache wie auch als Wirkung untersucht werden können. Wenn einige Analytiker diese Erscheinungen ausschließlich als letzte Ursachen verstehen und einige Behavioristen sie ausschließlich als abhängige (oder manchmal auch als vermittelnde) Variablen begreifen, so sind beide Ansätze zu begrenzt. Eine Sichtweise, die nichts ausschließt, ist erforderlich.
In Reaktion auf die Ereignisse unseres Lebens entwickeln wir eine bestimmte Sicht von der Welt und von dem, wonach wir streben möchten. In Übereinstimmung mit diesen Auffassungen und Zielen handeln wir. Die Konsequenzen dieses Handelns können die beste-

henden Auffassungen und erreichten Ziele bestätigen oder modifizieren. Von Anfang an wird unser Handeln sowohl durch das bestimmt, *was wir sind,* als auch durch das, *was uns zustößt.* So sind die Reaktionen des Neugeborenen auf die allerersten Ereignisse in seinem Leben (und wahrscheinlich sogar seine erste vage wahrnehmungsmäßige Organisation dieser Ereignisse) eine Funktion nicht nur von Umweltereignissen, sondern auch von angeborenen Merkmalen des Temperaments und ersten Ansätzen eines kognitiven Stils. So zitiert Bowers (1973) die Arbeiten von Escalona (1968, 1972) und von Wiggins, Renner, Clore und Rose (1971) und sagt: »Von Anfang an muß die Situation in den Begriffen jenes besonderen Organismus bestimmt werden, der sie erlebt« (S. 327).

Wenn ich so viel Wert darauf lege, daß die Ereignisse im Leben eines Menschen wesentlich mit festlegen, welche Phantasien und Motive für ihn wichtig sind (und — wie wir im nächsten Kapitel sehen werden — welche Phantasien und Motive unbewußt bleiben müssen), dann will ich damit nicht zum Ausdruck bringen, daß wir auf irgendeine »objektive« Umwelt sklavisch reagieren. Die Ereignisse, die uns beeinflussen, müssen als *wahrgenommene* Ereignisse verstanden werden. Besonders die psychodynamisch orientierte Forschung hat deutlich gemacht, daß unsere Wahrnehmung von Ereignissen, besonders von interpersonalen Ereignissen, sowohl aktiv ist wie auch von unseren Motiven geprägt (vgl. Wolitzky und Wachtel, 1973). Unseren Wahrnehmungen sind aber zugleich gewisse Grenzen gesetzt durch die Vorgänge, die tatsächlich ablaufen. Was uns dazu motiviert, etwas in bestimmter Weise wahrzunehmen, und unsere besondere Art der Selektion und Organisation der Wahrnehmung sind ihrerseits eine Reaktion auf die Ereignisse unseres Lebens (vgl. Klein, 1958; Solley und Murphy, 1960; Wachtel, 1972).

Hier wird also eine fortgesetzte Interaktion von Kognitionen und Motivationen einerseits und äußeren Ereignissen andererseits behauptet. Genau genommen mögen die beiden Bereiche nicht völlig voneinander zu trennen sein. Doch um den Ereignisfluß besser zu verstehen, aus dem ein Leben besteht, müssen wir ihn in unterscheidbare und einigermaßen wiederholbare Sequenzen zerlegen. Häufig wird die Tatsache übersehen, daß der Punkt, an dem wir den Fluß unterbrechen, um eine Sequenz unterscheiden zu können oder um eine funktionale Analyse durchzuführen, völlig willkürlich gewählt ist. Nur wenn wir an vielen Punkten ansetzen, können wir ein umfassendes und angemessenes Verständnis gewinnen.

Experimentell orientierte Forscher sind sich der Gefahren sehr wohl bewußt, die daraus erwachsen, daß sich Erklärungen von Verhalten ausschließlich auf innere, organismische Konstrukte stützen und auf Umweltereignisse nicht bezogen sind. So sagt Mischel beispielsweise: »Die vielleicht grundsätzlichste Kritik an kognitiven und phänomenologischen Erklärungen lautet, daß diese unvollständig sind und keine ausreichend detaillierte und umfassende Analyse der das Verhalten kontrollierenden Ursachen vornehmen.[5] Nach Kellys Theorie sind persönliche Konstrukte beispielsweise als Schlüsseldeterminanten des Verhaltens zu verstehen. Was aber bestimmt die Konstrukte, die ein Mensch hat? Wenn das Konstrukt als Ursache des beobachteten Verhaltens hingestellt wird, kann dies ein Beispiel für eine nichtabgeschlossene Kausalerklärung sein. Solche zu kurz greifenden Analysen sind überall dort festzustellen, wo seelische Zustände, Wahrnehmungen, Kognitionen, Gefühle, Motive oder ähnliche Konstrukte als Erklärungen des Verhaltens angeboten werden, während die Determinanten der psychischen Zustände selbst nicht zur Kenntnis genommen werden« (Mischel, 1971, S. 104).

Bis hierhin wäre ich geneigt, Mischel zuzustimmen. Doch wir müssen uns klarmachen, daß unter Umständen die »Umweltdeterminanten« der psychischen Zustände ihrerseits als Funktion dieser psychischen Zustände zu sehen sind. Wie ich andernorts (Wachtel, 1973b) eingehender beschrieben habe, entspricht der sauberen Distinktion zwischen unabhängigen und abhängigen Variablen, die sich in psychologischen Experimenten zeigt, keine ähnlich klare Distinktion in den Ereignissen des Alltags. Die Ereignisse, die uns *zustoßen,* werden weitgehend durch uns selbst hervorgerufen und lassen sich als Konsequenzen des von unseren Kognitionen und Motiven erzeugten Verhaltens betrachten. Wenn man bedenkt, wie aktiv die Menschen ihre Wahrnehmungswelt konstruieren (vgl. Bowers, 1973; Kelly, 1955; Neisser, 1967), so zeigt das auch, wie einseitig die Annahme ist, die das Verhalten beeinflussenden Umweltereignisse seien ausschließlich unabhängige Variablen. Mit gleichem Recht könnte man sagen, daß die Motive und kognitiven Aktivitäten der Person bestimmen, welche Vorgänge in ihrer Umgebung sie bemerkt und wie sie sie auffaßt. Dies trifft insbesondere für die vieldeutigen interpersonalen und affektiven Ereignisse zu, die von so entscheidender Bedeutung für jene Erscheinungen sind, die den Psychotherapeuten interessieren (vgl. Wachtel, 1973b, S. 328 ff.).

---

[5]Ich nehme an, daß Mischel hier auch psychodynamische Erklärungen einschließen würde.

Wie jedes Ding hat auch die »nicht-abgeschlossene Kausalerklärung« zwei Seiten. Weder die Analysen, die von Motiven und Gedanken ausgehen und nach sichtbaren Manifestationen suchen, noch die Analysen, die von beobachtbaren Ereignissen ausgehen und Motive und Gedanken als deren Funktion betrachten, sind natürlich gottgegeben. Auch ist keine dieser Analysen »abgeschlossen«. Wenn ich behaupte, daß die psychoanalytische Forschung die Tatsache nicht genügend berücksichtigt hat, daß (selbst unbewußte) Wünsche und Phantasien Reaktionen auf konkrete Ereignisse sind, will ich damit nicht sagen, daß der Mensch ein Sklave seiner Umwelt sei. Ebensowenig bedeutet die Auffassung, es sei legitim, die Handlungen der Menschen als Ergebnis ihrer Wünsche und Wahrnehmungen zu verstehen, eine Rückkehr zur fruchtlosen Beschäftigung mit der »Willenskraft« oder zu jener zirkulären, pseudoexplanatorischen Verwendungsweise geistig-seelischer Konstrukte, von der Skinner offenbar meint, sie sei die einzige Alternative zu seiner Art und Weise, psychische Ereignisse zu analysieren.
Darstellungen der Persönlichkeitsentwicklung aus lerntheoretischer und aus psychodynamischer Sicht müssen nicht unvereinbar miteinander sein. Beide Ansätze können dazu mißbraucht werden, illegale metaphysische Konterbande einzuschmuggeln, beide können aber auch als legitime Instrumente dazu benutzt werden, zuvor unbemerkte Verknüpfungen zwischen Ereignissen zu erkennen. Lernexperimente und psychoanalytische Beobachtung haben beide wichtige Zusammenhänge entdeckt, die dazu beitragen können, unser Verständnis zu erweitern und unsere Möglichkeiten des Helfens zu vergrößern. Wir wollen jetzt sehen, wie sich diese unterschiedlichen Einsichten explizit in einen fruchtbaren Zusammenhang bringen lassen.

6

Angst, Konflikt und Lernen in der Neurose

Wollen wir noch eingehender betrachten, wie neurotische Verhaltensmuster sich perpetuieren oder verändert werden können und welche Möglichkeiten es gibt, dynamische und verhaltensorientierte Ansätze zu integrieren, dann müssen wir die Konzepte von Angst und Konflikt genauer untersuchen. Sie nehmen im Denken der Freudianer wie im interpersonalen Denken eine zentrale Stellung ein, und der Rang, der ihnen in verschiedenen lerntheoretischen Erklärungen der Neurose verliehen wird, hat wesentlich mit der Frage zu tun, wie gut sich dynamische und verhaltensorientierte Auffassungen vereinbaren lassen. Die Formulierungen von Dollard und Miller (1950) werden uns in diesem Kapitel besonders interessieren, und zwar in Beziehung sowohl zur Psychoanalyse als auch zu lerntheoretischen Ansätzen.

Wenn wir die verschiedenen Versuche der Klärung, die im Bereich der Neurosenforschung unternommen wurden, hinsichtlich der Rolle, die der Begriff der Angst in ihnen spielt, miteinander vergleichen wollen, so müssen wir uns zuvor klarmachen, daß sich im psychoanalytischen Denken eine Veränderung in der Auffassung der Neurose vollzogen hat. Während die Ursache der Neurose zunächst in dem gesehen wurde, was wir *wünschen,* wird der Nachdruck nun auf das gelegt, was wir *fürchten.* Jede Theorie, die den Konflikt in den Blick rückt, wird natürlich Wünsche *und* Ängste untersuchen. Doch in den frühen Jahren der psychoanalytischen Forschung waren die verbotenen Wünsche von weit größerem Interesse als das, was sie zu verbotenen machte. Freud sah die Angst ursprünglich einfach als ein Abfuhrphänomen, das von Verdrängung herrührt. Wenn der verdrängte Wunsch nicht in ausreichendem Maße durch Symptome, Träume und durch andere »Überdruckventile« entladen werden kann, kommt es zu einer anderen Form von Abfuhr: der unmittelbaren Konversion von Libido in Angst. Wahrscheinlich trug zu dieser Formulierung der Umstand bei, daß Angst häufig in einer Form auftritt, die nicht direkt als Furcht erlebt wird. Erscheinungen wie beschleunigter Herzschlag, Übelkeit, Schwitzen und so fort, die häufig auftreten, ohne daß man sich der Angst bewußt ist, legten die Metapher von der Abfuhr nahe.

Doch Freud kam ja schließlich zu der Auffassung, Angst sei eine *Ur-*

sache der Verdrängung und nicht ihre Folge. Die Furcht, die durch die Erregung bestimmter Impulse entsteht, führt nach seiner Auffassung zu der einzig möglichen Flucht vor innerer Gefahr: zur Flucht vor der Bewußtheit. Die Person lernt, so sagt Freud, ihrer Aufmerksamkeit eine andere Richtung zu geben, und weiß es häufig so einzurichten, daß sie sich dieser Impulse nicht bewußt wird, nicht offen nach ihnen handelt. Ich spreche natürlich von den Abwehrmechanismen.

In der Folge wurde die vorherrschende Rolle der Angst in der Psychopathologie zunehmend besser erkannt. Von besonderer Bedeutung war das Konzept der *Signalangst.* Das heißt, Angst wurde nicht mehr nur als das Erlebnis eines Affektzustandes oder als Abfuhrphänomen verstanden, sondern als eine Erscheinung, deren Auswirkungen vielleicht noch bedeutsamer sind, wenn sie lautlos oder unsichtbar sind. Wenn der Mensch lernt, die Ereignisse zu *antizipieren,* die zu Leid und Unbehagen führen, kann ein geringfügiges Ansteigen von Spannung Vermeidungsverhalten bewirken und der Aufmerksamkeit und dem Verhalten eine neue Richtung geben. Diese Vermeidung verhindert dann die erneute Prüfung der Möglichkeit von Gefahr, da eine längere Berührung mit der Angstquelle nicht zugelassen wird. Von größerer Bedeutung als die Konservierung alter Wünsche ist also die Konservierung alter Ängste, da erstere auf letzteren beruhen (d. h. alte Ängste halten die Abwehrmechanismen aufrecht, die ihrerseits verhindern, daß die alten Wünsche in das reifere Ich integriert werden).

Diese Veränderungen in Freuds Angstkonzept und besonders seine Formulierungen zur Signalangst trugen wesentlich zum Verständnis der Neurose und der Charakterentwicklung bei. Doch zu dem Zeitpunkt, da diese Konzeption entwickelt wurde, hatten Freuds Vorstellungen über Persönlichkeitsentwicklung und psychotherapeutische Interventionen bereits eine weitgehend endgültige Gestalt angenommen — Freud war siebzig, als *Hemmung, Symptom und Angst* erschien —, und dadurch waren dem Einfluß dieser neuen Vorstellungen zum Angstkonzept deutliche Grenzen gezogen. Im wesentlichen wurden sie einer fertigen theoretischen Struktur einverleibt, statt die Grundlage für eine neue Struktur zu bilden, was durchaus möglich gewesen wäre.

Horney und Sullivan arbeiteten ihre theoretischen Strategien hingegen erst richtig aus, *nachdem* man Klarheit über die Rolle der Angst gewonnen hatte — und die Positionen beider spiegeln dies wider. Angst spielt in den theoretischen Überlegungen von Horney und

von Sullivan eine erheblich größere Rolle als in Freuds Theorie, auch wenn dieser ihr ebenfalls Wichtigkeit beigemessen hat. Ein Großteil des apodiktischen und irrationalen Verhaltens, das Freud auf den Druck biologischer Triebe und ihrer »Abkömmlinge« zurückführt, läßt sich nach Horneys (1939) Auffassung am besten als angstmotiviertes Verhalten verstehen.
Den interpersonal orientierten Theoretikern dienten Freuds späte Einsichten in die Rolle der Angst als Grundlage für ein weitgehend neues Verständnis von Neurose und Charakterentwicklung. Nach ihrer Meinung hatten diese Einsichten weit radikalere Konsequenzen für Freuds frühere Formulierungen, als von Freud oder seinen orthodoxeren Nachfolgern erkannt worden war.

Der Beitrag von Dollard und Miller

Bei ihrer Neuformulierung psychoanalytischer Vorstellungen aus lerntheoretischer Sicht gingen auch Dollard und Miller (1950) vor allem von dem Angstkonzept aus, wie es in Freuds späteren Schriften niedergelegt ist.[1] Ihre Formulierungen sind von entscheidender Bedeutung für den hier gemachten Versuch, Gedanken und Methoden, die aus der psychodynamischen Tradition stammen, mit den klinischen Methoden zusammenzubringen, die aus der unmittelbaren Anwendung lerntheoretischer Konzepte auf störende Verhaltensmuster hervorgehen. Dollard und Miller liefern nicht nur einen wertvollen Ausgangspunkt für alle künftigen Versuche, Beiträge aus diesen beiden scheinbar grundverschiedenen Bereichen zu integrieren, sie schaffen auch (wie ich im Fortgang dieses Kapitels zu zeigen versuche) eine Grundlage, um traditionelle psychoanalytische Konzepte wie Einsicht, Konfliktlösung und Durcharbeiten besser in den Griff zu bekommen.

[1] Dem Leser, der nicht vom Fach ist, sei gesagt, daß Dollard und Miller Psychologen sind, die den Versuch gemacht haben, psychoanalytische Gedanken in eine solche Form zu übersetzen, daß sie sich experimentell im Labor testen ließen. Dollard war ein bedeutender Anthropologe und Soziologe, bevor er sich der Untersuchung der Psychotherapie zuwandte. Miller war ein führender Forscher auf dem Gebiet der experimentellen Lerntheorie (und ist gegenwärtig einer der wichtigsten Forscher auf dem Gebiet der Biofeedbackverfahren). Zum Zeitpunkt der Veröffentlichung war ihr Buch von großem Einfluß, heute hat die Wirkung nachgelassen. Doch bin ich der Meinung, daß es immer noch sehr gut zur Anregung und Klärung von Gedanken geeignet ist.

Bevor wir uns mit grundlegenden Zügen ihrer Arbeit beschäftigen, müssen wir einige der häufig auftretenden Mißverständnisse ausräumen, denen ihr Unternehmen ausgesetzt war. Sie bedienen sich der Terminologie von »Stimulus and Response« (Reiz und Reaktion), welche für die einen einen sehr positiven und für die anderen einen sehr negativen Beiklang hat. Diese Terminologie entstammt ursprünglich einer Labortradition, in der unterscheidbare, sichtbare Muskelbewegungen oder Drüsensekretionen auf unterscheidbare, den Sinnesorganen dargebotene Reizmuster bezogen wurden. Man hat bezweifelt, daß der Reiz-Reaktions-Ansatz auch nur dem Verständnis relativ einfacher Laborerscheinungen angemessen sei (z. B. Saltz, 1971). Am nachhaltigsten jedoch ist sein Wert für die Konzeptualisierung komplexer Ereignisse im menschlichen Sozialverhalten in Frage gestellt worden. Man hat mit einigem Recht vorgebracht, daß die Erörterung von so komplexen Phänomenen wie Gedanken und Vorstellungen mit Begriffen wie Reiz und Reaktion nur eine äußerst unscharfe metaphorische Erweiterung dieser Termini darstelle (Breger und McGaugh, 1965).

Diese Kritik trifft auf die nicht seltenen Versuche zu, bestimmten konzeptuellen Strategien und Labormodellen die Würde der Wissenschaftlichkeit zu verleihen und alle anderen Versuche um Verständnis irgendwo zwischen Schwindel und Aberglaube anzusiedeln. Diese »szientistischen« Erklärungen behandeln klinisch entwickelte Theorien — besonders die psychodynamischen — als bestenfalls gutgemeinte Versuche, die die Unangemessenheit vorwissenschaftlichen Denkens widerspiegeln. Wenn hingegen Termini wie »Reiz« und »Reaktion« verwendet werden, scheint dies auf eine strenge und genaue Analyse eindeutig definierter und gemessener Ereignisse hinzudeuten. Tatsächlich praktizieren diese antiklinischen und antipsychoanalytischen Autoren so etwas wie sprachliche Taschenspielerei, wenn sie durch die Hintertür Phänomene und Konzepte wie Denken, Vorstellung oder Gefühl einschmuggeln, während an der Vordertür zu lesen steht: »Wissenschaftler bei der Arbeit: Zutritt nur für Reize und Reaktionen. Zutritt verboten für Psychoanalytiker und Kliniker.«

In dieser Weise verwenden Dollard und Miller die Reiz-Reaktions-Terminologie allerdings nicht. Sicherlich sind sie der Ansicht, daß eine Reiz-Reaktions-Analyse Fragen klären kann, welche die traditionellen klinischenTheorien nicht eindeutig beantwortet haben. Sie behaupten auch, daß durch ihre Konzeptualisierung klinischer Phänomene Hypothesen der Überprüfung zugänglicher sind als durch die traditionelle Art, über das zu reden, was die Patienten tun. Sie nehmen aber gegenüber der Psychoanalyse keineswegs eine feindselige Haltung ein und halten klinische Beobachtungen auch nicht für nebensächlich. Ferner verwenden sie Terminie wie Reiz und Reaktion nicht, um den Eindruck wissenschaftlicher Präzision zu erwecken, sondern um zu überprüfen, in welchen Grenzen ein begrifflicher Rahmen anwendbar ist, von dem sie meinen, er habe sich im bescheidenen Kontext von Laborexperimenten als sehr nützlich erwiesen.

Dollard und Miller wiegen sich keineswegs in der Illusion, man könne das »Schmollen« — die Tendenz eines Menschen, »einzuschnappen«, wenn er beleidigt wird — eine »Reaktion auf einen Stimulus« nennen. Sie bedienen sich der S-R-Analyse nicht ihrer Konnotationen wegen, sondern weil sie Aufschluß über die *funktionalen Eigenschaften* psychisch relevanter Ereignisse gibt.[2] Das wird klarer werden, wenn wir jetzt betrachten, wie sie versuchen, die Bedeutung von Furcht und Angst begrifflich zu fassen.[3]

Furcht und Angst in der Analyse von Dollard und Miller

Dollard und Miller meinen, Furcht lasse sich sinnvoll als *Reaktion* untersuchen. Wenn sie Furcht so fassen, behaupten sie im wesentlichen, daß die Furcht den gleichen Gesetzen gehorche wie äußerlich sichtbare, ohne Schwierigkeiten zu beobachtende Reaktionen. Sie beweisen zunächst, daß sich Furcht in derselben Weise erlernen läßt wie andere Reaktionen, und gehen dann auch zu anderen Parallelen über. In ihren eigenen Worten:

»Offensichtliche Reaktionen lassen sich leicht beobachten und sind

---

[2]Obgleich sie eindeutig einem S-R-Ansatz verpflichtet sind, betonen sie diese Funktionseigenschaften, das heißt die Erweiterung empirisch beobachteter Beziehungen. So können wir später untersuchen, inwiefern die Perspektive, die sich in ihrer Analyse ausdrückt, für unsere Überlegungen von Nutzen sein kann, selbst wenn sich letztlich herausstellt, daß eine stärker kognitiv ausgerichtete Lerntheorie angemessener ist als eine S-R-Theorie. Da sie die S-R-Analyse als Instrument verwenden und nicht als Sturmbock in der philosophischen Auseinandersetzung mit kognitiven und psychoanalytischen Denkern, können wir die empirische Brauchbarkeit ihrer Vorschläge unabhängig von ihrer besonderen theoretischen Ausrichtung betrachten.

[3]Dollard und Miller unterscheiden nicht ausdrücklich zwischen Furcht und Angst. Sie sagen, wenn »die Quelle der Furcht unbestimmt ist oder durch Verdrängung verborgen wird, wird sie häufig Angst genannt« (S. 63).

eingehend untersucht worden. Viele ihrer funktionalen Eigenschaften sind bekannt; sie lassen sich lernen, auf neue Reize verallgemeinern, löschen, durch widersprüchliche Reaktionen hemmen, durch Summierung bahnen und so fort. Furcht ist schwerer zu beobachten, doch wir stellen die vorläufige Hypothese auf, daß sie alle Funktionseigenschaften einer Reaktion hat« (S. 68).

Wichtig ist in diesem Zusammenhang, daß Dollard und Miller von vorläufigen Hypothesen sprechen. Sie sind sich vollkommen darüber klar, daß sie Analogien zwischen verschiedenen Beobachtungsbereichen herstellen. Die Analogie wird nicht kategorisch behauptet, sondern als Arbeitshypothese verstanden, die beibehalten werden kann, wenn sie sich als nützlich erweist. Inwiefern sie sich als nützlich bestätigt *hat,* wollen wir in Kürze betrachten.

Zuerst müssen wir jedoch auf andere Aspekte eingehen, durch die sich die Furcht-Analyse von Dollard und Miller auszeichnet. Furcht läßt sich nicht nur als Reaktion untersuchen. Sie läßt sich auch sinnvoll als Trieb verstehen, insofern sie das Verhalten mit Energie speist und insofern ihre Reduktion selbstverstärkend wirkt. Reaktionen, die Furcht reduzieren, werden mit großer Wahrscheinlichkeit verstärkt und beibehalten. Überdies hat Furcht die Eigenschaften von Hinweisreizen, die bestimmen und signalisieren, welche Verhaltensweisen erforderlich sind.

Nach Dollard und Miller liegt den meisten Schwierigkeiten, die die Menschen in die Therapie führen, Angst zugrunde. Diese ist an Hinweisreize gebunden, die mit der Erregung wichtiger interpersonaler Bedürfnisse und mit Versuchen zu ihrer Befriedigung verknüpft sind. Wenn der Mensch die Neigung verspürt, sich irgend jemandem sexuell zu nähern, Ärger und Widerspruch zum Ausdruck zu bringen, Schutz zu suchen oder sich um Hilfe und Beistand zu bemühen, rufen die Hinweisreize, die mit diesen Tendenzen verknüpft sind, Angst hervor. Die Aktivität, die dann diese angsterregenden Hinweisreize verringert (oder — wie ich hinzufügen möchte — die *Aufmerksamkeit* verringert, die diesen Hinweisreizen geschenkt wird), wird außerordentlich hoch belohnt, da die Reduktion von Angst in der Regel sehr selbstverstärkend ist.[4]

[4]Seligman und Johnston (1973) haben die Auffassung vertreten, daß bei überdauernden Vermeidungsreaktionen die Verstärkung häufig vom Auftreten eines Sicherheitssignals und nicht von der Angstvermeidung ausgehe. Aber auch ihrer Analyse nach ist es notwendig, daß bestimmte Hinweisreize fähig sind, Angst hervorzurufen, wenn sie auftreten. So scheinen die wesentlichen Gesichtspunkte dieses Kapitels nicht davon berührt zu werden, wenn man ihre Analyse akzeptiert.

Dollard und Miller stellen fest, daß es wenig wirklich überzeugende Forschungsarbeiten zu der Frage gibt, wie es im einzelnen dazu kommt, daß Angst mit Tendenzen und Aktivitäten verknüpft wird, die so entscheidend für ein erfolgreiches Verhalten in unserer Gesellschaft sind, oder warum überhaupt Konflikte dieser Art so weit verbreitet sind. Doch wagen sie es, Spekulationen über die Frage anzustellen, wie die Angst möglicherweise gelernt werden könnte, wobei sie sich auf die Ergebnisse klinischer Studien sowie auf ihre Kenntnis der lerntheoretischen Literatur und der Literatur über Kindererziehung in unserer Kultur stützen. Ihre Analyse gründet sich hauptsächlich auf einige Züge der menschlichen Entwicklung und der Erziehungspraxis, die einen zentralen Platz in Formulierungen freudianischer und neofreudianischer Autoren einnehmen. So weisen sie beispielsweise auf die außerordentliche Hilflosigkeit des Kindes hin und auf seine Anfälligkeit gegenüber Mißbilligung und Stimmungsschwankungen der Eltern. Der Grund sei die Abhängigkeit des Kindes von den Eltern. Sie betonen ebenso die relativ schlecht ausgebildete Fähigkeit des Kindes, zu planen, zu antizipieren und zu erkennen, daß ein Zustand, der es unglücklich macht, von begrenzter Dauer ist. Das Kind sieht sich also Ereignissen gegenüber, die es nur schwer versteht und die es in extreme Zustände von Unglück oder Wohlbefinden versetzen. Dollard und Miller erläutern, daß sich während der frühen Fütterungssituation, während des Sauberkeitstrainings, der frühen Sexualerziehung und in Situationen, in denen das Kind ärgerlich ist, viele Möglichkeiten ergeben, bei denen Angst und Konflikt in ausgeprägter Form erlernt werden können.

Angst, die mit Neigungen und Gefühlen verknüpft ist, deren Bedeutung man sich in unserer Gesellschaft kaum entziehen kann, schafft eine besonders quälende Situation. Wenn wir lernen, einen äußeren Reiz zu fürchten, können wir ihn häufig auch recht leicht vermeiden.[5] Doch wenn Angst mit unseren eigenen starken Tendenzen verknüpft ist, dann fühlen wir uns häufig auch bewogen, uns dem, was wir fürchten, zu nähern, und vermeiden es nicht immer. Der Unterschied zwischen den Möglichkeiten, die eine Person hat, um äußere Bedro-

[5]Das ist natürlich nicht immer der Fall. Fahrstuhl- oder Reisephobien können beispielsweise auf vielfältige Weise mit dem sozialen Leben und dem Beruf der Person interferieren und so eine Quelle beträchtlichen Konflikts sein. Doch wie unten dargelegt, bezweifeln Verhaltenstherapeuten in jüngerer Zeit, ob die einfache Konditionierung von Furcht auf einen äußeren Stimulus wirklich ein angemessenes Modell für die meisten dieser Phobien ist.

hungen zu bewältigen, und jenen, um mit den aus dem Inneren kommenden Bedrohungen fertigzuwerden, wurde von Freud häufig betont. Dies ist auch ein entscheidender Grund dafür, warum Dollard und Miller in ihrem Bild vom neurotischen Leiden nicht nur die Angst, sondern auch den Konflikt in den Mittelpunkt ihrer Betrachtung rücken.

Im Prinzip behaupten Autoren wie Wolpe (1958) und Eysenck (z. B. Eysenck und Beech, 1971) sicher zu Recht, daß Angst allein ausreiche, um die meisten Verhaltensweisen, die in Neurosen evident sind, hervorzurufen. Obschon Dollard und Miller eindeutig die Auffassung vertreten, daß in den meisten klinischen Neurosen der Konflikt leicht erkennbar und von entscheidender Bedeutung sei, sind sie ebenfalls der Meinung, daß intensive Angst auch ohne Konflikt neurotisches Verhalten hervorrufen *könne*. Manche Phobien scheinen in der Tat einfache konditionierte Angstreaktionen zu sein. Dollard und Miller beginnen ihre Erörterung der Phobien beispielsweise mit dem Fall eines Kriegspiloten, der eine heftige Furcht vor Flugzeugen und allem, was mit ihnen zusammenhing, entwickelt hatte, nachdem er im Verlaufe eines Bombenfluges ein sehr traumatisches Erlebnis gehabt hatte. In ihrer Erklärung beschreiben sie die Konditionierung von Furcht im Hinblick auf Hinweisreize, die mit diesem schrecklichen Erlebnis verknüpft waren. Doch wenn sich auch manche Fälle am besten als Beispiele für Angstkonditionierung auf äußere Situationsreize verstehen lassen, muß man andererseits auch erkennen, daß, abgesehen von Kriegssituationen und außergewöhnlichen Unfällen, die Bedingungen des alltäglichen Erwachsenenlebens nicht dazu angetan sind, solch extreme Angst hervorzurufen, wenn nicht irgendeine vorgegebene charakterologische Anfälligkeit vorliegt.[6] Wenn die Angst, die durch eine soziale Zurückweisung oder eine schlechte Lei-

---

[6]Es mag — wie vor allem Eyseneck gezeigt hat — unterschiedliche Grade von Anfälligkeit geben, was auf biologische Faktoren wie auf frühe Erfahrungen und Charakterentwicklung zurückzuführen sein mag. Biologische Faktoren scheinen jedoch nicht zu genügen, um die besonderen Bedingungen zu erklären, unter denen bestimmte Formen von Streß bei bestimmten Menschen in besonderem Maße auftreten.

Auch das Inkubationskonzept (Eysenck und Beech, 1971) wurde vorgeschlagen, um zu erklären, wieso subtraumatische Ereignisse eine so tiefgehende Wirkung haben können. Dieses Konzept mag sehr nützlich sein, um die kumulative Wirkung zahlreicher subtraumatischer Ereignisse zu verstehen und um zu begreifen, warum neurotische Furcht häufig nicht so rasch aufgehoben wird, wie man erwarten könnte. Doch wenn dieser Ansatz die Begriffe von Konflikt und charakterologischer Anfälligkeit *ersetzen*

stung in einem Examen erregt wird, keine bereits angelegte Basis vorfindet, ist nicht zu erwarten, daß sie jener Angst vergleichbar wird, die durch eine so heftige, andauernde und lebensbedrohende Belastung wie Krieg hervorgerufen wird. Theoretiker verschiedener Provenienz (z. B. Eysenck und Beech, 1971; Dollard und Miller, 1950) gehen davon aus, daß schwache oder gemäßigte Angst im Laufe des alltäglichen Lebens beseitigt wird, vielleicht mit Hilfe von Freunden oder anderen informellen therapeutischen Agenten, ohne daß der Beistand professioneller Therapeuten gesucht werden müßte. Dollard und Miller sind also gern bereit zuzugeben, daß auf manche Fälle von Kriegsneurose eine einfache Erklärung im Sinne der Angstkonditionierung zutreffen mag (daß also auch Furcht allein — ohne Konflikt — im Prinzip zu neurotischem Verhalten führen kann), sie behaupten aber doch, daß es in den meisten der in der Therapie beobachteten Fälle nicht einfach um die Paarung eines streßerzeugenden Ereignisses mit einem zuvor neutralen Reiz geht. Vielmehr scheinen die Probleme des Patienten meist Angst und Vermeidungsverhalten, die mit interpersonalen Ereignissen verknüpft sind, mit einzuschließen. Diese Probleme erwachsen aus der Anfälligkeit des Kindes für elterliche Mißbilligung oder Ablehnung und aus den besonderen Lebenserfahrungen und Anpassungsstrategien, die daraus wahrscheinlich resultieren. Dollard und Miller geben sich deshalb nicht mit konditionierter Angst zufrieden; sie betonen den Konflikt, weil die Angst in den meisten klinischen Fällen mit der Erregung wichtiger Motivationstendenzen verknüpft ist: Die Person wird von einem Ziel angezogen und hat zugleich Angst vor ihm — sie befindet sich also in einem Konflikt.

In diesem Zusammenhang ist interessant, daß manche Verhaltenstherapeuten selbst bei Fällen, bei denen Traumata wie Autounfälle, das Eingeschlossenwerden in einem Fahrstuhl usw. zu bestimmten Phobien führten, berichten, daß häufig eine charakterologische Basis darüber entscheide, ob die phobische Reaktion überdauert. Fodor (1974) weist beispielsweise auf den häufigen Zusammenhang zwischen phobischen Reaktionen und nicht-assertivem Lebensstil hin (vgl. auch Lazarus, 1971; Andrews, 1966). Und selbst in der klassischen verhaltenstherapeutischen Literatur fehlt es nicht an Fallbe-

---

soll, dann bleibt abermals die enge Verknüpfung der verschiedenen Probleme des Patienten und seines Lebensstils unerklärt. Eysenck ist natürlich skeptisch, daß sich solche Verknüpfungen verläßlich nachweisen lassen, und schlägt statt dessen vor, jede problematische Gewohnheit isoliert zu untersuchen.

richten, in denen man nicht ohne konfliktbedingte Ängste auszukommen scheint (z. B. Wolpe, 1969, S. 30ff.). Eingehender werden die Ängste, die mit den meisten klinischen Neurosen verknüpft sind, in Kapitel 7 betrachtet.

Lerntheoretische Analyse der Verdrängung

Wie bei Freud nimmt auch bei Dollard und Miller die Verdrängung einen zentralen Platz in der Erklärung der Neurose ein. Dollard und Miller zeigen verschiedene Möglichkeiten auf, wie Angst mit *Gedanken* verknüpft wird und so dazu führt, daß Gedanken an bestimmte Dinge vermieden werden. Kinder werden zum Beispiel häufig dafür bestraft, daß sie bestimmte Dinge in einer Weise sagen, die ihre Eltern nicht akzeptieren, oder daß sie ihre Absicht bekunden, irgend etwas zu tun, was von den Eltern mißbilligt wird. Solche Bestrafung kann offen und absichtlich sein, oder sie kann die Form feinster, von den Eltern möglicherweise selbst nicht bemerkter Gesten annehmen, in denen sich Mißbilligung oder Entzug von Zuwendung anzeigt. Welcher Art das Ereignis auch sein mag, das Strafe auslöst, das Kind fürchtet sich nun vielleicht davor, bestimmte Dinge zu sagen —, und — seine Erfahrungen generalisierend — sogar, sie zu denken. Dollard und Miller liefern Anhaltspunkte dafür, daß Furcht, die mit ausgesprochenen Wörtern assoziiert wird, auch auf nicht-ausgesprochene Gedanken übertragen werden kann. Furcht kann auch in unmittelbarer Verbindung mit Gedanken gelernt werden, ohne daß die Vermittlung durch das gesprochene Wort erforderlich ist.

Die Gedanken, die ein Kind unmittelbar vor Ausführung einer bestraften Handlung hat, können angstauslösend werden, da sie wie die Handlung selbst einem Unlust erregenden Ereignis vorangehen. Ferner fangen Eltern häufig Hinweisreize auf, die die Absicht des Kindes kundtun, bevor dieses noch gehandelt oder gesprochen hat. Dann zeigen sie sich möglicherweise unnachgiebig und warnen das Kind, obgleich es noch kaum etwas getan hat. So binden sie die Angst an den Gedanken selbst und beeinträchtigen die Fähigkeit des Kindes, deutlich zwischen den Konsequenzen von Gedanken und den Konsequenzen sichtbarer Handlungen zu unterscheiden.

Zusätzlich können Gedanken auch dadurch unmittelbar bedrohlich werden, daß das Kind — wie es häufig geschieht — erhebliche Zeit *nach* Ausführung der betreffenden Handlung getadelt oder bestraft wird. Der strafende Elternteil wird das Kind dann wahrscheinlich daran erinnern, was es falsch gemacht hat, so daß das Kind bestraft

oder gescholten wird, wenn es an die Tat *denkt* oder sie erinnert, nicht aber, wenn es sie tatsächlich ausführt.
So können Gedanken Angst hervorrufen, kann folglich die Vermeidung solcher Gedanken verstärkend wirken. Diese auf starker Motivation beruhende Vermeidung bestimmter Gedanken ist ein zentrales Merkmal der Verdrängung. Dollard und Miller entwickeln für diese Reaktion den Begriff des *Denkstops* (stopping thinking).
Indem sie so den Terminus »Reaktion« zugegebenermaßen strapazieren, stützen sie sich auf eine funktionale Konzeption von Reiz und Reaktion. Wenn sie die Vorgänge der Verdrängung auch als »Denkstop«-Reaktion bezeichnen, so sind diese Vorgänge dennoch nicht so leicht erkennbar wie das Niederdrücken eines Hebels oder das Blinzeln eines Auges, und Dollard und Miller sind sich dessen wohl bewußt. Um festzustellen, ob eine »Denkstop«-Reaktion vorliegt, bedarf es derselben sorgfältigen klinischen Beobachtungen und Schlußfolgerungen wie bei dem Versuch des Psychoanalytikers, sie zu erkennen und in traditioneller Weise zu benennen. Der Therapeut muß darauf achten, ob das Gespräch seine Richtung verändert, ob bestimmte Themen ständig vermieden werden, ob es zu Anzeichen von Angst kommt, wenn Richtungsänderungen stattfinden bzw. solche Themen nicht vermieden werden, und so fort. Häufig ist dies nicht leicht, weil der Denkstop in der Regel recht gut rationalisiert wird und oft unmerklich und/oder in verdeckter Form auftritt.[7]
Doch wenn Dollard und Miller diese klinischen Beobachtungen in einen lerntheoretischen Rahmen einfügen, erreichen sie damit zwei Dinge. Wenn sie eine *Reaktion* konzeptualisieren, machen sie erstens deutlich, daß die Person etwas *tut.* Dadurch erweitern sie eine Richtung in der psychoanalytischen Ichpsychologie, welche die ältere psychoanalytische Vorstellung, wonach Abwehrmechanismen lediglich Gegenkräfte oder Dämme seien, weitgehend durch die Erkenntnis ersetzt hat, daß Abwehrmechanismen als Aktivitäten des Ichs untersucht werden müssen. Für die klinische Praxis folgt daraus, daß Analytiker jetzt betonen, dem Patienten müsse nicht nur gezeigt werden, wogegen sich seine Abwehrmechanismen richteten, sondern auch, was er *tue,* wenn er sich dieser Mechanismen bediene.
Zweitens gibt das Konzept der »Denkstop«-Reaktion von Dollard

---

[7]Sobald die Verhaltenstherapie sich einer größeren Erscheinungsvielfalt klinischer Phänomene zuwendet, ist sie wesentlich auf schlußfolgerndes Denken angewiesen. Auf die Natur der Schlußfolgerungen in psychodynamischen und verhaltensorientierten Therapien werden wir später noch zu sprechen kommen.

und Miller, ähnlich wie die frühere Beschreibung von Furcht als Reaktion, zu bedenken, daß sich Beziehungen zwischen Ereignissen, wie sie bei einfacheren Reizen und Reaktionen evident sind, auch in diesem weniger zugänglichen Bereich unterscheiden lassen. So kommt man zu der Frage, wodurch die Denkstop-Reaktion verstärkt wird und welche Ereignisse sie auslösen. Ferner kann man nach Parallelen zu leichter beobachtbaren Reaktionen suchen und sich fragen, ob Interventionsformen, die sich bei ihnen als wirksam erweisen, auch zum Umgang mit Verdrängungen geeignet sein könnten (vgl. Kapitel 8 und 9).

Die Folgen der Verdrängung

Die Analyse von Dollard und Miller zeigt, daß die Verdrängung das Bestreben des Menschen, ein sorgenfreies, von Belohnungen bestimmtes Leben zu führen, in zweierlei Hinsicht besonders beeinträchtigt. Erstens verhindert Verdrängung als eine Form von Vermeidung, daß der Mensch mit dem, was er fürchtet, in Berühung kommt. Sie hindert ihn also daran, jemals in Erfahrung zu bringen, daß seine Ängste möglicherweise gar nicht mehr berechtigt sind. Wenn die Lebensumstände sich verändern, besonders während der Mensch zum Erwachsenen heranreift, verlieren viele Dinge, die einst eine Bedrohung darstellten, ihren gefährlichen Charakter. Doch da der Mensch die angstauslösenden Hinweisreize ständig vermeidet, kann er dies nie feststellen. Er bleibt weiterhin von seinen frühen Ängsten eingeengt, die ihn so um zahlreiche Möglichkeiten der Befriedigung bringen und ihn häufig in einem Zustand quälenden Konflikts halten.

Zweitens — und dies ist mindestens genauso wichtig — interferiert Verdrängung mit den höheren geistigen Prozessen, die für ein optimales geistig-seelisches Funktionieren von so entscheidender Bedeutung sind. Dollard und Miller stellen fest, daß die Verdrängung dies auf vielfältige Weise bewirkt. Wenn der Mensch nicht dazu in der Lage ist, wichtige Fragen seines Lebens zu durchdenken und zu verbalisieren, sind ihm die Möglichkeiten genommen, die Sprache und Denken bieten, um feine Unterscheidungen zu treffen und um jene komplexen Kategorien und Begriffe zu entwickeln, die über unmittelbare Stimuluseigenschaften hinausgehen. Sozial hochentwickelte Äquivalenzen lassen sich nur durch Sprache darstellen und werden beeinträchtigt, wenn Sprach- und Denkhemmungen vorliegen. Ferner sind Worte und Gedanken wesentliche Elemente eines Großteils

unseres Planens und Problemlösens. Indem sie uns ermöglichen, uns vergangene und zukünftige Ereignisse vorzustellen, befreien sie uns von der Kontrolle unmittelbar gegenwärtiger Reize. Überdies beeinträchtigt Verdrängung die Fähigkeit, genau festzustellen, worin die Störung besteht, und so für angemessene Abhilfe zu sorgen.[8]
In der analytischen Sitzung manifestieren sich die Konsequenzen der Verdrängung als »Widerstand«. Der Patient (von dem Bedürfnis motiviert, verschiedene furchtauslösende Gedanken zu vermeiden) blockt ab, wechselt den Gegenstand und tut eine Vielzahl anderer Dinge, die den Analytiker daran hindern, das Leben des Patienten und seine Tendenzen deutlich in den Blick zu bekommen.
Aus all diesen Gründen ist der Mensch, der gelernt hat, eine beträchtliche Zahl von Gedanken zu fürchten und zu vermeiden, nicht fähig, brauchbare Lösungen für seine Lebensprobleme auszuarbeiten. Wie Dollard und Miller sagen: Der Mensch, der sich weitgehend der Verdrängung bedient, verhält sich dumm.

Furcht und Psychotherapie

Nachdem Dollard und Miller erklärt haben, welche entscheidende Rolle Furcht oder Angst bei der Ausbildung neurotischer Probleme spielen, legen sie eine Analyse der psychoanalytischen Psychotherapie vor, in der die Reduktion von Furcht zum zentralen Punkt des therapeutischen Prozesses wird. Der Therapeut schafft eine Atmosphäre und eine Situation, die dem Patienten Mut machen und es ihm erleichtern, über Dinge zu sprechen, die Angst in ihm erregen. Er beginnt sehr zögernd und zaghaft über sie zu sprechen, weil er irgendeine negative Reaktion oder Strafe antizipiert. Wenn der Therapeut ihn jedoch akzeptiert, kaum oder gar kein Unbehagen zeigt und den Patienten sogar ermutigt fortzufahren, wird ein Teil der Angst des Patienten ausgelöscht.
Diese Auslöschung wird generalisiert, d. h. sie erfaßt auch verwandte Gedanken und Reaktionen, so daß ein Gedanke, der vorher zu stark

---

[8]Persönlich bin ich skeptisch, ob selbst ein erweiterter S-R-Rahmen sehr geeignet ist, das Verständnis höherer geistiger Prozesse voranzubringen (obgleich ihm neue Erkenntnisse assimiliert werden können, indem man etwa so vorgeht, daß man komplexe Gestalten als »Hinweisreize« behandelt). Doch die Erklärung von Dollard und Miller, wie höhere geistige Prozesse durch Angst und Verdrängung *unterbrochen* werden, scheint mit ein brauchbarer Ausgangspunkt zu sein, auch wenn man für das Verständnis der Prozesse selbst einen stärker kognitiv ausgerichteten Ansatz bevorzugt.

angstauslösend war und deshalb unterdrückt wurde, jetzt zugelassen wird. Auf diese Weise können Vorstellungen und Tendenzen, die ursprünglich stark angstauslösend waren und deshalb auch stark verdrängt wurden, allmählich angegangen werden. Immer mehr solcher Gedanken werden nun ausgesprochen und bleiben unbestraft. Die Angst des Patienten wird dadurch weiter aufgelöst, und diese Auflösung wird wiederum generalisiert.

Sie erfaßt dann in immer stärkerem Maße konfliktträchtige Reaktionen und führt allmählich auch sie zu einer Lösung.

Natürlich ist dies ein langsamer Prozeß, der nicht gleichförmig oder kontinuierlich verläuft. Doch wenn die Richtung grundsätzlich eingehalten werden kann, geschehen eine Anzahl wichtiger Dinge. Erstens läßt die Verstärkung der Symptome des Patienten in gewissem Umfange nach, wenn die Angst, die mit wichtigen Tendenzen verknüpft ist, sich aufzulösen beginnt. Denn wie wir gesehen haben, ist Angstreduktion eines der wichtigsten Motive, die symptomatisches Verhalten aufrechterhalten.

Wenn der Patient im Verlauf dieses Prozesses in die Lage versetzt wird, über zuvor verdrängte Dinge nachzudenken, dann verringert sich der störende Einfluß auf die höheren mentalen Prozesse. Wenn der Patient einiges von dem, was sein Leben beeinflußt, bewußt erfahren und verbal formulieren kann, dann ist er in der Lage, besser zwischen sicheren und unsicheren Situationen zu unterscheiden. Die irrationale Angst wird weiter durch die wachsende Fähigkeit zu Verbalisierung und Unterscheidung reduziert. Diese Reduktion baut ihrerseits verstärkt das Denkstop-Verhalten der Verdrängung ab. Dadurch wächst wiederum die Fähigkeit zur Unterscheidung und reduziert abermals die unangemessene Angst und so fort. Der Abbau der Störungen höherer mentaler Prozesse befähigt den Patienten, in seinem Leben planvoller und realistischer zu handeln. Dadurch entfallen erneut einige der Faktoren, die Angst, Konflikt und beunruhigend hohe Antriebsniveaus hervorrufen. Allgemein läßt sich der Zyklus von Ereignissen, der sich im Verlauf der Therapie ergibt, als die Umkehrung der oben beschriebenen Kette von ineinandergreifenden Faktoren betrachten, welche die Neurose hervorrufen und perpetuieren. Da Angst entscheidend zur Entstehung der Neurose beiträgt, wird die Eliminierung von Angst als wichtigster Prozeß bei der therapeutischen Behandlung der Neurose angesehen.

Die Analyse von Dollard und Miller gibt uns eine brauchbare Vorstellung von dem, was mit der »Lösung« eines Konflikts gemeint ist. Die psychoanalytische Literatur ist überraschend arm an klaren Definitionen dieses Schlüsselbegriffs, der so häufig bei der Erörterung des therapeutischen Prozesses erscheint. Der Terminus »Lösung« wird in der Regel so verwendet, als verstünde sich seine Bedeutung von selbst. Die Frage, was eigentlich mit Lösung gemeint ist, oder *wie* ein Konflikt gelöst wird, wird selten angesprochen. Doch die Bedeutung des Wortes liegt ganz und gar nicht auf der Hand, und es scheint mehr zu erklären, als tatsächlich der Fall ist.

Obgleich der Ausdruck »Lösen« sicherlich keinen rein intellektuellen Entscheidungsprozeß bezeichnen soll, scheint er doch irgendeine Wahl oder Entscheidung zu implizieren, die der Mensch treffen kann, sobald er eine klare Vorstellung von der Beschaffenheit seiner Konflikte gewonnen hat. Wenn die Abwehrmechanismen nicht länger wichtige Aspekte des Gefühlslebens des Patienten verbergen und infantile Phantasien dem Licht rationaler Überlegungen ausgesetzt werden, kann das »vernünftige Ich« die Dinge richtig einschätzen und frei wählen. Entscheidungsfindung und rationale Analyse sind sicherlich wichtig, damit wir eine sinnvolle Wahl treffen und uns so verhalten können, daß unsere Anpassung gefördert wird. Dollard und Miller betonen auch, daß es wichtig sei, den Patienten wieder in die Lage zu versetzen, seine höheren mentalen Prozesse wirksamer einzusetzen. Die Ausbildung dieser Prozesse ist nicht nur ein *Ergebnis* der Therapie, sondern gehört zu den Mechanismen, mit deren Hilfe therapeutische Veränderung bewirkt wird. Die Fähigkeit des Patienten, seine Erlebnisse zu verbalisieren und zunehmend zwischen vergangenen und gegenwärtigen Bedingungen unterscheiden zu können, gehört zu den wesentlichen Aspekten sowohl des Veränderungsprozesses selbst als auch des überdauernden adaptiven Verhaltens.

Doch geht aus der Analyse von Dollard und Miller hervor, daß die Entscheidungsfindung nur ein Teil dessen ist, was zur »Lösung« eines neurotischen Konflikts gehört. Noch wichtiger ist die Reduktion der Vermeidungstendenzen, die den Patienten daran hindern, seine Ziele zu erreichen, und die ihm das Denken als Gefahr erscheinen lassen. Obwohl es für den Patienten gewiß dringend notwendig ist, sich seiner Motive bewußter zu werden, läßt sich nach der Analyse von Dollard und Miller sagen, daß ihn weniger das, was er nicht weiß, als vielmehr das, wovor er sich *fürchtet,* irrational und selbstzerstörerisch handeln läßt. Seinen Konflikt lösen heißt vor allem, seine irrationale Angst reduzieren. Dann wird er in der Lage sein, die Dinge zu durchdenken, die ganze Bandbreite menschlicher Emotionen zu erleben und Handlungssequenzen, die ihn zu seinen Zielen führen können, erfolgreich abzuschließen.

Die Tatsache, daß Dollard und Miller bei der Lösung des neurotischen Konflikts so viel Nachdruck auf die Angstauslöschung legen, verträgt sich im Grunde durchaus mit der psychoanalytischen Auffassung in dieser Frage (in gewissem Sinne handelt es sich um eine bloße Übersetzung). Zweifellos gehen Dollard und Miller von der Position aus, die Freud in *Hemmung, Symptom und Angst* (1926) bezogen hat, und man dürfte heute kaum einen Analytiker finden, der nicht von sich behauptet, sich in erster Linie mit Angst zu beschäftigen, und der die Reduktion unrealistischer Ängste nicht als einen wesentlichen Aspekt seiner Arbeit ansieht. Wenn man jedoch die Darstellungen der Konfliktlösung in der psychoanalytischen Literatur untersucht, entdeckt man, daß der Angstreduktion als dem zentralen Merkmal überraschend wenig Aufmerksamkeit geschenkt wird.

Beispielsweise ist darin die Vorstellung von Verzicht als einem Mittel zur Lösung des neurotischen Konfliktes sehr verbreitet. Sobald dem Patienten völlig bewußt wird, wonach er gesucht hat, ist er in der Lage, diese infantilen Strebungen aufzugeben und sich anderen Dingen zuzuwenden. Ein besonders deutliches Beispiel dafür findet sich in Dewalds *The Psychoanalytic Process* (1972), einem Buch, das für unsere Zwecke auch noch den Vorzug hat, zu den ganz seltenen Darstellungen in der psychoanalytischen Literatur zu gehören, die weitgehend akzeptable Erstinformationen liefern. Dewalds Buch bringt im wesentlichen wörtliche, während der Sitzungen gemachte Aufzeichnungen von großen Teilen seiner Analysen. Dazwischen finden sich Darstellungen seiner Gedanken über die Sitzungen und die Gründe für das, was er getan und nicht getan hat.

Dewald beschreibt eine Sitzung, in der er der Patientin erklärt, ihr gegenwärtiges Leben mit Mann und Kindern sei deshalb so unerfüllt, weil ihr Wunsch nach dem Vater fortdauere. Wenn die Patientin — so stellt der Autor fest — diesen Wunsch »schließlich vollständig ins Bewußtsein gehoben und anerkannt hat, bedeutet dies einen wichtigen Schritt zur endgültigen Lösung der Neurose, insofern der Patientin dann klar wird, daß sie die Möglichkeit besitzt, auf die Kindheitsansprüche *zu verzichten* und folglich das neurotische Leiden zu *lösen* und zu heilen« (S. 375; Hervorhebung von P.L.W.). Hier sehen wir auch die enge Beziehung zwischen der verzichtorientierten Auffassung von Konfliktlösung und dem »Kältesteppenmammut-Modell«. Die Leiden der Patienten werden nur als Auswirkungen fortdauernder Wünsche und Phantasien aus der Kindheit gesehen. Die Kausalität verläuft nur in eine Richtung (d. h., es wird nicht berücksichtigt, wie die gegenwärtigen Frustrationen der Patientin in der Familie zur Fortdauer der »Kindheitswünsche« beitragen). Das therapeutische Ziel ist, Licht in den konservierten Teil der Vergangenheit zu bringen, so daß die Rationalität ihn dann aufheben kann.

In Dewalds summarischer Darstellung der »klinischen Theorie des therapeutischen Prozesses« findet man Formulierungen wie »Konfliktmobilisierung«, »Konfliktrevitalisierung« und »Wiedererleben« des Konflikts. Man liest von der Notwendigkeit, die Übertragungsneurose »zu entwickeln, zu explorieren und schließlich zu lösen«. Es ist die Rede vom »Verzicht« auf infantile Wünsche und Objekte und ihrer »aktiven Preisgabe« und es heißt weiter, daß die Konflikte »vom Patienten den reifen Sekundärvorgängen des schlußfolgernden Denkens und der Realitätsprüfung unterworfen werden«. Was man in all diesen Äußerungen vermißt, ist die einfache Feststellung, daß zur Lösung des neurotischen Konflikts die Reduktion unrealistischer Angst gehört.

Die Formulierungen, anhand derer Dewald beschreibt, wie der neurotische Konflikt gelöst wird, sind ziemlich typisch für die Sprache, deren sich die analytische Literatur überhaupt zu diesem Thema bedient. Die Tatsache, daß er nicht explizit auf Angstreduktion eingeht, ist kaum als eine ihm eigentümliche Unterlassung anzusehen. Sicher hat Freud (1926) deutlich gemacht, welche entscheidende Rolle die Angst im neurotischen Konflikt spielt, und Analytiker erörtern gewiß die Angst in allen möglichen Zusammenhängen. Dennoch ist es nicht recht gelungen, die Rolle der Angstreduktion in die Auseinandersetzung um die Frage zu integrieren, wie der therapeutische Prozeß funktioniert. Diese Rolle wird deshalb nicht so klar erkannt, wie es eigentlich der Fall sein müßte, weil man an so beschwörenden Ausdrücken wie »Mobilisierung«, »Exploration«, »Wiedererleben« und »Lösung« von Konflikten festhält und weil die Vorstellung von einer rationalen Entscheidungsfindung emotional-irrationalen Prozessen entgegengesetzt wird. Während es also den Anschein haben könnte, daß Dollards und Millers lerntheoretische Ausführungen bestimmte Einsichten nur in eine andere Sprache bringen, die schon Freud der psychoanalytischen Gemeinde hinterlassen hatte, wird durch ihre Konzeptualisierung des therapeutischen Prozesses die Frage der

Angstreduktion tatsächlich in einer Weise geklärt und betont, wie sie für die Schriften der traditionellen psychoanalytischen Richtung ganz und gar nicht typisch ist.

Angstreduktion und Durcharbeiten

Welche Klärung diese Betonung der Angstreduktion mit sich bringt, zeigt sich auch in der Auseinandersetzung mit dem Begriff des »Durcharbeitens«, ein weiterer Begriff, der ebenfalls häufig in der psychoanalytischen Literatur auftaucht, aber selten deutlich definiert wird. Er ist insofern wichtig, als er auf einen Aspekt der Therapie verweist, der für das Ergebnis des Prozesses entscheidend ist. Häufig wird er jedoch so verwendet, als sei er an sich schon eine Erklärung, obgleich er tatsächlich nur ein Zeichen dafür ist, daß eine Erklärung erforderlich ist. Das Konzept des Durcharbeitens fand recht früh Eingang in das psychoanalytische Denken. Man erkannte, daß das bloße Erinnern oder selbst das Erinnern mit starkem Affekterlebnis gewöhnlich zu keiner dauerhaften Veränderung führte. Freud merkt in *Erinnern, Wiederholen und Durcharbeiten* (1914a) an, daß junge Analytiker vergessen würden, »... daß das Benennen des Widerstandes nicht das unmittelbare Aufhören desselben zur Folge haben kann. Man muß dem Kranken die Zeit lassen, sich in den ihm unbekannten Widerstand zu vertiefen, ihn *durchzuarbeiten,* ihn zu überwinden, indem er ihm zum Trotze die Arbeit nach der analytischen Grundregel fortsetzt. Erst auf der Höhe desselben findet man dann in gemeinsamer Arbeit mit dem Analysierten die verdrängten Triebregungen auf, welche den Widerstand speisen und von deren Existenz und Mächtigkeit sich der Patient durch solches Erleben überzeugt (...) Dieses Durcharbeiten (...) ist aber jenes Stück der Arbeit, welches die größte verändernde Einwirkung auf den Patienten hat und das die analytische Behandlung von jeder Suggestionsbeeinflussung unterscheidet« (S. 135f.).

Dieser frühe Gebrauch des Begriffs bezieht Durcharbeiten in keiner Weise auf die Angst. Durcharbeiten soll dem Patienten nur erleichtern, bestimmte Dinge über sich selbst zu *erkennen.* Die frühere Auffassung, daß intellektuelle Erkenntnis dessen, was verdrängt wurde, zur Heilung genüge, hat man heute aufgegeben, doch ist noch nicht klar, welcher Art die neuen emotionalen oder erfahrungsbedingten Erkenntnisse sind, die durch die Analyse des Widerstands ermöglicht werden. Gleiches gilt für den Veränderungsprozeß.

Moderne Erklärungen von Durcharbeiten setzen die Akzente häufig recht ähnlich; Durcharbeiten heißt, daß der Patient in die Lage versetzt wird, seine Konflikte von verschiedenen Perspektiven her zu sehen; daß sein Verständnis vertieft wird; daß ihm das Spektrum von Sinngehalten vor Augen geführt wird, die in seinem psychischen Leben wirksam sind; daß Einsichten durch Wiederholung vertieft werden; daß das Ich befähigt wird, allmählich neue Erfahrungen aufzunehmen, und so fort. Zunehmend hat sich jedoch die Erkenntnis durchgesetzt, daß einer der Hauptgründe, wenn nicht der Grund überhaupt, für die wiederholte Konfrontation mit konfliktträchtigem Material darin liegt, daß unangemessene Angst dadurch verringert werden kann. Einsicht in die uneingestandenen Wünsche mag zwar immer noch angestrebt werden, doch hat man inzwischen auch erkannt, daß das graduelle Verlernen von Angstreaktionen entscheidende Bedeutung besitzt.

Im Unterschied zu seiner Darstellung der Konfliktlösung geht Dewald bei der Erörterung des Durcharbeitens auf Angstreduktion ein, aber er verfährt dabei auf überaus rationalistische Weise, wenn er die vernunftorientierte Einschätzung und die bewußte Prüfung in den Mittelpunkt stellt. Nach Dewald »ist der Patient in der Lage, die Irrationalität in seiner gegenwärtigen Situation zu erkennen und sich die Irrealität der Situation klarzumachen, die er früher unbewußt als gefährlich erlebt hat, wenn er dem Sekundärvorgang zugehöriges schlußfolgerndes Denken auf zuvor pathogene primärprozeßhafte Phantasien anwendet.« Er führt dann aus, daß die graduelle Reduktion und schließlich Eliminierung von Angst, Schuldgefühlen, Scham und so fort darauf zurückzuführen seien, »daß sie wiederholt rationaler Wahrnehmung und bewußter Integration ausgesetzt werden«.

Ein etwas weniger auf intellektuellen Aspekten basierendes Bild von Angstreduktion und Durcharbeiten gab Schur auf einer psychoanalytischen Konferenz, deren Thema das Durcharbeiten war. Schur verglich die Aufgabe des psychoanalytischen Patienten mit der eines Kindes, das, »nachdem es auf schmerzhafte Weise mancherlei über drohende Gefahren gelernt hat ... nun lernen soll, daß die Angst in vielen Situationen unberechtigt ist.« Er führte dann aus, daß der Prozeß des Durcharbeitens verstanden werden könne als »eine unmittelbare komplexe Wiederholung eines Gewöhnungsprozesses, der das Kind in die Lage versetze, seine Einschätzung der Gefahr zu verlernen« (zitiert bei Schmale, 1966, S. 178f.).

Die Ausführungen von Dollard und Miller arbeiten die Angstreduktion und ihre Beziehung zur Wiederholung noch deutlicher heraus. Wie wir gesehen haben, gehen sie bei ihrer Erklärung der an der

Neurose beteiligten Faktoren davon aus, daß das Entscheidende die Angstreduktion sei. In gewissem Maße läßt sie sich dadurch erreichen, daß man die Unterscheidungsfähigkeit zwischen sicheren und unsicheren Situationen fördert. Insofern sprechen sie von Prozessen, die den von Dewald beschriebenen ähneln; und wenn sie darlegen, wie die Aufhebung der Verdrängung den Patienten befähigt, zunehmend seine höheren geistigen Prozesse einzusetzen, dann argumentieren sie dabei ganz ähnlich wie die Analytiker, nach deren Auffassung der Abbau von Abwehrmechanismen ja dazu führt, daß das reife Ich zuvor unbewußte Phantasien jetzt rational einschätzen kann.

Doch rationale Einschätzung und Unterscheidung sind nicht die einzige Möglichkeit, Angst abzubauen. Von außerordentlicher Wichtigkeit ist auch die wiederholte Darbietung von Hinweisreizen, die Angst auslösen, so daß die Angstreaktion, weil keine Verstärkung erfolgt, gelöscht werden kann. (Der Leser sei daran erinnert, daß wir oben auf die Behauptung von Dollard und Miller eingegangen sind, Angst lasse sich auch sinnvoll als Reaktion verstehen und an ihr könne man all die funktionalen Eigenschaften jener deutlich erkennbaren Reaktionen beobachten, die bevorzugt im Labor untersucht werden.) Angstauslöschung verlangt, daß der Patient wiederholt angstauslösenden Stimuli ausgesetzt wird, ohne daß es zu der von ihm antizipierten schädlichen Reaktion kommt. Der Prozeß des Durcharbeitens läßt sich also als eine Reihe von Auslöschungsversuchen verstehen. Indem der Patient immer wieder über die Wünsche und Phantasien spricht, die er fürchtet, setzt er sich selbst den angstauslösenden Reizen aus. Dies sind in hohem Maße reaktionserzeugte Hinweisreize, die mit seinen eigenen Gedanken und Verhaltenstendenzen verknüpft sind. Durch die wiederholte Darbietung kann die Angstreaktion auf diese Stimuli allmählich gelöscht werden.

Es geschieht selten, daß Reaktionen bereits nach ein oder zwei nichtverstärkten Versuchen ausgelöscht sind, und Angst ist eine Reaktion, die sich als außerordentlich schwer auslöschbar erwiesen hat. Deshalb ist das Durcharbeiten in der Regel ein längerer Prozeß. Durch Verdrängung und andere Formen der Vermeidung hat der Patient es weitgehend umgangen, sich den heftigsten angstauslösenden Reizen auszusetzen. So hat er auch die Auslöschung von Angst auf Hinweisreize vermieden, die gar keine realistische Gefahr mehr signalisieren. Die Deutungsversuche des Therapeuten lassen sich in diesem Zusammenhang weitgehend als ein Verfahren verstehen, das den Patienten dazu bewegen soll, sich jenen Gefahren auszusetzen, die er bisher ängstlich vermieden hat. Da in diesem Falle die Gedanken und Tendenzen des Patienten die »Gefahren« sind, muß der Therapeut die Versuche des Patienten durchkreuzen, bestimmte gedankliche Richtungen zu meiden oder bestimmte Aspekte seines Verhaltens und seiner Erfahrung nicht zur Kenntnis zu nehmen. Wenn der Therapeut Abwehr oder Widerstand interpretiert, nimmt er damit diesen gewohnheitsmäßigen Vermeidungsstrategien ihre Wirkung und erhöht die Wahrscheinlichkeit, daß der Patient den furchtauslösenden reaktionserzeugten Stimuli ausgesetzt wird. Seine inhaltlichen Deutungen fördern dies noch auf andere Weise. In diesem Falle wird die Wiederholung gefürchteter Gedanken provoziert (vgl. Dollard und Miller, S. 289—301).

Intellektuelle und emotionale Einsicht

Inzwischen können wir besser erkennen, welche potentielle Bedeutung die oben erwähnte Akzentverlagerung vom Wunsch auf die Furcht als dem zentralen Faktor der Neurose hatte. Der Nachdruck, der in der psychoanalytischen Literatur auf die Aufdeckung verborgener Wünsche und Phantasien gelegt wurde, läßt sich als Erbe der frühen Auffassungen verstehen, die in Kapitel 2 erörtert wurden: Ein Vorgang aus der Vergangenheit wird eingegraben und isoliert, und wenn er ganz erkannt und verstanden wird, tritt Heilung ein. Nach dieser Auffassung wird Durcharbeiten in erster Linie als die Entwicklung von Einsicht verstanden, als die Entdeckung eines immer komplexeren Gewebes von Verbindungen und Bedeutungen.
Wer den therapeutischen Prozeß so auffaßt, muß sich mit der häufig gemachten Beobachtung auseinandersetzen, daß Erinnern und Verstehen, die nicht von Emotionen begleitet sind, in der Regel von geringem therapeutischen Wert sind. Traditionellerweise hat man dieses Problem gelöst, indem man zwischen intellektueller und emotionaler Einsicht unterschieden hat. Dies scheint mir eine ziemlich unbefriedigende Lösung zu sein. Warum gerade emotionale Einsicht therapeutisch sinnvoll sein soll und intellektuelle nicht, läßt sich mit Hilfe dieses Modells nicht leicht deutlich machen. Es ist eine *Bezeichnung,* die auf einen wichtigen Unterschied hinweist, ist aber kaum eine Hilfe bei der Erklärung. Darüber hinaus ist die Entscheidung, ob es sich um wirkliche Einsicht oder nur um intellektuelle handelt, im Augenblick selbst nicht immer leicht zu treffen. Häufig wird sie im nachhinein gefällt, wenn der Patient sich nicht verändert, nachdem er seiner

Einsicht Ausdruck verliehen hat. Die Schwierigkeiten, die solcher Zirkularität innewohnen, dürften auf der Hand liegen.
Das Problem intellektuelle versus emotionale Einsicht stellt sich aus einer anderen Sicht etwas anders dar — aus jener Sicht nämlich, die mich veranlaßte, »Durcharbeiten« weitgehend als einen Prozeß wiederholter Darbietung angstauslösender Stimuli oder wiederholter Tilgungsversuche zu behandeln. Einsicht ist dann im Verlaufe der Therapie nicht nur eine *Ursache* therapeutischer Veränderung, sondern ebenso eine *Folge* von Veränderung oder ein Anzeichen für sie. Alexander und French (1946) wiesen auf diesen Punkt schon vor geraumer Zeit hin, als sie die therapeutischen Auswirkungen der korrektiven emotionalen Erfahrung beschrieben. Auch die Analyse von Dollard und Miller weist in eine ähnliche Richtung. Angstreduktion trägt zur Beseitigung der Verdrängung bei und fördert dadurch Denkprozesse und Erinnerung. Diese Veränderungen manifestieren sich häufig als »Einsichten«. Sie sind nicht bloße Epiphänomene, da sie wesentlich zu weiterer Änderung beitragen. Sie versetzen den Menschen beispielsweise in die Lage, besser zu verstehen, was er will, und wie er es anstellen muß, um sein Ziel zu erreichen; sie führen zu einer größeren Zahl von Alternativen, mit wichtigen Situationen im alltäglichen Leben fertigzuwerden; sie helfen ihm, besser zwischen sicheren und unsicheren Handlungen zu unterscheiden und — was dazugehört — die Konsequenzen von Gedanken und die Konsequenzen von Handlungen voneinander zu unterscheiden. Doch wenn wir verstehen, wie Einsicht und die Aufdeckung angstauslösender Hinweisreize in der Therapie zusammenwirken, dann sind wir auch in der Lage, das Problem »intellektuelle versus emotionale Einsicht« etwas besser zu begreifen.
Manchmal ermöglicht die Angstreduktion oder irgendein anderer Aspekt der therapeutischen Situation dem Patienten, Tendenzen zu verbalisieren, die ihn vorher zu sehr erschreckt haben, als daß er sie überhaupt hätte eingestehen können. Ob daraus dann eine weitere Änderung folgt, hängt wesentlich von der Frage ab, ob er nur Worte äußert oder ob er den gesamten Komplex angstauslösender Stimuli zum Ausdruck bringt — Worte begleitet von autonomen und anderen physiologischen Reaktionen, Muskelspannungen, die bestimmte Handlungsweisen nahelegen, und kognitive Darstellungen von Intentionalität. Das heißt, in vielen Fällen ist die hemmende Angst in erster Linie an die *Gesamtkonfiguration* der Hinweisreize gebunden, und Verbalisierung allein wird wenig dazu beitragen, den Patienten von neurotischen Hemmungen zu befreien. Manche Patienten — be-

sonders Zwangsneurotiker — haben nämlich eine Unterscheidung zu machen gelernt, daß sie *fast alles* verbalisieren können, ohne Angst zu empfinden, *solange nicht emotionale Erregung damit vebunden ist und solange keine Neigung besteht, in Übereinstimmung mit dem Gesagten zu handeln.* So wird für solch einen Patienten auch die Verbalisierung scheinbar »gravierender« Dinge ohne therapeutischen Nutzen bleiben, wenn nicht auch die anderen Hinweisreize, an die die Angst geknüpft ist, gemeinsam mit den verbalen Stimuli produziert werden.

So gesehen scheint die Bedeutung der Unterscheidung zwischen intellektueller und emotionaler Einsicht also von der Frage abzuhängen, ob oder wie intensiv der Patient jenen Hinweisreizen ausgesetzt wird, die ihm wirklich Angst einflößen. Da die Angst in den meisten Fällen eng an eine komplexe Reizkonfiguration gebunden ist, in der verbale, affektive, kognitive und motorische Elemente eine Rolle spielen, wird Verbalisierung allein wahrscheinlich keinen großen therapeutischen Wert haben.

Deshalb ist »intellektuelle Einsicht« als solche wirkungslos.

Die Einstellung von Verhaltenstherapeuten zur Arbeit von Dollard und Miller

Obwohl Dollard und Miller so viel Wert auf die Anwendung lerntheoretischer Konzepte auf klinische Probleme gelegt haben, ist ihre Arbeit in der Regel von Verhaltenstherapeuten nicht ernsthaft gewürdigt worden. Man hat ihr Buch hin und wieder als einen wertvollen frühen Beweis dafür angesehen, daß lerntheoretische Konzepte für die Probleme relevant seien, mit denen sich Kliniker beschäftigen, doch selten als einen Beitrag von überdauerndem Wert. Man hat ihren Ansatz sogar nicht selten als einen unglückseligen und irreführenden Umweg beschrieben, der die Entwicklung einer wirklich produktiven therapeutischen Interventionsmethode verzögert habe.

Der Ansatz von Dollard und Miller ist sicherlich nicht unproblematisch. Von meinem Standpunkt aus gesehen könnte man Dollard und Miller beispielsweise den Vorwurf machen, daß sie sich zu ausschließlich auf intrapsychische Gesichtspunkte konzentrieren und sich nicht ausreichend mit interpersonalen Feedbackprozessen befassen (vgl. Kapitel 4). Während sie also einen wichtigen Beitrag zum Verständnis von Konflikt, Angst, Verdrängung, Durcharbeiten und Einsicht sowie wertvolle Anhaltspunkte für die Behandlung jener klinischen Probleme liefern, die in Kapitel 8 und 9 angesprochen werden, trägt ihre Analyse weniger zur Klärung von Fragen in bezug auf interpersonale Feedbackprozesse bei. Wenn Dollard und Miller auf die Rolle der tatsächlichen Konsequenzen unseres sozialen Verhaltens zu sprechen kommen und die Frage erörtern, wie diese Konsequenzen durch Feedback das immer gleiche neurotische Muster perpetuieren, verstehen sie diese Gesichtspunkte als »subsidiäre« Kausalfaktoren, die, wie wichtig sie auch immer sein mögen, nichts mit dem Kern des Problems zu tun haben. Selbst in dem Kapitel, das sie der Notwendigkeit widmen, neurotische Konflikte im realen Leben zu lindern — und in dem sie Freud ausdrücklich kritisieren, weil er nicht darauf hingewiesen habe, wie wichtig das Erlernen neuer Reaktionen außerhalb der Therapiestunden sei —, ziehen sie die gegenwärtigen Lebensereignisse des Patienten nicht in der Form in Betracht, wie dies im vorliegenden Buch geschieht (vgl. Kapitel 4 und 10). Angesichts der Argumente, die in den drei letzten Kapiteln vorgebracht wurden, ließe sich durchaus die Meinung vertreten, daß ihre Analyse gerade aus diesem Grunde nicht zu jenen Techniken aktiver Intervention geführt hat, die später von Verhaltenstherapeuten entwickelt worden sind, obwohl diese doch zum Teil dieselben (lerntheoretischen) Konzepte verwenden wie Dollard und Miller. An mancher verwirrenden Unklarheit in den Darlegungen von Dollard und Miller trug teilweise auch der Umstand schuld, daß sie sich nicht ausdrücklich und in vollem Umfang der Einsichten bedienten, die interpersonale Theoretiker über zyklische Prozesse gewonnen haben.[9]

Trotz dieser Probleme und Einschränkungen ergeben sich aus Dollards und Millers Verständnis der Neurose und des therapeutischen Prozesses viele außerordentlich wertvolle Ansätze zur Konzeptualisierung neurotischen Verhaltens und zur Entwicklung von Interventionstechniken. Insbesondere bringen sie traditionelle klinische Fragen und Entdeckungen in eine Form, die es ermöglicht, sie mit den neueren verhaltenstherapeutischen Methoden und Perspektiven zu vereinbaren und zu integrieren. Wenn heute manche Verhaltenstherapeuten Dollards und Millers Arbeit übergehen, so schränken sie die Überlegungen, die ihre klinische Praxis leiten, unnötig ein und versäumen es, sich alle Möglichkeiten zunutze zu machen, die ein lerntheoretischer Ansatz zum Verständnis der Neurose liefern könnte.

[9]Diese Unklarheiten betreffen die Frage der therapeutischen Ziele, warum etwa Angst nicht durch Annäherung an den Konflikt als Ergebnis partieller Darbietung aufgehoben wird, und andere Probleme. Sie werden eingehend in einem Artikel von mir erörtert, der in Vorbereitung ist.

Ich glaube, daß die Reaktion von Verhaltenstherapeuten auf die Arbeit von Dollard und Miller nicht nur als objektive wissenschaftliche Entscheidung zu werten ist. Das Desinteresse scheint zumindest zu einem Teil auf einem ausgeprägten *Vor*urteil von Verhaltenstherapeuten gegenüber psychodynamischer Theoriebildung zu beruhen, einem Vorurteil, das so heftig ist, daß es jeden Theoretiker trifft, der der Psychoanalyse mit Wohlwollen begegnet. Bandura und Walters (1963, S. 30) beschreiben beispielsweise die psychodynamische Theoriebildung als eine Form mystischer Dämonologie, die für das Denken unaufgeklärter Zeitalter charakteristisch sei.

Teilweise haben sich die psychoanalytischen Theoretiker diese übermäßig negative Einstellung zu ihrer Arbeit selbst zuzuschreiben. In vielerlei Hinsicht wurde Freuds Warnung, man möge mehr Wert auf seine Beobachtungen als auf seine theoretischen Spekulationen legen, in den Wind geschlagen. Die ursprünglich in der psychoanalytischen Literatur benutzte Terminologie wurde von den meisten psychoanalytischen Autoren noch beibehalten, als sie schon längst ihre Brauchbarkeit verloren hatte. Mit Leichtigkeit lassen sich psychoanalytische Aufsätze finden (vielleicht handelt es sich dabei sogar um die Mehrzahl), die dogmatisch, zirkulär und voller Behauptungen sind, deren Unwahrscheinlichkeit nur noch durch die Armseligkeit der Beweise übertroffen wird, die für sie beigebracht werden.[10]

Doch der sonst unfehlbare Blick, den verhaltensorientierte Kritiker bewiesen, wenn es galt, Absurditäten in den psychodynamischen Schriften zu entdecken, zeigte sich blind, als es galt, wertvolle Beiträge psychoanalytischer Autoren zu verzeichnen. Die Aspekte im psychoanalytischen Denken, auf die sich die verhaltensorientierten Kritiker der Psychoanalyse konzentrierten, wurden in der Regel auch von den kritischeren unter den psychoanalytischen Autoren selbst als veränderungsbedürftig erkannt. Doch scheinen die verhaltensorientierten Kritiker weder die Lösungen zu kennen, die zeitgenössische psychoanalytische Autoren für diese Probleme vorgeschlagen haben, noch die jüngeren Entwicklungen im psychoanalytischen Denken überhaupt, die weit über die Vereinfachungen und vagen energetischen Metaphern hinausführen, in welche psychoanalytische Vorstel-

---

[10] Es sollte jedoch angemerkt werden, daß Psychoanalytiker keineswegs das Monopol auf Mittelmäßigkeit besitzen. Mischel (1973b), ein entschiedener Vertreter der Verhaltenstherapie und Kritiker psychodynamischen Denkens, hat zugestanden, daß ein erheblicher Teil der Untersuchungen von Behavioristen töricht und trivial sei. Kreative Denker sind in jeder theoretischen Richtung eine kleine Minderheit.

lungen zuerst gefaßt wurden (vgl. Holt, 1967; Klein, 1967; Schafer, 1972, 1973a, 1973b; Wachtel, 1979, in Vorbereitung).

Angesichts der entschiedenen Einstellung, derzufolge psychoanalytisches Denken grob unwissenschaftlich und ohne jedes Verdienst sei, überrascht es nicht, daß eine Arbeit wie die von Dollard und Miller, die ihre Verpflichtung gegenüber Freud ausdrücklich anerkennt, sehr ungnädig aufgenommen, ja, als Gefahr behandelt wurde, die es zu beseitigen galt, statt sie als Anregung zu weiterem Denken und Forschen zu verstehen. Auch die Tatsache, daß Dollard und Miller in ihrem Buch die psychoanalytische Therapie ausdrücklich in der Form billigen, in der sie damals praktiziert wurde, macht die negative Einstellung von Verhaltenstherapeuten verständlich. Dollard und Miller gehören nämlich zu den wenigen Autoren, die ausdrücklich Symptomersatz für den Fall voraussagen, daß eine Behandlung versucht, Symptome zu beseitigen, ohne sich mit ihren zugrundeliegenden Ursachen zu beschäftigen. (Angesichts der zahlreichen Ausführungen von Verhaltenstherapeuten zur Frage des Symptomersatzes ist es sehr überraschend festzustellen, wie selten dieses Problem in der psychoanalytischen Literatur angesprochen wird — obwohl es in vielen Darlegungen unausgesprochen enthalten ist.) Wie wir in Kapitel 7 sehen werden, verträgt sich die Vorhersage von Dollard und Miller durchaus mit dem, was auch Verhaltenstherapeuten berichtet haben; sie weist sogar große Ähnlichkeit mit der Position von Bandura und anderen Verhaltenstherapeuten auf. Diese Position ist aber sicherlich eher dazu angetan, die Selbstgefälligkeit der Psychoanalytiker zu stärken und alle Versuche, das störende Verhalten direkt anzugehen, zu entmutigen.[11]

Gewiß wäre dem Beitrag von Dollard und Miller größere Bedeutung zugekommen, wenn ihnen, wie Wolpe und anderen später, klargeworden wäre, daß eine lerntheoretisch orientierte Auffassung von der Neurose neue therapeutische Möglichkeiten eröffnet, die von traditionellen psychodynamischen Methoden grundsätzlich abweichen. Wolpe und andere therapeutische Innovatoren in der verhaltenstherapeutischen Bewegung verdienen außerordentliche Anerkennung

---

[11]Es muß darauf hingewiesen werden, daß die Einstellung von Dollard und Miller zur Psychoanalyse keineswegs unkritisch und naiv akzeptierend war, wie häufig angenommen wird. Rapaport (1953) war der ganz entschiedenen Meinung, daß ihr Ansatz zu großen Abweichungen von der normalerweise praktizierten psychoanalytischen Praxis hätte führen können, wobei allerdings nach seiner Auffassung gerade diese Abweichung ein Zeichen von Naivität war.

dafür, daß sie einen entscheidenden Durchbruch in der psychotherapeutischen Methodologie bewirkt haben. Doch die Tatsache, daß Dollard und Miller dieser schöpferische Sprung nicht gelang, sollte uns nicht zu dem Schluß führen, die von ihnen vertretenen Grundsätze vertrügen sich nicht mit den später entwickelten Innovationen. Tatsächlich schaffen ihre Prinzipien — wie wir in den nächsten Kapiteln sehen werden — eine Grundlage, die für eine vollständigere und wirksamere Anwendung der neu entstandenen Methoden außerordentlich nützlich ist.

Ein dritter Gesichtspunkt der Kritik an der Arbeit von Dollard und Miller war die Behauptung, ihre Arbeit leide »unter der Tatsache, daß sie sich sehr stark auf eine begrenzte Zahl von Prinzipien verlassen haben, die im wesentlichen anhand von Untersuchungen über tierisches Lernen oder menschliches Lernen in Ein-Personen-Situationen gewonnen und gestützt wurden« (Bandura und Walters, 1963, S. 1). Diese Kritik ermangelt nicht einer gewissen unfreiwilligen Ironie, da viele der »Prinzipien der Verhaltensmodifikation«, die Bandura (1969) beschrieben hat, ihren Ursprung in den Tierlaboratorien von Pawlow, Skinner, Hull, Tolman, Guthrie und anderen haben. Das Konflikt- und das Verdrängungskonzept hingegen, die von Dollard und Miller herausgearbeitet und von Bandura abgelehnt werden, haben ihren Ursprung in der psychoanalytischen Beobachtung von Menschen, die die Einzigartigkeit menschlichen Verhaltens ja gerade in einer betont sozialen Situation offenbaren. Welche Lernprinzipien artübergreifend gültig und brauchbar sind, ist eine empirische Frage; aber einem Theoretiker vorzuwerfen, er gehe zu stark von der Tierforschung aus, und dann im wesentlichen jene Konzepte dieses Theoretikers abzulehnen, die allein aus der Beobachtung menschlichen Verhaltens erwachsen sind, scheint mir doch ein recht seltsames Vorgehen.

Erörterungen zur Tierforschung gibt es in Banduras Buch (1969) in Hülle und Fülle, doch selten findet man irgendwelche Ausführungen zu Millers wichtigen Konfliktstudien (vgl. Miller, 1959). Gewiß gibt es Schwierigkeiten, will man diese Konzepte in die sozialen Situationen des Menschen übersetzen, wie Bandura und Walters (1963) verdienstvoll und überzeugend darlegen. Auch gibt es nicht gerade eine sehr große Zahl von experimentellen Untersuchungen an Menschen, die ein klarer Beweis wären für Erscheinungen wie die Verschiebung oder für das allgemeine — der Konfliktanalyse von Dollard und Miller zentrale — Prinzip, daß der Vermeidungsgradient steiler abfällt als der Annäherungsgradient.[12] Doch die Entscheidung, alle Konzepte, die mit der Konfliktanalyse verknüpft sind, pauschal zu verwerfen, scheint eher ideologischer als empirischer Natur zu sein. Gewiß hat es seine Schwierigkeit mit der unkontrollierten klinischen Beobachtung, aber wenn sorgfältig kontrollierte Tierstudien so stark mit vielen klinischen Beobachtungen von wichtiger menschlicher Interaktion konvergieren, dann scheint sich der Theoretiker, der nur die Untersuchungen für relevant erachtet, die sowohl menschliche Versuchspersonen als auch eine experimentelle Methodologie einbeziehen, auf eine recht defensiv ausgerichtete erkenntnistheoretische Position zurückzuziehen. Dies gilt vor allem angesichts der Tatsache, daß zur Anwendung von Untersuchungen, die sich an der »sozial-kognitiven Lerntheorie« orientieren, auf soziale Verhaltensweisen, die in der klinischen Praxis von Belang sind, kein weniger kühner Sprung erforderlich ist als zur Generalisierung der von Miller ausgeführten Tierexperimente[13] (vgl. Wachtel, 1973a, 1973b, in Vorbereitung).

Es mag durchaus zutreffen, daß — wie Lazarus (1973) meint — die von Bandura vorgeschlagene theoretische Begründung der Verhaltenstherapie schlüssiger ist als die früheren und einfacheren Modelle, die von Breger und McGaugh (1965) einer so nachhaltigen Kritik unterworfen wurden. Aber ich möchte Lazarus nachdrücklich widersprechen, wenn er in Anlehnung an Bandura (1969) behauptet, daß »psychoanalytische und verhaltensorientierte Formulierungen auf grundsätzlich verschiedenen und unvereinbaren Modellen vom Menschen basieren«. Millers Demonstration, wie leicht psychoanalytische Konzepte sich mit den Prinzipien der Lerntheorie versöhnen lassen, gilt mit gleicher Schlüssigkeit für die »sozial-kognitive Lerntheorie« wie für die (vermeintlich nicht-soziale) lerntheoretische Position, die Miller vorzieht. Die Konzepte, die im Mittelpunkt seiner

---

[12]Doch man vergleiche beispielsweise Brodys (1972) Besprechung der Arbeiten von Epstein und Fenz (Epstein, 1962, 1967; Epstein und Fenz, 1962, 1965; Fenz, 1964; Fenz und Epstein, 1967). Brody, der in seinem Buch eine stark antipsychoanalytische Auffassung vertritt und Banduras sozial-kognitiver Lerntheorie nahesteht, erkennt dennoch an, daß die Studien von Epstein und Fenz ernsthaft in Frage stellen, ob Bandura Recht daran tut, die Bedeutung des Konfliktes so gering einzuschätzen.

[13]In diesem Zusammenhang läßt sich auch darauf hinweisen, daß Kanfer und Phillips (1970) in ihrem gleichfalls wichtigen Buch behaupten, das Modell, das den verhaltensorientierten Ansätzen zugrunde liege, »geht davon aus, daß die Verhaltensprinzipien ihre Kontinuität artübergreifend bewahren und sich wesentlich auf eine Methodologie und auf Ergebnisse stützen, die aus der Tierforschung stammen« (S. 91).

Analyse stehen, etwa Verstärkung, Extinktion, Generalisierung, Diskrimination und so fort, sind für Bandura in gleicher Weise entscheidend. Und wenn Banduras Auffassung vom Wesen des Lernens sich tatsächlich von der Millers unterscheidet (so etwa in der scheinbar größeren Bereitschaft, traditionelle »kognitive« Konzepte zu verwenden, ohne sie in S-R-Formulierungen zu übersetzen), dann scheint diese Position der der meisten psychodynamischen Denker näher zu stehen als die Millers.

Es gibt in Banduras Ansatz im Prinzip wenig, was »sozialer« wäre als im Ansatz von Dollard und Miller. Sicherlich legt Bandura mehr Nachdruck als Dollard und Miller (1950) auf »soziale« Prozesse wie Modellierung und Nachahmung, doch ist das eine Akzentsetzung, die unseren Autoren sicherlich nicht fremd ist. Zwar haben sie in ihrem späteren Werk diese Aspekte nicht in aller Gründlichkeit berücksichtigt, doch haben sie gerade diesem Thema schon zu einem früheren Zeitpunkt ein ganzes Buch gewidmet (Miller und Dollard, 1941). Wo sich Bandura bezüglich der Modellierung und Nachahmung von Dollard und Miller unterscheidet, steht er wiederum der Psychoanalyse näher als jene, insofern er bei der Behandlung dieser Erscheinungen Kognition und Vorstellungen stärker betont als Dollard und Miller.

Bandura wird zu der heftigen Ablehnung psychodynamischer Konzepte keineswegs durch die Logik seiner theoretischen Position gezwungen. Die analytischen Verfahren, die er vorzieht, scheinen Millers Konfliktanalyse, die von der Psychoanalyse angeregt, aber lerntheoretisch durchgeführt ist, eher zu entsprechen als zu widersprechen. Nehmen wir beipielsweise die Kritik von Bandura und Walters an Millers (1948) Konfliktanalyse der Verschiebung. Wie oben erwähnt, legen Bandura und Walters großen Nachdruck auf die Schwierigkeit, die Dimension der Ähnlichkeit zum ursprünglichen Zielobjekt *a priori* zu bestimmen. Nachträgliche Erklärungen, die davon ausgehen, daß eine bestimmte Reaktion erfolgte, weil sie verschieden genug, aber nicht zu verschieden war, mögen plausibel sein, sind aber von begrenztem Wert und schwer zu beweisen oder zu widerlegen. Bandura und Walters schlagen statt dessen eine Strategie vor, die sich auf die spezifischen Auswirkungen unmittelbarer oder stellvertretender Verstärkung beruft. Bei dem Versuch etwa, die Tatsache zu erklären, daß aggressive Jugendliche in der Regel Eltern haben, die zu Hause Aggression hart bestrafen, wenden sich diese Autoren gegen die Vorstellung, daß die Aggression, die draußen gezeigt werde, ein verschobener Ausdruck der aggressiven Tendenzen sei, die in der familiären Situation erregt, aber verboten würden. Statt dessen vertreten sie die Ansicht, daß die Eltern solcher Jugendlicher Aggression, die *außerhalb* der Familie gezeigt werde, ermutigen und belohnen. Sie verstehen das Ergebnis also als Hinweis auf Diskriminationstraining (Aggression wird in der Familie verboten und außerhalb der Familie belohnt) und nicht als Zeichen von Verschiebung. Gleichermaßen kritisieren sie die Sündenbock-Theorie, wonach Aggression gegenüber »Fremdgruppen« als eine Verschiebung feindseliger Tendenzen angesehen wird, die zwar aus dem eigenen Lebensbereich stammen, deren Ausdruck in diesem aber Gefahr bedeutet. Auch hier halten Bandura und Walters das unmittelbarere Training für entscheidend, in dessen Verlauf gelernt werde, welche Reaktionen in welchen Kontexten belohnt werden. Durch Verstärkung, Nachahmung und Diskriminationslernen würden bestimmte Reaktionen auf bestimmte Hinweisreize gelernt; auf Hinweisreize, die mit der »Fremdgruppe« verknüpft seien, würden eben aggressive Reaktionen gelernt.

So liefern Bandura und Walters eine nützliche Ergänzung des außerordentlich schmalen Ausschnitts von Variablen, der von Miller berücksichtigt wird. Und sie ergänzen damit ebenfalls die Vorschläge, die in der psychoanalytischen Literatur von Ichpsychologen und interpersonalen Theoretikern unterbreitet werden. Freud hatte anscheinend die ausgeprägte Neigung, die Aspekte menschlichen Verhaltens, auf die er selbst einiges Licht geworfen hatte, für überaus bedeutsam zu halten, und jede Erklärung, zu der er nicht beigetragen hatte, außer acht zu lassen oder als zweitrangig und oberflächlich zu behandeln. So blieb es weitgehend späteren psychodynamischen Autoren überlassen, zu erkennen, daß keineswegs nur Konflikte und unbewußte Motivationen für die Erklärung von Variationen in der menschlichen Persönlichkeit von Bedeutung sind, sondern daß Faktoren, wie sie etwa der Lernforschung, der Wahrnehmungs- und Sozialpsychologie vertraut sind, in vielen Fällen ebenso wichtig, wenn nicht noch wichtiger sind, um das Verhalten des Patienten zu verstehen.

Außerdem konzentrierte sich Miller in seiner Erörterung zu sehr auf den Konflikt. Hier schufen Bandura und Walters in begrüßenswerter Weise Klarheit.

Doch die Faktoren, die Bandura und Walters in den Blick rücken, müssen nicht unbedingt im Widerspruch zu dem gesehen werden, was Miller im wesentlichen untersuchte. Miller entwickelte eine bestimmte Fragestellung und ließ deshalb für eine gewisse Zeit vertrau-

tere Analyseformen beiseite. Doch dürfte ein Ansatz, der von Diskrimination, Bekräftigung und so fort ausgeht, seiner theoretischen Position kaum entgegengesetzt sein. Bis zu einem gewissen Grade scheinen Bandura und Walters dies auch anzuerkennen. Sie verwerfen Millers Konfliktmodell oder seine Anwendung auf die Verschiebung nicht ausdrücklich und eindeutig, sondern stellen fest, daß ein »adäquates sozial-kognitives Lernmodell zur Vorhersage der Verschiebung eine Reihe von Variablen berücksichtigen muß, von denen in Millers Paradigma keine Notiz genommen wird« (S. 20). Dies könnte man als eine Willensbekundung verstehen, sich in einem größeren Rahmen mit dem Konfliktphänomen auseinanderzusetzen. Doch wie oben erwähnt, wird in Banduras (1969) späterem Buch die Frage des Konflikts ganz ausgeklammert; und Brody (1972), der Banduras Position überzeugt vertritt, hält die Ablehnung des Millerschen Konfliktmodells mit all seinen Konsequenzen für ein wesentliches Merkmal von Banduras Theorie.
Doch selbst wenn man anerkennt, daß sich das Konfliktmodell und das Modell, demzufolge bestimmte Reaktionen auf bestimmte Situationen unmittelbar gelernt werden, logisch miteinander vereinbaren lassen, kann man zu Recht fragen, ob es notwendig oder nützlich ist, sie miteinander zu verbinden, da ja die Verwendung des Konfliktmodells im allgemeinen ein erhebliches Maß an schlußfolgerndem Denken verlangt. Wie ich bereits früher angemerkt habe (Wachtel 1973b), mag es jemandem, der seine theoretische Auffassung in erster Linie auf experimentell erforschte Daten gründet, durchaus so erscheinen, als ob die Beschäftigung mit Konflikten unnötig oder irrelevant sei. Experimente sollen vereinfachen, und viele Aspekte des typischen Experiments erwecken den Anschein, als genüge es vollkommen, lediglich zu betrachten, wie die Verstärkung einer bestimmten Reaktion auf eine bestimmte Situation jeweils abgelaufen ist.
Doch in den meisten Alltagssituationen stellt der Mensch fest, daß ihm eine Riesenauswahl an potentiellen Verstärkern zur Verfügung steht, die eine große Zahl von Reaktionen möglich werden lassen. Ein Schüler kann im Unterricht durch die Bewunderung von seiten des Lehrers bekräftigt werden, wenn er sich überzeugend und intelligent äußert; er kann sich den Lehrer zum Feind machen, aber Status in der Gruppe der Gleichaltrigen gewinnen, wenn er sarkastisch und gerissen ist; er kann die Angst vor der Gefahr einer falschen Antwort vermeiden, wenn er sich aufmerksam, aber still verhält; er kann sich eine ganz andere Art von Befriedigung verschaffen, wenn er Tagträu-

men nachhängt, und so fort. All diese möglichen Verstärker für diese besondere Situation kann er — ebenso wie für viele andere — durch unmittelbare Erfahrung oder Beobachtung anderer gelernt haben. Es hilft uns zwar, wenn wir wissen, welche Möglichkeiten er erlebt und beobachtet hat, doch reicht dies bei weitem nicht aus. Wenn wir wissen wollen, was er tun wird, müssen wir einiges über seine Motivation wissen, und wir müssen erkennen, daß er bei der Verfolgung einiger seiner Ziele sehr wahrscheinlich mit anderen Zielen in Konflikt geraten wird. Die Beschäftigung mit dem Konflikt und der Vielfalt menschlicher Motivationen mag ohne große Schwierigkeiten in der künstlich eingeschränkten Situation des Laborexperimentes vernachlässigt werden können — obschon uns selbst hier die Arbeit von Orne (1969), Rosenthal (1966) und anderen zu denken geben sollte —, doch wenn es um das Verständnis neurotischen interpersonalen Verhaltens in Alltagssituationen geht, bedeutet die Vernachlässigung dieser Aspekte eine große Gefahr für die Schlüssigkeit der Formulierungen.

Die von Bandura ausgearbeiteten Prinzipien sind nützlich, aber unvollständig. Sie tragen wenig zum Verständnis der Frage bei, um welche der in alltäglichen Interaktionen verfügbaren Verstärker die Person sich bemühen wird, noch hilft sie uns zu verstehen, warum konkurrierende Ziele auf verschiedene Weise verfolgt werden. Erfahrene Verhaltenstherapeuten schenken diesen Problemen ihre Aufmerksamkeit. Dies wird sehr deutlich, wenn man gute Verhaltenstherapeuten bei ihrer Arbeit mit neurotischen Patienten beobachtet, und wenn man jenen kleinen Teil an verhaltenstherapeutischer Literatur liest, in dem nicht nur eine abstrakte und theoretische Erklärung des Falles dargelegt wird, sondern in dem auch beschrieben wird, was tatsächlich geschieht (vgl. z. B. Lazarus, 1972). Doch zeigt sich die Aufgeschlossenheit von Verhaltenstherapeuten häufig nur indirekt.

Es gibt wenig Material in der verhaltensorientierten Literatur oder in der verhaltenstherapeutischen Tradition, das solche Bestrebungen unterstützen oder auch nur legitimieren würde. Viele der einflußreichsten Vertreter der verhaltenstherapeutischen Bewegung unterstützen nach wie vor die Behauptung, daß in der Verhaltenstherapie wenig oder gar keine Schlußfolgerungen erforderlich seien, daß ihre klinische Praxis eine ziemlich direkte Anwendung von Laborprinzipien sei und daß sie vielleicht sogar von reinen Technikern geleistet werden könne. Es gibt keine ausreichenden Richtlinien dafür, wie in der Verhaltenstherapie Schlußfolgerungen gezogen werden können, weil ihre Notwendigkeit von vornherein vertuscht wird. Die verhaltensorientierte Literatur ermutigt den klinischen Anfänger nicht, etwas über den Konflikt zu lernen oder darauf zu achten, wie sich ein Konflikt beim Patienten erkennen läßt. Sie fordert nicht ausdrücklich dazu auf, nach mehrfachen Quellen für Verstärkung (das psychoanalytische Konzept der Überdeterminierung) Ausschau zu halten oder nach nicht-offensichtlichen und nicht-eingestandenen Quellen der Verstärkung (nach verhaltensorientierter Auffassung die Quintessenz psychodynamischer Ausführungen über unbewußte Motivation). Sie fordern den Therapeuten nicht auf, seine eigenen Gefühle, Assoziationen und Phantasien dazu zu benutzen, um der subtilen affektiven Kommunikationen des Patienten habhaft zu werden — jener Kommunikationen, die wichtige Hinweise darauf geben, warum seine interpersonalen Beziehungen in der Regel gerade so und nicht anders verlaufen.[14]

All diese — und viele andere — Formen klinischen Denkens und Forschens, die den psychodynamischen Ansatz kennzeichnen, werden wahrscheinlich von praktizierenden verhaltensorientierten Klinikern häufig angewandt. Mit Sicherheit war es bei jenen der Fall, die ich beobachtet habe. Diese Verfahren sind keineswegs unvereinbar mit den Grundrezepten der Verhaltenstherapie. Sie repräsentieren in der verhaltensorientierten Tradition weitgehend dieselbe Art von Untergrund wie in der psychodynamischen Tradition die Erkenntnis, daß der Therapeut die Rolle eines Verstärkers spielen müsse, daß der Patient in seinem alltäglichen Verhalten der aktiven Intervention bedürfe und so fort. Eine vollständige Darlegung eines Verfahrens, das all diese therapeutischen Aktivitäten und Perspektiven in sich vereint, könnte man, wenn man wollte, immer noch »sozial-kognitive Lerntheorie« nennen (oder auch vielleicht »psychoanalytische Ichpsychologie«, wenn man diese Bezeichnung vorzieht), doch würde sie sich von Banduras Buch ebenso unterscheiden wie von jeder psychoanalytischen Arbeit, die mir bekannt ist. In Teil II wollen wir einige konkrete klinische Aktivitäten untersuchen, wobei wir von einer ersten, versuchsweisen Vorstellung einer solchen Integration ausgehen.

---

[14]Das kürzlich erschienene Buch von Goldfried und Davison (1976) trägt wesentlich dazu bei, klinische Realitäten in der verhaltenstherapeutischen Literatur heimisch zu machen.

II

7

Psychoanalyse und Verhaltensanalyse

In den psychodynamisch orientierten Therapien ist die Einschätzung der Persönlichkeit und der Lebensprobleme des Patienten von der Behandlung dieser Probleme kaum zu unterscheiden. Für viele dynamische Therapeuten sind die gemeinsamen Anstrengungen von Patient und Therapeut, die Lebensweise des Patienten zu beschreiben und zu verstehen, wie sie entstanden ist und warum sie Probleme schafft, der Kern des therapeutischen Prozesses. In gewissem Sinne *ist* der Versuch zu verstehen die Therapie.

Verhaltenstherapeuten hingegen unterscheiden deutlich zwischen dem Prozeß der Einschätzung und dem therapeutischen Prozeß. Nach Maßgabe einer ersten Beurteilung werden spezifische Interventionsmethoden angewandt.[1] Im ersten Teil dieses Buches habe ich mich weitgehend mit der Frage beschäftigt, ob die Verwendung verhaltenstherapeutischer Methoden sich mit den Auffassungen zur Persönlichkeit und zur therapeutischen Interaktion verträgt, die aus den Beobachtungen Freuds und späterer psychodynamischer Denker erwachsen sind. Wir sind zu dem Schluß gekommen, daß sich zumindest unter einem interpersonalen psychodynamischen Gesichtswinkel solche Interventionen als durchaus vereinbar mit psychoanalytischen Erkenntnissen auffassen lassen, und wir haben angedeutet, daß unter bestimmten Umständen die Nichtintervention, wenn wirksame Interventionen möglich sind, die Chancen des Patienten, sich zu verändern, erheblich einschränken könnte.

Wenn der Verhaltenstherapeut betont, es gelte, die Art des Problems einzuschätzen und dann eine spezifische Interventionstechnik anzuwenden, so besticht sein Vorgehen wegen seiner Direktheit und Praxisbezogenheit. Zu diesem Therapieverständnis sind jedoch eine Anzahl kritischer Fragen zu stellen. Vor allem gilt es, festzustellen, wie adäquat Verhaltenstherapeuten mit ihren derzeitigen Methoden beurteilen (bzw. beurteilen können), was tatsächlich vorgeht. Schließlich brauchen Analytiker Jahre, um die Schwierigkeiten des Patienten

[1] Dies bedeutet jedoch nicht, daß der Verhaltenstherapeut das Problem später nicht anders einschätzen kann, wenn neue Informationen vorliegen, wozu auch die Reaktionen des Patienten auf die versuchten Interventionen gehören.

zu verstehen. Zweitens müssen wir fragen, wie effektiv die verschiedenen von Verhaltenstherapeuten verwendeten Interventionstechniken tatsächlich sind. Welche kurzfristigen und langfristigen Konsequenzen haben sie? Haben sie unerwünschte Nebenwirkungen? Erzielen sie spezifische, begrenzte Erfolge auf Kosten einer vielleicht möglichen umfassenderen, bedeutsameren Änderung? Drittens gilt es zu untersuchen, welche ethischen Fragen dadurch aufgeworfen werden, daß der Therapeut seine Rolle nicht allein darin sieht, einen Prozeß der Exploration und des Verstehens anzubahnen, sondern auch darin, direkt einzugreifen, um das Verhalten des Patienten zu ändern.

Dieses Kapitel wird sich vor allem mit der ersten Frage befassen, mit der Frage der Evaluation und der Persönlichkeitseinschätzung. Die Untersuchung bestimmter Interventionen und der Möglichkeit, sie in einen dynamischen Ansatz zu integrieren, wird in den Kapiteln 8 bis 11 durchgeführt. Mit den ethischen Fragen werden wir uns in Kapitel 12 befassen.

Die Analyse gegenwärtigen Verhaltens

Jeder Verhaltenstherapeut wird wahrscheinlich der Behauptung zustimmen, daß seine Behandlung nur so gut ist wie seine Verhaltensanalyse. Wenn seine Interventionen nicht zu dem gewünschten Ergebnis führen, wird er daraus wahrscheinlich schließen, daß er die Variablen, die das fragliche Verhalten beeinflussen, nicht richtig bestimmt hat. Er wird dann versuchen, seine Beurteilung zu korrigieren. Die Verhaltensanalyse ist das Kernstück der verhaltenstherapeutischen Maßnahmen, sie verlangt die größte Fertigkeit.

Der Verhaltenstherapeut konzentriert sich auf jene Variablen, die *gegenwärtig* für die Schwierigkeiten des Patienten relevant sind. Obgleich manche Verhaltenstherapeuten sich auch eingehend mit der Geschichte des Patienten beschäftigen (vgl. insbesondere Wolpe, 1969, Kapitel 3), geschieht dies nur, um eine Vorstellung oder um Hinweise dafür zu gewinnen, wonach man in der Gegenwart zu suchen habe. Im Mittelpunkt des Interesses stehen die gegenwärtigen Reaktionen auf gegenwärtige Ereignisse. Autoren der verhaltenstherapeutischen Richtung stellen diese Betonung von Gegenwart häufig der Betonung von Geschichte und der Beschäftigung mit der Vergangenheit gegenüber, die für dynamische Therapeuten charakteristisch sind (vgl. Mischel, 1968, S. 264). Bis zu einem gewissen Grade ist diese Unterscheidung natürlich berechtigt. Wie wir jedoch gesehen

haben, legen auch psychodynamische Therapeuten unterschiedlich starken Nachdruck auf die Vergangenheit. Die psychodynamische Konzeption, auf die wir uns hier vor allem beziehen — wie etwa die von Horney (z. B. 1939) —, untersucht in erster Linie die gegenwärtigen Konsequenzen der charakterologischen Abwehrmechanismen und Interaktionsmuster des Patienten. Im Mittelpunkt steht der Teufelskreis von fehlangepaßten Verhaltensmustern, die ständig in Gang gehalten werden. Hinsichtlich der Betonung von Vergangenheit oder Gegenwart unterscheidet sich die psychodynamische Konzeption also kaum vom Ansatz der meisten Verhaltenstherapeuten.
Doch zeigen sich einige wichtige Unterschiede in der Frage, wie man sich dem Problem des Patienten im einzelnen annähert und an welchen Gesichtspunkten sich das Verständnis für sein Problem orientiert. Ich werde zuerst einige der Hauptmerkmale der Verhaltensbeurteilung beschreiben und sie dann dem Verfahren des psychodynamisch orientierten Therapeuten gegenüberstellen. Anschließend sollen die Fragen untersucht werden, die sich aus dieser Konfrontation ergeben. Damit läßt sich eine Grundlage für einen integrierten Ansatz gewinnen. Schließlich werde ich die Arbeitsweise beschreiben, die ich im Laufe der letzten Jahre entwickelt habe.

Der Verhaltenstherapeut als Interviewer

Verhaltenstherapeutische Autoren stellen der Verhaltenstherapie häufig die »verbalen« oder »Interview«-Therapien gegenüber (z. B. Bandura, 1969). Als ich die Arbeit zahlreicher bekannter Verhaltenstherapeuten beobachtete, war es deshalb eine ziemliche Überraschung für mich festzustellen, wieviel Zeit in der Verhaltenstherapie dem Gespräch gewidmet wird. Dies gilt sogar für die Phasen der Intervention während des therapeutischen Prozesses (wovon wir später mehr hören werden), es trifft aber ganz besonders für die Phase der Beurteilung zu. Eine weit geringere Rolle spielt allerdings das Interview — was nicht überraschen kann — in den stärker an Skinner orientierten Methoden zur Verhaltensmodifikation. Diese Verfahren, die sich weitgehend an die operante Konditionierung halten, sind bislang meist in der Arbeit mit psychotischen, retardierten und autistischen Kindern verwendet worden, doch in jüngerer Zeit finden sie zunehmend auch auf ein breites Spektrum von Verhaltensproblemen in Schule und Familie Anwendung. Therapeutische Bemühungen, die neurotischen Erwachsenen gelten, orientieren sich jedoch in der Regel nicht so stark am Skinnerschen Ansatz. Für die Intervention bedeutet dies, daß eine Vielzahl von Techniken verwendet werden, die sich nicht auf das einfache Modell der operanten Konditionierung stützen. Für die Beurteilung und Konzeptualisierung der Patientenprobleme bedeutet dies, daß ein nicht unbeträchtlicher Nachdruck auf vermittelnde Ereignisse und sogar auf subjektive Erfahrung gelegt wird, und daß die Neigung geringer geworden ist, sich durch Methoden Fesseln anzulegen, die für Laboruntersuchungen an Tieren entwickelt worden sind.

Dieser letztere (und ich bin versucht zu sagen vorherrschende) Trend in der Verhaltenstherapie interessiert uns hier. Ich glaube, daß er sich auf sehr vielversprechende Weise mit dynamischen Ansätzen verbinden läßt. Wenn Verhaltenstherapeuten mit jenen Patienten arbeiten, mit denen es psychodynamische Therapeuten zumeist zu tun haben, dann neigen auch sie dazu, mit ihnen zu sprechen. Während die unmittelbare Beobachtung von Verhalten in dessen natürlichem Umfeld (in mancherlei Hinsicht — wie unten gezeigt wird) präziser ist, bedeutet es doch einen derartigen Gewinn an Effizienz und Flexibilität, wenn die Information verbal vermittelt wird, daß die meisten Verhaltenstherapeuten bei Patienten, die einigermaßen kommunikationsfähig sind, gern bereit sind, dafür etwas von dem behavioristischen Reinheitsanspruch zu opfern.

Die Art, wie der Verhaltenstherapeut das Interview durchführt, unterscheidet sich in einigen wichtigen Aspekten von den Interviews der dynamischen Therapeuten (wenn auch nach meinen Beobachtungen nicht annähernd so sehr, wie die einschlägige Literatur vermuten läßt). Mischel (1968), Kanfer und Saslow (1965) und andere verhaltensorientierte Autoren haben auf den Wert von *strukturierten* Interviews hingewiesen; und die Interviews von Verhaltenstherapeuten sind in der Regel gewiß strukturierter als die von dynamischen Therapeuten. Wie nicht anders zu erwarten, gibt es jedoch innerhalb beider Gruppen beträchtliche Variationen hinsichtlich der Strukturiertheit des Interviews. Die Unterschiede in der Art und Weise, wie die frühen Phasen der therapeutischen Interaktionen gestaltet werden, sind unter den Psychodynamikern selbst außerordentlich groß — die einen Therapeuten beginnen mit einer ganz formalen Krankheitsgeschichte, die sich kaum von dem Verfahren unterscheidet, das Wolpe beschrieben hat (1969, Kapitel 3), während die anderen vom ersten Augenblick an mit »gleichschwebender Aufmerksamkeit« (Freud, 1912) zuhören.

Die Interviews, die von klinischen Therapeuten durchgeführt werden, sind selten streng »behavioristisch« in irgendeiner vernünftigen

Bedeutung dieses Terminus. Die sprachlichen Äußerungen des Patienten werden selten als Verhalten an sich behandelt, dessen häufiges Vorkommen allein in Beziehung zu etwas anderem untersucht würde. Statt dessen hört man ihnen zu, wie man den Äußerungen irgendeines anderen Menschen zuhört — als dem sinnvollen Bericht eines intelligenten Beobachters von Ereignissen, von denen der Sprecher weiß und der Hörer nicht. (Das gilt nicht nur für subjektive Erfahrungen, sondern auch für Ereignisse, die sich im Prinzip objektiv beobachten lassen, denen aber nur der Patient beigewohnt hat, nicht der Therapeut. So kann der Patient beispielsweise berichten, was seine Schwiegermutter bei ihrer letzten Auseinandersetzung gesagt hat, und der Therapeut nimmt diese Worte als Information über die Handlungen der Schwiegermutter und nicht nur als Hinweis auf die Tendenz des Patienten, die Wörter »meine Schwiegermutter sagte ...« zu sagen, und so fort.)

Das heißt jedoch nicht, daß man den Berichten des Patienten naiv lauscht oder sie für absolut glaubwürdig hält. In dem obengenannten Beispiel darf man beispielsweise erwarten, daß der Therapeut die Beschreibung des Patienten mit der nötigen Skepsis behandelt, was ihre Genauigkeit angeht, und daß er alle Anstrengungen unternimmt, um klarzustellen, wo die Erinnerungen, von denen der Patient berichtet, möglicherweise unvollständig, voreingenommen oder verwirrt sind.

Dem Verhaltenstherapeuten ist sehr daran gelegen, daß er genau versteht, was der Patient mit seinen Äußerungen meint, daß die Ereignisse, auf die sich seine Wörter beziehen, geklärt und artikuliert werden. Wenn der Patient also sagt, er empfinde Angst, wenn sich seine Freundin ihm gegenüber kalt verhalte, wird der Verhaltenstherapeut wissen wollen, was genau er mit Angst meint, und was genau er meint, wenn er sagt, daß seine Freundin sich ihm gegenüber kalt verhalte. Hatte er wirklich Angst, daß ihm etwas Schreckliches zustoßen würde, hat er eine schmerzhafte Spannung im Nacken gespürt, begann seine Stimme zu zittern, verspürte er den heftigen Wunsch hinauszugehen, und so fort? Und entsprechend: was genau hat sie getan? Hat sie nicht über seinen Scherz gelacht, hat sie ihn weggestoßen, oder hat sie nur »irgendwie verkniffen« ausgesehen (und wenn, läßt sich irgendeiner der Hinweise, die dies signalisierten, überhaupt artikulieren)?

Was verhaltensorientierte Autoren bei ihren Berichten über diese (außerordentlich wertvolle) Art des Zuhörens und Fragens hin und wieder aus dem Blick zu verlieren scheinen, ist der Umstand, daß es sich dabei nicht um ein Monopol der Verhaltenstherapie handelt. Ich kann nicht angeben, wie groß der Prozentsatz der dynamischen Therapeuten ist, die in dieser Weise zuhören und fragen, aber ich weiß, daß ich es, noch bevor ich irgendein Interesse an der Verhaltenstherapie hatte, schon seit Jahren getan habe. Eines der ersten Dinge, die man mir während meiner Ausbildung in klinischer Psychologie beibrachte, war, daß der Therapeut immer so zuhören sollte, als ob er »naiv« sei, als ob er nicht wisse, was der Patient meine (selbst wenn er glaube, er wisse es). Er solle also ständig nachfragen, was denn der Patient meine, wenn er sage, er sei »verkrampft« gewesen, »habe gekniffen«, sei »niedergeschlagen« gewesen und so fort. Ebenso ist mir zu einem Zeitpunkt meiner Laufbahn, da mir die Verhaltenstherapie noch als fremdartige und gefährliche Bedrohung erschienen war, der Wunsch zu verstehen, wodurch solche Reaktionen hervorgerufen werden, zur zweiten Natur geworden. Ein Gutteil der »Einsichten«, die ich gemeinsam mit meinen Patienten habe gewinnen können, ist nicht so sehr aus meiner Kenntnis der psychoanalytischen Theorie erwachsen (obgleich diese, wie ich später darlegen werde, gewiß nicht unwichtig gewesen ist), sondern einfach aus der Tatsache, daß ich »naiver« zuhöre, als ich dies im alltäglichen Gespräch zu tun pflege — daß ich einfach annehme, ich wisse nicht, was mit ganz einfachen Äußerungen gemeint sei und nachfrage, um es herauszufinden. Die Antworten sind häufig überraschend (vielleicht ist dies der Grund, warum wir solche Fragen im alltäglichen Gespräch nicht so leicht stellen.)

Spezifizität und Nicht-Interview-Methoden

Damit verwandt ist die Frage der Spezifizität der angestrebten Formulierungen. Verhaltenstherapeuten neigen dazu, Persönlichkeit weit weniger unter der »Systemperspektive« zu sehen als dynamische Therapeuten; sie suchen statt dessen nach spezifischen Stimulus-Reaktions-Verknüpfungen. Wie Mischel (1968) feststellt, erwartet man vom Standpunkt der sozial-kognitiven Lerntheorie aus, daß ein Mensch in unterschiedlichen Situationen auch unterschiedlich reagieren wird. Therapeuten, die von einer solchen Theorie ausgehen, werden im Unterschied zu vielen dynamischen Therapeuten kaum nach übergreifenden Verhaltensmustern suchen (noch weniger werden sie geneigt sein, diese Muster auf frühe familiäre Erfahrungen zu beziehen).

Ich glaube, daß die Unterschiede, die die verhaltenstherapeutische Literatur zwischen dynamisch und verhaltensorientierten Klinikern herausarbeitet, in bezug auf diese Frage realer sind als in bezug auf die Frage, wie die Bedeutungsebene der Patientenäußerungen zu klären ist. Ich kenne nur sehr wenige erfahrene dynamisch orientierte Kliniker, die nicht nach den genauen Bedeutungen dessen suchen, was ihre Patienten beschreiben, aber ich kenne sehr viele, die bei den Problemen ihrer Patienten weit mehr von übergreifenden Verhaltensmustern ausgehen als die meisten Verhaltenstherapeuten.

Beide Richtungen haben ihre Vorzüge, so glaube ich, und ich möchte zu zeigen versuchen, wie die jeweiligen Stärken sich kombinieren lassen. Es dürfte kaum eine Frage sein, daß Verhaltenstherapeuten ein besonderes Geschick entwickelt haben, wenn es darum geht, zu erkennen, wie problematisches Patientenverhalten von Situation zu Situation variiert. Nicht nur, daß ihr theoretisches Bezugssystem dies ganz besonders in den Blick rückt, auch ihre Methoden machen eine entsprechende Beurteilung leicht. Dank des lebhaften (wenn auch leider manchmal exklusiven) Interesses für beobachtbares Verhalten gelingt es ihnen eher festzustellen, wann genau Problemverhalten auftritt und, wenn es auftritt, dieses Verhalten dann auf bestimmte Arten von Ereignissen zu beziehen. Ferner sind in der klinischen Tradition der Verhaltenstherapie besondere Beobachtungsmethoden entwickelt worden, die von dynamischen Therapeuten im großen und ganzen nicht verwendet werden. Diese Methoden ergänzen die Interviews zur Verhaltensdiagnose.

Unter diesen Methoden ist eine besonders geeignet, um festzustellen, wie das Verhalten des Patienten variiert. Er wird aufgefordert, systematisch Aufzeichnungen über bestimmte Aspekte seines Verhaltens oder über bestimmte Gefühlszustände zu machen. Der Patient schreibt jedesmal auf, wenn eine bestimmte Verhaltensweise auftritt, oder er beurteilt in regelmäßigen Zeitabständen seine Stimmung und gibt dabei an, was unmittelbar zuvor geschehen ist. Dieses Verfahren kann eine sehr wertvolle Ergänzung des Bildes sein, das man aus den herkömmlichen Interviews gewonnen hat. Dieses Bild ist in erheblichem Maße den Verzerrungen unterworfen, die sich daraus ergeben, daß die Wahrnehmung und Erinnerung des Patienten von seinen Vorurteilen bestimmt wird (ein Vorgang, der dynamischen Therapeuten in anderen Zusammenhängen sonst sehr bewußt ist und sogar von ihnen betont wird).

In meiner eigenen Arbeit habe ich festgestellt, daß solche Aufzeichnungen eine besondere Hilfe bei der Arbeit mit Patienten sind, die behaupten, immer Angst zu haben oder immer niedergeschlagen zu sein. Wenn man solche Patienten auffordert, ihr Angstniveau über einen ganzen Tag hinweg aufzuzeichnen, staunen sie häufig über die Ergebnisse, die dabei herauskommen. Sie entdecken, daß sie durchaus nicht ununterbrochen Angst haben, wie sie gemeint hatten, und daß ihr Angstniveau tatsächlich sehr deutlich je nach Situation variiert. Die »Entdeckung«, daß es nicht wenige Zeitabschnitte im Tagesverlauf gibt, wo sie fast keine Angst verspüren, wie auch der Umstand, daß sie zunehmend artikulieren können, wovor sie eigentlich Angst haben, veranlaßt diese Patienten in der Regel dazu, ihren Widerstand zu verringern und größere Bereitschaft zur Mitarbeit zeigen.

Eine weitere Methode ist die direkte Beobachtung von Verhalten im natürlichen Umfeld; der Patient wird in Situationen beobachtet (häufig, wenn er mit Schlüsselfiguren aus seinem Leben zusammen ist), die der Therapeut geschaffen hat, um dadurch nach Möglichkeit bestimmte Aspekte aus dem Repertoire des Patienten zu aktivieren. Die Verwendung von Rollenspielen, in denen Patient und Therapeut verschiedene Aspekte der alltäglichen Interaktionen des Patienten darstellen, ist eine dritte verhaltenstherapeutische Methode. Darauf werden wir in Kapitel 10 eingehender zu sprechen kommen; dort wird auch die Verwendung des Rollenspiels als Instrument der Veränderung erörtert.[2]

Die unmittelbare Beobachtung des Patientenverhaltens im natürlichen Umfeld ist von einem verhaltensorientierten Standpunkt aus vielleicht der methodologisch »reinste« Ansatz. Aber wie wir bereits gesagt haben, ist diese Vorgehensweise nicht sehr verbreitet, sehen wir einmal von jenen Verhaltenstherapeuten ab, die sich vorwiegend an Skinner ausrichten. Wie Mischel (1968) festgestellt hat, ist es außerhalb einer Institution in der Regel sehr teuer und zeitraubend, unmittelbare Beobachtungen anzustellen.

Überdies erweist es sich, daß die Beobachtung von Menschen in ihrem natürlichen sozialen Umfeld ganz anders ausfällt als die Beobachtung im Rahmen eines Experiments, und daß dieser Unterschied viel größer ist, als man aufgrund der Beteuerungen glauben könnte, die in der zeitgenössischen verhaltenstherapeutischen Literatur zu lesen sind. Die Entscheidung, welche Kategorien zur Aufzeichnung und Organisation von Beobachtungen angemessen sind, ist keine

[2] All diese üblichen Methoden zur Verhaltensbeurteilung werden, ebenso wie die erkenntnistheoretischen und methodologischen Aspekte, durch die sie sich Verhaltenstherapeuten empfehlen, eingehend bei Goldfried und Sprafkin (1974) und bei Mischel (1968) erörtert.

leichte Aufgabe. Es gibt eine ungeheure, wenn nicht sogar unendliche Zahl von Möglichkeiten, die Beobachtungen zu ordnen. Es hängt allein von den Kategorien ab, für die man sich entscheidet, ob die Beobachtungen chaotisch oder geordnet erscheinen. Auch Meehl (1973), der als psychoanalytischer Kliniker wie als nüchterner psychologischer Forscher schreibt, weist auf die unvermeidlichen Verbindungen zwischen Beobachtungen und theoretischen Voraussetzungen hin. Letztere beeinflussen das, was wir beobachten, wie auch die Art, wie wir unsere Beobachtungen organisieren. Außerdem weisen Goldfried und Sprafkin (1974) in ihrem verdienstvollen Überblick über die Methoden der Verhaltenseinschätzung und die sich daraus ergebenden methodologischen Probleme darauf hin, daß genaue und verläßliche Aufzeichnungen von Verhaltensbeobachtern nicht leicht zu bekommen sind, wenn es nicht nur um triviale Ereignisse geht.

Trotz dieser Einschränkungen bedeutet jedoch die unmittelbare Beobachtung des Patienten in seinem alltäglichen Umfeld für den Kliniker manchmal, daß er an seinem Patienten Seiten beobachten kann, die ihm sonst verborgen bleiben würden. Außerdem ist sie im Zusammenhang mit weniger aufwendigen Methoden zu sehen, wie etwa dem Rollenspiel und der Beteiligung des *Patienten* als Beobachter, wenn er selbst Aufzeichnungen macht und Tabellen oder Listen führt. Wenn der Verhaltenstherapeut neben dem Interview diese zusätzlichen Methoden verwendet und wenn er sich die besondere, oben beschriebene Art, einen Patienten zu interviewen, zu eigen macht, dann ist er in der Lage, eine Vielfalt von Beziehungen zwischen Problemen und Lebensweise zu entdecken, die in der traditionellen klinischen Praxis leicht übersehen werden.

Dynamisch orientierte Therapeuten begegneten dem Wert solcher Methoden bislang eher skeptisch. Sie befürchteten, daß deren Wert, wie groß er auch immer sei, durch die Beschränkungen, die sie der Therapie auferlegten, mehr als aufgewogen werde. In zahlreichen Diskussionen hat man mir beispielsweise entgegengehalten, daß die Aufforderung an den Patienten, verschiedene Aspekte seines Verhaltens oder Erlebens aufzuzeichnen, »sich auf die zwanghaften Tendenzen des Patienten auswirkt« und daß verhaltensorientierte Methoden im allgemeinen — ob solche der Beurteilung oder Intervention — »die Übertragung ernsthaft verzerren« und sie »unlösbar machen«. Was diese letzte Sorge angeht, so ist die Übertragung meiner Auffassung nach auf keinen Fall eine Reaktion, die nur aus der Vergangenheit stammt und in keiner Beziehung zu dem steht, was der Thera-

peut »tatsächlich« macht oder wie er sich verhält. Übertragung kann immer als die besondere Weise des Patienten verstanden werden, auf das, *was der Therapeut macht*, zu reagieren und es zu verstehen – und der Therapeut macht niemals »nichts«, selbst, wenn er einfach schweigt oder eine Frage zurückgibt, statt sie zu beantworten.
Manche Therapeuten behaupten, sie erführen alles Notwendige über den Patienten, indem sie Reaktionen in der Übertragungsbeziehung beobachteten. Aus diesem Grund vermeiden sie alle verhaltenstherapeutischen Beurteilungsmethoden, führen außerdem an, daß diese Methoden die »Lösung« der Übertragung »erschwerten«. Darin sehe ich eine besondere Ironie. Wenn in erster Linie die Reaktionen eines Patienten auf den Therapeuten etwas über ihn aussagen, wird es besonders wichtig, ihm eine Reihe von möglichen Beziehungen anzubieten, auf die er reagieren kann. Es scheint mir nicht vernünftig, der Interaktion des Therapeuten mit dem Patienten irgendeine *Einschränkung* aufzuerlegen (beispielsweise: »Ich gebe ihm nie eine Aufgabe, schlage ihm auch nie vor, irgend etwas besonders ins Auge zu fassen«) und dies als Teil einer bestimmten Strategie aufzufassen – es sei denn, man sei ziemlich ausschließlich einem intrapsychischen Modell verpflichtet, das die Erkenntnisse der modernen Ichpsychologie kaum berücksichtigt.
In diesem Zusammenhang ist interessant, daß psychodynamisch orientierte Therapeuten bei der Arbeit mit Kindern und Psychotikern von dem Modell des »Tue nichts – oder du beeinträchtigst die Übertragung« abgewichen sind. Die einfallsreichen und häufig mutigen therapeutischen Anstrengungen, die einzelne Wissenschaftler wie Frieda Fromm-Reichmann und Searles mit Schizophrenen unternommen haben, stehen in scharfem Gegensatz zu den Einschränkungen, die Analytiker sich und ihren Patienten auferlegen, wenn sie mit weniger gestörten Menschen arbeiten.
Der Besuch eines Analytikers bei einem erwachsenen Patienten zu Hause mit dem Ziel, die Atmosphäre zu beobachten, in der dieser lebt, wäre in den meisten Instituten eine *cause célèbre*. Erik H. Erikson (1963) aber berichtete, daß er dies bei den Kindern unter seinen Patienten routinemäßig getan habe, ohne daß es (zu Recht) seinem Ruf als einem der einflußreichsten zeitgenössischen Psychoanalytiker Abbruch getan hätte. Auch bei Ausflügen auf das Gebiet der Familien- und Ehetherapie sind die Zügel der Orthodoxie gelockert worden. Bei dieser Form von Therapie hat der Therapeut Gelegenheit, unmittelbar zu beobachten, wie das Ehepaar oder die Familie interagiert. Viele dynamisch ausgebildete Therapeuten haben dadurch er-

kannt, welche Grenzen sie sich setzen, wenn sie ihre Datenerhebung auf freie Assoziation, Interview und Übertragungsbeobachtungen beschränken, und welche wertvolle Perspektive sich eröffnet, wenn sie den Patienten in der Interaktion mit wichtigen Personen aus seinem Leben unmittelbar beobachten.

Variabilität und die affektive Perspektive psychodynamischer Therapeuten

Die Auffassung, Verhalten variiere je nach Ereignissen, verträgt sich durchaus mit der theoretischen Perspektive der meisten modernen psychodynamischen Autoren. Interpersonale Theorie wie psychoanalytische Ichpsychologie haben sich weit von der groben Espsychologie entfernt, die den Beginn der Psychoanalyse kennzeichnete. Dort wurde die Beziehung zwischen den Reaktionen des Patienten und den Ereignissen in seinem Leben kaum in Betracht gezogen (vgl. Wachtel, 1973b, in Vorbereitung).

Wenn dynamische Therapeuten weniger »Wann«-Fragen stellen als Verhaltenstherapeuten (und ich glaube, in der Praxis ist dies klar der Fall), so liegt das nicht daran, daß ihre Persönlichkeitstheorie das nicht zuließe; es spiegelt die *therapeutischen Theorien* wider, die psychodynamische Kliniker zumeist leiten. Wie ich im ersten Teil zu zeigen versucht habe, sind diese nicht annähernd in dem Maße durch die Entwicklungen in der Ichpsychologie verändert worden wie die Persönlichkeitstheorien. Die Vorstellungen, die die therapeutische Arbeit selbst eines interpersonal orientierten Therapeuten leiten, lassen ihn in der Regel zunächst sich um ein Verständnis der »Persönlichkeitsstruktur« des Patienten und seiner lebensgeschichtlichen Determinanten bemühen und erst in zweiter Linie die Zusammenhänge in Betracht ziehen, in denen sie sich auf unterschiedliche Weise manifestieren.

Die weniger ausgeprägte Beschäftigung mit der Situation des Patienten hängt wahrscheinlich mit einer konkreten Eigenschaft der Phänomene zusammen, die einen Schwerpunkt der psychodynamischen Methode bilden. Da dynamische Therapeuten ihr Interesse in erster Linie auf Affekt, Motivation, Selbstgefühl und subjektive Erfahrung konzentrieren, arbeiten sie weitgehend in einem Bereich, wo die Variabilität wahrscheinlich weniger groß ist als bei manifesten Verhaltensweisen. Ich habe dies an anderer Stelle eingehender erörtert:

»Die Ereignisse, denen sich Analytiker zuwenden, sind meist so beschaffen, daß sie die Diskriminationsfähigkeit ihrer Patienten am meisten beanspruchen. Eindeutig andere Reaktionen bei Stimulusveränderungen, wie sie in Untersuchungen evident sind, in denen Umweltereignisse leicht auszumachen sind, zeigen sich nicht mit gleicher Deutlichkeit, wo affektive, interpersonale Ereignisse im Spiel sind. Bei letzteren dürften frühe globale und generalisierte Prädispositionen wahrscheinlich weniger leicht eine Differenzierung erfahren, und Voraussetzungen und Reaktionstendenzen dürften auf eine größere Bandbreite von Situationen angewendet werden. Wie Piaget es ausdrücken würde, Analytiker beobachten wahrscheinlich Erscheinungen, in denen die Schwierigkeiten der Wahrnehmungsdiskrimination dafür sorgen, daß Assimilation vorherrscht, während [der Akzent auf der Spezifizität des Verhaltens bei verhaltensorientierten Klinikern und Forschern] Situationen in den Blick rückt, in denen ein größeres Maß an Akkomodationen und Differenzierung möglich ist« (Wachtel, 1973b, S. 329).

Trotzdem gibt es auch in Situationen, zu denen es im Bereich subjektiver, affektiver Phänomene kommt, eine gewisse Variabilität, die sehr wichtig ist. Es geht um den seltenen Fall, daß ein Mensch *niemals* Ärger zum Ausdruck bringt oder *niemals* irgend jemandem in nennenswertem Maße nahekommen kann. Die etwas nachlässigen (und viel zu häufigen) klinischen Beschreibungen, die diesen Fall implizieren, widerspiegeln vor allem das ausschließliche Interesse des Klinikers an bestimmten Fragen, denen entscheidende Bedeutung für den Patienten beigemessen wird. Solch eine Beschreibung suggeriert beispielsweise — verkürzt wiedergegeben —, daß die Person mehr als die meisten Menschen in vielen verschiedenen Situationen gehemmt sei, Gefühle mitzuteilen und Liebe oder Abhängigkeit entstehen zu lassen, daß ihre Reaktionsbereitschaft generell verstümmelt oder verzerrt sei und so fort. Doch innerhalb dieses eingeengten Bereiches gibt es immer noch Umstände, in denen ihre Schwierigkeiten mehr oder weniger deutlich zutage treten, gibt es bestimmte Menschen, mit denen der Patient mehr oder weniger gut zurecht kommt. Die Variationen können durchaus komplex sein und durch konkurrierende oder interagierende Gradienten vermittelt sein, wozu insbesondere durch Angstvermeidung motivierte Verzerrungen und Umorganisationen von Erfahrung gehören. Wenn man diese Variabilität versteht, ist eine weit bessere Ausgangsbasis für Interventionen gegeben. Selbst wenn eine Dynamik erkannt wird, die für eine Vielfalt von Situationen gilt, ist es für die therapeutische Wirksamkeit von größter Bedeutung, daß artikuliert und verstanden wird, in welcher Beziehung diese Dynamik zu den im Leben des Patienten tatsächlich vorkommenden Ereignissen steht.

Wie oben erwähnt, neigen dynamische Therapeuten dazu, sich vor allem mit den (manifesten und erschlossenen) Gedanken, Wünschen und Phantasien des Patienten zu beschäftigen sowie mit der Angst und dem Konflikt, die mit ihnen verknüpft sind. Im Gegensatz zu diesem Interesse an Erscheinungen, die (aus lerntheoretischer Sicht) als reaktionserzeugte Hinweis-Merkmale verstanden würden, gilt die Aufmerksamkeit der meisten Verhaltenstherapeuten Hinweisreizen der Umwelt oder einer Situation. Wolpe (1969) sagt dazu: »Das Thema oder der gemeinsame Kern einer Neurose ist gewöhnlich aus extrinsischen Stimulussituationen erwachsen, die den Patienten beunruhigt haben — etwa Spinnen oder Kritik; *doch manchmal* besteht der Kern in reaktionserzeugten Stimuli« (S. 107; Hervorhebung von P. L. W.). Es gibt also eine gewisse Überschneidung. Verhaltenstherapeuten weisen nicht *grundsätzlich* die mögliche Bedeutung von reaktionserzeugten Hinweisreizen zurück, und moderne dynamische Therapeuten sind sich der Notwendigkeit bewußt, daß es die Reaktionen des Patienten auf Umweltereignisse ebenso zu berücksichtigen gilt wie seine Wünsche und Gedanken. Aber die Akzente werden natürlich unterschiedlich gesetzt, es wird in unterschiedlichen Richtungen gefragt und es werden unterschiedliche Hypothesen überprüft.
Die Vorliebe von Verhaltenstherapeuten für äußere Stimuli, die etwa Angst auslösen, ist nicht schwer zu verstehen. Die verhaltenstherapeutische Richtung in der Psychotherapie hat ihren Ursprung in einer Tradition, die darauf Wert legt, nur mit Ereignissen umzugehen, die sich unmittelbar beobachten lassen. Verhaltenstherapeuten begegnen den Schlußfolgerungen mit Mißtrauen, da sie sich häufig kaum vernünftig belegen lassen, besonders wenn man von den traditionellen Beweisregeln der akademischen Psychologie ausgeht. Obgleich das Konzept der reaktionserzeugten Hinweisreize innere Vorgänge allmählich in das Gesichtsfeld von S-R-Theoretikern bringt, ist es dennoch viel leichter und bequemer für S-R-Psychologen, sich an unmittelbar zu beobachtende Reaktionen auf unmittelbar zu beobachtende Ereignisse zu halten.
Die Hypothese, die Angst des Patienten sei auf Hinweisreize zurückzuführen, welche mit irgendeiner inneren Strebung oder Phantasie verknüpft seien, verlangten zu ihrer Bestätigung ein komplexeres Netz von Beobachtungen und Schlußfolgerungen als Hypothesen, die diese Angst beispielsweise auf die physische Distanz zu einer

Spinne oder auch auf den geänderten Wortlaut einer kritischen Bemerkung beziehen. So könnte man einfach den kritischen Gehalt im Kommentar eines Sprechers variieren, die anschließende physiologische Reaktion des Patienten messen und damit immer schön im »objektiven« Rahmen bleiben, der für die führenden Vertreter in der Verhaltenstherapie die größte ideologische Anziehungskraft besitzt. Doch sobald man sich auf die Hypothese einläßt, die Angst lasse sich am besten beschreiben als, sagen wir, eine Funktion der Versuchung des Patienten, auf die Kritik in feindseliger Weise zu antworten, dann läßt sich das einfache, auf Experimenten beruhende Modell nicht mehr unverändert anwenden. Abgesehen von der Frage, ob das »objektive« physiologische Maß die Angst des Patienten angemessen wiedergibt (eine komplexe Schwierigkeit bei *jeder* Formulierung, die vom Angstkonzept ausgeht), gibt es das Problem, daß die »unabhängige Variable« vom Versuchsleiter oder klinischen Diagnostiker nicht wirklich unabhängig verändert werden kann. Wenn der Patient aufgefordert wird, sich verschiedene Handlungsweisen vorzustellen, und wenn dann seine Angst gemessen wird, ist das — wie wir in einem anderen Zusammenhang noch genauer sehen werden — ganz und gar nicht das gleiche, wie wenn in einem »objektiven« Experiment unterschiedliche Stimuli dargeboten werden. Wenn der verhaltensorientierte Kliniker im klinischen Kontext reaktionserzeugte Hinweis-Merkmale berücksichtigt, sieht auch er sich der Mehrdeutigkeit von Schlußfolgerungen und der Verifizierung von Theorien gegenüber, die er in den Formulierungen seiner dynamisch orientierten Kollegen abgelehnt hat.

Aus zwei Gründen glaube ich jedoch, daß Verhaltenstherapeuten einen Fehler begehen, wenn sie versuchen, ihre wissenschaftliche Jungfräulichkeit dadurch zu bewahren, daß sie sich nicht mit den von ihnen als unbekannte Größen eingestuften Konstrukten der Psychoanalyse einlassen. Erstens scheinen sich die Beobachtungen, die sich dem Kliniker präsentieren, häufig am ehesten als die Furcht des Patienten verstehen zu lassen, die er vor seinen eigenen Tendenzen empfindet. Die verhaltenstherapeutische Literatur, die mit Studien von Schlangenphobien und Diskussionen von Labormodellen der Konditionierung überfrachtet ist, erweckt häufig den Eindruck, als ob die angstauslösenden Hinweisreize weitgehend durch zufällige Paarung zustandekämen und als ob die Ängste der Patienten im wesentlichen von ihrer Beziehung zu anderen unabhängig seien. Davison und Neale (1974) stellen jedoch fest, daß für die Auffassung, menschliche Ängste beruhten auf zufälliger Konditionierung, wenig verläßliche Beweise erbracht werden können. Außerdem werden sich erfahrene verhaltensorientierte Kliniker zunehmend bewußt, daß in den Problemen ihrer Patienten interpersonale Faktoren eine zentrale Rolle spielen (z. B. Lazarus, 1971; Fodor, 1974). Die Auffassung dieser Therapeuten nähert sich weitgehend dem Standpunkt jener psychodynamischen Theoretiker an, die in ihren Formulierungen charakterologische Faktoren betonen.

Als die komplexen Ängste und Schwierigkeiten klinischer Populationen angegangen wurden, hatten Verhaltenstherapeuten wenig Erfolg mit ihrem Versuch, die vertrauten methodologischen und erkenntnistheoretischen Auffassungen dadurch zu bewahren, daß sie eben einfach Formulierungen auswichen, die uneingestandene Strebungen oder Phantasien betonen. Wenn sich Schlußfolgerungen möglicherweise auch (vielleicht auf Kosten der Genauigkeit) bis zu einem gewissen Grade vermeiden lassen, indem man Reaktionen auf externe Ereignisse ins Blickfeld rückt, ist die Entfernung von den ursprünglichen Labormodellen und Genauigkeitsstandards trotzdem erheblich. Ob es dem Verhaltenstherapeuten gefällt oder nicht: Wenn er vor den Daten, mit denen er zu tun hat, und vor dem, was er tatsächlich tut, die Augen nicht verschließt, dann muß er einsehen, daß ihm nichts anderes übrigbleibt, als in die trüben Wasser klinischer Schlußfolgerungen zu steigen. Hören wir beispielsweise in der folgenden Beschreibung, wie der Verhaltenstherapeut die Angstquellen in seinem Patienten ausmacht: »In der gegenwärtigen Praxis beruht die Selektion von Angstquellen auf informell gesammelten Daten, auf Interviews, Fallgeschichten und verschiedenen Persönlichkeitstests, die ursprünglich meist für ganz andere Zwecke entwickelt worden sind. Obgleich keine Reliabilitätstests durchgeführt worden sind — wobei verschiedene Therapeuten aus den gleichen Protokollen auswählen, was sie für die entscheidenden Angstquellen halten —, wäre es nicht überraschend, wenn man auf wenig Konsens stieße, besonders in Fällen mit multiplen Problemen ... [D]ie Anwendbarkeit der Desensibilisierungsbehandlung hängt in erster Linie von der Findigkeit der Therapeuten ab, die sie bei der Identifikation von Angstquellen entwickeln, besonders wenn die entscheidenden Stimuluseigenschaften verborgen sind. Diese Aufgabe wird dadurch erschwert, daß es keine objektiven Kriterien zur Bestimmung der angemessenen Behandlungselemente gibt. Nehmen wir beispielsweise eine agoraphobe Frau, die nicht in der Lage ist, sich aus dem Haus zu wagen. Soll man sie durch immer weiter vom Haus wegführende angstauslösende Ausflüge desensibilisieren? Man könnte ja auch vorbringen, daß ihr phobisches Verhalten aus einer krankhaften Angst vor sexuellen Begegnungen erwächst, aus der Sorge, im Stich gelassen und der Menge hilflos ausgeliefert zu werden, oder daß es irgendwelche anderen Quellen hat, und daß die Behandlung deshalb diese Inhalte in den Vordergrund stellen müsse.«

Diese Beschreibung stammt nicht von einem verärgerten Psychoanalytiker, der die Verhaltenstherapeuten in die Schranken weist, sondern von einem überzeugten Vertreter der Verhaltenstherapie und heftigen Kritiker der Psychoanalyse — von Albert Bandura (1969, S. 462, 464 f.). Bandura scheint sich jedoch in seiner Haut nicht wohlzufühlen, wenn er eingesteht, daß die Psychoanalyse nicht der einzige Ansatz sei, der mit der Unzuverlässigkeit klinischer Formulierungen und der Vielschichtigkeit klinischer Evidenz fertigwerden müsse. Trotz seiner differenzierten Beschreibung der gegenwärtigen Praxis systematischer Desensibilisierung und trotz seiner vielen wertvollen Ausführungen zu der wichtigen Rolle von Kognition, personenbezogener Interpretation von Ereignissen, subjektiven Bedeutungen und so fort, scheint er uns doch im Kreis herum- bzw. zu dem Versuch zurückzuführen, die Aufmerksamkeit in erster Linie auf extrinsische Angstquellen zu beschränken. So stellt er unmittelbar im Anschluß an die obige Bemerkung fest, daß psychodynamische Formulierungen ernsthaft durch Berichte erschüttert würden, die bezeugen, daß man Erfolg gehabt habe, als man systematische Desensibilisierung auf Vorstellungen von Schlangen durchgeführt habe, ohne daß man Phallusvorstellungen ins Spiel gebracht habe; als man Klaustrophobiker auf Vorstellungen von immer enger werdenden Räumen desensibilisiert habe, ohne mögliche Ängste davor, mit gefährlichen Impulsen alleingelassen zu sein, zu berücksichtigen; und als man Akrophobiker auf Vorstellungen von zunehmender Höhe desensibilisiert habe, ohne Ängste vor einem Fall der Selbstachtung mit einzubeziehen. Wenn er darauf hinweist, daß es »höchst instruktiv« wäre, die Wirksamkeit unmittelbarer Desensibilisierung auf phobische Stimuli mit der Desensibilisierung auf »hypothetische innere Bedrohungen« zu vergleichen, läßt er den Leser kaum darüber im Zweifel, wie nach seiner Meinung dieser Vergleich ausgehen dürfte. Tatsächlich aber weisen die Beobachtungen, die bislang vorliegen, ganz und gar nicht so eindeutig in die Richtung, die Bandura gemeinsam mit vielen anderen antipsychoanalytischen[3] Verhaltensthe-

---

[3]Vielerorts ruft Bandura dazu auf, den fruchtlosen Parteienstreit zwischen Vertretern der »Verhaltenstherapie« und der »Psychotherapie« zu beenden, und er fordert, man

rapeuten bevorzugt. Erstens muß darauf hingewiesen werden, daß Bandura sich zwar auf »Laboruntersuchungen« beruft, die angeblich genügend Evidenz für die oben zitierten therapeutischen Erfolge mit Klaustrophobikern und Akrophobikern bringen, daß aber die einzige Studie, die er in dieser Hinsicht anführt (nämlich Lazarus, 1961), kaum das ist, was der Terminus »Laboruntersuchung« anzudeuten scheint. Lazarus' Untersuchung war eine interessante exploratorische klinische Studie. So wurde sie auch von ihrem Autor verstanden. In ihr wurde ein Verfahren zur Desensibilisierung einer Gruppe mit einer interpretativen Gruppentherapie verglichen, wobei die Phobiker der ersten Gruppe weit größere Verbesserungen aufwiesen. *Beide Verfahren wurden jedoch von demselben Therapeuten durchgeführt, von dem Autor des Artikels nämlich.* Die Schwierigkeiten, eindeutige Schlußfolgerungen aus einem Bericht zu ziehen, in dem die Möglichkeit von Voreingenommenheit beim Versuchsleiter sich so aufdrängt und nicht im geringsten abzuwägen ist, liegen auf der Hand. Der Beweiswert eines solchen Berichtes unterscheidet sich nicht wesentlich von dem einer Reihe von Fallberichten. Deshalb dürfte es interessant sein, eine Reihe von Fallberichten anzuführen, in denen die »hypothetischen inneren Bedrohungen«, für die Bandura nur Spott übrig hat, offenbar von entscheidender Bedeutung für die therapeutische Änderung sind. Von einer Reihe interessanter Fälle berichten Feather und Rhoads (1972). (Vgl. auch Rhoads und Feather, 1972). Ein Patient, der unter verschiedenen Symptomen litt, die ihm sehr zu schaffen machten, hatte neben anderen Problemen eine schwere Autophobie, die ihn seit zehn Jahren quälte und die es ihm jetzt unmöglich machte, Auto zu fahren. Bemühungen, ihn in herkömmlicher Weise zu desensibilisieren, indem man Vorstellungen verwendete, die als externe Stimuluseigenschaften definiert waren, erwiesen sich als erfolglos. Der Patient fürchtete, er könne Fußgänger anfahren — oder schon angefahren haben —, ohne es zu bemerken. Deshalb versuchte man es zuerst mit einer Hierarchie, in der die Zahl der Fußgänger und ihre Entfernung von der Straße, in der er fuhr, variiert wurde. Der niedrigste Item der Hierarchie war das Fahren auf einem leeren Parkplatz. Dieses Verfahren brachte aber wenig ein.

---

solle diese »schlecht definierten *Parteietiketten*« aufgeben. Vielleicht ließe sich ein noch größerer Erfolg erzielen, wenn wir uns weniger um parteiische *Etiketts* kümmerten und statt dessen bemüht wären, parteiische *Einstellungen* aufzugeben. Ich kann mir kaum vorstellen, daß irgendein Leser von Banduras Buch nicht der Meinung wäre, daß »antipsychoanalytisch« ein zutreffendes Etikett sei.

Dagegen stellte sich beträchtlicher Erfolg ein, als man den Patienten im Zustand der Entspannung aufforderte, sich vorzustellen, er überfahre jemanden *absichtlich.* Nachdem er sich in seiner Vorstellung an zahlreichen Szenen ergötzt hatte, in denen er immer scheußlichere Aggressionshandlungen mit seinem Auto ausführte, nahm seine Angst deutlich ab. Er war in der Lage, am Steuer seines Wagens eine Reihe abgestufter Aufgaben zu absolvieren, die nach zwei Wochen dazu führten, daß er überall in der Stadt und schließlich sogar quer durch den Staat fahren konnte.

Ebenso versuchte man, beim selben Patienten eine Schreibangst zuerst mit herkömmlicher Desensibilisierung zu behandeln. Feather und Rhoads berichten, daß sie anfangs »wenig Erfolg hatten, als eine konventionelle Hierarchie verwendet wurde, bis sich herausstellte, daß sich seine Phantasien unvermeidlich mit der Enthüllung geheimer Information beschäftigte. Er wurde daraufhin aufgefordert, sich vorzustellen, er verrate *absichtlich* alle Geheimnisse seiner Firma, indem er den Inhalt aller Aktenschränke auf die Straße kippe. Daraufhin zeigte sich eine fast augenblickliche Besserung seiner Schreibphobie, und er wurde angewiesen, zumindest sechs Seiten pro Tag zu schreiben, was er ohne große Schwierigkeiten tat« (Feather und Rhoads, 1972, S. 505). Natürlich läßt sich aus einem unkontrollierten Fallbericht nicht mit irgendeinem Grad von Sicherheit schließen, warum dieser Patient bei herkömmlichen Hierarchien keine Verbesserung erlebte, bei der Vorstellung absichtlicher feindseliger Handlungen jedoch eine Besserung eintrat. Mit dem gleichen Recht, mit dem sich Einwände gegen die Untersuchung von Lazarus erheben lassen, kann auch hier behauptet werden, daß die *falsche* Hierarchie externer Stimuluseigenschaften verwendet wurde, daß der Therapeut eine voreingenommene Erwartung vermittelt habe, derzufolge das eine Verfahren funktionieren würde, das andere jedoch nicht, und so weiter. Trotzdem gibt es in diesem Fallbericht von Feather und Rhoads viele Details, die darauf schließen lassen, daß konfliktträchtigen, feindseligen und destruktiven Antrieben in dem Komplex von Schwierigkeiten, mit denen dieser Mann zu tun hatte, eine zentrale Rolle zufiel. Er mußte sich große Mühe geben, diese Antriebe zu vermeiden und nicht anzuerkennen. Und wie in anderen Fällen, über die diese beiden Autoren berichten, kam es zu einer dramatischen therapeutischen Änderung, als sich die therapeutischen Bemühungen auf die konfliktträchtigen Wünsche und Phantasien richteten.

Feather und Rhoads verteidigen in ihrem Bericht nicht einfach die herkömmliche psychoanalytische Auffassung von Neurose und Therapie gegen die behavioristischen Eindringlinge. Gewiß steht ihre Konzeption der Angstquelle in diesen und den anderen Fällen, von denen sie berichten, dem analytischen Modell näher als einem Modell zufälliger Konditionierung. Doch Feather und Rhoads halten nicht damit hinter dem Berg, daß dem Patienten in Jahren der Psychoanalyse nicht geholfen werden konnte, daß sich seine Schwierigkeiten möglicherweise sogar verschlimmert hatten. Von der Verhaltenstherapie übernehmen sie das Entspannungstraining und die spezifische Konzentration auf die Situation, die den Patienten beunruhigt. Sie unterscheiden sich von den meisten Verhaltenstherapeuten nur dadurch, daß sie die Ursachen für den störenden Charakter der Situation anders verstehen. Hierbei achten sie sorgfältig auf das Phantasieleben des Patienten sowie auf Anzeichen für abgewehrte Wünsche und für Abwehrversuche. Der Bericht über die Verfahren, die geholfen haben bzw. nicht geholfen haben, sowie die innere Schlüssigkeit und Kohärenz, die das Material gewinnt, wenn Feather und Rhoads den Symptomkomplex erklären, läßt es sinnvoll erscheinen, das Material in dieser Weise anzugehen.

Natürlich gibt es noch eine große Menge anderer klinischer Beobachtungen, die die Auffassung stützen, daß viele der Probleme, mit denen die klinische Praxis zu tun bekommt, mit Konflikt und Angst in bezug auf die Gefühle und Wünsche des Patienten eng zusammenhängen, und daß sich in der Regel die meisten beunruhigenden Tendenzen dem Bewußtsein des Patienten entziehen. Unserer Auffassung nach dürfte es zutreffender sein, wenn man sagt, daß diese Tendenzen unbewußt sind, weil sie beunruhigend sind, statt daß sie beunruhigend sind, weil sie unbewußt sind. Doch wir haben ja gesehen, daß die Kausalität wahrscheinlich in beide Richtungen wirkt (vgl. Kapitel 6, S. 122). Wichtiger für die Frage, wie sich die Ursachen der neurotischen Leiden des Patienten feststellen lassen, ist die einfache Überlegung, daß die Angstquelle um so schwieriger zu identifizieren ist, je mehr die Ängste und Vermeidungen des Patienten durch Signale von Verhaltenstendenzen hervorgerufen werden, die dem Patienten nicht bewußt sind. Deshalb scheinen jene klinischen Schlußfolgerungen notwendig, die Analytiker ziehen. Die Interventionen, die anhand solcher Schlußfolgerungen vorgenommen werden, müssen deshalb jedoch nicht auf die Maßnahmen beschränkt bleiben, zu denen Analytiker traditionellerweise gegriffen haben.

Eine der verwirrendsten und irreführendsten Fragen bei der Auseinandersetzung mit den unterschiedlichen Perspektiven des psychodynamischen und des verhaltensorientierten Ansatzes ist die Frage, ob »Symptome« oder aber deren »zugrundeliegende Ursachen« behandelt werden. Beide Seiten tragen an der Verwirrung Schuld. Die Verhaltenstherapie trägt zu der Verwirrung mit der manchmal zu hörenden Behauptung bei, daß das Symptom die Neurose »sei«. Eysenck (Eysenck und Beech, 1971) hat vorgebracht, seine ursprünglichen Bemerkungen zu dieser Frage (z. B. Eysenck, 1959) seien mißverstanden worden. Ob zu Recht oder zu Unrecht, Eysencks Äußerung wurde tatsächlich von einer großen Zahl dynamisch wie verhaltensorientierter Kliniker so verstanden, daß man jeden störenden Verhaltensausschnitt separat behandeln könne, ohne unbedingt danach fragen zu müssen, ob er Teil eines größeren Verhaltensmuster sei oder ob nicht unmittelbar manifeste Ängste oder Kognitionen zu seiner Aufrechterhaltung beitrügen. Dies schuf eine Atmosphäre, in der dynamisch orientierte Therapeuten Verhaltenstherapeuten leicht als klinisch naiv abtun konnten. Denn schließlich sahen jene in ihrer täglichen klinischen Arbeit unzählige Verbindungen zwischen scheinbar disparaten Aspekten der Lebensproblematik ihrer Patienten, dazu deutliche Hinweise auf Prozesse, die zwar nicht unmittelbar sichtbar waren — direkter Beobachtung überhaupt nur schwer zugänglich waren —, aber dennoch eine entscheidende Rolle in den manifesten Schwierigkeiten spielten, über die sich ihre Patienten beklagten.

Eine Zeitlang wurde Eysencks Äußerung auch zu einem beliebten Slogan von Verhaltenstherapeuten, der wahrscheinlich viele von ihnen daran hinderte, zugrundeliegende Variablen zu postulieren, um sich an der Psychoanalyse ja nicht die Hände schmutzig zu machen. Glücklicherweise hielt sich diese Einstellung nicht sehr lange. Kritische Verhaltenstherapeuten haben heute wenig Schwierigkeiten, die Probleme ihrer Patienten sowohl als Ausdruck zugrundeliegender Ursachen wie als offenkundige Stimulus-Reaktions-Verknüpfungen zu verstehen. Bandura (1969) meint beispielsweise: »Psychotherapeutische Verfahren der Psychodynamik wie der sozial-kognitiven Lerntheorie sind ... gleichermaßen bestrebt, die ›zugrundeliegenden‹ Determinanten devianter Reaktionsmuster zu modifizieren; doch unterscheiden sich diese Theorien häufig radikal in dem, was sie für die ›Ursachen‹ halten ...« (S. 49).

Im großen und ganzen stimme ich mit Bandura überein, obwohl ich

— wie in Kapitel 6 dargelegt — bezweifeln würde, daß die Theorien wirklich so radikal verschieden sind. In der gegenwärtigen Praxis jedoch können die Unterschiede zwischen den Vertretern der Psychodynamik und den verhaltensorientierten Therapeuten recht beträchtlich sein, wie dieses Kapitel deutlich machen soll. Banduras Behauptung, daß sie sich mit ganz unterschiedlichen Stimuli befassen, deckt sich mit meiner Auffassung, doch teile ich seine Meinung nicht, daß die Perspektive einer der beiden Gruppen (der dynamischen) fast immer falsch oder irrelevant sei.

Die Frage des Symptomersatzes

Die Frage nach zugrundeliegenden Ursachen ist vor allem deshalb zu einer so fruchtlosen Kontroverse ausgeartet, weil sie mit zwei anderen Fragen gekoppelt wurde, die — wenn ihnen auch eine gewisse Bedeutung innewohnt — ebenfalls zu Verwirrung und unnützen Wortgefechten beigetragen haben. Eine dieser Fragen ist die des Symptomersatzes. Von verhaltensorientierten Autoren wird häufig vorgebracht, psychodynamische Therorien würden durch den Umstand sehr in Zweifel gezogen, daß keine neuen Symptome aufträten, wenn ein bestimmtes Symptom in der Verhaltenstherapie mit Erfolg behandelt worden sei. Diese Autoren haben nach meiner Meinung insofern Recht, als dynamisch orientierte Therapeuten bei den ersten Berichten von verhaltenstherapeutisch ausgerichteten Behandlungen glaubten, auf diese Behandlungen müßte sich nun Symptomersatz einstellen (obschon es — wie in Kapitel 6 erwähnt — überraschend ist, wie selten diese Frage in der psychoanalytischen Literatur aufgegriffen wird). Sie haben jedoch nicht recht, wenn sie meinen, diese Ergebnisse widersprächen den Grundannahmen psychoanalytischen Denkens tatsächlich. Die Erwartung, es werde zu Symptomersatz kommen, hatte ihren Grund tatsächlich darin, daß die Psychodynamiker mißverstanden, wie Verhaltenstherapie wirklich funktioniert. Sie schenkten dem Gerede »Symptome sind die Neurose« zuviel Aufmerksamkeit und achteten nicht genug auf das, was wirklich geschah. Wie ich später noch ausführlich erörtern werde, nehmen Verfahren wie die systematische Desensibilisierung Symptome nicht einfach »weg«. Sie versetzen den Patienten vielmehr in die Lage, sich Angstquellen auszusetzen, die er vorher vermieden hat. Selbst wenn man davon ausgeht, daß die manifesten angstauslösenden Hinweisreize in einer symbolischen Beziehung zu unbewußten Wünschen und Phantasien stehen, kann man erwarten, daß die Darbietung von Hinweis-

reizen, die assoziativ mit solchen Wünschen und Phantasien verknüpft sind — und die, zuvor ängstlich vermieden, jetzt ohne nachteilige Konsequenzen erlebt werden —, zur Auslöschung mindestens eines Teils der Angst beiträgt, die mit eben diesen Phantasien und Wünschen assoziiert ist. (Vgl. Dollard und Miller, 1950; Weitzman, 1967; und spätere Kapitel dieses Buches.)
Wichtig ist es auch festzustellen, daß Symptomersatz — Symptomrekurrenz sogar noch häufiger (Lazarus, 1971) — in verhaltensorientierten Behandlungen durchaus vorkommt (Montgomery und Crowder, 1972). Wenn Bandura jene Formen von Behandlung analysiert, die mit größter Wahrscheinlichkeit dazu führen, daß andere Arten fehlangepaßten Verhaltens zunehmen, dann decken sich seine Ausführungen fast vollständig mit dem, was psychodynamische Theoretiker dazu zu sagen hätten — wenn sie es auch anders ausdrücken würden (1969, S. 48 ff.). Wenn beispielsweise Versuche gemacht werden, unerwünschtes Abwehrverhalten zu unterdrücken, ohne die Ängste anzusprechen, die es hervorgerufen haben, oder wenn auf fehlangepaßte Interaktionsmuster mit Bestrafung reagiert wird, ohne daß der Person geholfen wird, mit den Ereignissen ihres Lebens auf adaptivere Weise fertigzuwerden, dann ist die Wahrscheinlichkeit groß, daß andere problematische Verhaltensweisen an Bedeutung gewinnen. Ob man sich nun der Suggestion, der Bestrafung oder der Auslöschung bedient — Behandlungsmethoden, deren Ziel es ist, Symptome zu beseitigen, ohne ihre Grundlage zu verstehen, werden wahrscheinlich nicht ohne Komplikation bleiben.

Die Frage des »medizinischen Modells«

Eine zweite irreführende Kernfrage, die mit der der »zugrundeliegenden Ursache« verknüpft war, ist die des »medizinischen« oder »Krankheits«-Modells. Psychodynamische Theorien werden von verhaltensorientierten Autoren häufig unter diesem Blickwinkel erörtert, und ohne Schwierigkeit läßt sich erkennen, worauf diese Charakterisierung beruht. Der Begründer der Psychoanalyse war ja in der Tat Arzt, und obgleich Freud (1926b) zugegeben hat, daß es sich nicht um eine Disziplin handle, für die die medizinische Ausbildung unbedingt die geeignetste sei, wurde die Psychoanalyse auch weiterhin vom medizinischen Berufsstand beherrscht, besonders in den Vereinigten Staaten. Diese Vorherrschaft hat jedoch keine rationalen Gründe und beruht auch nicht auf irgendeiner engen Verbindung zwischen psychoanalytischen Methoden und Konzepten und jenen der Medizin. Vielmehr handelt es sich um ein soziologisches oder ökonomisches Phänomen. Eine Gruppe, die aufgrund bestimmter historischer Bedingungen eine Machtposition innehatte, strebte danach, diese Position zu wahren.

Das psychoanalytische Denken ist im Laufe seiner Entwicklung immer schöpferisch beeinflußt worden von Menschen, die nicht den Initiationsriten der medizinischen Fakultät unterzogen wurden. Anna Freud und Erik H. Erikson sind die vielleicht auffälligsten Beispiele, die einem in den Sinn kommen. Doch der kundige Leser wird vielleicht noch von vielen anderen Wissenschaftlern wissen, die nicht von der Medizin herkommen und die das heutige Denken psychodynamisch orientierter Theoretiker und Therapeuten ebenfalls entscheidend mit geprägt haben.

Sicherlich gibt es eine oberflächliche Ähnlichkeit zwischen den Begriffen, die von dynamischen Therapeuten, und denen, die von Medizinern verwendet werden. Doch ist diese Analogie so schwach, daß eigentlich erst einmal das Phänomen erklärt werden müßte, warum Leute, die sich in anderer Hinsicht als so ausgeprägt kritische und analytische Geister erweisen, auch weiterhin auf ihr herumreiten. Es gab einmal eine Zeit, da »Symptome« wirklich als Anzeichen für Krankheitsprozesse angesehen wurden, und das Bemühen, sie zu »diagnostizieren«, sinnvoll erschien. Doch Freud selbst entwickelte die entscheidende Alternative zu dieser Auffassung, wenn auch seine Sprache in gewisser Weise weiterhin widerspiegelte, aus welcher Ecke er kam und wie er sich seinen Lebensunterhalt verdiente. Wenn der Ausdruck »Symptom« noch immer verwendet wird, so mag dies eine schlechte Wortwahl sein, doch sobald man den dynamisch ausgerichteten Denkern für nachlässigen Sprachgebrauch einmal auf die Finger geschlagen hat,[4] wäre es doch nützlich, auf das zu sehen, was sie tatsächlich *tun*. So wie das Symptomkonzept in der Psychodynamik heute verwendet wird, impliziert es in keiner Weise eine »Krankheit«. Der Terminus bezeichnet Verhaltensweisen, von deren funktionalen Determinanten man annimmt, sie umfaßten verschiedene Aspekte der Person als kontinuierliches psychisches System. Man nimmt deshalb an, eine Änderung dieser Verhaltensweisen verlange eine Änderung im System und nicht bloß eine Änderung der

[4] Daß ich überall in diesem Buche den Ausdruck »Patient« verwende, mag in diesem Zusammenhang kritisiert werden. Wahrscheinlich ist der Ausdruck unangemessen, doch da ich mit ihm großgeworden bin, wollte mir der Ausdruck »Klient« nie so recht über die Lippen.

unmittelbaren Stimulusbedingungen. Dies ist kein medizinisches Modell, es ist ein psychologisches.

In gewisser Weise gehen *alle* psychologischen Theorien von solchen »Symptomannahmen« aus, wie das obige Zitat von Bandura zeigt. Selbst der radikalste Behaviorist Skinnerscher Prägung wird manchmal nicht ohne sie auskommen, zumindest insofern jedes Verhalten als Funktion von Merkmalen verstanden werden muß, die dem Organismus zugewachsen sind, und nicht bloß als Funktion der externen Stimulusbedingungen. So erörtern beispielsweise Seligman und Johnston (1973) die Behandlung des Vermeidungsverhaltens, wie sie von Autoren der Skinnerschen Richtung versucht werden. Sie stellen fest, daß solche Autoren jeden Hinweis auf das, was innerhalb des Organismus vorgeht, zu vermeiden suchen und daß es bei ihnen heißt, die Stimuli seien aversiv geworden, statt zu sagen, der Organismus habe Angst bekommen.

»Diese Theorien sprechen explizit nur davon, daß der *Stimulus* aversiv geworden sei. Doch ist offensichtlich, daß das Ziel sich verändert hat und nicht der Stimulus. Wir fühlen uns an einen geistreichen Scherz Mowrers erinnert. Wenn wir solche Theorien wörtlich nehmen — so sagt er —, können wir einen Stimulus nehmen, der bei der Konditionierung eines Tieres aversiv gemacht worden ist, und das Resultat dazu benutzen, um das Verhalten eines naiven Tiers zu bekräftigen« (S. 86 f.).

Die verschiedenen therapeutischen Ansätze gehen nicht in der Frage auseinander, ob zwischen »Symptomen« und »zugrundeliegenden Ursachen« zu unterscheiden sei (obwohl ihre jeweilige Terminologie in dieser Hinsicht verschieden sein mag), sondern darin, welches Maß an Änderung im Organismus nach ihrer Auffassung erforderlich ist, um einen besonderen Aspekt der Beschwerden des Patienten zu ändern. Wie wir bereits gesehen haben und wie noch zu sehen sein wird, nehmen Verhaltenstherapeuten in der Regel an, daß eine Änderung im Organismus weniger extensiv zu sein braucht, um irgendeinen bestimmten Aspekt des Verhaltens oder der Erfahrung zu ändern. Dynamische Therapeuten sehen mehr Verknüpfungen zwischen Ereignissen und behaupten eine komplexere Mediation. Doch wir haben gesehen, daß diese Unterscheidung eher quantitativer als qualitativer Natur ist und daß darüber hinaus die Unterschiede in hohem Maße auf die Beschäftigung mit verschiedenen Erscheinungen zurückgehen. Als Verhaltenstherapeuten sich in zunehmendem Maße jenen Patienten und Phänomenen zuwandten, mit denen dynamisch orientierte Therapeuten zu tun haben, begannen auch ihre

Vermittlungskonzepte sich einander anzugleichen (vgl. Goldfried und Davison, 1976; Mahoney, 1974; Mischel, 1973a; Wachtel, 1973b).

Bevor wir diese Frage abschließen, sollten wir uns noch einem weiteren Aspekt zuwenden, der Verwirrung gestiftet hat in dem Streit um das »medizinische Modell«. In vielerlei Hinsicht ähnelt die für Verhaltenstherapeuten typische Arbeitsweise derjenigen von Ärzten weit mehr als die Vorgehensweise dynamischer Therapeuten. Der Verhaltenstherapeut versucht zunächst einmal festzustellen, was das Leiden des Patienten verursacht, um dann diesen Stand der Dinge mit Hilfe seiner technischen Fertigkeiten abzuändern. Er informiert den Patienten umfassend darüber, was seiner Meinung nach nicht in Ordnung ist, teilt ihm seine Absichten genau mit und weist ihn eingehend an, an welche therapeutischen Regeln er sich zu halten habe, damit Verbesserung eintritt. Der Dynamiker hingegen nimmt eine ganz andere Haltung gegenüber seinem Patienten ein. Er umgeht es nach Möglichkeit, irgendwelche Ratschläge zu erteilen oder irgend etwas vorzuschlagen. Häufig vermeidet er es ausdrücklich, die Rolle der Autorität oder des Experten zu spielen, und ist nur zur Deutung aller Anstrengungen bereit, die der Patient unternimmt, um sich selbst zu präsentieren, damit an ihm wie an einem Körper auf dem Operationstisch gearbeitet werden kann. In gewissem Sinne läßt sich seine therapeutische Aktivität durch die Vielfalt von Maßnahmen beschreiben, die er ergreift, um *nicht* in die herkömmliche Rolle des Arztes mit all ihren Implikationen zu verfallen.

Normative und nicht-normative Annahmen über die Motive und Gefühle von Patienten

Ich bin bereits auf einen Grund zu sprechen gekommen, der die Präferenz von Verhaltenstherapeuten für extrinsische Angstquellen erklärt: die (zumindest scheinbare) Ähnlichkeit mit Labormodellen, die dieser Fokus liefert. Einen zweiten Grund für diese Präferenz habe ich den letzten Jahren erkannt, als ich zahlreiche Verhaltenstherapeuten bei ihrer Arbeit beobachtet habe. Es handelt sich um eine Tendenz, die das therapeutische Verfahren entscheidend beeinflussen kann: Verhaltenstherapeuten schienen mir weit eher als dynamische Therapeuten geneigt, normative Annahmen über die Wünsche und Gefühle des Patienten zu machen. Das heißt, sie nehmen die Beschreibung, die der Patient von seinen Zielen und von seinen Reaktionen auf Ereignisse gibt, weitgehend für bare Münze. Deshalb sind sie viel eher geneigt, die Situation des Patienten so aufzufassen, als sei er an einem ganz aufrichtigen Bemühen um konventionelle und sozial akzeptierte Ziele gehindert. Dynamische Therapeuten tendieren dagegen bei ihren Patienten sehr viel mehr zu der Annahme, sie befänden sich in einem Konflikt und wollten nicht nur die akzeptierten Dinge, über die sie zuerst sprechen, sondern insgeheim auch eine Vielzahl häufig abwegiger, mit den artikulierten Wünschen unverträglicher und/oder »nicht-akzeptabler« Dinge.

Diese unterschiedliche Tendenz spiegelt den bekannten Unterschied in der Auffassung dynamisch und verhaltensorientierter Therapeuten hinsichtlich unbewußter Motivationen wider. In gewissem Sinne kann man sagen, daß der dynamische Therapeut sich bei der Beurteilung der vorherrschenden Motive und affektiven Reaktionen des Patienten behavioristischer verhält als die meisten Verhaltenstherapeuten. Diese vermeiden es ängstlich, von unbewußten Motiven zu sprechen, und akzeptieren deshalb häufig die Gefühle und Ziele des Patienten so, wie dieser sie beschreibt. Dynamische Therapeuten hingegen erschließen Motive oft aus der Beobachtung gewisser beständig auftretender Verhaltensweisen des Patienten, ob der Patient dieses Motiv nun eingesteht oder nicht. Das verträgt sich durchaus mit der Behauptung Mischels (1968), daß »es keine überzeugende Evidenz dafür gibt, daß unbewußte Prozesse eine wichtige Rolle beim Lernen, bei der Diskrimination und Ausführung spielen«. Er meint weiter, es sei »ungerechtfertigt, an der psychodynamischen Überzeugung festzuhalten, Menschen mit Problemen könnten keine angemessenen Entscheidungen in bezug auf die von ihnen angestrebten Ziele treffen, wenn ihnen klinische ›Experten‹ nicht dabei durch die Deutung ihrer unbewußten Prozesse helfen würden« (S. 271).

Nicht nur die Ziele, sondern auch andere Aspekte scheinen Verhaltenstherapeuten wörtlicher zu nehmen als dynamisch orientierte Therapeuten. Beispielsweise beschreibt Wolpe (1958) einen Patienten mit hysterischer Paresie, die ihn an seiner Arbeit hinderte. Nach einem einzigen Interview kommt er zu dem Schluß, daß die »Geschichte des Patienten *nichts von Bedeutung offenbarte.* Er berichtete, daß ihm seine Arbeit Spaß mache, daß er glücklich verheiratet sei und *daß es keine Umstände in seinem Leben gebe, die er als unerfreulich empfinde«* (S. 190; Hervorhebung von P. L. W.). Es gibt in Wolpes Bericht keinen Hinweis auf jene Skepsis, mit der fast jeder dynamische Therapeut einen solchen Patientenbericht aufnehmen würde, noch gibt es in seiner Beschreibung vom Therapieverlauf irgendein Anzeichen dafür, daß diese Frage erneut betrachtet worden wäre.

Der folgende Fall, dessen Behandlung ich hinter einem Einwegspiegel verfolgen konnte, ist ein schönes Beispiel für die größere Bereitschaft von Verhaltenstherapeuten, normative Annahmen über die Wünsche und Gefühle ihrer Patienten zu machen. Wie dieser Fall weiter zeigt, geht dies auf die Tatsache zurück, daß der Fortdauer früher Verhaltens- und Wahrnehmungsmuster weniger Aufmerksamkeit geschenkt wird und daß die Kohärenz, die in den klinischen Daten aufgrund eines solchen Schwerpunkts zutage tritt, weniger beachtet wird. Der Fall scheint mir für unsere Zwecke außerordentlich geeignet zu sein, weil ich einerseits Gelegenheit hatte, die Behandlung unmittelbar zu beobachten, und weil der Therapeut andererseits durchaus nicht oberflächlich war — weder war er unerfahren noch hing er irgendeiner radikalen S-R-Auffassung an. Er erfreute sich vielmehr großen Ansehens und vertrat die klinisch differenzierteste und ideologiefreiste Richtung der Vehaltenstherapie. Natürlich ist jedes Beispiel dieser Art an die Besonderheiten der Interaktion zwischen einem bestimmten Patienten und einem bestimmten Therapeuten (und einem bestimmten beckmesserischen Autor) gebunden, doch hat das Beispiel den Vorteil, daß es sich mit einer Form von Verhaltenstherapie befaßt, wie sie von einem ihrer differenziertesten und fähigsten Vertreter praktiziert wird. Die vom Patienten vorgebrachten Beschwerden waren Schüchternheit und Probleme in sexuellen Beziehungen zu Frauen. Er berichtete, daß er wenig sexuelles Verlangen empfinde, aber das Gefühl habe, er »sollte« solches Verlangen haben. Er meinte, es müsse etwas mit ihm nicht stimmen, da dies nicht so sei. Der Fall wurde vom Therapeuten in erster Linie als Angst vor Unzulänglichkeit begriffen. Er ging von der Hypothese aus, daß der Patient in der frühen Adoleszenz nicht die geeigneten Techniken erlernt habe, um Frauen unbefangen gegenüberzutreten, mit ihnen zu sprechen, sich ihnen anzunähern und so fort, und daß dieser Mangel an erworbenen Fertigkeiten sich auf vielfältige Weise auswirke. Erstens habe er Angst in der Gegenwart von Frauen, so daß er dazu neige, Kontakten mit ihnen überhaupt aus dem Wege zu gehen. Dadurch fehle es ihm an Gelegenheiten, in der Gegenwart zu lernen, was er früher nicht gelernt habe. Außerdem mache ihn seine Angst bei den seltenen Anlässen, da er sich einer Frau nähere, linkisch und zurückhaltend, so daß diese Treffen in der Regel erfolglos verliefen. Dies verstärke seine Angst noch weiter und so werde der Teufelskreis aufrechterhalten.

Entsprechend dieser Sicht der Dinge richtete sich das therapeutische Bemühen darauf, die Ängste des Patienten vor heterosexuellen Begegnungen abzubauen und Fertigkeiten zur Interaktion mit Frauen zu entwickeln. Dem Patienten wurde vorgeschlagen, bestimmte Bücher zu lesen, die nach Meinung des Therapeuten eine rationalere und gelassenere Auffassung von sexueller Moral und sexuellen Beziehungen enthielten, als der Patient sie derzeit hegte. Zusätzlich wurde Modellierung und Rollenspiel verwendet, außerdem wurden direkte Vorschläge gemacht, wie bestimmte Situationen zu behandeln seien. Einmal wurde eine attraktive graduierte Studentin an der Sitzung beteiligt, die als Kotherapeutin dem Patienten Gelegenheit geben sollte, im Rollenspiel mit einer Frau in einem realistischen Kontext zu sprechen. Sie sollte rückmelden, wie verschiedene Anstrengungen, die er unternahm, von einer Frau wahrgenommen wurden.

Wie dem Leser bis jetzt (und im Fortgang noch deutlicher) klargeworden sein dürfte, habe ich wenig gegen diese Art des therapeutischen Herangehens an einen Fall einzuwenden. Im Unterschied zu vielen dynamisch ausgebildeten Therapeuten geht es mir nicht gegen den Strich, einen Patienten zur Lektüre eines Buches aufzufordern oder eine Frau in die Therapie einzuführen, mit der er soziale Fertigkeiten einüben kann (obgleich ich natürlich darauf achten würde, daß dies beispielsweise zur rechten Zeit geschieht oder im richtigen Fall und daß die Tragweite dieses Schrittes für den Patienten in vollem Umfange berücksichtigt wird [vgl. Silverman, 1974]). Ich habe diesen Fall vielmehr gewählt, damit der Vergleich zwischen den Schlußfolgerungen und Formulierungen leichter wird, zu denen einerseits dynamisch orientierte und andererseits verhaltensorientierte Kliniker gelangen, und um zu zeigen, wie die begrifflichen Werkzeuge und klinischen Richtlinien aus der psychodynamischen Tradition die Situation des Patienten zusätzlich erhellen — und zwar in einer Weise, die besonders geeignet ist, um die nicht-normativen Aspekte in den Gefühlen und Wünschen des Patienten zu enthüllen.

Der Kliniker steht vor einer Aufgabe, die große Ähnlichkeit mit einem Vexierbild-Test hat: auf den ersten Blick heben sich wichtige Dinge häufig nicht von ihrem Kontext ab. Die theoretische Perspektive, für die der Therapeut sich entscheidet, bestimmt, wonach er sucht und für welche Zusammenhänge er ein Auge hat. In dem Fall, von dem hier die Rede ist, sprangen mir viele Punkte, die in verschiedenen Zusammenhängen — manchmal ohne ausdrückliche Betonung — zur Sprache kamen, als Gestalt in die Augen. Als der Patient seine Geschichte erzählte, erwähnte er z. B., daß seine Mutter regelmäßig wegen psychotischer Depressionen hospitalisiert worden

sei. Bei einer anderen Gelegenheit sagte er so im Vorbeigehen (als er die Frage beantwortete, ob er über einen bestimmten Gegenstand mit seiner Mutter gesprochen habe): »Nein, man konnte nicht wirklich mit ihr reden. Das hätte sie deprimiert.« Mehrfach berichtete er von einem Mädchen, mit dem er offenbar eine intensivere heterosexuelle Beziehung hätte eingehen können als je zuvor bei anderen Gelegenheiten. Dabei sprach er davon, daß das Mädchen sehr viel von ihm erwarte. Wieder ein anderes Mal deutete er an, ihn störe an diesem Mädchen, daß sie gerne schmolle und niedergeschlagen wirke. Er habe das Gefühl, er müsse sie unterhalten, und er denke dann: »Was willst du von mir?« Angesichts dieser verschiedenen Beobachtungen entwickelte ich die vorläufige Hypothese, dieser Mann halte Frauen für hilfsbedürftig, unselbständig und anspruchsvoll. Es widerstrebe ihm, eine enge Beziehung zu einer Frau einzugehen, weil er glaube, er werde ihr helfen müssen, aber wenig Unterstützung dafür erwarten dürfen — wenn er ihr seine Sorgen und Bedürfnisse mitteilen würde, werde sie deprimiert werden und sich zu einer zusätzlichen Last für ihn entwickeln.
Solch einer klinischen Mutmaßung sollte man mit einer gewissen Vorsicht begegnen. Hätte man die wenigen Anhaltspunkte, welche die Vermutung nahelegten, als »Beweis« für sie gewertet, dann hätte man verfrüht etwas festgelegt, was nur Ansporn zu weiterer Exploration sein sollte. Aber diese verschiedenen Teile und Stücke schienen mir zusammenzuhängen, und meine Bereitschaft, Verbindungen zwischen vergangenen und gegenwärtigen Beziehungsmustern zu erkennen, hob bestimmte Merkmale im Bericht des Patienten hervor, obgleich er sie nicht sonderlich betont hatte. Beispielsweise erschien mir seine Äußerung, das Mädchen »erwarte« eine Menge von ihm, sehr auffällig, da sie von einem Mann kam, dessen Mutter deprimiert würde, wenn er ihr seine Gefühle mitteilte. Bei einem Patienten mit einer anderen Geschichte wäre das nicht so auffällig gewesen. Wäre es mein Fall gewesen, hätte ich sehr viel eingehender untersuchen wollen, wie er den Anspruch dieses Mädchens empfand und welche Phantasien er bei der Vorstellung einer engen Beziehung zu ihr hatte. Ich hätte mich mit der Frage beschäftigt, ob die eingestandene Unzulänglichkeit und Ungeschicklichkeit des Patienten nicht möglicherweise etwas komplizierter läge — nicht nur ein Anlaß zu Kummer sei, sondern auch ein Mittel, sich vor einer schlimmeren Furcht zu schützen: davor, in eine Beziehung zu einer gefährlich anspruchsvollen Frau verwickelt zu werden, die sich wie ein Blutegel an ihn hängen und ihm das Leben aussaugen würde. Stellte er sich unge-

schickt an, war die Wahrscheinlichkeit geringer, es mit einer Frau zu tun zu bekommen. Er hatte dann eine Entschuldigung dafür, daß er ihren Ansprüchen nicht genügen konnte, wenn sie ihn — wie in diesem Falle — verfolgte.[5]

Dem Verhaltenstherapeuten, der den Fall behandelte, fiel das Merkmalsmuster nicht auf, das mir evident schien. Dies hätte natürlich auch an zahlreichen besonderen Faktoren liegen können, die wenig mit unserer theoretischen Herkunft zu tun hatten. Solche Faktoren legen mit fest, was ein bestimmter Therapeut bei einem bestimmten Patienten entdeckt. (Es war — dies sei sofort hinzugefügt — keinesfalls auf den Umstand zurückzuführen, daß hier zwei unterschiedlich einsichtige Kliniker am Werke waren. Wie sehr ich auch sonst geneigt sein mag, einer solchen Auffassung zuzuneigen, bei diesem Therapeuten handelte es sich um einen Mann, der sich großer Achtung in Fachkreisen erfreute und dem auch ich große Achtung entgegenbrachte.) Mir scheint, daß unsere unterschiedlichen Auffassungen des Falles entscheidend von den normativen Annahmen bestimmt wurden, die Verhaltenstherapeuten machen. Er nahm an, der Patient wolle ohne Zweifel sexuelle Beziehungen zu Frauen aufnehmen, und er werde einfach durch seine Angst vor Unzulänglichkeit daran gehindert. Als deutlicher wurde, daß dem Patienten überhaupt nicht daran gelegen war, eine nähere Beziehung zu diesem Mädchen einzugehen, daß er im Gegenteil viele Einwände gegen sie hatte, vermutete der Therapeut, sie sei wahrscheinlich das falsche Mädchen für ihn. Er kam nicht auf den Gedanken, daß der Patient das Mädchen möglicherweise unzutreffend oder selektiv wahrnahm oder daß er eine Tendenz haben könnte, gerade solche Frauen auszuwählen.

Entscheidend ist hier nicht, daß der Patient unbedingt hätte einsehen müssen, daß eine Verbindung zwischen seinen Gefühlen gegenüber seiner deprimierten Mutter und seinen Gefühlen gegenüber Frauen

[5] Auch hier muß die Perspektive, die sich aus dem psychodynamischen Denken ergibt, mit der verhaltensorientierten Vorgehensweise nicht unbedingt unvereinbar sein. Man könnte durchaus fragen, warum er die Ansprüche einer Frau so fürchtete, daß er es vermied, ein sozial angemessenes Verhalten zu entwickeln, und man hätte trotzdem sehr gut Selbstbehauptungstraining in die Behandlung aufnehmen können, um ihn in die Lage zu versetzen, sich gegen die übermäßigen Ansprüche zu wehren, die manche Frauen möglicherweise an ihn stellen. Während des gesamten Therapieverlaufs können — wie große Teile dieses Buches zeigen werden — einsichtsorientierte Methoden und die Akzentuierung unbewußter Prozesse sehr gut mit aktiven Interventionsmethoden und der Akzentuierung beobachtbarer Handlungen zusammengehen.

in seinem gegenwärtigen Leben bestand.[6] Es geht vielmehr darum, daß die Behandlung ganz unabhängig von ihrer besonderen Form — ob nun interpretative oder verhaltensorientierte Interventionen (oder möglicherweise auch ein synergistischer Ansatz) im Mittelpunkt stehen — auf einer umfassenden und genauen Beurteilung der Strebungen des Patienten beruhen muß, wenn sie größtmögliche Wirkung erzielen will. Wichtige Hinweise darauf, wie therapeutisch zu verfahren ist, lassen sich gewinnen, wenn sich der Versuch, den Patienten zu verstehen, an der besonderen Verzerrung orientiert, die die Entwicklung seiner vorherrschenden Ziele und Interaktionsmuster durch seine Familie erlitten hat, und nicht an normativen Voraussetzungen, die auf gemeinsamen, bewußt geäußerten kulturellen Wertvorstellungen beruhen. Nachdem der Patient beispielsweise bei mehreren Verabredungen sein »unzulängliches« soziales Verhalten unter Beweis gestellt und seine Freundin damit aufgebracht und verärgert hatte, sagte der Therapeut zu ihm: »Ich nehme an, Sie wollten nett zu ihr sein«, und zeigte ihm dann Möglichkeiten, wie er die Situation besser hätte in den Griff bekommen können. Wenn der Patient jedoch auch Gefühle hegte, die in ihm ganz und gar nicht den Wunsch erweckten, nett zu ihr zu sein, dann bestand durchaus die Möglichkeit, daß diese Art der Kommunikation ihm die Situation noch erschreckender erscheinen ließ. Möglicherweise wurde dadurch auch die Wahrscheinlichkeit verringert, daß diese Gefühle sich zeigten, wodurch eine vollständige und genaue Verhaltensanalyse verhindert wurde. Ein andermal berichtete er von einem Mädchen, das

---

[6] Gewiß sind solche Einsichten nicht selten wichtig, um dem Patienten klarzumachen, womit er es zu tun hat, und um die Verbesserungen, die auf andere Weise erzielt worden sind, auszuweiten und zu sichern. Gelegentlich können sie sogar eine primäre Ursache für Veränderungen in den Gefühlen und Verhaltensweisen des Patienten sein. Diskriminationstraining wie kognitive Umstrukturierung sind von großer Wichtigkeit, um eine Änderung von Reaktionen auf bestimmte Ereignisse zu erzielen. Doch die Erkenntnis, daß es zwischen Vergangenheit und Gegenwart eine Verbindung gibt, ist nach meiner Auffassung in den meisten Fällen nicht die Hauptursache für eine Veränderung. Selbst wo es sich bei der Einsicht um eine »emotionale Einsicht« handelt, bleibt die neue Sichtweise in der Regel vorläufig und instabil, bis sie zum Gegenstand des Handelns gemacht und in konkreter Erfahrung erprobt worden ist. Und häufig kann solch ein erfahrungsmäßiges Umlernen sehr gut erfolgen, ohne daß Einsichten (besonders Einsichten in die Rolle der Vergangenheit) zuvor artikuliert wurden. Sie erfolgen häufig erst später und tragen zur Ausweitung und Sicherung des Lernens durch Erfahrung bei, das in der Gegenwart stattfindet (vgl. Alexander und French, 1946; Wolf, 1966).

Interesse an ihm gezeigt hatte, obgleich er sich keineswegs in einer Weise verhalten hatte, die man als herzlich oder charmant bezeichnen würde. Sie habe gesagt, er wolle ihr bloß nicht sagen, daß er keine Lust verspüre, mit ihr zu gehen. Ähnlich wie im Beispiel oben antwortete auch hier der Therapeut, offensichtlich seiner Sache ganz sicher, er verstehe, daß der Patient die Gefühle des Mädchens nicht habe verletzen wollen. Vielleicht war das so. Doch wenn die Ursachen in Wirklichkeit komplizierter lagen (beispielsweise in einem Konflikt zwischen dem *Wunsch,* sie zu verletzen, und den Phantasien, sie würde ihm in irgendeiner Weise Schaden zufügen, wenn er ihre Erwartungen nicht erfüllte, und so fort), dann konnte die Tatsache, daß der Therapeut sich dem konventionelleren Grund zuwandte, wiederum die Tendenz des Patienten verstärken, das gesamte Spektrum der Variablen, die die eigentlichen Triebkräfte waren, verborgen zu halten. Es schienen mir tatsächlich eine Reihe von Anzeichen dafür zu sprechen, daß dieser Patient sehr feindselige Wünsche gegenüber Frauen hegte. Einmal erzählte er beispielsweise, er habe sich mit diesem Mädchen verabredet, sich dann auch mit ihr getroffen und den ganzen Abend damit verbracht, mit einigen Freunden Poolbillard zu spielen, während sie in einer Ecke gesessen habe. Vordergründig lautet die Botschaft: »Seht her, wie ungeschickt ich bin. Ich weiß nicht, wie man sich bei einer Verabredung zu verhalten hat.« Doch das Grinsen, mit dem er von ihrer Verbannung in die Ecke berichtete, zeugte von einer ganz anderen Haltung.

Aus vielerlei Gründen ist es wichtig, solche feindseligen Gefühle zu erkennen. Einmal wird der Patient wahrscheinlich in dem Maße, wie diese Feindseligkeit für ihn ein wichtiges uneingestandenes Motiv ist, Handlungsweisen an den Tag legen, die die therapeutischen Anstrengungen auf »unerklärliche Weise« zunichte machen. Weder der Patient noch der Therapeut werden begreifen, warum das so ist, noch werden sie in der Lage sein, die Behandlungsstrategie entsprechend zu verändern.[7] Zum zweiten wird deutlich, sobald diese Gefühle erkannt sind, worauf sie sich richten. So läßt sich auch etwas gegen

---

[7]Häufig haben mir beispielsweise Verhaltenstherapeuten berichtet, daß ihre Methoden ausgezeichnet funktionieren, wenn der Patient die gestellten Aufgaben ausführt, daß es aber oft ein Problem sei, den Patienten dazu zu bewegen, dies überhaupt zu tun oder es richtig zu tun. Der vorliegende Fall mußte bereits nach acht Sitzungen aus äußeren Gründen abgebrochen werden, so läßt sich nicht sagen, ob die Behandlung erfolgreich gewesen wäre. Zum Zeitpunkt des Abbruchs empfand der Verhaltenstherapeut jedoch ein gerüttelt Maß an Frustration und Ärger gegenüber dem Patienten.

diese Situation unternehmen. Andernfalls werden Ereignisse, die den Patienten stören, möglicherweise nicht benannt und deshalb weiterhin zu seiner Spannung und seinem Unglück beitragen. Ferner schien es mir, daß bei diesem Patienten die Feindseligkeit gegenüber Frauen seine sozialen Schwierigkeiten noch erschwerte, was dem weiter oben erwähnten (S. 167) Teufelskreis parallel war, aber als zusätzliches Problem hinzukam. Ohne daß dem Mann recht klar war, was er tat, brachte er Frauen gegenüber ein Gutteil schweigenden Grolls zum Ausdruck. Die wiederholte Erfahrung, von Frauen abgewiesen zu werden, trug wahrscheinlich entscheidend zu diesem Groll bei, doch seine ärgerliche, mißtrauische Haltung trug wiederum ihrerseits zu diesen Zurückweisungen bei.

Ein Ansatz zur Integration: Ein Beispiel

Die Überlegungen, die ich in diesem Kapitel dargelegt habe, haben mich in den letzten Jahren dazu veranlaßt, eine Arbeitsweise mit Patienten zu entwickeln, die Elemente sowohl des dynamischen als auch des verhaltensorientierten Standpunktes in sich vereint. Diese besondere Arbeitsweise wird nicht als therapeutisches Modell oder Ideal vorgeschlagen. Angesichts der Erfahrungen, die ich in diesen vergangenen Jahren gesammelt habe, werde auch ich diesen Ansatz wohl nicht mehr sehr lange unverändert beibehalten. Er ist Teil eines sich fortlaufend entwickelnden Versuchs, die in diesem Buch vorgebrachten theoretischen Überlegungen praktisch anzuwenden. Einige Aspekte meiner heutigen Arbeitsweise mit Patienten scheinen mir ziemlich unmittelbar aus diesen Überlegungen zu erwachsen; andere wiederum sind wahrscheinlich historische Zufälle, die sich aus meiner ursprünglichen Ausbildung und meinen persönlichen Vorlieben erklären.

Beispielsweise wird der Leser, der mit den Arbeiten von Lazarus (1971, 1976) zur Breitbandtherapie oder multimodalen Therapie vertraut ist, feststellen, daß es einige Überschneidungen (wenngleich auch wichtige Unterschiede) zwischen dem von mir vertretenen Ansatz und demjenigen von Lazarus gibt. Doch wird man Lazarus' Arbeit eher als eine Version der Verhaltenstherapie verstehen, die von den Beiträgen der dynamischen Therapeuten (neben vielen anderen Dingen) reichlich Gebrauch macht, während mein Ansatz wahrscheinlich als ein im wesentlich dynamisches Verfahren erscheinen wird, das beträchtliche Anleihen bei Verhaltenstherapeuten macht. Da die beiden Ansätze von unterschiedlichen Ausgangspunkten ausgehen, unterscheiden sich auch die Stile, denen die Innovationen eingegliedert werden.

Die Art, wie ich heute die Arbeit mit dem Patienten beginne, ist nicht leicht von dem Verfahren zu unterscheiden, das ich als traditioneller dynamischer Therapeut mit interpersonaler Orientierung verwandte. (Wenn sich dann allerdings die therapeutische Beziehung weiterentwickelt, wird die Abweichung deutlicher.) Ich beginne also damit, daß ich den Patienten begrüße, ihn frage, was ihn zu mir führt, und mich darauf vorbereite, ihm zuzuhören. Im ganzen Verlauf der Therapie bleibt ein Gutteil der Zeit dem Gespräch vorbehalten, ohne daß es sich unbedingt einer bestimmten Aufgabe zuwenden würde, die der Patient auf sich genommen hat, oder einer bestimmten Angst, um deren Desensibilisierung wir uns bemühen. Wie ich noch aufzeigen werde, finden diese Anstrengungen und Faktoren im Verlaufe der Therapie zunehmend Eingang, doch geschieht dies gewöhnlich im Kontext einer Beziehung, deren Hauptmerkmal das Bemühen von Therapeut und Patient ist, daß der Patient sich selbst intellektuell und emotional besser versteht.

Beim Zuhören ist es mein Ziel, anhand einer Vielzahl von Kategorien, die sich in meiner psychodynamischen Praxis als nützlich erwiesen haben, wahrzunehmen, was der Patient sagt (oder was er tut — ich beobachte ebenso wie ich zuhöre). Ich achte beispielsweise sorgfältig auf Anzeichen für Tendenzen, die der Patient hemmt (z. B. auf das Fehlen von zu erwartenden sexuellen oder assertiven Verhaltensweisen, auf das Abblocken oder das Verändern von Gesprächsthemen, wenn bestimmte Gegenstände angesprochen werden) oder die er uneingestanden an den Tag legt (»Ich wollte ihn nicht verletzen. Ich habe es gesagt, um ihm zu helfen, aber er hat es falsch aufgefaßt.« »Er hat mich verführt. Ich wußte überhaupt nicht, was er wollte, und als ich es merkte, war es zu spät.« »Nein, ich hab' ganz bestimmt kein Verlangen danach, daß man mich hätschelt! Wenn ich nicht diese schreckliche Erkältung gehabt hätte, hätte ich niemals zugelassen, daß sie mich ins Bett steckt. Aber ich habe viel Verantwortung in meinem Beruf, und es wäre denen gegenüber, die auf mich zählen, nicht fair gewesen, einen solchen Raubbau mit meiner Gesundheit zu treiben.«)[8]

---

[8]In diesen wie in anderen Beispielen, die noch folgen, genügt sicherlich die vereinzelte, wenn auch aufschlußreiche Äußerung an sich nicht, um die Richtigkeit des zugrundegelegten klinischen Konzepts zu beweisen (obschon sie ausreichen sollte, den Kliniker zu der *Frage* zu bewegen, ob es möglicherweise relevant ist). Ob der Patient sich tat-

Ich versuche mich nicht nur auf jene Wünsche oder Gefühle einzustellen, mit denen der Patient im Konflikt zu liegen scheint (und/oder deren er sich nicht bewußt ist), sondern auch darauf, wie er sich davor bewahrt, dies alles über sich selbst in Erfahrung zu bringen, und warum er das tut. Soweit es das »Wie« betrifft, neige ich dazu, Ereignisse als Beispiele für die verschiedenen Abwehrmechanismen wahrzunehmen, die in den Jahren psychodynamischer Beobachtung konzeptualisiert worden sind. Konzepte wie Verdrängung, Projektion, Intellektualisierung, selektive Unaufmerksamkeit und so fort sind Instrumente, die dem Kliniker wertvolle Hilfe bei der Ermittlung bestimmter Verhaltensmuster leisten können, die sonst seiner Aufmerksamkeit möglicherweise entgehen würden.

Die Nützlichkeit dieser Konzepte sind nicht selten in Frage gestellt worden. Eine sorgfältige Lektüre dieser kritischen Arbeiten zeigt jedoch, daß sie häufig auf einer Fehldeutung der Konzepte beruhen, auf einem außerordentlich eingeschränkten Begriff dessen, was als angemessene Evidenz zu werten sei, und so fort. Holmes (1974) behauptet beispielsweise, daß es »keine Evidenz für Verdrängung gibt« (S. 650). Tatsächlich aber untersucht er diese Evidenz gar nicht, ja, er zieht sie noch nicht einmal in Betracht. Untersucht wird von ihm lediglich die *auf Experimenten beruhende* Evidenz, die er an vielen Stellen implizit mit Evidenz an sich gleichsetzt. Interessanter- und ironischerweise zitiert Holmes schon im nächsten Satz eine Äußerung von Kuhn (1962), welche die Frage betrifft, wie wissenschaftlicher Wandel zustande kommt. Nun stützt sich Kuhns Werk natürlich nicht auf »experimentelle Evidenz«, sondern auf die Untersuchung von natürlichen Ereignissen und auf das Bestreben, Regelmäßigkeiten in ihnen zu erkennen.[9] Er bewertet Evidenz nicht anhand von

---

sächlich in einem Konflikt befindet, der einer bestimmten, verleugneten Tendenz und/oder den entsprechenden Handlungen gilt, muß anhand einer Vielzahl übereinstimmender Anzeichen entschieden werden. Die Vermutung, ein Therapeut würde anhand einer einzigen solchen Äußerung behaupten, dieser Konflikt sei für den Patienten von Bedeutung, hieße das psychodynamische Denken karikieren. Für sich genommen bietet die Äußerung keine Möglichkeit einzuschätzen, ob der Erklärung des Patienten Glauben geschenkt werden kann oder nicht.

[9]Kuhns These wird von anderen Wissenschaftshistorikern bezweifelt. Doch die Tatsache, daß Evidenz sich verschiedenen theoretischen Auffassungen verschieden darstellt, gilt nicht nur für die Einschätzung nicht-experimenteller Evidenz, wie jedem klar sein sollte, der mit der Geschichte der Kontroversen zwischen den Vertretern der vielfältigen Lerntheorien einigermaßen vertraut ist.

Statistiken oder Kontrollen im üblichen Sinne, sondern sucht nach Zusammenhängen, die das breite Spektrum besonderer Fälle, die zu beobachten sind, in die einleuchtendste Ordnung bringen — so, wie auch der Kliniker Evidenz bewertet. Es ist frappierend, wie oft Kuhn beifällig von Psychologen zitiert wird, die in ihrer eigenen Disziplin dazu neigen, alle nicht auf Experimenten beruhende Evidenz, die nur Näherungswert besitzt und interpretativ gewonnen wurde, kompromißlos abzulehnen. (Zur Erörterung solcher Evidenz vgl. Schafer, 1970; Wachtel, in Vorbereitung.)

Holmes' Kritik der Verdrängung beschäftigt sich — wiederum wie der größte Teil antipsychoanalytischer Arbeiten — nur mit der gröbsten Spielart des Konzepts. Neuere Ausführungen zur Verdrängung beziehen sich nicht nur auf selektives Vergessen; sie befassen sich ebenso — vielleicht sogar in noch stärkerem Maße — mit der Selektivität an Erfahrungen, wenn eine Person ihre Affekte, Pläne und Intentionen erklärt. Ferner sind psychodynamisch orientierte Theoretiker weit über die frühen Formulierungen hinausgedrungen, die betont haben, vollständig artikulierte Gedächtnisspuren würden aus dem Bewußtsein entfernt (vgl. beispielsweise Sullivan [1953] zur selektiven Unaufmerksamkeit, Schachtel [1959] zur infantilen Amnesie, Shapiro [1965] zur Verdrängung und zum Aufmerksamkeitsstil und Schimek [1975] zu mentalen Vorstellungen). Diese Autoren würden sich kaum daran stoßen, daß Holmes die Gedächtnisselektivität — er räumt ein, daß auch die experimentelle Literatur solche Selektivität überzeugend belegt — als differenzierte Aufmerksamkeit erklärt, die bestimmten Ereignissen gilt, wenn sie auftreten. Dabei meint er, die Person sehe und interpretiere ihre Erfahrungen unter dem Blickwinkel einer bestimmten Entdeckung, »... die die Assoziationsmuster und die Erinnerung beeinflußt« (S. 650).

Diese Autoren wären jedoch nicht einverstanden mit der Auffassung Holmes', der Kernpunkt sei allein die Tatsache, daß Patienten — da mit psychoanalytischen Konzepten nicht vertraut — andere Erwartungen und Assoziationsmuster haben als der Kliniker. Übereinstimmende Beobachtungen, die der von Kuhn zusammengetragenen Evidenz analog sind, deuten darauf hin, daß Angstreduktion und Aufrechterhaltung von Selbstachtung entscheidend bestimmen, mit welcher Einstellung eine Person ihre Erfahrungen sieht und interpretiert. (Zur *experimentellen* Evidenz, die diese Frage betrifft, vgl. auch Erdelyi, 1974; Silverman, in Vorbereitung; Wolitzky und Wachtel, 1973.)

Sicherlich kann man Mißbrauch treiben mit den Grundsätzen, die sich aus klinischer Beobachtung entwickelt haben.[10] Die nützliche Regel beispielsweise, der heftige Protest eines Patienten, er hege ein bestimmtes Gefühl oder einen bestimmten Wunsch *nicht,* könne manchmal ein Hinweis dafür sein, daß er tatsächlich von diesem Gefühl bewegt werde, kann von einem Kliniker dazu benutzt werden, zu »beweisen«, daß seine völlig unbegründete Annahme zutreffe. Ob der Patient nun die Richtigkeit der Interpretation anerkennt oder leugnet, in jedem Falle »bestätigt« er sie dadurch. Dieses Verfahren von »Bei Kopf gewinne ich, bei Schrift verlierst du« ist jedoch eine Karikatur der ursprünglichen klinischen Beobachtung, nicht ihre legitime Anwendung. Dazu würde gehören, daß das Leugnen von verdächtiger Heftigkeit wäre und daß auch andere Anhaltspunkte in die gleiche Richtung deuteten. Selbst außerordentlich heftiges Leugnen wäre an sich noch keine ausreichende Evidenz. Wenn der Patient damit beispielsweise auf das fortgesetzte Bemühen des Therapeuten reagieren würde, eine Lieblingsinterpretation durchzusetzen, die er bereits mehrfach zurückgewiesen hat, dann wäre das lautstarke Leugnen eine angemessene Reaktion und kein Anhaltspunkt dafür, nun auf das Lieblingspferd des Therapeuten zu wetten.

Wenn ich also ein Konzept wie beispielsweise die Projektion verwende (oder von dem ich zumindest glaube, daß ich es verwende, wie ich es möchte), nehme ich nicht automatisch an, daß jede Klage über jemand anders oder über mich eine Projektion sei. Doch wenn der Patient das Gefühl hat, ich würde etwas fühlen oder tun, von dem ich allerdings meine, daß es nicht der Fall sei, oder wenn er das Handeln irgendeines anderen in einer Weise deutet, die unwahrscheinlich oder subjektiv erscheint, bin ich geneigt zu fragen: Ist dies etwas, wozu der Patient selbst neigt, mit dem er sich aber in Konflikt befindet und es deshalb jemand anderem zuschreibt? Es bedarf wohl kaum der Erwähnung, daß ich ebenso auch andere Fragen in Betracht ziehe (etwa die Möglichkeit, daß der Patient zutreffend wahrnimmt, was ich im Schilde führe und daß *ich* Opfer einer Verzerrung

---

[10]Beunruhigende Fragen zur Art und Weise, wie Kliniker ihre Konzepte verwenden, sind von Chapman und Chapman (1969) aufgeworfen worden. Das Problem klinischen Schlußfolgerns bedarf einer eingehenden, sehr genauen Überprüfung. Zum gegenwärtigen Zeitpunkt kann lediglich festgestellt werden, daß — wie oben erwähnt — Verhaltenstherapeuten in ihrer klinischen Praxis häufig vor den gleichen Problemen stehen und daß die Entscheidung, wie klinisches Material anhand von Schlußfolgerungen anzugehen ist, zu Abstrichen zwingt (etwa der Art, wie wir sie in statistischen Entscheidungen bezüglich Fehlern erster und zweiter Art finden).

bin). Das Vertrauen, das ich einzelnen Formulierungen schenke, hängt abermals davon ab, wieviele andere Anhaltspunkte in dieselbe Richtung weisen. (Konnte ich beispielsweise feststellen, daß der Patient das Motiv, das er jemand anders zuschreibt, in anderen Situationen verleugnet hat, während er in Übereinstimmung mit ihm gehandelt hat? Handelt es sich um eine menschliche Tätigkeit, von der er besonders angelegentlich behauptet hat, er sei frei von ihr? Hat er kürzlich geträumt, er habe das getan, was er nun dem anderen unterstellt? Und so fort.) Doch der Gedanke, all diese Beobachtungen unter jenen Begriff zu fassen, der »Projektion« heißt, rührt daher, daß ich dem psychodynamischen Denken verhaftet bin. Ohne jene Konzepte, mit der diese Ausbildung mich versehen hat, wäre ich wahrscheinlich noch nicht einmal in der Lage, einen möglichen Zusammenhang zwischen diesen Daten ins Auge zu fassen (oder wenn ich mit diesen Konzepten nur oberflächlich vertraut wäre, wie es wahrscheinlich jeder Psychologe bis zu einem gewissen Maße ist, würde ich vermutlich kaum wissen, wie ich in der oben beschriebenen Weise entscheiden könnte, ob meine Art und Weise der Anwendung in einem besonderen Falle angemessen war).

Bei dem Versuch einzuschätzen, welche Erfahrungen und Strebungen der Patient zu meiden oder zu verleugnen sucht, beschäftige ich mich auch mit der Frage, *warum* er dies tut. Dabei bin ich besonders daran interessiert, was sich den Phantasien und Erwartungen des Patienten zufolge aus einer vollständigen und genauen Darlegung der abgewehrten Ereignisse ergeben würde. Was würde seiner Meinung nach geschehen, wenn er mit offenem Ärger reagieren würde, wenn er zuließe, sich von einem anderen abhängig zu fühlen, oder sich frei und ungehemmt seiner Sinnlichkeit überlassen würde? Manchmal kann er (zumindest in gewissem Maße) solch eine Frage direkt beantworten. Doch häufig ist er sich meiner Ansicht nach nicht bewußt, welche Ängste oder Phantasien sein Vermeidungsverhalten perpetuieren (möglicherweise weiß er noch nicht einmal etwas von diesem Vermeidungsverhalten; er bemerkt es nicht, er erklärt es anders und so fort). Ich bin also durchaus bereit, aus einer Anzahl übereinstimmender Anzeichen zu schließen, um was für eine Furcht oder Phantasie es sich handelt. Die Träume des Patienten, seine Tagträume, Fehlleistungen, Assoziationen dienen alle als Anhaltspunkte für diese Art von Schlußfolgerungen (die natürlich all den Gefahren und Einschränkungen hinsichtlich ihrer Beweiskraft unterliegen, von denen oben die Rede war).

Im allgemeinen bleibt meine Verwendung von Träumen und Phantasiematerial näher an der »Oberfläche« als bei vielen anderen dynamischen Klinikern. Das liegt weder daran, daß ich begrenztere Ziele für meine Patienten anstrebe (vgl. die Erörterung von Alexanders Arbeit in Kapitel 3), noch daran, daß ich die Gültigkeit der in der psychoanalytischen Literatur formulierten Auffassungen hinsichtlich tief verdrängter Inhalte vollständig ablehnen würde. Ich glaube nur, daß zu viele Analytiker sehr unsauber vorgehen bei der Unterscheidung zwischen faszinierenden Spekulationen und bewiesenen Ergebnissen. Selbst wenn bei einem bestimmten Patienten eine Regelmäßigkeit überzeugend nachgewiesen worden ist, wird sie zu häufig, ohne daß dies zu rechtfertigen wäre, als allgemeingültige Aussage behauptet. Doch vor allem verzichte ich aus strategischen Gründen darauf, diese Tiefen auszuloten. Ich glaube nicht, daß man unbedingt die unzugänglichsten und unwillkommensten Phantasien entdecken und assimilieren muß, um extensive und dauerhafte Änderung zu bewirken. Ebensowenig meine ich, daß der Änderungsgrad mit der Wiederentdeckung solcher vergrabener Schätze hoch korreliert. Ich bin der Auffassung, daß der Versuch, diese archaischsten psychischen Aktivitäten zu erkennen, von der eigentlich nützlichen therapeutischen Aktivität ablenken oder sie sogar ausschließen kann (vgl. Kapitel 3—5).

Anders als viele dynamisch ausgebildete Kliniker vertrete ich keine strikt hierarchische Auffassung von der Persönlichkeitsstruktur, die man sich schichtweise aufgebaut vorstellt, wobei die »tiefsten« Schichten dafür Sorge tragen, daß der Patient bleibt wie er ist. Ich glaube vielmehr, daß das Bild vom Kreis sich wiederholender interagierender Ereignisse sich im allgemeinen viel besser zur Persönlichkeitsbeschreibung eignet als das Modell von der Zwiebel, die es zu schälen gilt. Während sich manchmal bestimmte Verhaltensaspekte eines Menschen sehr gut dadurch beschreiben lassen, daß offensichtlichere psychische Vorgänge auf weniger offensichtliche reagieren und sie vielleicht verbergen, halte ich diese Vorstellung doch nur für teilweise befriedigend und manchmal für irreführend. Nach meiner Erfahrung läßt sich beispielsweise übermäßige Fürsorglichkeit, die unter Umständen eine »tiefere« oder »zugrundeliegende« Feindseligkeit verbirgt und auf diese reagiert, auch sehr gut als Teil jenes Prozesses beschreiben, der die Feindseligkeit *verursacht*. Diese übermäßige Bemühtheit um andere schafft Umstände, unter denen die eigenen Bedürfnisse zu kurz kommen oder überhaupt nicht berücksichtigt werden, so daß sie möglicherweise den Samen für Gefühle des Grolls und der Feindseligkeit aussät. Es läßt sich also mit gleichem

Recht sagen, daß die Fürsorge um andere der Feindseligkeit »zugrundeliegt«, wie man das Umgekehrte sagen kann. Obgleich es in der Tat wichtig ist, daß bestimmte Abschnitte des Ereigniszyklus dem Bewußtsein zugänglicher sind als andere, hilft die Vorstellung nicht unbedingt weiter, die weniger bewußten Abschnitte seien »tiefer« als die bewußteren oder sie »lägen hinter« diesen, wenn dieses Konzept als grundlegender oder wahrhaftig kausal verstanden wird. Bei meiner Vorstellung davon, wie neurotische Muster perpetuiert werden, ist es also wichtig, ein feines Empfinden dafür zu haben, welche Tendenzen des Patienten gehemmt werden, welche teilweise gehemmt (aber indirekt verfolgt) werden und nach welchen der Patient sich richtet, obschon er sie leugnet.[11] Ebenso wichtig ist es, etwas über die furchterregenden oder lustvollen Phantasien zu wissen, die ohne Kenntnis des Patienten zum Teil die kognitive Basis seiner Vermeidungen und seiner aktiven Bestrebungen herzustellen scheinen (vgl. Irwin, 1971; Seligman und Johnston, 1973). Doch daraus folgt nicht, daß diese Phantasien oder Wünsche notwendigerweise um so wichtiger sind, je gründlicher sie sich dem Zugriff des Bewußtseins entziehen. Es heißt nicht, die Rolle unbewußter Prozesse in der menschlichen Psyche zu leugnen, wenn man die Vermutung äußert, daß viele Analytiker ihr Interesse an den ausgefallensten psychischen Produkten automatisch durch die Annahme rechtfertigen, daß solchen Exotika notgedrungen die größte Bedeutung zuzuschreiben sei. Ich bin wie meine Kollegen von den außergewöhnlichen Dingen fasziniert, die Patienten beim Prozeß psychotherapeutischer Deutung offenbaren. Doch in vielen Fällen habe ich den Eindruck gehabt, daß die Enthüllung dieser außergewöhnlichen psychischen Aktivitäten eher Nebenprodukt der therapeutischen Änderung als ihre Hauptursache gewesen sei (vgl. Alexander und French, 1946).

Zum gegenwärtigen Zeitpunkt ist es mir nicht möglich, in schlüssiger oder zuverlässiger Weise zu bestimmen, welche unbewußten Wünsche und Phantasien unbedingt erkannt werden müssen und welche rein dekorative Funktionen haben (in der herkömmlichen hierarchischen Ausdrucksweise, »wie tief man zu gehen hat«). Die einzige Richtlinie, die ich — so vage sie auch ist — anbieten kann, lautet, daß man nach einigermaßen verläßlichen Beweisen dafür zu suchen hat, daß diese verborgenen Ereignisse, auf die sich die Suche richtet,

---

[11] Anders gesagt, es ist wichtig, darauf zu achten, welche Arten von Bekräftigungen zwar regelmäßig gesucht, aber nicht als Bekräftigung anerkannt werden, oder welche Unterscheidungsreize die Voraussetzung für Annäherung und Vermeidung schaffen.

zur Aufrechterhaltung eines häufig zu beobachtenden interpersonalen Interaktionsmusters entscheidend beitragen und daß man nicht meinen sollte, irgendeine psychische Aktivität sei *notwendigerweise* wichtig, nur weil sie unbewußt (selbst »tief« unbewußt) ist.

Um zu den psychodynamischen Konzepten zurückzukehren, die sich bei meinem Versuch, Zusammenhänge zu erkennen, als wertvoll erwiesen haben; die Art und Weise, wie ich beobachte und zuhöre, wurde durch die charakterologischen Schriften von Horney (1945), Reich (1945) und Shapiro (1965) beeinflußt. Zwar scheinen mir alle drei die falsche Richtung einzuschlagen, wenn sie einmal von einer übermäßigen, und manchmal fast monolithischen Konsistenz ausgehen und wenn sie zum anderen (in unterschiedlichem Maße) zu Annahmen gelangen, die mir recht fragwürdig vorkommen. Dennoch liefern alle drei, wie auch zahlreiche andere traditionelle klinische Autoren, außerordentlich nützliche Anleitungen für den Beobachter, der wichtige, doch leicht übersehene Regelmäßigkeiten im menschlichen Leben erkennen will.

Ich wurde auf Zusammenhänge unterschiedlicher Art durch die von Freud, Erikson und Sullivan erarbeiteten Entwicklungsmodelle aufmerksam, wie auch durch die Arbeiten anderer, die diese Ansätze weiter differenziert haben. Wenn ich diese Begriffe in meiner eigenen Arbeit verwende, liegt mir weniger daran, die konkreten genetischen Sequenzen bei meinen Patienten nachzuweisen, als vielmehr auf jene Dinge zu achten, die kovariieren. Diesen Entwicklungsmodellen ist die Vorstellung implizit, daß auch im psychischen Leben des Erwachsenen bestimmte Themen und Probleme die Tendenz haben, gemeinsam aufzutreten. Wo ein bestimmter Konflikt oder eine bestimmte Intensität mit dem Merkmal einer hypothetischen Entwicklungsphase verknüpft ist, lohnt es die Mühe, sorgfältig nach anderen erwarteten Merkmalen Ausschau zu halten. Natürlich ist es wichtig, daß man auch darauf gefaßt ist, diese anderen Merkmale *nicht* zu finden, doch das läuft nicht auf die triviale Alternative von »entweder ist es da oder es ist nicht da« hinaus. Diese Konzeptionen sind im wesentlichen Wahrscheinlichkeitsaussagen, die der Suche jene Richtungen weisen, die am ehesten Erfolg versprechen.

Hier kann eine Analogie zu anderen Situationen helfen, in denen man ebenfalls erst eine gewisse Wahrnehmungskompetenz erwerben muß. Wer zum ersten Mal ein Konzert besucht oder sich ein Fußballspiel ansieht, wird in der Regel eine Mischung von Tönen hören, in der er vielleicht eine verschwommene Melodieführung erkennt, bzw. er wird ein Durcheinander von Männern sehen, die anscheinend ziellos umherlaufen, hinfallen, sich um den Hals fallen und so fort. Wenn Ohr und Auge in der Wahrnehmung geschult sind, wird etwas ganz anderes wahrgenommen. Das Konzert wird zu einem reichen Muster ineinander verschlungener, aber gesondert artikulierter Themen und Instrumente. Das Fußballspiel wird als koordinierte Anstrengung einer Gruppe von Männern wahrgenommen, sich durch eine Reihe regelgeleiteter Handlungen gegen die koordinierte Anstrengung einer anderen Gruppe durchzusetzen.

Um das Beispiel noch ein wenig weiter zu führen, können wir einmal betrachten, was mit unserer Wahrnehmung geschieht, wenn wir herausfinden, welche besonderen Spieltechniken von den einzelnen Mannschaften benutzt werden. Wenn wir verstehen, was einer oder zwei Spieler tun, dann erwarten wir allmählich bestimmte andere Handlungen von anderen Spielern der Mannschaft. Wenn diese tatsächlich ausgeführt werden, erwarten wir mit noch größerer Gewißheit, daß sie alle in den folgenden Augenblicken wiederum bestimmte Dinge tun werden. Die »Diagnose« eines Spiels hat große Ähnlichkeit mit der »Diagnose« einer Persönlichkeit. In beiden Fällen haben wir es nicht mit einer Krankheit zu tun. In beiden Fällen ist die Möglichkeit eines Irrtums gegeben, wenn wir anhand eines oder zweier Anzeichen zu fest mit bestimmten Dingen rechnen. Aber in beiden Fällen wächst auch bei entsprechender Sorgfalt und Kenntnis die Wahrscheinlichkeit einer zutreffenden Annahme erheblich, wenn wir von diesen Wahrscheinlichkeitskonzepten ausgehen können. Ohne sie werden möglicherweise bestimmte Fehler vermieden (besonders jene, die einen närrisch erscheinen lassen), doch generell wird der Erfolg geringer sein. (Natürlich wird die Diagnose darunter leiden, wenn die Konzepte falsch sind und/oder der Beobachter nicht bereit ist einzusehen, daß er unter Umständen unrecht hat.)

Noch eine weitere Ähnlichkeit ist wichtig. Beim Fußball wie in der Psychotherapie läßt sich ein gegebenes Handlungsmuster leichter unterbrechen, wenn erst einmal genau diagnostiziert worden ist, daß es abläuft. Sicherlich kann der Fußballspieler leichter als der Therapeut erkennen, wann er einen Fehler begangen hat (wenn nur jedes Mal »abgepfiffen« werden könnte, sobald ein Patient ein neurotisches Handlungsmuster ausgeführt hat, ohne vom Therapeuten erfolgreich gehindert worden zu sein!), doch im Prinzip ist es dasselbe: Jene Konzepte und Richtlinien sollten beibehalten werden, die, wenn sie auch keine perfekten Instrumente zur Vorhersage sind, doch die Wahrscheinlichkeit steigern, daß tatsächlich wahrgenommen wird, was gegenwärtig geschieht, was sich wahrscheinlich als nächstes ereignen wird und welche Intervention geeignet ist, den Dingen eine andere Richtung zu geben.

Therapeutische Interaktion als Mittel der Beurteilung

Einer der nützlichsten Fingerzeige, die ich in meiner therapeutischen Arbeit gewinne, ergibt sich aus der Untersuchung, wie der Patient und ich interagieren. Die Erfahrungen des Patienten und des Therapeuten während der therapeutischen Sitzung liefern ganz entscheidende Anhaltspunkte, insbesondere was die subtilen affektiven Faktoren und winzigen Hinweisreize betrifft, die von zentraler Bedeutung für die Aufrechterhaltung neurotischer Lebensmuster sind. In meiner Arbeit mit Patienten versuche ich besonders auf den Ton zu achten, der zwischen uns herrscht. Ich passe auf, ob der Patient zögert, bevor er sich mit einer therapeutischen Auflage einverstanden erklärt, oder ob er Zeichen von Ärger erkennen läßt, wenn er eine bestimmte Deutung akzeptiert. Ich konstatiere, wenn er sich verspätet, wenn er eine Sitzung mit einem langen Schweigen beginnt, wenn er mir erzählt, er habe einen Artikel von mir gelesen und er gefalle ihm (oder gefalle ihm nicht) und so fort.

Die Beachtung solcher Dinge scheint mir aus zahlreichen Gründen wichtig zu sein. Erstens können — wie Silverman (1974) gezeigt hat — unbemerkte Reaktionen des Patienten auf den Therapeuten und auf das, was er tut, zu einer beträchtlichen Störung in der Therapie führen. Nur wenn man die vielen Ebenen versteht, auf denen der Patient den Therapeuten erlebt, läßt sich eine solche Störung in den Griff bekommen oder verhindern.

Außerdem achte ich besonders auf Veränderungen in den Reaktionen des Patienten mir gegenüber, weil die Beziehung, die er zu mir hat, diejenige ist, die ich am besten kenne, die einzige seiner Beziehungen, die ich wirklich aus erster Hand kenne. Wie er seine neurotischen Muster auf subtile Art und Weise in Gang hält, kann oft sehr viel leichter durch teilnehmende Beobachtung als durch unbeteiligte Datensammlung erkannt werden. Wenn ich eine gewisse Sensibilität für ein Verhaltensmuster in dieser speziellen Beobachtungssituation entwickelt habe, kann ich es auch aus seinen Berichten über Interaktionen außerhalb der Therapiesituation entdecken, wobei ich dieses besondere emotionale Wissen in derselben Weise zur Ausbildung meines Zuhörens verwende, wie in der obigen Beschreibung formale Konzepte als Wahrnehmungshilfe benutzt wurden. (Diese Funktion hat in meiner Arbeit übrigens in erster Linie auch das Wissen, das ich über die Geschichte meines Patienten besitze. Wenn ich davon weiß, wie seine Eltern und Geschwister ihn behandelt haben, welche Gefühle er ihnen gegenüber gehegt hat, welche Aspekte seiner Erfahrung er gerne verstümmelt oder verleugnet usw., dann schärft dies unter Umständen meinen Blick für ähnliche Verhaltensmuster in seinem gegenwärtigen Leben, die mir sonst möglicherweise entgehen würden. Doch lege ich keinen besonderen Nachdruck auf die Geschichte des Patienten, weil ich glaube, daß andere Wege, meine Sensibilität zu steigern, häufig nützlicher sind.)

Zu den Übertragungsreaktionen, die der Patient bei aktiver Intervention manifestiert, werden natürlich ganz entscheidend die Reaktionen auf die spezifischen Interventionen gehören. Wenn der Therapeut Methoden wie systematische Desensibilisierung, Rollenspiel oder Verhaltenseinübung verwendet, wird er wahrscheinlich andere Arten von Gefühlen und Phantasien hervorrufen, als wenn er sich in seinem Verhalten weitgehend auf Schweigsamkeit und Deutung beschränkt. Die besondere Bedeutung der Intervention wird für den Patienten jedoch vermutlich eine sehr subjektive sein. Die Interventionen machen einen Unterschied, aber sie machen einen je unterschiedlichen Unterschied für jeden Patienten. So werden manche diese Interventionen als Zeichen dafür werten, daß der Therapeut sich um sie kümmert und sich ihnen zuwendet, andere als ein Zeichen dafür, daß sie »sehr krank« sind und dieser besonderen Anstrengung bedürfen; manche werden sie als einen Anhaltspunkt dafür nehmen, daß der Therapeut sie kontrolliert und manipuliert, manche, daß er sich von ihnen distanziert, manche als Zeichen dafür, daß er bereit ist, Risiken einzugehen und daß er »die Sache ernst meint«, wenn er darauf hinweist, daß sie den Erwartungen anderer nicht entsprechen müssen und so weiter. Häufig verbinden sich, wie nicht anders zu erwarten, die positiven und negativen Aspekte zu einer einzigen konfliktreichen Wahrnehmung, oder sie verändern sich mit den verschiedenen Phasen der Behandlung. Eine Frau, deren Eltern sie, als sie sechzehn war, überredet hatten, sich einer Operation zum Zwecke einer Nasenkorrektur zu unterziehen, assoziierte dieses vergangene Ereignis, als ich ihr ein Selbstbehauptungstraining vorschlug. Sie verstand diesen Vorschlag dahingehend, daß ich nicht zufrieden sei mit ihr so, wie sie war. Später bedeutete das Training für sie, daß ich, anders als ihre Eltern, kein Kritiker war, der nur danebenstand und sagte, was falsch war, der aber nicht bereit war, ihr zu helfen, damit fertigzuwerden. Es bedeutete für sie die Bereitschaft,

Probleme ehrlich einzugestehen, aber auch den Willen, diese Probleme kooperativ zu lösen, statt sie nur als unabänderliche Mängel darzustellen.

Es kann von entscheidender Bedeutung für den Erfolg einer Intervention sein, daß man versteht, welche bewußten und unbewußten Bedeutungen sich an sie knüpfen können. Das Thema des Widerstands wird in der verhaltensorientierten Literatur kaum angesprochen, obwohl er nach meiner Erfahrung in der aktiv intervenierenden Therapie ebenso häufig auftritt und angegangen wird wie in streng interpretativen Behandlungen. Die Häufigkeit des Widerstandes erklärt sich aus der Angst, die neurotische Verhaltensmuster motiviert, und aus der Tatsache, daß alle Befriedigung und alle Angsterleichterung, die der Patient sich in seinem Leben hat verschaffen können, weitgehend innerhalb solcher Muster aufgetreten sind. Wenn der Therapeut nun die neurotische Lebensweise des Patienten in Frage stellt und ihn mit seinen Angstquellen konfrontiert, wird er (wie behutsam er auch beides tun mag) sowohl zu einer Bedrohung wie auch zu einer Hoffnung. Die Verwendung aktiv intervenierender Techniken kann in jeder Phase für jeden Patienten die Bedrohung entweder abschwächen oder verstärken. Der Therapeut muß sich unbedingt über die Bedeutung der Technik klar sein (und zwar im Kontext dessen, was sich bislang zwischen diesen beiden Menschen ereignet hat), um zu wissen, ob es sich empfiehlt, sie in einer bestimmten Phase einzusetzen, und/oder wie er den Reaktionen des Patienten nach ihrer Einführung zu begegnen hat. Wahrscheinlich trägt in vielen Fällen, in denen Patienten ihre Entspannungsübungen nicht absolvieren, eine Aufgabe des Selbstbehauptungstrainings vergessen usw., die Tatsache daran Schuld, daß der Therapeut sich nicht mit der Bedeutung auseinandergesetzt hat, die die Intervention für den Patienten hat. Therapeutischer Fortschritt ist niemals nur eine Frage isolierter technischer Intervention.[12]

---

[12] In Ergänzung der Fragen zur Übertragung und zum Widerstand, die üblicherweise in der psychoanalytischen Literatur erörtert werden, hebt die wichtige Arbeit von Frank und seinen Mitarbeitern (z. B. Frank, 1973, 1974) hervor, wie entscheidend die Gefühle und Phantasien des Patienten gegenüber dem Therapeuten daran beteiligt sind, ob Änderung bewirkt werden kann. Vgl. auch die interessanten Bemerkungen zur Arbeit von Wolpe und Lazarus, die Klein, Dittman, Parloff und Gill (1969) beibringen, sowie die wichtigen Beiträge von Crisp (1966), Marks und Gelder (1966), Marmor (1971) und Sloane (1969).

Ich achte in der Therapiesitzung nicht nur auf die Reaktionen meines Patienten, um aus ihnen einen Anhaltspunkt für die allgemeineren Interaktionsmuster seines Lebens zu gewinnen, sondern auch auf *meine eigenen* Reaktionen, die für mich ebensolche Anhaltspunkte sind. Obgleich immer die Gefahr gegeben ist, daß dem Patienten in unzulässiger Weise eine Reaktion des Therapeuten zugeschrieben wird, die vor allem das »Problem« des Therapeuten ist, mache ich doch beträchtlichen Gebrauch von dieser Informationsquelle. Die Gefahr, Fehler zu begehen, ist groß, gewiß, doch wenn man seine eigenen Motive und Handlungen ständig hinterfragt und überprüft, indem man die Vermutungen, zu denen man innerhalb der Sitzungen gelangt, mit seinem Verhalten außerhalb der Sitzung vergleicht, so bieten sich einem viele Gelegenheiten, seine Auffassung zu korrigieren und zu verifizieren. Dies führt zu einem besseren Verständnis des Patienten und seiner Schwierigkeiten.[13]

Ich habe beispielsweise einmal eine Zeitlang mit einem Mann gearbeitet, der anderen gegenüber außerordentlich argwöhnisch und mißtrauisch war. Wie nicht anders zu erwarten, sah er auch mich in diesem Licht und verstand fast alles, was ich tat, als gegen ihn gerichtet und von der Absicht bestimmt, ihn zu frustrieren. Ich wußte, daß er seinen eigenen Vater als brutal und aggressiv erlebt hatte, und glaubte, daß meine eigenen Anstrengungen, wenn sie ihn auch im Augenblick frustrieren mochten, doch in erster Linie seinen Interessen dienten. So deutete ich seine Reaktionen auf mich im wesentlichen als Übertragungsphänomene. In den gleichen Zusammenhang ordnete ich seine ständigen Klagen ein, die anderen reagierten feindselig und kritisch ihm gegenüber. Ich hatte den Eindruck, sein Denken habe einen paranoiden Zug, der seine Wahrnehmung verzerre und ihm die Handlungen anderer als absichtliche Beleidigungen erscheinen lasse.

So war es für mich eine regelrechte Erleuchtung, als ich eines Tages feststellte, daß ich den Mann tatsächlich provozierte und frustrierte. Wir sprachen darüber, ob sich ein bestimmter Termin verschieben ließe, und ich tat so, als müsse ich die Bitte erst »verstehen«, bevor ich entscheiden könne, ob ich sie erfüllen sollte. Ich mußte erkennen,

[13] Die traditionelle Forderung, der Therapeut müsse sich selbst einer intensiven therapeutischen Erfahrung unterzogen haben, mag zwar nicht gerade originell sein, ist in diesem Zusammenhang aber nach wie vor eine vernünftige Empfehlung.

daß seine Wahrnehmung, ich befände mich im Konflikt mit ihm, zutraf und daß meine Wahrnehmung, er verzerre mein unschuldiges Verhalten, weitgehend unrichtig war. Ich begann darüber nachzudenken und erkannte, daß ich mich ihm gegenüber bei zahlreichen Anlässen in der Vergangenheit ähnlich verhalten hatte. Ferner war (dies würde ich dennoch behaupten wollen) diese hinterhältige, wenig entgegenkommende Haltung keineswegs typisch für die Art, wie ich mich normalerweise meinen Patienten gegenüber verhalte.

Meine Auffassung von den störenden Beziehungsmustern im Leben dieses Mannes änderte sich nach diesem Erlebnis erheblich. Ich revidierte die Meinung, er nehme andere Menschen verzerrt wahr, wenn er sie als tückisch und feindselig erlebe, und fragte mich statt dessen, ob sie nicht wie ich auf irgend etwas an ihm reagierten und *wirklich* die Absicht hatten, ihm Steine in den Weg zu legen, ihn zu ärgern und so weiter. Ich teilte ihm meine Einsichten mit — daß ich erkannt hätte, wie ich mich ihm gegenüber verhalten hatte, wie sich dies von meinem üblichen Verhalten gegenüber Patienten unterschied und welche Bedeutung es meiner Meinung nach für unsere weitere Vorgehensweise hätte. Wir lenkten unsere Aufmerksamkeit daraufhin in eine neue Richtung und untersuchten weit eingehender als zuvor sein Verhalten in der Phase, die jenen »Beleidigungen« unmittelbar vorangingen, über die er sich beklagte. Eine besondere Hilfe war die Tatsache, daß ich meine Aufmerksamkeit auf jene Verhaltensweisen des Patienten richten konnte, die meine eigenen ablehnenden Reaktionen hervorgerufen hatten. So konnten wir viel größere Klarheit über die Sequenzen gewinnen, die seine Schwierigkeiten im Leben kennzeichneten. Dadurch machte der therapeutische Prozeß erhebliche Fortschritte.[14]

---

[14]Dieses Beispiel ist auch für die Fragen relevant, die in den Kapiteln 3, 4 und 5 erörtert wurden. Ich kann hier nicht auf Einzelheiten eingehen, möchte aber behaupten, daß das, was im Falle dieses Mannes geschah, nicht ein bloßer »Übertragungsfehler« ist; er zeigt zugleich beispielhaft, wie der Therapeut sich auf das neurotische Interaktionsmuster eines Patienten einlassen kann, um anschließend darüber nachzudenken. Dadurch erfährt das betreffende Problem eine Klärung. Ich möchte weiterhin behaupten, daß solche »Fehler« sich nicht eliminieren lassen, indem man als Therapeut »besser analysiert« wird, sondern nur, indem man dem Patienten gegenüber so viel Distanz wahrt, daß man sich nicht zu sehr auf ihn einlassen kann. Der Preis: Man erfährt vieles nicht, was man unbedingt erfahren müßte. Da solche Reaktionen auf seiten des Therapeuten in der traditionellen psychoanalytischen Literatur als Schande gelten, führt dies wahrscheinlich viele Therapeuten dazu, entsprechende Abweichungen vom Modell nicht zur Kenntnis zu nehmen, wenn sie vorkommen. Unter Supervision prak-

Ich bin auf diese Dinge so ausführlich eingegangen, um deutlich zu machen, inwiefern meine Arbeitsweise — meiner Auffassung nach — die psychodynamische Ausbildung widerspiegelt, die ich erhalten habe, und um dem verhaltensorientierten Leser eine Vorstellung davon zu vermitteln, wie sehr diese Arbeit sich von einem verhaltenstherapeutischen Vorgehen unterscheidet. Als die klinische Arbeit von Verhaltenstherapeuten an Differenziertheit gewann, ließ sich immer scherer entscheiden, welche Formen klinischen Denkens oder Handelns das Gebiet dynamischer Therapeuten blieben und von Verhaltenstherapeuten gemieden wurden und welche der Arbeit letzterer einverleibt wurden. Ich werde im folgenden darlegen, in welcher Weise mein Versuch, die Probleme des Patienten zu beurteilen, dem verhaltensorientierten Standpunkt verpflichtet ist und wie dynamische und verhaltensorientierte Auffassungen dabei zusammenwirken. Dieser Teil meiner Ausführungen wird etwas kürzer ausfallen. Ich habe schon einige der Hauptmerkmale der Verhaltensanalyse zu Anfang dieses Kapitels erörtert. Sie alle lassen sich zu verschiedenen Zeitpunkten in meiner Arbeit entdecken.

Zuallererst bin ich, wie bereits erwähnt, von Anfang an sehr an »Wann«-Fragen interessiert. Ich versuche mir ständig der Gefahr bewußt zu bleiben, die darin liegt, daß innere Zustände oder affektive Reaktionen in einem Vakuum beschrieben werden. So bin ich auf das äußerste bemüht, meine Fragen nach Motivation und Phänomenologie auf die konkreten Ereignisse im Leben des Patienten und auf die Konsequenzen seines Verhaltens zu beziehen.

Zwar konzentriere ich mich gewöhnlich auf Charakterstrukturen, die vorherrschen, überdauern und in einer komplexen Beziehung zu unbewußten Motiven und Abwehrmechanismen stehen, bin aber dennoch stets bereit, die Hypothese aufzustellen, daß irgendeine besondere Struktur möglicherweise »ansprechbarer« sei, als ich ursprünglich meinte. Selbst wo mich die Evidenz für vielfältige Verknüpfungen in Bildern wie »tief verwurzelt« denken läßt, prüfe ich, wieviel Änderung sich durch weitgehend unmittelbare und einfache Interventionen oder Suggestionen erzielen läßt. So hatte ich bei einem

tizierende Therapeuten verbergen sie vor ihren Supervisioren, erfahrene Analytiker verbergen sie vor sich selbst, und das Verständnis für den typischen Verlauf therapeutischer Interaktion wird durch das Bemühen eingeschränkt, (unnötige) Schuldgefühle abzuwehren.

Patienten den Eindruck, seine Einsamkeit sei teilweise darauf zurückzuführen, daß er, wenn er mit anderen zusammen war, ständig auf seine Leistungen und Verdienste zu sprechen kam, statt ihnen mitzuteilen, was er wirklich empfand. Ich schlug ihm vor, er solle einen ganzen Tag lang keinen Menschen gegenüber auch nur eine einzige Leistung oder »imponierende« Sache erwähnen, die ihn betraf. Einem anderen Mann sagte ich, seine Furcht, daß andere daran zerbrechen könnten, wenn er Kritik oder Konkurrenzverhalten zeige, würde sich wahrscheinlich eher ändern, wenn er in seinen alltäglichen Interaktionen allmählich direktere und expansivere Verhaltensweisen erprobte, statt mir in den Sitzungen von seiner Geschichte und »Persönlichkeitsstruktur« zu berichten.

Solche »schlichten« Interventionen oder Vorschläge reichen in der Regel natürlich nicht aus (wie auch die meisten Verhaltenstherapeuten einräumen). Doch gelegentlich entwickeln sie eine überraschende Stoßkraft, und häufig tragen sie zur Klärung der Frage bei, wie eng das betreffende Interaktionsmuster mit verschiedenen anderen Merkmalen der Lebensweise des Patienten verknüpft ist. Selbst eine so einfache Frage wie die, ob der Patient die vorgeschlagene Änderung versucht, kann — ganz abgesehen davon, ob sie irgendeine Wirkung hat — Aufschluß darüber geben, womit man es zu tun hat.

In den verschiedenen Phasen der Therapie besteht durchaus die Möglichkeit, daß ich irgendeine oder alle der Methoden zur Verhaltensbeurteilung verwende, von denen zu Anfang des Kapitels die Rede war. Für besonders nützlich halte ich die Aufforderung an den Patienten, seine Aufmerksamkeit systematisch einem bestimmten Verhaltensmuster und dessen Kontext zuzuwenden und es aufzuzeichnen. Manchmal hat diese Bitte nur den Zweck, irgendeinen Aspekt der Schwierigkeiten des Patienten zu explorieren oder zu beurteilen. Bei anderen Gelegenheiten sind solche systematischen Aufzeichnungen flankierende Maßnahmen bei der Ausführung spezifischer therapeutischer Aufgaben von jener Art, die in den folgenden Kapiteln erörtert werden. Im allgemeinen stelle ich fest, daß solche Bitten um systematische Beobachtung dem Klima der therapeutischen Interaktion keinen ernsthaften Schaden zufügen und auch für die weitere interpretative Arbeit, die sich auf empathisches Zuhören stützt, kein Problem bedeutet. Während der ganzen Dauer der Therapie höre ich zu, bringe ich klar und deutlich zum Ausdruck, daß ich helfen möchte, erkläre ich wiederholt, daß ich am besten helfen kann, wenn ich weiter zuhöre und versuche, die emotionalen Strömungen zu verstehen und selbst zu empfinden, aber ich mache auch deutlich, daß ich mit Vorschlägen direkt eingreifen will, wenn ich glaube, sie könnten nützlich sein.[15]

In meiner Arbeit spiegelt sich — ganz im Gegenteil zu dem, was man aus der verhaltenstherapeutischen Literatur schließen könnte — die Auffassung, daß im Laufe der Entwicklung psychodynamischen Denkens ein großer Schatz an einsichtsvollen Beobachtungen und nützlichen begrifflichen Werkzeugen zusammengetragen wurde. Zwar müssen diese Konzepte und Beobachtungen weit kritischer evaluiert werden, als das in der Regel geschehen ist, doch lassen sie sich nur unter großer Gefahr für die Wirksamkeit der eigenen klinischen Praxis in Bausch und Bogen abtun. Überdies möchte ich behaupten, daß ein Großteil des therapeutischen Lernens innerhalb der Patient-Therapeut-Beziehung stattfindet und daß diese Beziehung, wenn sie sowohl Engagement als auch Reflexion in sich vereint, eine einzigartige Gelegenheit zum Umlernen bietet. Sie läßt sich wohl kaum dadurch ersetzen, daß der Patient lernt, nur in seinem alltäglichen Milieu anders zu sein. Ferner bin ich aufgrund meiner eigenen klinischen Erfahrung und aufgrund der Ergebnisse aus der Forschung zum Wahrnehmungslernen, zur kognitiven Umstrukturierung usw. (vgl. Leeper, 1970) der Meinung, daß Verhaltenstherapeuten den therapeutischen Wert von Einsicht in die Probleme des eigenen Lebens und deren Klärung unterschätzt haben (besonders wenn es sich um die Einsicht in gegenwärtige Wünsche und Vorstellungen handelt und nicht um eine vorrangig historische Perspektive).

Doch fällt mir noch etwas anderes auf: die bescheidene Erfolgsrate und der übermäßige Zeit- und Kostenaufwand traditioneller Therapien einerseits, und die Verheißung des Heils und die Logik der Methoden andererseits, die von Verhaltenstherapeuten entwickelt worden sind. Meine Deutungen geben nicht vor, daß die Reaktionen des Patienten nichts mit mir zu tun haben; sie gelten (offenen oder verdeckten) subjektiven Reaktionen des Patienten auf alles, was ich tue (oder was irgend jemand anders tut). Deshalb meine ich, daß die Verwendung von Beurteilungs- und Interventionsmethoden Interpretation, einfühlendes Zuhören oder die Erklärung unbewußter Prozesse nicht beeinträchtigt. Der Patient wird (bewußte und unbewußte) Reaktionen auf solche Methoden zeigen, wie er auch auf die Tatsache

---

[15]Diese Position befindet sich im Gegensatz zu der einiger dynamisch orientierter Therapeuten, die behaupten, sie könnten am besten helfen, wenn sie es vermieden, die Rolle des »Heilers« (Vgl. Paul, 1974) offen zu übernehmen, und wenn sie keinen Anteil daran nähmen, ob der Patient sich ändere.

reagiert, daß keine strukturierte Hilfe angeboten wird. In jedem Falle ist es wichtig, diese Reaktionen zu klären. Es ist durchaus nichts Außergewöhnliches, wenn der Therapeut in einer bestimmten Phase der Therapie vor allem zuhört, sich auf Gefühle konzentriert und gelegentliche Kommentare abgibt, während er sich in anderen Phasen vorwiegend bemüht, aktiv Änderung herbeizuführen, wobei er sich auf sein erweitertes Verständnis stützt. Die meisten zwischenmenschlichen Beziehungen weisen zu verschiedenen Zeiten verschiedene Merkmale auf.

Ohne die Zuhilfenahme von nützlichen klinischen Konzepten und ohne die Berücksichtigung affektiver und kommunikativer Momente lassen sich die Probleme sehr viel schwerer beurteilen. Ebenso kann der verfrühte Versuch, eine spezifische Änderung herbeizuführen, problematisch sein, wenn man sich auf normative Annahmen verläßt, statt in die Welt des Patienten einzudringen. Ebenso problematisch kann es jedoch sein, wenn man es ablehnt, eine systematische Beurteilung vorzunehmen und die subjektiven Eindrücke des Klinikers durch andere Datenquellen zu ergänzen. Und noch deutlichere Grenzen werden allen Versuchen gezogen sein, die ganze Last therapeutischer Änderung allein auf die zwar wertvollen, aber dennoch begrenzten Auswirkungen von Klärung oder Verständnis zu legen, oder gar auf die Erfahrung einer neuen, offeneren, reflektierteren und lebendigen Beziehung zum Therapeuten.

Die Beiträge der Verhaltenstherapie, die in diesem Kapitel erörtert wurden, waren in erster Linie solche Verfahren, die ausdrücklich zu den Beurteilungsmethoden gerechnet werden. Wir werden sehen, daß die Interventionsmethoden, die in den nächsten Kapiteln zur Sprache kommen werden, sehr nützlich sind, um jenes Verständnis *anzuwenden,* zu dem man durch diese beschriebenen Beurteilungsmethoden gelangt, und um schließlich bedeutsame therapeutische Änderung herbeizuführen.[16] Weiter fördern sich — wie wir sehen werden — Änderung und Beurteilung gegenseitig. Wenn ein Mensch anfängt, den Dingen die Stirn zu bieten, die er fürchtet, oder mit anderen Menschen auf eine neue Weise zu interagieren, dann wächst damit die Möglichkeit außerordentlich, daß er neu und besser erkennt, wo er steht, woher er kommt und wohin er gehen kann.

---

[16]Die Interventionsmethoden können verstanden werden als eine Möglichkeit, den Prozeß des »Durcharbeitens« zu fördern, sobald Patient und Therapeut zu einem ersten Verständnis gelangt sind (vorausgesetzt natürlich, daß Durcharbeiten nicht ausschließlich als der Erwerb von immer mehr Verständnis verstanden wird).

8
Die Reduktion von Ängsten: Grundlagen systematischer Desensibilisierung und verwandte Methoden

Die Analyse aus Kapitel 6 führt zu dem Schluß, daß die Reduktion unangemessener Angst von zentraler Bedeutung für die therapeutische Änderung neurotischer Probleme ist. Wie wir gesehen haben, erwachsen viele der Probleme, die Patienten zu Psychotherapeuten führen, aus Ängsten, die ursprünglich in der kindlichen Situation extremer Hilflosigkeit und Abhängigkeit eingeübt und gelernt wurden.

Diese frühen Erfahrungen des Angstlernens üben ihren Einfluß nicht aus, indem sie ganz konkret als Impulse oder Abwehrmechanismen in einem bestimmten abgegrenzten Bereich der psychischen Geographie fortbestehen, sondern indem sie — wie in Kapitel 4 aufgezeigt — den weiteren Entwicklungsverlauf aus seiner Richtung bringen. Frühe Ängste und die verzweifelten Versuche des Kindes, sie zu mindern, führen zu bestimmten Formen von Erfahrungen und Anpassungsstrategien, die den Menschen in seiner Entwicklung für bestimmte Klassen von belastenden Faktoren anfällig machen, die von anderen möglicherweise mühelos bewältigt werden. Wenn ein Mensch beispielsweise schon früh lernt, sich zum Abbau intensiver Gefühle von Angst und Verletzlichkeit auf die aggressive Unterwerfung und Beherrschung anderer zu verlassen, wird er sich durch die Aussicht auf Mißerfolg oder durch die Tatsache, daß er selbst die Neigung verspürt, sich einem anderen in offener, vertrauensvoller oder abhängiger Weise zu nähern, übermäßig bedroht fühlen. Ebenso wird jemand, der gelernt hat, intensive Angst dadurch zu unterdrücken, daß er liebenswürdig, nett oder harmlos ist und sich einem starken und verläßlichen Beschützer ausliefert, das Gefühl außerordentlicher Bedrohung erleben, wenn sich beim anderen Zeichen der Mißbilligung oder nachlassenden Interesses einstellen, wenn er selbst die Neigung verspürt, ärgerlich oder heftig zu reagieren oder wenn er in irgendeiner anderen Weise sein »Recht« auf den Schutz des anderen in Gefahr bringt.[1]

[1] Es sei angemerkt, daß eine solche Analyse nicht unbedingt im Widerspruch zu Mischels (1968) Nachweis steht, der besagt, daß die situationsspezifische Verhaltensvariabilität weit größer ist, als manche frühen Theoretiker erkannt haben. Die oben beschriebenen Interaktionsmuster werden möglicherweise nur in bestimmten Situatio-

Wie Dollard und Miller (1950) zeigen, erzielen traditionelle psychoanalytische Therapien ihre Wirkung wahrscheinlich weitgehend durch Auslöschung der unrealistischen Ängste, die neurotisches Verhalten motivieren. Wenn der Analytiker dem Ausdruck gefürchteter Gedanken und Gefühle Vorschub leistet und dafür Sorge trägt, daß sie in einer Situation geäußert werden, in der keine Strafe erlebt wird, trägt er zur Auslöschung der unangemessenen Ängste im Kern der Neurose des Patienten bei.

Im Prinzip scheint dieser Ansatz, eine Änderung des angstmotivierten problematischen Verhaltens herbeizuführen, vernünftig zu sein. Studien wie die von Miller (1948) liefern eine hinreichende Basis, um Furcht als Reaktion (oder als Reaktionsbündel — vgl. Lang, 1971) zu verstehen, die in bestimmten Situationen gelernt wurde und von der man — wie auch von anderen Reaktionen, die schon von Psychologen untersucht wurden — erwarten sollte, daß sie ausgelöscht wird, wenn Bekräftigung ständig ausbleibt. Nun lassen jedoch eine Vielzahl von Forschungsergebnissen darauf schließen, daß der Fall bei der Angstextinktion nicht so einfach liegt und daß sich hier Probleme stellen, die bei der Extinktion anderer Reaktionsarten nicht ins Spiel kommen.

Beispielsweise zeigt Millers eigene Forschung sehr deutlich, wie resistent heftige Ängste gegenüber Extinktion sein können. In einer Studie (Miller, 1951) wurden Tiere darauf abgerichtet, einen Hebel herunterzudrücken, um aus einem Sektor herauszukommen, in dem sie zuvor einen Schock erhalten hatten. In vielen Versuchen zeigten sie weiterhin diese Gewohnheit, obwohl sie keinen Schock mehr erhielten. Die Vermeidungsreaktion — und vermutlich die Angst, die sie motivierte — wies schließlich Zeichen von Extinktion auf, doch erst nach sehr langer Zeit. Ein Tier *verbesserte* sogar für die Dauer von 200 Versuchen seine Vermeidungsreaktion (nur durch die Angstreduktion bekräftigt[2], ohne daß ihm Schocks verabreicht wurden), bevor sich überhaupt erkennen ließ, daß das Tempo beim Niederdrüc-

---

nen aktiviert und zeigen sich nicht unbedingt in allen Lebensbereichen dieses Menschen. In diesem Zusammenhang ist wichtig, daß solch ein Verhalten, wenn es von Angstvermeidung motiviert ist, wahrscheinlich einigermaßen apodiktisch und rigid sein wird, nicht so fein abgestimmt auf minimale Veränderungen von Umweltereignissen, wie es Verhaltensweisen sind, die auf einer anderen Grundlage erlernt wurden (vgl. Wachtel, 1973a, b; Mischel, 1973b).

[2]Die Beziehung von Angst und Vermeidung wird neuerlich etwas anders dargestellt (z. B. Seligman u. Johnston, 1973).

ken seines Hebels nachließ; und die Kurve, die Miller wiedergibt, zeigt, daß die Reaktion, wenn auch mit verringertem Tempo, noch mehr als 600 Versuche andauerte.
Solomon und Wynne (1954) berichten von ähnlichen Ergebnissen bei Experimenten mit Hunden. Ihre Tiere behielten ihr Vermeidungsverhalten bei 500 und noch mehr Extinktionsversuchen bei. Die Autoren kamen zu dem Schluß, daß Angstlernen partiell irreversibel sei. Auch andere haben von der außerordentlichen Hartnäckigkeit angstmotivierten Verhaltens bei Fortfall externer Bekräftigung berichtet (z. B. Brush, 1957; Seligman und Campbell, 1965; Sheffield und Temmer, 1950; Sidman, 1955).

Wolpes Experimente zur Furchtreduktion

Wolpe (1958) stellte fest, daß konditionierte Ängste und Vermeidungen gegen Auslöschung ähnlich resistent waren. Katzen, die in einem zu experimentellen Zwecken aufgestellten Käfig schmerzhafte elektrische Schocks erhalten hatten, sträubten sich anschließend dagegen, wieder in den Käfig gesteckt zu werden, zeigten viele Anzeichen intensiver Angst, als man sie mit Zwang in den Käfig steckte, und verweigerten dort die Nahrung, wobei sie bis zu drei Tage hungerten. Ferner zeigten sich diese Angstreaktionen nicht nur im Käfig, in dem der Schock verabreicht worden war, sondern in unterschiedlichen Abstufungen auch beim Anblick des Versuchsleiters, beim Klang eines auditiven Stimulus, der den Schock begleitet hatte, und in zahlreichen Räumen, in denen zwar kein Schock verabreicht worden war, die aber irgendwelche Stimuluseigenschaften mit dem »Schauplatz des Verbrechens« teilten.
Wolpe stellte ja bekanntlich fest, daß er diese Angstreaktionen durch ein spezielles Verfahren eliminieren konnte. Dabei wurden die Tiere in einer Situation gefüttert, die der am heftigsten gefürchtetsten nur bis zu einem gewissen Grade glich. Wenn eine Situation gewählt wurde, in der die Angstreaktionen schwach genug waren, hinderte die Angst die Tiere nicht an der Nahrungsaufnahme. Sobald sie eine Zeitlang in einer Situation gefressen hatten, die nur eine leichte Ähnlichkeit zu jener aufwies, in der sie die Schocks erhalten hatten, konnten sie mit Bedingungen konfrontiert werden, die ein wenig mehr Ähnlichkeit aufwiesen, ohne daß dies sie an der Nahrungsaufnahme gehindert hätte. So konnten sie stufenweise an Situationen gewöhnt werden, die immer größere Ähnlichkeit mit dem Ort aufwiesen, an dem sie die Schocks erhalten hatten. Schließlich konnten

sie an diesen Ort gebracht werden und fraßen, statt zu erstarren oder fortzulaufen. Es hat also den Anschein, als sei ein Teil der Angst auf jeder Stufe des Kontinuums von Situationen (oder der »Hierachie«, wie man sie später nennen sollte) beseitigt worden, die zunehmende Ähnlichkeit mit dem Schauplatz des Traumas aufwiesen. Damit schien ein ziemlich effizienter Weg zur Eliminierung von Angst und Vermeidungsverhalten offenzustehen, bei dem nicht Hunderte und Aberhunderte von Versuchen erforderlich waren.

Wolpe kam zu dem Schluß, das Verfahren sei aus folgendem Grunde wirksam gewesen: Da er mit einer Situation begonnen habe, der gewisse Eigenschaften mit der ursprünglichen Situation gemeinsam gewesen seien, in der aber die Angst die Nahrungsaufnahme nicht gehemmt habe, habe er Umstände geschaffen, unter denen statt dessen die Nahrungsaufnahme die Angst gehemmt habe. Diese aktive Hemmung von Angst schuf nach seiner Meinung die Voraussetzung dafür, daß die Angst verlernt wurde und die Verbindung zwischen den zuvor furchtauslösenden Hinweisreizen und der Angstreaktion aufgelöst wurde. Nachdem ein Teil der Hinweisreize nicht mehr mit Angst verknüpft war, konnte das Tier in eine Situation gebracht werden, die mehr angstauslösende Hinweisreize enthielt. Während in dieser Situation zuvor Angst die Nahrungsaufnahme gehemmt hatte, hemmte nun Nahrungsaufnahme die Angst, die so als Reaktion auf weitere Merkmale der furchterregenden Situation eliminiert wurde. Auf diese Weise ließen sich die *reziproken Hemmungseffekte* von Angst und Fressen dazu benutzen, immer größere Teile des ursprünglich bedrohlichen Stimuluskomplexes zu beseitigen, bis die ursprüngliche Situation selbst aufhörte, Angst hervorzurufen.[3]

Diese experimentelle Arbeit und die Theorie, mit der Wolpe sie erklärte, wurde zur Grundlage zahlreicher innovatorischer klinischer Methoden, um neurotische Angst bei Menschen zu reduzieren. Eine Sonderstellung im klinischen Repertoire von Verhaltenstherapeuten nehmen die Methoden ein, die als systematische Desensibilisierung und Selbstbehauptungstraining bekannt sind. Selbstbehauptungstraining wird in Kapitel 10 erörtert werden, wo ich versuche, die dabei verwendeten Verfahren in einen klinischen und theoretischen Zusammenhang zu stellen, der sich von dem Kontext weitgehend unterscheidet, in dem sie ursprünglich entwickelt wurden. Systematische Desensibilisierung ist ein Hauptthema dieses Kapitels wie auch des

---

[3]Eine etwas eingehendere Untersuchung der theoretischen Position von Wolpe wird später in diesem Kapitel folgen.

folgenden. Wir wollen einige Belege für die Wirksamkeit systematischer Desensibilisierung bei verschiedenen Arten von Problemen betrachten, dazu die Vielfalt verwandter Verfahren, die manchmal unter der Bezeichnung systematische Desensibilisierung zusammengefaßt werden, außerdem deren Grundlagen, die sich von der ursprünglichen theoretischen Erklärung Wolpes unterscheiden, und schließlich die Beziehung zwischen Desensibilisierung (sowie anderen verhaltenstherapeutischen Methoden zur Angstreduktion wie z. B. der Überflutung) und den Methoden psychodynamisch ausgerichteter Therapeuten. Besonders in Kapitel 9 wollen wir uns mit einigen der Probleme beschäftigen, auf die die klinische Verwendung systematischer Desensibilisierung stößt, und mit der Frage, inwieweit die Methoden und Perspektiven des psychodynamischen Ansatzes zur Bewältigung dieser Probleme beitragen können.

Unterschiede zwischen Labormethoden und klinischen Verfahren

Als Wolpe die Ergebnisse seiner Tierstudien auf die Behandlung menschlicher Neurosen anwendete, nahm er eine Reihe wichtiger Veränderungen vor, die von großem klinischen Nutzen zu sein scheinen, die aber auch Gegenstand heftiger Kontroversen sind. Eine dieser Veränderungen, die seltener Erwähnung findet, ist die Art, wie er das klinische Interview zur Datensammlung benutzt.

Die ersten Tierexperimente waren recht deutliche Beispiele für die behavioristische Methodologie (in der erweiterten Bedeutung dieses Terminus, wie er von Hull und anderen sich auf Mediatoren berufenden Behavioristen eingeführt wurde). Unmittelbar beobachtbares Verhalten oder Rückschlüsse, die eng an die Beobachtung geknüpft waren — entsprechend der orthodoxen Tradition behavioristischer Experimentalpsychologie —, lieferten die Basis für die Schlußfolgerungen, zu denen Wolpe gelangte.

Wolpes klinische Berichte über menschliche Neurosen waren durch solche methodologischen Fesseln jedoch nicht eingeschränkt. Er verließ sich weitgehend auf die Darstellungen des Patienten — was dieser von seinen frühen Erlebnissen berichtete, wie er seinen gegenwärtigen Gefühlszustand beschrieb und wie sich aus seiner Sicht die Dinge in seinem augenblicklichen Leben darstellten.

Locke (1971) hat schlüssig dargelegt, daß systematische Desensibilisierung tatsächlich keine behavioristische Methode sei. Jüngere Versuche, seine Behauptung zurückzuweisen, sind nicht überzeugend ausgefallen (Eysenck, 1972, Waters und Mc Callum, 1973). Und wirklich beruht die systematische Desensibilisierung (ebenso wie die Verhaltensanalyse, die ihr vorausgeht) in der Form, in der sie von erfahrenen und einfühlsamen verhaltensorientierten Klinikern praktiziert wird, in einem solchen Maße auf Introspektion, daß sie ebensosehr als Enkelkind Titcheners wie als das Watsons angesehen werden kann. Verschiedentlich wurde sogar vorgebracht, daß die Fertigkeit, die der Patient entwickelt, wenn er sich mit seiner subjektiven Erfahrung befaßt und diese artikuliert, ein Hauptfaktor für die therapeutische Wirkung der Technik der systematischen Desensibilisierung sei. Andere Abweichungen von den Verfahren des Tierexperiments sind ebenfalls von beträchtlicher Bedeutung und Ursache vieler theoretischer Auseinandersetzungen. Abgesehen davon, daß Wolpe in seiner Arbeit mit Patienten Interviewmethoden und introspektive Berichte einführte, veranlaßte er die Patienten auch in vielen Fällen dazu, sich die Situationen *vorzustellen*, vor denen sie Angst haben, statt sie tatsächlich konkreten physischen Stimuli auszusetzen, wie er es in seinen Tierstudien getan hat. Auf diese Vorstellungsdesensibilisierung wird in der Literatur meist Bezug genommen, wenn der Terminus »systematische Desensibilisierung« fällt. Ihr gelten auch die meisten experimentellen Überprüfungen. Desensibilisierung, die den ursprünglichen Tierexperimenten ähnlicher ist — die Darbietung tatsächlicher und konkreter Stimuli — ist zwar kein ungewöhnliches Vorgehen, aber doch nicht das eigentliche »Standardverfahren«. Es wird durch den speziellen Terminus »In-vivo-Desensibilisierung« bezeichnet.

Die praktischen Vorteile, die die Verwendung vorgestellter Szenen bietet, liegen auf der Hand. Wenige Therapeuten können in ihren Praxen all die Stimuli verfügbar haben, vor denen ihre Patienten möglicherweise Angst haben, bzw. all die abgestuften Spielarten, mit deren Hilfe die Patienten graduell mit immer schwierigeren Items einer Ängstlichkeitshierarchie vertraut gemacht werden könnten. In unserer Vorstellung aber können wir, während wir auf einem Stuhl sitzen oder auf einer Couch liegen, einer enormen Vielfalt von Erfahrungen in zahllosen Spielarten und in verschiedener Heftigkeit begegnen.

Doch ist aus vielen Gründen — theoretischer wie praktischer Art — ernsthaft in Frage gestellt worden, ob diese beiden Vorgänge — die Anweisung an den Patienten, sich etwas vorzustellen, und die Darbietung eines Stimulus im Tierexperiment — vergleichbar seien. Vor- und Nachteile sind damit verknüpft, daß die Vorstellung ins Spiel gebracht wird. Es werden komplexere Konzepte erforderlich als bei der Erfassung von Tierexperimenten. Ich werde einige dieser Konzepte untersuchen, wenn wir in unserer Erörterung der klinischen Verwendung systematischer Desensibilisierung fortschreiten. Die zweite wichtige Abweichung von den Tierstudien, die Wolpe bei seiner Arbeit mit Patienten einführte, bestand darin, daß er die Nahrungsaufnahme als reziproken Hemmfaktor der Angst durch Entspannung ersetzte. Die trainierte tiefe Muskelentspannung war nicht die einzige Reaktion, die Wolpe zur Angsthemmung verwendete (vgl. Wolpe, 1958, 1969 zur eingehenden Darstellung dieser Verfahren). Sie wurde nur, wie die Verwendung der Vorstellung, zur »Standardversion« systematischer Desensibilisierung. Auf dieses Training bezieht sich der Terminus meist, wenn er in klinischen Darstellungen und Forschungsberichten der Literatur benutzt wird. Wenn im folgenden also von systematischer Desensibilisierung die Rede ist, ist (sofern nicht ausdrücklich erwähnt) darunter ein Verfahren[4] zu verstehen, bei dem 1. die Stimuli aufgespürt werden, die die Angst des Patienten hervorrufen, 2. eine oder mehrere Hierarchien aufgestellt werden, die Dimensionen darstellen, innerhalb derer die Ängstlichkeit des Patienten von schwacher bis zu starker Ausprägung variiert, 3. der Patient in tiefer Muskelentspannung unterwiesen wird und er 4., während er tief entspannt ist, aufgefordert wird, sich einen niedrigen Item der Hierarchie vorzustellen. Er stellt ihn sich einige Sekunden lang vor, wiederholt den Vorgang, wenn er ihm Angst bereitet, und geht zum nächsten Item der Hierarchie über, wenn er wenig oder keine Angst mehr empfindet. So verfährt er, bis er sich den ursprünglich beunruhigendsten Item der Hierarchie bei geringer oder keiner Angst vorstellen kann.[5]

Desensibilisierung und psychodynamisch orientierte Therapie

Auf den ersten Blick scheint sich Wolpes Verfahren von der typischen Vorgehensweise der meisten dynamischen Therapeuten sehr

[4]Der Leser möge bitte darauf achten, ob vom *Verfahren* der systematischen Desensibilisierung die Rede ist oder vom *Desensibilisierungsmodell.* Sofern dieses angesprochen ist, ist eine größere Vielfalt von Verfahren gemeint.

[5]Dieses Verfahren weist natürlich noch viele andere Aspekte auf. Man begegnet vielen anderen Problemen und speziellen Fragen, auch vielen Variationen, innerhalb des »Standardverfahrens«. Auf manche dieser Fragen werden wir in diesem und im folgenden Kapitel eingehen, doch der Leser, der sich für die herkömmliche Praxis systematischer Desensibilisierung interessiert, sollte Wolpe (1969) oder einen anderen streng verhaltensorientierten Text heranziehen.

stark zu unterscheiden. Doch in mancher Hinsicht gibt es wesentliche Überschneidungen, die eine so strenge und feststehende Unterscheidung, wie allgemein impliziert wird, nicht notwendig machen, auch wenn es natürlich konkrete und wichtige Unterschiede gibt. Zum einen ist — wie ich oben festgestellt habe — das mit Geschick geführte klinische Interview wesentlich für den Erfolg beider Methoden. Der Therapeut muß in der Lage sein, den Patienten zu Beschreibungen und Reaktionen zu bewegen, durch die sich die relevanten Angstquellen identifizieren lassen, und er muß die Fertigkeiten und Kenntnisse besitzen, um zu wissen, was denn die gewonnenen Daten bedeuten. Der Verhaltenstherapeut muß in nicht geringerem Maße als sein psychodynamisch orientierter Kollege ausgebildet sein, um zu *bemerken*, daß die Symptome eines Patienten sich immer dann zu verschlimmern scheinen, wenn seine Schwiegermutter zu Besuch kommt, und daß trotz seiner ursprünglichen Behauptung, er möge sie und sei gern mit ihr zusammen, seine Rede zögernd wird, sein Körper sich verkrampft, seine Hand sich zur Faust ballt und er den Gesprächsgegenstand wechselt, wenn von ihr die Rede ist.

Wolpes Verfahren überschneidet sich ebenfalls beträchtlich mit den Methoden vieler dynamischer Therapeuten. Wenn es in der Ausbildung dieser Therapeuten heißt, »Angst muß dosiert werden«, »Interpretationen müssen ›getimet‹ werden«, »Der Patient muß die Möglichkeit haben, das Tempo zu bestimmen«, »Es darf nur interpretiert werden, was bereits vorbewußt geworden ist« und so fort, so heißt das, daß der Therapeut Bedingungen schaffen soll, unter denen der Patient zu Anfang nur Vorstellungen und Gedanken ausgesetzt wird, die kaum bedrohlich sind. Graduell wird er dann Inhalten ausgesetzt, die immer bedrohlicher werden. Die »wilde Analyse« (Freud, 1910), in der der Patient sehr früh mit Gedanken und Vorstellungen konfrontiert wird, die ihm zutiefst widerstreben, wird heute von den meisten psychodynamischen Richtungen mißbilligt.

Auch Wolpes Gebrauch von Entspannung und anderen angstreduzierenden Reaktionen hat seine Entsprechung in psychodynamischen Ansätzen. Wolpe selbst (1958) hat vermutet, daß der Erfolg, den dynamische Therapeuten erzielten, in großem Maße auf angsterleichternde Reaktionen zurückgehe, die durch die Gegenwart des Therapeuten als beruhigende, beschützende, Hilfe bietende Person hervorgerufen würden.[6] Zahlreiche Merkmale dynamischer Verfahren

---

[6]Er behauptet auch, daß die therapeutischen Wirkungen, die von dynamischen Therapeuten erzielt würden, nicht annähernd so groß seien wie die Erfolge, die der explizi-

scheinen wesentlich zu dieser beruhigenden Wirkung beizutragen. Bei den analytischen Therapeuten, die die Couch verwenden, darf man schon von der liegenden Haltung und der daraus resultierenden Muskelentspannung eine gewisse Angstreduktion erwarten.[7] Außerdem enthüllt der Patient dem Therapeuten Gedanken und Handlungen, deren er sich schämt. Da der Therapeut freundlich akzeptierend und nicht-strafend auf sie reagiert, wirkt er in der Regel als angstreduzierender sozialer Stimulus. Ähnlich gelagert — wenn auch von einem ganz anderen Ausgangspunkt herkommend — scheinen die modernen psychoanalytischen Ausführungen zu sein, die unterstreichen, daß es notwendig sei, ein Arbeitsbündnis herzustellen, damit beunruhigende Deutungen sich therapeutisch auswirken können. Auch hier ergibt sich die Schlußfolgerung, daß ein positives emotionales Klima den Hintergrund für jene Dinge abgeben müsse, die beträchtliche Angst hervorrufen.

Unterschiede zwischen Desensibilisierung und psychodynamisch ausgerichteten Ansätzen

Die obigen Darlegungen sollten nicht in dem Sinne verstanden werden, daß systematische Desensibilisierung und psychodynamische Therapien im Grunde so ähnlich seien, daß ihre Unterschiede vernachlässigt werden könnten (oder daß alle Therapeuten in Wirklichkeit das gleiche täten). Jeder, der den Bericht einer analytischen Psychotherapie liest und sie mit der Beschreibung einer systemanalytischen Desensibilisierung vergleicht, wie sie Wolpe praktiziert, hat keine Mühe zu sagen, worum es sich jeweils handelt. Wolpe konzentriert sich weit systematischer als der typische Vertreter der dynamischen Richtung jeweils nur auf eine Sache während einer gewissen Zeit. Dem dynamischen Therapeuten hingegen ist während des gesamten Therapieverlaufs besonders daran gelegen, die Bedeutung von Nebensächlichkeiten und Randbemerkungen zu explorieren, selbst wenn dies bedeutet, daß die Fortschritte, die in einer bestimmten Richtung erzielt werden, nicht so stetig sind. Ferner versucht man in Wolpes Therapie für gewöhnlich (wenn auch nicht immer),

---

ten Anwendung dieser Verfahren zu verdanken seien. Auf diese Frage werden wir in Kürze zu sprechen kommen.

[7]Diese und andere Merkmale des Verfahrens, die auf die meisten Menschen beruhigend wirken, können natürlich bei manchen die Angst *steigern*. Das hängt von der besonderen subjektiven Bedeutung für den Patienten ab.

die angstreduzierenden Eigenschaften der therapeutischen Beziehung zu ergänzen durch *ausdrücklich trainierte oder dem Patienten beigebrachte Reaktionen*, die gerade diesem Zwecke dienen. Weiter legen Therapeuten, die systematische Desensibilisierung praktizieren, in der Regel größeren Nachdruck darauf, den Patienten (entweder in vivo oder in der Vorstellung) Hinweisreizen auszusetzen, die mit angstauslösenden Umweltereignissen verknüpft sind, während dynamische Therapeuten meist affektive und motivationale Zustände für wichtiger halten. Nach ihrer Auffassung schaffen diese die stärksten Reize zur Auslösung von Angst und Abwehrreaktionen. Doch auch hier handelt es sich — wie oben — um Unterschiede gradueller, nicht absoluter Art. Therapeuten fast aller Richtungen, ob Freudscher oder Wolpescher Provenienz, erkennen an, daß Menschen auf innere wie äußere Ereignisse reagieren.

Während also die systematische Desensibilisierung eine deutliche Abweichung gegenüber früheren psychotherapeutischen Methoden bedeutet, müssen wir sie uns jedoch nicht unbedingt als einen Ansatz vorstellen, der völlig unvereinbar mit früheren Methoden und Ansätzen wäre. Dies scheint besonders dann zu gelten, wenn man berücksichtigt, daß der Erfolg, den man mit der systematischen Desensibilisierung erzielt hat, zu zahlreichen Versuchen von Verhaltenstherapeuten geführt hat, Angst durch die unmittelbare Anwendung von Lernprinzipien zu reduzieren. Einige dieser Versuche unterscheiden sich erheblich vom ursprünglichen Desensibilisierungsverfahren. Dabei wurde auch die Notwendigkeit von scheinbar so entscheidenden Elementen wie der Entspannung oder dem allmählichen Aufstieg in der Hierarchie in Frage gestellt. Die Definitionsfrage, von welchem Punkt ab diese therapeutischen Verfahren nicht mehr als »systematische Desensibilisierung« bezeichnet werden sollten, braucht uns hier nicht zu beschäftigen. Verhaltenstherapeuten haben mit einem ganzen Spektrum verwandter, wenn auch unterschiedlicher Verfahren zur Reduktion schlecht angepaßter Angst experimentiert. Uns soll es hier darum gehen, festzustellen, ob wir klarer als die bislang mit bestimmten Etiketten versehenen Richtungen artikulieren können, in welchen Punkten die verschiedenen therapeutischen Anstrengungen von »dynamischen« und »verhaltensorientierten« Therapeuten sich unterscheiden, äquivalent sind oder sich ergänzen.

Der therapeutische Wert systematischer Desensibilisierung liegt zu klar auf der Hand, als daß dynamische Therapeuten ihn ignorieren könnten — doch ist das vorhandene Material andererseits zu unvollständig, als daß sich Verhaltenstherapeuten mit ihm zufriedengeben könnten. Es hat zwar viele kontrollierte Experimente gegeben, die die Wirksamkeit der Techniken systematischer Desensibilisierung bei der Angstreduktion nachgewiesen haben, doch hat sich die Mehrheit dieser Experimente mit »analogen« Phobien (vgl. unten) beschäftigt — so etwa mit der Furcht vor Schlangen, Mäusen oder Spinnen bei Studenten, die man für Forschungszwecke angeworben hatte. Es gibt auch systematisch erforschtes Beweismaterial von der Wirksamkeit systematischer Desensibilisierung bei einer größeren Vielfalt von Problemen und bei Menschen, die sich selbst als Patienten definieren und therapeutischen Beistand suchen und nicht freiwillig an einer Studie mitwirken. Diese (unten erörterte) Evidenz liefert gewichtige Gründe für die Verwendung der systematischen Desensibilisierung bei zumindest einigen klinischen Problemen. Doch für die Mehrheit der Probleme, bei denen von der Wirksamkeit der systematischen Desensibilisierung berichtet wird, besteht die Evidenz im wesentlichen aus Fallberichten.

Was den großen komplexen Bereich der Neurosen betrifft, sitzt also der Verhaltenstherapeut, der die Verwendung systematischer Desensibilisierung rechtfertigt, im gleichen Boot wie der dynamische Therapeut, der seine Vorgehensweise rechtfertigt. Wenn es darum geht zu beweisen, daß ihre Verfahren sich für komplexe interpersonale Probleme eignen — wie die Angst vor dem Tod, Krankheit, Schlaflosigkeit, Alpträume und eine Vielzahl anderer klinischer Probleme —, müssen sich beide auf die Berichte von Klinikern stützen, die in ähnlichen Fällen Erfolg erzielt haben. Und solche Berichte sind einer Reihe von allseits bekannten Problemen ausgesetzt (es liegt beispielsweise die Möglichkeit nahe, daß über erfolglose Fälle nicht in gleicher Weise berichtet wird, oder daß die eingetretene Änderung auf andere Faktoren als die spezifischen therapeutischen Techniken zurückzuführen ist: auf Placeboeffekte etwa, auf Effekte, die in der Person des Therapeuten und nicht in seinen Methoden zu suchen sind, oder auf Effekte, die auf extern begleitende Ereignisse zurückzuführen sind — einen neuen Partner, eine neue Stellung und so fort. Vgl. Paul, 1969a, Bergin, 1971 und Kiesler, 1966 zur ausführlichen Erörterung dieser Fragen.)

Die Situation ist jedoch nicht im selben Maße vergleichbar, wenn es gilt, die Fallberichte zu evaluieren, die sich einerseits auf systematische Desensibilisierung und andererseits auf psychodynamische Methoden stützen. Diese Fallberichte haben in der Regel unterschiedliche Merkmale, unterschiedliche Stärken und Schwächen. Außerdem muß jeder Fallbericht im Kontext jener Evidenz beurteilt werden, von der er ein Teil ist — wie weiter unten noch zu erklären sein wird.

Zum ersten Punkt wird jedem Leser, der in der verhaltensorientierten wie psychodynamischen Literatur beschlagen ist, klar sein, daß Fallberichte, die die Verwendung systematischer Desensibilisierung beschreiben, sich in der Regel von psychodynamischen Berichten unterscheiden. Eine Anzahl von Merkmalen scheinen die Berichte über systematische Desensibilisierung mit größerer Beweiskraft auszustatten. Zum einen beschreiben sie im allgemeinen eine Änderung, die in einem kürzeren Zeitraum eintritt. Und, ganz allgemein gesagt, je weniger Zeit die Behandlung beansprucht hat, desto kürzer ist auch der Zeitraum, in dem äußere Ereignisse hätten eintreten können, die für die Änderung verantwortlich gemacht werden. Im Laufe einer Fünfjahresanalyse geschieht so viel, daß es außerordentlich schwierig wird, auseinanderzuhalten, welche Ereignisse im Leben des Patienten ein Produkt des therapeutischen Fortschritts und welche einfach glückliche Vorkommnisse sind, die sich zufällig während des Zeitraums zutrugen, in dem der Patient in Behandlung war. (Hat die Behandlung dem Patienten geholfen, sich einer neuen Beziehung gegenüber »offener« zu verhalten, oder begegnete ihm der »richtige Mensch« einfach »zufällig« und half ihm, sich zu ändern, und so fort?)

Ferner scheint die Beziehung zwischen der therapeutischen Intervention und der Änderung im Falle systematischer Desensibilisierung unmittelbarer und offensichtlicher, wodurch die ursächliche Verknüpfung zwingender erscheint. Auch die auf einen ganz bestimmten Punkt konzentrierte Behandlung begrenzt das Ausmaß, in dem Veränderungen, die auf einen »Gießkanneneffekt« zurückzuführen sind, einfach deshalb den Eindruck eines therapeutischen Effekts hervorrufen können, weil alle Aspekte des Verhaltens eine Tendenz zur Fluktuation aufweisen und *irgend etwas* nach der Behandlung einfach besser als zuvor sein muß. Die Tatsache, daß dynamische Therapien weniger symptomorientiert sind, ermöglicht es den Therapeuten, als Behandlungserfolg bei einem bestimmten Patienten den Umstand anzuführen, er sei weniger häufig deprimiert *oder* sexuell freier *oder* finde mehr Gefallen an Freundschaften und so fort. Solche Veränderungen können in einem Bericht über systematische Desensibilisierung als wertvolle Begleiterscheinungen angeführt werden, doch als Hauptkriterium für Erfolg oder Mißlingen bleibt eindeutig das Zielsymptom. Der Behandlungseffekt in *diesem einen Bereich* ist entscheidend.[8]

Es sollte jedoch angemerkt werden, daß auch die breitere Perspektive des typischen psychodynamischen Fallberichts gewisse Vorteile hat und den Leser in die Lage versetzt, bestimmte Fragen vollständiger zu berücksichtigen, als es der typische Fallbericht über die Verwendung der systematischen Desensibilisierung tut. Nehmen wir beispielsweise den oben beschriebenen Versuch, den Einfluß von Ereignissen außerhalb der Therapie zu entdecken. Solche dazwischenkommenden Ereignisse mögen in dem kürzeren Zeitraum, den der verhaltensorientierte Fallbericht umfaßt, weniger wahrscheinlich sein, doch *wenn* sie eintreten, werden sie aus einem solchen Bericht eher fortgelassen und können deshalb vom Leser in seinem Urteil nicht berücksichtigt werden. Dies liegt an der engeren Perspektive von Behandlung wie Bericht. Sobald eine fokussierte Behandlung mit systematischer Desensibilisierung bei, sagen wir, einem Fall von Klaustrophobie oder Krankheitsangst begonnen worden ist, ist es wahrscheinlicher als in einer traditionellen Therapie, daß der Patient seinem Verhaltenstherapeuten nicht berichtet, daß er ein oder zwei Wochen nach Beginn der Desensibilisierung eine neue Freundin kennengelernt hat. Und selbst wenn er es dem Therapeuten berichtet, ist durchaus denkbar, daß dieser Umstand als »irrelevant« aus dem schriftlichen Bericht ausgeklammert wird. Der dynamische Therapeut wirft sein Netz weiter aus und bietet so dem Leser trotz der Gefahr, in seinem Bericht über Veränderungen zu falschen positiven Schlüssen zu kommen, den Vorteil, ihm ein breiteres Spektrum von Daten zugänglich zu machen (wenn dieses auch möglicherweise durch Vorurteil und subjektive Anzahl verzerrter ist), so daß dieser das Geschehene auch auf andere Weise verstehen kann, wenn er es wünscht. Weiter lassen sich dadurch Hypothesen evaluieren, da

[8] Wenn wir eine Analogie zur statistischen Analyse ziehen wollen, so hat die Art, wie in dynamischen Fallberichten von Besserungen die Rede ist, in mancherlei Hinsicht Ähnlichkeit mit der Durchführung zahlreicher T-Tests, wobei man sich auf die Wahrscheinlichkeit verläßt, daß es darunter schon einen »signifikanten« geben wird, während die Festlegung eines Kriteriums für die Wirksamkeit eines Desensibilisierungsversuchs der Duchführung eines einzigen T-Tests ähnelt, mit dem der Versuch steht oder fällt.

übereinstimmende Beobachtungen als Ergänzung zur experimentellen Methode verwendet werden, die als ausschließliches Modell zur Erforschung von Neurose und Psychotherapie ihre Grenzen hat (vgl. Wachtel, 1973b, in Vorbereitung).
Wir wollen uns jetzt bei der Beurteilung von Fallberichten über die systematische Desensibilisierung einem zweiten Punkt zuwenden, von dem bereits die Rede war — dem Kontext der Evidenz, zu der er gehört. Dazu müssen wir jene Ängste und Verhaltensstörungen betrachten, für die es systematische Beweise für die Wirksamkeit der Desensibilisierung gibt. Fallberichte, die den Anwendungsbereich der Desensibilisierung erweitern, gewinnen in dem Maße an Glaubwürdigkeit, wie nachgewiesen wird, daß sich Probleme, die sich von den im Einzelfall berichteten nicht allzusehr unterscheiden, durch dieses Verfahren in sorgfältig kontrollierten Studien abbauen ließen. Nun weisen Patienten, die therapeutische Hilfe suchen, eine derartige Bandbreite von Problemen auf, daß man kaum erwarten darf, all diese Probleme ließen sich in Studien mit systematisch kontrollierten Ergebnissen untersuchen. Wir wollen deshalb betrachten, welche Arten von Schwierigkeiten systematisch behandelt und untersucht worden sind.

Das Problem der Analogstudien

Wie oben erwähnt, hat sich die bei weitem größte Zahl von Studien mit der Reduktion von Furcht vor Schlangen, Spinnen, Insekten, Ratten und so fort beschäftigt, wobei die Schlange sich eines beträchtlichen Beliebtheitsvorsprungs gegenüber ihren vier-, sechs- und achtbeinigen Konkurrenten erfreut. Die Wirksamkeit der systematischen Desensibilisierung bei der Reduktion solcher Ängste ist recht gut belegt (vgl. Paul, 1969b), wenn es auch nur wenig adäquate Vergleiche mit traditionellen therapeutischen Verfahren gibt (vgl. unten).
Es gibt viele Gründe dafür, warum Verhaltenstherapeuten Schlangenphobien und ähnliche Erscheinungen zur Untersuchung ausgewählt haben. Gewiß nicht der unwichtigste ist die Bequemlichkeit, die es für Forschungszwecke mit sich bringt, daß man sich auf eine sauber definierte Furcht beschränkt, wo sich der Grad an Verhaltensvermeidung leicht erkennen läßt, indem man beispielsweise beobachtet, ob die Versuchsperson sich der Schlange nähert und sie aufnimmt und hinsichtlich derer der allgegenwärtige Collegestudent im zweiten Semester einer Ausgangsbeurteilung per Fragebogen unterzogen und dann zur weiteren Teilnahme an der Studie aufgefordert

werden kann. Ferner sind Schlangenphobien auch aus symbolischen oder ideologischen Gründen ein Lieblingsgegenstand gewesen. Mit dem scharfen Auge für psychoanalytische Übertreibungen und Absurditäten haben Verhaltenstherapeuten genüßlich Äußerungen wie die von Fenichel (1945) zitiert, derzufolge »der Anblick von Schlangen Penisemotionen wachruft«. Schlangenphobien werden häufig deshalb ausgewählt, um die angebliche psychoanalytische Auffassung zu widerlegen, die ganze Welt verberge hinter ihrer Maske nichts als Phallussymbole. Eine interessante Fußnote zu dieser Debatte ist der Umstand, daß nach Freuds eigener Ansicht Schlangenangst nicht annähernd so sehr auf jener Art von symbolischen Prozessen basiert, die er als relevant für die meisten anderen Phobien ansah. Ausdrücklich wählte er die Schlangenangst als Beispiel für jene Ängste, die im wesentlichen »normal« sind und vielleicht sogar auf ein phylogenetisches Erbteil zurückgehen. Er hielt Schlangenangst für grundsätzlich verschieden von realen Phobien, die »unverständlich« erschienen und deshalb der Deutung bedürften, um verstanden zu werden (Freud, 1917).

In vielen Studien zur Angstreduktion bei Schlangenphobien hat sich systematische Desensibilisierung als ein effektives Verfahren erwiesen. Dabei wurden die auf Einzelfälle bezogenen Studien mit Gruppen verglichen, die keine Behandlung erhielten, mit verschiedenen Kontrollgruppen, die zur Beurteilung der Placeboeffekte dienten, mit Gruppen, die lediglich die Aufmerksamkeit von Therapeuten erhielten, und mit Kontrollgruppen, an denen die Effektivität verschiedener Teile des Desensibilisierungsverfahrens isoliert untersucht werden sollten (vgl. den nächsten Abschnitt). Diese Studien führen zu dem Schluß, daß zumindest in manchen Fällen systematische Desensibilisierung zur Angstreduktion geeignet ist. Doch ob diese Fälle für die Behandlung jener Ängste relevant sind, die sich bei den in psychotherapeutischer Behandlung befindlichen Patienten zeigen, ist von kritischeren verhaltenstherapeutischen Forschern ernsthaft bezweifelt worden.

Bernstein und Paul (1971) haben die Probleme deutlich herausgearbeitet, die sich bei der Generalisierung solcher Studien auf konkrete klinische Probleme ergeben. Wie Bandura (1969, S. 432) haben auch sie darauf hingewiesen, daß die Mehrheit der Forscher, obgleich sie häufig Lippenbekenntnisse zu den Grenzen ihrer Verfahren ablegen, dessen ungeachtet Schlüsse ziehen, zu denen ihre Ergebnisse sie in keiner Weise berechtigen. Ein Großteil der Literatur in diesem Bereich steht auf solch tönernen Füßen.

Bernstein und Paul zählen eine Reihe von einander bedingenden Schwierigkeiten auf, die die Mehrheit dieser »analogen« Studien mit sich bringt. Zum einen sind die Versuchspersonen einer Studie selten Menschen, deren Not so groß ist, daß sie sich in Behandlung begeben. Vielmehr handelt es sich in der Regel um Freiwillige, die aus Collegepopulationen gewonnen wurden. Im Gegensatz zu Patienten vor einem konkreten klinischen Hintergrund, die sich oft von ihrem Problem so bedrängt fühlen, daß sie viel Geld ausgeben, um Hilfe zu finden, brauchen diese Versuchspersonen häufig den Anreiz, daß ihnen die Beteiligung als Teil ihres Kurses angerechnet wird, damit sie ihr »Problem« behandeln lassen — oder sie werden sogar dafür bezahlt, damit sie sich behandeln lassen. Da sie ausreichend »phobisch« sein müssen, um in den Genuß dieser Vorteile zu kommen, dürften sie ziemlich motiviert sein, von stärkeren Störungen zu berichten, als sie es unter anderen Umständen täten (wenn die Anreize beispielsweise Studenten geboten würden, die gemäßigte Angst, aber keine ausgewachsenen klinischen »Phobien« haben). Im Gegensatz zu der Behauptung von Bandura (1969, S. 432), daß »das Vorkommen von Schlangenphobien relativ hoch ist«, meinen Bernstein und Paul, daß nur ein ziemlich kleiner Prozentsatz von Collegestudenten wirklich Angst vor Schlangen in einem Maße aufweist, das von irgendwelcher klinischen Relevanz ist.

Selbst wo Tests zum Vermeidungsverhalten verwendet werden (in denen ganz konkret das Annäherungsverhalten der Versuchspersonen in Gegenwart des »phobischen Objektes« getestet wird), bleibt ein großer Spielraum, besonders da die anfängliche Beurteilung erfaßt, wie weit die Versuchsperson *nicht* in der Lage ist, sich einem angeblich gefürchteten Objekt anzunähern — etwas, was sich viel leichter simulieren läßt als das Gegenteil. Bernstein und Paul erörtern eine Vielfalt von Faktoren, die diese Tests in den meisten angeführten Studien ziemlich nutzlos erscheinen lassen. Wie viele der großartigen methodologischen Anstrengungen auf diesem Gebiet sind sie Zuckerguß auf einem altbackenen Kuchen.

Die Tatsache, daß häufig Versuchspersonen beteiligt sind, denen ihre »Phobien« nicht wirklich zu schaffen machen, erschwert nicht nur die Entscheidung, ob sich ernstere Probleme in ähnlicher Weise bewältigen lassen, sondern läßt noch nicht einmal den Schluß zu, ob auch nur derselbe *Prozeß* beteiligt ist. Wie wir bald sehen werden, legen zahlreiche Studien die Vermutung nahe, daß die Behandlung sehr intensiver Ängste möglicherweise von ganz anderen Voraussetzungen ausgehen muß als die Behandlung gemäßigter Ängste. Bernstein und Paul weisen darauf hin, daß durch die Art und Weise, wie die typische »analoge« Studie durchgeführt wird, in den Versuchspersonen Erwartungen induziert werden und die experimentellen Verfahren unter soziale Zwänge geraten, die möglicherweise in größerem Maße zu den beobachteten Veränderungen beitragen als die eigentliche Angstreduktion. Gemäßigtes Vermeidungsverhalten ist für die Wirkung solcher Variablen weit empfänglicher als wirklich intensive Ängste.

Die Relevanz dieser Analogstudien ist auch aus einem anderen Grunde bezweifelt worden, mit dem Bernstein und Paul sich allerdings nicht einverstanden erklären. Vom Standpunkt vieler dynamisch orientierter Kliniker aus stehen echte klinische Phobien in einer integralen Beziehung zu umfassenderen, im allgemeinen weniger evidenten Persönlichkeitsschwierigkeiten. Viele dieser Kliniker würden möglicherweise durchaus anerkennen, daß sich eine Schlangenangst entwickeln kann, deren Ursprünge im wesentlichen unabhängig von der Persönlichkeitsdynamik des einzelnen sind. (Beispielsweise kann die Furcht auf die Modellierung elterlicher Angst zurückgehen oder auf traumatische Erfahrungen mit einer Giftschlange, wobei diese Angst dann auf harmlose Schlangen ausgedehnt wird.) Doch sie würden behaupten, daß eine solche Furcht von ganz anderer Art ist als die Ängste der meisten phobischen Patienten, denen man in der klinischen Praxis begegnet, und daß folglich die Untersuchung von Ängsten der ersten Art kaum Bedeutung für Ängste der zweiten Art hat, *selbst wenn diese Angst wirklich sehr intensiv ist.*

Das ist eine schwierige, aber wichtige Frage. Sicherlich, dieser Einwand beruht auf und geht in gewissem Maße *aus von* einer theoretischen Position, die Verhaltenstherapeuten in der Regel in Frage stellen (d. h. von der Annahme, daß wirklich klinische Phobien im Unterschied zu einfacher Furcht das Ergebnis von Prozessen wie Symbolisierung und Verschiebung sind). Andererseits beruht die Unterscheidung auf einem gerüttelten Maß an klinischer Beobachtung. Sie von vornherein abzutun, ist ein riskantes Vorgehen. Dies umso mehr, wenn man die Berichte von Feather und Rhoads liest (1972), wonach bei zahlreichen Fällen die herkömmliche Desensibilisierung nicht anschlug, während eine Modifikation des Desensibilisierungsverfahrens, die sich an dynamischen Konzeptionen von Phobie orientierte, Erfolg zeigte. Will man bewerten, wie schlüssig diese Unterscheidung zwischen verschiedenen Arten von Phobien ist, dann ist es offenbar wesentlich (wenn auch nicht ausreichend), zu berücksichtigen, welche eindeutigen Beweise für die Wirksamkeit der systematischen Desensibilisierung bei einer größeren Bandbreite von Beschwerden vorliegen, die eine stärkere Ähnlichkeit mit den Problemen der klinischen Praxis aufweisen. Diesen Forschungsarbeiten wollen wir uns im folgenden zuwenden.

Andere Ergebniskontrollen

Eine der meist zitierten Untersuchungen auf diesem Gebiet ist die von Paul (1966). In Übereinstimmung mit der oben dargelegten Kritik versuchte Paul sich in seiner eigenen Studie auf Personen zu beschränken, deren Angst heftig genug war, um klinisch relevant zu sein. Die Versuchspersonen der Studie empfanden heftige Leistungsangst in öffentlichen Redesituationen. Paul verglich die Wirksamkeit systematischer Desensibilisierung mit der einer »einsichtsorientierten Psychotherapie«, die nach seinen Angaben in erster Linie Neo-Freudscher und Rogersscher Provenienz war. Einbezogen wurden ferner folgende Kontrollgruppen: »Placebo«, »Warteliste — keine Behandlung« und »kein Kontakt«. Die Gruppe, die systematischer Desensibilisierung unterzogen wurde, zeigte gemessen an der eigenen Einstufung ihres Problemverhaltens, an blinden Verhaltensbeurteilungen ihrer Leistung und an physiologischen Messungen eine signifikant höhere Angstreduktion als irgendeine andere Gruppe. Auch die »einsichtsorientierte« Gruppe und die Placebo-Gruppe zeigten gemessen an der Selbsteinstufung und der Verhaltensbeurteilung eine signifikante Abnahme der Angst im Vergleich zu den Kontrollgruppen ohne Behandlung. Den physiologischen Messungen zufolge zeigten die einsichtsorientierte und die Placebo-Gruppe hingegen keine Verbesserung. Hinsichtlich aller Messungen war ihre Änderung durchgehend geringer als die der Desensibilisierungs-Gruppe. Die einsichtsorientierte und die Placebo-Gruppe wiesen untereinander keine Unterschiede auf.

Pauls Studie wird häufig als Beleg für die Überlegenheit der systematischen Desensibilisierung gegenüber traditionellen therapeutischen Ansätzen angeführt. Sie führt zu dem Schluß, daß »einsichtsorientierte« Therapeuten, wenn sie sich bereitfinden, eine begrenzte Änderung in einem kurzen Zeitraum herbeizuführen, weniger Erfolg haben als Therapeuten, die sich der systematischen Desensibilisierung bedienen.[9] Die Therapeuten, die in Pauls Studie mitwirkten,

---

[9] Selbst dieser Schluß ist gemessen an Pauls Studie wahrscheinlich noch zu allgemein. Wie unten dargelegt, ist sehr zu bezweifeln, ob Pauls Versuchspersonen wirklich mit

hielten solch ein Ziel offensichtlich für vereinbar mit ihren herkömmlichen Methoden. Einigen der Zahlen über die Behandlungsdauer zufolge, die Paul zitiert, gilt dies vermutlich auch für einen erheblichen Prozentsatz der traditionellen Therapeuten. Pauls Gegenüberstellung ist jedoch von geringer Bedeutung, wenn man die systematische Desensibilisierung mit der Psychoanalyse oder intensiver, psychoanalytisch orientierter Psychotherapie vergleicht. Diese beiden letzteren Verfahren sind langfristige Behandlungsformen mit umfassenderen therapeutischen Zielen. Therapeuten, die sie praktizieren, würden nicht erwarten, viel Änderung in irgendeinem spezifischen Lebensaspekt ihres Patienten während der ersten sechs Sitzungen erzielen zu können.

Manchmal wird vorgebracht, es sei keine Ehrenrettung für die Psychoanalyse, daß sie in mehreren Jahren das gleiche leiste, was die systematische Desensibilisierung in sechs Sitzungen erreiche. Dabei übersieht man, daß die Psychoanalyse (oder die intensive dynamische Therapie) gar nicht zu erreichen *versucht*, was die Desensibilisierung in diesen sechs Sitzungen vollbringt. Die Ziele der Psychoanalyse sind weit umfassender und berühren viele Lebensaspekte des Patienten. Die psychoanalytische Behandlung richtet sich nicht auf die offensichtlicheren Ursachen problematischen Verhaltens, sondern ihr liegt daran, die Kompromisse zu überprüfen, die dem Patienten zwar gegenwärtig bequem erscheinen mögen, doch unter Umständen seine Möglichkeiten, größere Befriedigung und weitere Entwicklung zu erreichen, einschränken. Sie versucht also in einem längeren Zeitraum *mehr* zu erreichen, nicht dasselbe.

Die Frage unterschiedlicher Zielsetzungen scheint für die Vergleichsstudie Pauls von besonderer Bedeutung zu sein, wenn man bedenkt, daß Paul, wenn er die Gründe für die Überlegenheit der systematischen Desensibilisierung nennt, ausdrücklich darauf hinweist, die Desensibilisierung biete die »Hinweisreize von höchster Wichtigkeit« in konzentrierter Form dar. Unter diesem Gesichtspunkt ist es nicht überraschend, daß diese konzentrierte Behandlungsform gute Resultate erzielt, wenn es gilt, ein ganz bestimmtes, das heißt eingeschränktes Ziel zu erreichen. Die Antwort auf die Frage, wie sie im Vergleich mit den intensiven psychodynamischen Therapien bei der

---

der Vielzahl von Patienten zu vergleichen sind, die in einer Psychotherapie Hilfe suchen. In Hinblick auf diese Personen und die spezifischen Probleme, mit denen man sich befaßte, war die systematische Desensibilisierung aber in der Tat die überlegene Behandlungsform.

Erreichung der ehrgeizigeren Ziele abschneidet, um die sich diese bemühen, läßt sich der Studie von Paul nicht entnehmen. Dies ist ein Problem, zu dessen Lösung die verfügbare Literatur wenig Schlüssiges anzubieten hat.

Wenn Pauls Studie für einen Vergleich mit der intensiven psychodynamischen Therapie auch nicht sehr relevant ist, so scheint sie doch klar zu beweisen, daß systematische Desensibilisierung ein effektives und effizientes Verfahren ist, um Ängste abzubauen, die über die isolierte Furcht vor Schlangen oder anderem Kleingetier hinausgehen. Doch auch die Frage, ob sich die Störungen, die Pauls Versuchspersonen aufwiesen, mit jenen vergleichen lassen, die sich in typischen klinischen Fällen zeigen, ist strittig. Paul unterzog Studenten, die an einem für ihre Graduierung obligatorischen Kurs in öffentlicher Rede teilnahmen, einer schriftlichen Testbatterie und forderte sie auf, anzugeben, ob sie daran interessiert seien, unentgeltliche Hilfe für alle Schwierigkeiten und Ängste in Anspruch zu nehmen, die sie in Redesituationen empfänden. Diejenigen, die auf dieses Angebot hin um Behandlung baten und einen hohen Wert auf einer Leistungsangst-Skala und einen niedrigen Wert auf einer Falsifizierungs-Skala erzielten, wurden angeschrieben.

So wie Paul diese Gruppe beschreibt, schien sie weit mehr Ähnlichkeit mit jenen Menschen aufzuweisen, die sich gewöhnlich in psychotherapeutische Behandlung begeben, als die Versuchspersonen der meisten »Schlangenangst«-Studien. Paul berichtet:

»Die Angst der Versuchspersonen war in den meisten Fällen heftig bis gravierend und umfaßte nach ihren eigenen Angaben einen Zeitraum von zwei bis zwanzig Jahren. Die Versuchspersonen erreichten hohe Punktwerte in Leistungsangst; daneben berichteten die Versuchspersonen von vielen Problemen, die für Angst charakteristisch sind, beispielsweise von Übelkeit, geistiger Verwirrung, ›Black-out‹, Schwindel, Zittern, übermäßigen Schweißausbrüchen, beschleunigtem Puls, Rigidität, Sprachstörungen, Spannungen, Kopfschmerzen, Schlaflosigkeit, Depression, Vermeidungsverhalten. Nach den Berichten war die Angst selten auf die Redesituation beschränkt, obgleich sie sich unter diesen Umständen gewöhnlich stärker bemerkbar machte. In den meisten Fällen war sie in fast jeder sozialen, interpersonalen oder evaluativen Situation gegenwärtig: im Wettbewerb, beim Namensaufruf, bei der Begegnung mit Fremden, in Prüfungen, bei Verabredungen und Rendezvous, beim Bieten auf Auktionen und bei der Beteiligung an zwanglosen Gesprächen« (Paul, 1966, S. 26).

Einige Merkmale von Pauls Auswahlverfahren werfen jedoch gewisse

Zweifel auf, ob seine Versuchspersonen sich wirklich mit den Menschen vergleichen lassen, mit denen Psychotherapeuten gewöhnlich zu tun bekommen. Zum einen berichtet Paul, daß Studenten, die vor der Kontaktaufnahme bereits mit einer Behandlung begonnen hatten oder die aus dem Rhetorikkurs ausstiegen, aus der Studie ausgeklammert wurden. Nun scheinen aber gerade zu diesen beiden ausgeklammerten Gruppen tatsächlich jene Individuen zu gehören, die durch ihre Angst am nachhaltigsten gestört waren.
Der Ausschluß jener Personen, die sich bereits in Therapie begeben hatten, klammert aus der Studie nicht nur einen Personenkreis aus, der wahrscheinlich den Menschen äußerst vergleichbar ist, denen man in klinischen Umfeldern begegnet, sondern macht auch deutlich, daß die Individuen, die an der Studie teilnahmen, sich *nicht* um die Therapie ihres Problems bemüht hatten. Einige von diesen mögen natürlich aus ökonomischen Gründen verzichtet haben oder nicht von der Möglichkeit gewußt haben, daß man ihnen helfen konnte; andere mögen gerade im Begriff gewesen sein, sich um Hilfe zu bemühen. Es bleibt trotzdem die Tatsache, daß die durch die Studie erfaßte Population teilweise dadurch *definiert* war, daß die Beteiligten nicht den Versuch machten, Therapie für ihr Problem zu suchen.[10]
Auch bei der zweiten ausgeschlossenen Gruppe — derjenigen, die aus dem Kurs ausgestiegen waren — hat es den Anschein, als handle es sich hier um Personen, die es als besonders problematisch empfanden, sich der Pflicht zu öffentlicher Rede auszusetzen. Möglicherweise läßt sich anhand der unveröffentlichten Daten von Paul entscheiden, ob dies der Fall war oder nicht. Dazu müßte man feststellen, ob diese Gruppe andere Antworten auf die Testbatterie gab. Doch Behavioristen wie Psychoanalytiker würden wohl (aus unterschiedlichen Gründen) solch schriftlicher Selbsteinschätzung nicht viel Glauben schenken. Interessant wäre es auch festzustellen, ob diese Gruppe — wie auch die Gruppe, die ausgeschlossen worden war, weil sie schon therapeutische Hilfe in Anspruch genommen hatte — einen nennenswerten Anteil der ursprünglich angesprochenen Studenten stellte. Doch selbst wenn ihre Zahl klein war, gibt uns dies wichtigen Aufschluß über die untersuchte Gruppe: Sie bestand

[10] Daß sie den Fragebogenitem positiv beantworteten, in welchem sie gefragt wurden, ob sie Hilfe wünschten, scheint kein überzeugendes Gegenargument zu sein. Nicht weniger als 54 % der Studenten im Kurs antworteten auf diese Frage mit »Ja«. Es ist ein Unterschied, ob man sich einverstanden erklärt, wenn man zur Teilnahme an einer Therapie aufgefordert wird, oder ob man sich selbständig um Therapie bemüht.

aus Studenten mit Leistungsangst, die sich aber trotz dieser Angst nicht in Therapie begeben hatten (sich zuvor noch überhaupt keiner psychologischen Behandlung unterzogen hatten [S. 25]) und es nicht als Alternative empfanden, aus dem Kurs auszusteigen.
Pauls Gründe für den Ausschluß dieser beiden Personengruppen scheinen angesichts der Zielsetzung seiner Studie auf der Hand zu liegen und auch vernünftig zu sein. Seine Beschreibung läßt jedenfalls darauf schließen, daß sich durchaus eine Gruppe von Personen gebildet hat, deren erhebliche interpersonale Angst mit den Verhaltensstörungen vergleichbar ist, denen man in einer traditionellen klinischen Praxis begegnet. Die Anwendbarkeit dieser Ergebnisse auf Probleme und Populationen (sowie Zielsetzungen), wie sie für die Klinik typisch sind, läßt sich jedoch nicht fraglos voraussetzen. Wir wollen uns deshalb einigen der kontrollierten Studien konkreter klinischer Probleme zuwenden.
Von einer interessanten Studie über die Behandlung schwerer Asthmatiker hat Moore (1965) berichtet. Die Versuchspersonen wurden entweder systematischer Desensibilisierung oder nur einer Entspannungstherapie oder einer Entspannungstherapie plus unmittelbarer Suggestion unterzogen. Alle drei Behandlungen bewirkten, daß von einem Rückgang der Anfälle berichtet wurde, doch bei direkten physiologischen Messungen führte nur die systematische Desensibilisierung zu signifikant verbesserten Atmungsfunktionen. Ein Vergleich mit psychodynamischer Therapie wurde nicht vorgenommen.
Studien, in denen systematische Desensibilisierung mit dynamischen Therapien verglichen wird, unterstreichen in der Regel den Wert ersterer, zumindest insofern sie bestimmte eng umschriebene Ergebnisse rascher erreichen. Doch praktische Schwierigkeiten, auf die man in solchen Forschungsarbeiten stößt, erschweren es, zu eindeutigen Schlußfolgerungen zu gelangen. Eine Anzahl von Vergleichsstudien ist von Marks, Gelder und ihren Mitarbeitern am Maudsley Hospital in London durchgeführt worden. Diese Studien haben den Vorzug, zu den sehr seltenen Vergleichen zwischen verhaltensorientierten und traditionellen Behandlungen von eindeutig klinischen Störungen zu gehören. Sie sind jedoch heftig kritisiert worden (Paul, 1969a).
Drei der Studien (Cooper, 1963; Cooper, Gelder und Marks, 1965; Marks und Gelder, 1965) waren retrospektive Untersuchungen. Fälle, die jahrelang mit verhaltenstherapeutischen Methoden behandelt worden waren, wurden mit einer anderen Stichprobe abgeschlossener Fälle verglichen, die der ersten Gruppe hinsichtlich zahlreicher

Variablen angeglichen worden war. Die Tatsache, daß es sich um retrospektive Studien handelt, schafft einige Probleme, wie Paul dargelegt hat. Die Studien lassen auf eine gewisse Überlegenheit der verhaltenstherapeutischen Methoden (nicht alle Verhaltenstherapie-Patienten wurden systematischer Desensibilisierung unterzogen) gegenüber einer Kombination traditioneller Methoden bei verschiedenen Patienten (Medikamente, ES, Abreaktion, Leukotomie und Psychotherapie) schließen. Die Erfolgsrate war jedoch niedriger als in Analogstudien, und nach einiger Zeit trat eine gewisse Tendenz zu Rückfälligkeit auf. In einer anderen Studie (Marks und Gelder, 1965) wurden alle Verhaltenstherapie-Patienten systematischer Desensibilisierung unterzogen.

Die Symptome wurden in Agoraphobie und »andere Phobien« unterteilt. Bei den anderen Phobien war die Überlegenheit der Desensibilisierung deutlich: Alle elf Patienten wiesen Zeichen der Verbesserung auf, während nur von drei der zehn Psychotherapie-Patienten ähnliches berichtet wurde. Auch die agoraphobischen Patienten, die einer Desensibilisierung unterzogen wurden, schnitten besser ab als die herkömmlich behandelte Gruppe, doch war hier der Unterschied nicht so groß; die Desensibilisierung erwies sich für diese Patienten als nicht so effektiv. Daß die Ergebnisse nur in bescheidenem Maße für die Verhaltenstherapie sprechen, ist möglicherweise dem Umstand zuzuschreiben, daß die verhaltenstherapeutischen Behandlungen größtenteils von unerfahrenen Therapeuten durchgeführt wurden. Die ganze Untersuchungsreihe jedoch war, da sie sich auf retrospektives Material stützte, ihrer Natur nach exploratorisch, die Schlüsse, zu denen man gelangte, sind damit bestimmten Einschränkungen unterworfen.

Dieselben Autoren berichten von einigen prospektiven Studien, bei denen die Versuchspersonen vor der Behandlung im Zufallsverfahren entweder der Desensibilisierung oder der dynamischen Therapie zugewiesen wurden. Damit wurde eine der wichtigsten Einschränkungen der früheren Studien aufgehoben. In einer der prospektiven Studien (Gelder und Marks, 1966) wurden schwere Agoraphobiker einer Behandlung entweder durch traditionelle Psychotherapie oder durch systematische Desensibilisierung zugewiesen. Man kam zu dem Ergebnis, daß sieben von zehn Patienten in jeder Gruppe eine gewisse Besserung zeigten, daß aber bei allen die Agoraphobie partiell überdauerte und daß die Fortschritte bei einer späteren Beurteilung wieder bis zu einem gewissen Grade zurückgegangen waren. Die Studie liefert keinesfalls den Nachweis für die Überlegenheit der

Desensibilisierung. Eysenck und Beech (1971, S. 572) merken dazu an: »Diese Resultate sind weit weniger befriedigend als diejenigen, die bei nicht-psychiatrischen Versuchspersonen erzielt wurden.«[11]
Eine zweite prospektive Studie von Gelder, Marks und Wolff (1967) verglich Desensibilisierung, Gruppenpsychotherapie und individuelle Psychotherapie bei der Behandlung ambulanter Phobiker, deren Störung im Durchschnitt schon mehr als acht Jahre andauerte. Dabei stellten sich einige Anzeichen für die Überlegenheit systematischer Desensibilisierung heraus, obgleich die meisten der Unterschiede nichtsignifikant waren. Auch diese beiden prospektiven Studien sind sehr eingehend von Paul (1969a) kritisiert worden, doch viele seiner kritischen Anmerkungen sind von Marks zurückgewiesen worden (1969, S. 212f.).
Marks kam anhand kontrollierter Forschungsarbeiten wie klinischer Erfahrung zu dem Schluß, daß systematische Desensibilisierung bei jener kleinen Minderheit von Patienten von erheblichem Wert sei, deren Probleme denen der freiwilligen Versuchspersonen in analogen Experimenten ähnelten. Außerdem »kann sie gelegentlich von begrenztem Wert sein, sie kann z. B. die Angst eines Agoraphobikers, zur Arbeit zu fahren, reduzieren, obwohl er verschiedene andere Phobien beibehält.« Desensibilisierung sei, so stellt er fest, »häufig zeitraubend und begrenzt in ihrer Wirksamkeit«. Er meint weiter: »Psychotherapie ist bei all jenen phobischen Störungen indiziert, die durch stark beeinträchtigende interpersonale Probleme kompliziert werden.« Lazarus und Serber (1968) sowie Wolpe, Brady, Serber, Agras und Liberman (1973) haben ebenfalls festgestellt, daß systematische Desensibilisierung nur bei ganz spezifischen Arten von Problemen von Wert sei.
Vor kurzem wurde über die Ergebnisse einer wichtigen Studie berichtet, in der das *ganze Spektrum* von Patienten erfaßt ist, die in einer typischen ambulanten Klinik behandelt wurden. Dabei wurde die Wirksamkeit der Verhaltenstherapie beurteilt und mit der Wirksamkeit einer kurzen psychoanalytischen Therapie verglichen (Sloane, Staples, Cristol, Yorkston und Whipple, 1975). Diese Studie untersuchte nicht die Wirksamkeit von systematischer Desensibilisierung an sich (die Verhaltenstherapeuten verwendeten eine Vielfalt

[11] Spätere Arbeiten von Marks und seinen Kollegen lassen darauf schließen, daß die Desensibilisierung zwar kein sehr wirksames Verfahren für Agoraphobiker ist, daß jedoch eine andere verhaltensorientierte Methode (die Überflutung) sehr nützlich ist (Marks, 1975).

von Techniken), doch ist es in unserem Zusammenhang von Interesse, daß sich beide Verfahren als wirksam erwiesen und daß kein Verfahren eine eindeutige Überlegenheit zeigte. Wenn die Studie auch nicht zu unserem Versuch einer Integration der beiden Ansätze beiträgt, so belegt sie doch immerhin, daß beide offensichtlich ihren Wert bei der Bewältigung typischer klinischer Probleme besitzen.

Wirksame Komponenten systematischer Desensibilisierung

Im letzten Abschnitt wurde systematische Desensibilisierung ziemlich global erörtert, als ob es sich um eine einzige Technik handle. Tatsächlich hat Wolpes Neuerung viele Ableger erzeugt und eine große Vielfalt therapeutischer Möglichkeiten eröffnet. Einige dieser zwar unterschiedlichen, aber miteinander verwandten Verfahren weichen beträchtlich von Wolpes eigenem ursprünglichen Ansatz ab. Auch die Theorien, die vorgeschlagen wurden, um die Wirksamkeit dieser verschiedenen Methoden zu verstehen, waren vielfältig.
Für den Zusammenhang des vorliegenden Buches ist die Tatsache am wichtigsten, daß verschiedene Abweichungen in Konzeption und Vorgehensweise sich mit der Methode dynamischer Therapeuten mehr oder weniger gut vereinbaren lassen. Deshalb wollen wir als nächstes untersuchen, welche Aspekte systematischer Desensibilisierung nachweislich von klinischem Nutzen sind.

Die Rolle der Entspannung

In der Regel ist ein wesentlicher Bestandteil systematischer Desensibilisierung das Training tiefer Muskelentspannung und die Paarung der Entspannung mit Vorstellungen aus der Angsthierarchie des Patienten. Die Studien, die im vorstehenden Abschnitt zitiert wurden, beschäftigen sich in erster Linie damit, die Wirksamkeit einer solchen Vorgehensweise zu bewerten. Doch trotz der weitverbreiteten Verwendung von Entspannungstraining bzw. von Vorstellungen aus der Angsthierarchie plus Entspannungstraining war die Rolle der Entspannung für die Angstreduktion durch systematische Desensibilisierung Anlaß zu einer heftigen Kontroverse. Diese Kontroverse ist von erheblicher Bedeutung für das Gelingen und den Wert des Integrationsversuches, der hier unternommen wird.
Empirisch scheint die Muskelentspannung in manchen Studien ein entscheidendes Element der Angstreduktion gewesen zu sein, in anderen dagegen nicht. Davison (1968) stellte in einer oft zitierten Stu-

die fest, daß das Vermeidungsverhalten erheblich zurückging, wenn furchtrelevante Vorstellungen mit Entspannung gepaart wurden. Die Wirkung blieb aus, wenn dieselben Vorstellungen nicht mit Entspannung gepaart wurden (oder wenn Entspannung mit Vorstellungen gepaart wurde, die für die Furcht der Versuchsperson irrelevant war). Diese Studie wird häufig als Beleg dafür angeführt, daß die Paarung von furchterregenden Vorstellungen mit Entspannung notwendig sei. Doch hat Davison selbst einen wichtigen Faktor genannt, der die Schlußfolgerung, die Darbietung furchterregender Vorstellungen ohne Entspannung sei wirkungslos, etwas weniger überzeugend erscheinen läßt.[12] Nur die Versuchspersonen der Gruppe »Entspannung plus Vorstellung« kontrollierten, welchen Items der Hierarchie sie ausgesetzt wurden und wie lange dies geschah. Diesen Versuchspersonen wurde wie beim Standardverfahren der Desensibilisierung gesagt, sie sollten die Vorstellung beenden, wenn sie aversiv würde. Sie gingen nicht zum nächsthöheren Item der Hierarchie über, bis sie das vorangehende ohne Angst erleben konnten. Im Gegensatz dazu hatte die Gruppe »nur Darbietung« keine Kontrolle über die Erlebnisse, denen sie ausgesetzt wurde. Um sicherzustellen, daß man den beiden Gruppen die relevante Vorstellung in gleicher Weise darbot, wurde jede Person in der Gruppe »nur Darbietung« mit einer entsprechenden Versuchsperson in der Gruppe »Darbietung plus Entspannung« gepaart (oder »zusammengebunden«). Nicht von *ihrem* Erlebnis der Vorstellung hing ab, welches Item sie sich vorzustellen hatten und wie lange dies geschehen sollte, sondern von dem Erlebnis ihres Pendants in der Standarddesensibilisierungs-Gruppe. Anders als die Versuchspersonen dieser Gruppe konnten die Personen in der Gruppe »nur Darbietung« eine Vorstellung nicht beenden, wenn sie quälend wurde, noch konnten sie zum nächsten Item übergehen, wenn sie das vorangehende bewältigt hatten.

Diese unterschiedliche Kontrolle über das, was dargeboten wurde, hat einige wichtige Konsequenzen. Zum einen scheint Kontrolle an sich angstreduzierend zu sein. Ihr Fehlen wird als aversiv empfun-

[12] Es sei hier außerdem festgestellt, daß Davison im Anschluß daran einige sehr schlüssige Argumente für ein alternatives Modell zu dem der Gegenkonditionierung vorgebracht hat, das seiner frühen Studie zugrunde lag. Die Frage einer effektiven Darbietung von angstauslösenden Hinweisreizen, die durch die vorliegende Erörterung von Davisons Studie in den Mittelpunkt gerückt wird, steht im Einklang mit der Tatsache, daß er heute auch die Rolle der Darbietung von gefürchteten Hinweisreizen für die Angstreduzierung betont (Wilson und Davison, 1971).

den. (Vgl. Mowrer und Viek, 1948; Goldfried, 1971; Goldfried und Merbaum, 1973.) Außerdem hat die fehlende Kontrolle über die Darbietung einer aversiven Situation bei den Versuchspersonen der Gruppe »nur Darbietung« den eigentlichen Zweck der »gepaarten« Versuchsanlage möglicherweise zunichte gemacht: daß nämlich die Versuchspersonen beider Gruppen gleichen Darbietungen ausgesetzt waren. Dies scheint aus folgenden Gründen wahrscheinlich:

Die Versuchspersonen in der Gruppe mit der Standarddesensibilisierung verbrachten die Zeit, in der sie den Vorstellungen ausgesetzt waren, in einem Zustand relativen Wohlbefindens, da sie die Vorstellung beendeten, wenn sie aversiv wurde. Die Versuchspersonen der Gruppe »nur Darbietung« waren zwar scheinbar den gleichen Vorstellungen über einen gleichen Zeitraum hinweg ausgesetzt, erlebten diese Vorstellungen aber in vielen Fällen als sehr bedrängend. Dies lag daran, daß a) die Toleranzstruktur des mit ihnen gepaarten Partners wahrscheinlich mit der eigenen nicht sehr hoch korrelierte und daß b) die Versuchspersonen in dieser Gruppe während der Vorstellungszeit wahrscheinlich erheblich mehr Angst empfanden (ein Unterschied, der auf die Wirkung der Entspannung zurückgehen, ebenso aber an dem oben erwähnten Kontrollfaktor liegen *könnte*). Folglich verbrachten sie zwar den gleichen *Zeitraum* wie ihre Partner in der Standarddesensibilisierungs-Gruppe damit, sich die einzelnen Vorstellungen zu vergegenwärtigen, doch waren sie ein Gutteil dieser Zeit damit beschäftigt, sich quälende Vorstellungen zu vergegenwärtigen. Davison führt aus, daß »die Kooperation bei dieser offensichtlich unerfreulichen Aufgabe erreicht wurde, indem sie freundlich, aber bestimmt daran erinnert wurden, daß solche visuelle Vergegenwärtigung für die Versuchszwecke wichtig sei«. Man muß sich allerdings fragen, wie lebhaft sie sich die bedrängenden Szenen tatsächlich vorgestellt haben, besonders da der Versuchsleiter zum einen keine Möglichkeit hatte, den Grad der Erfüllung dieser höchst subjektiven Aufgabe unmittelbar festzulegen, und sie zum andern doch wohl hochmotiviert waren, sich *nicht* auszumalen, was sie als bedrängend empfanden.

Ferner haben die Versuchspersonen der Gruppe »nur Darbietung« — selbst abgesehen von ihrer Motivation, die Vorstellungen zu vermeiden (oder sie sich zumindest zu erleichtern) — den Einzelheiten der Vorstellungen möglicherweise verminderte Aufmerksamkeit zugewandt, weil sie einem aversiven Ereignis ausgesetzt waren, das sie nicht kontrollieren konnten. In einer Studie des Autors (Wachtel, 1968) schränkte eine Bedrohung, die die Versuchspersonen nicht bewältigen konnten, ihre Aufmerksamkeit ein, was nicht der Fall war, wenn sie eine gewisse Kontrolle über die aversive Situation ausüben konnten. Die Situationen in meiner Studie und in der von Davison unterschieden sich beträchtlich voneinander, wodurch eine eindeutige Anwendung der Ergebnisse auf diese Situation unmöglich ist. Doch die wichtigsten Veröffentlichungen über die Wirkung der Angst auf die Aufmerksamkeit (z. B. Easterbrook, 1959; Korchin, 1964; Wachtel, 1967) lassen darauf schließen, daß man nicht ohne weiteres davon ausgehen kann, Versuchspersonen schenkten, während sie Angst empfinden, allen Stimuluselementen einer vorgestellten Situation ebensoviel Aufmerksamkeit wie Versuchspersonen, die sich der Vorstellung nur so lange zuwenden, wie sie sie nicht als störend empfinden.

Die Frage, was als effektive Darbietung von Angstquellen zu betrachten ist, wird uns im Fortgang noch eingehend beschäftigen. Hier wollen wir uns jedoch wieder der Frage zuwenden, welche Rolle die Entspannung spielt, und uns mit einer Studie befassen, die nicht so angelegt war, daß zwei Versuchspersonen »gepaart« wurden. Schubot (1966) untersuchte ähnliche Probleme wie Davisons Studie, gestattete aber den Versuchspersonen in der Gruppe »Darbietung plus Entspannung« wie jenen in der Gruppe »nur Darbietung«, die Darbietung und das Fortschreiten in der Hierarchie selbst zu kontrollieren. Bei Versuchspersonen mit geringer Angst stellte sich die Entspannung für die Angstreduktion als irrelevant heraus. Die Darbietung der bedrängenden Vorstellungen ohne schädliche Konsequenzen reichte aus. Bei Versuchspersonen mit *starker* Angst schien die Entspannung jedoch ein entscheidender Faktor für die Angstreduktion zu sein. Andere (z. B. Vodde und Gilner, 1971) haben gleichfalls die Auffassung vertreten, daß die Entspannung ihren besonderen Wert nur bei starker Angst erweise. Einige der Theorien, die zur Rolle der Erregung bei der Angstreduktion entwickelt wurden (z. B. Crowder und Thornton, 1978; Lader und Mathews, 1968), scheinen zu ähnlichen Schlüssen zu kommen. Dies scheint sich als wichtiges Problem für weitere Untersuchungen zu empfehlen, besonders hinsichtlich wirklich klinischer Populationen. Bei den meisten Untersuchungen, die sich mit der Rolle der Entspannung beschäftigt haben, hat es sich um Analogstudien gehandelt, die, was ihre Generalisierbarkeit angeht, dieselben Probleme aufwerfen wie die im Zusammenhang mit den Ergebniskontrollen oben erörterten.[13]

Als Bandura (1969) zu dem Zeitpunkt, da sein Buch erschien, das gesamte Datenkorpus überblickte, das zur Entspannung vorlag, kam er zu dem Schluß, daß die Entspannung zwar häufig ein wertvoller *Hilfsfaktor* für die Angstreduktion durch systematische Desensibilisierung sei, aber wohl kein *notwendiger* Faktor. Auch Rachman (1968) meinte, daß Muskelentspannung an sich kein notwendiger Bestandteil systematischer Desensibilisierung sei. *Mentale* Ruhe oder Entspannung wird von Rachman allerdings als notwendige Bedingung genannt. Er bringt vor, die Nützlichkeit der Muskelentspannung liege darin, daß sie häufig den notwendigen mentalen Zustand hervorrufe. Rachman, der früher die Auffassung vertreten hat, Muskelentspannung sei notwendig (Rachman, 1965), stützt sich bei seiner revidierten Ansicht auf Beweismaterial: Berichte über erheblichen therapeutischen Fortschritt bei minimalem Entspannungstraining, therapeutische Erfolge bei *in-vivo*-Desensibilisierung ohne irgendwelches Entspannungstraining, die geringe Übereinstimmung zwischen den Berichten von Patienten, sie seien ruhig, mit physiologischen Messungen der Muskelspannung und Studien, in denen Curare verwandt wurde und wo sich zeigte, daß schlaffe Muskulatur und Angst nicht unbedingt inkompatibel sind.

Wie Rachman bemerkt, deckt sich seine Auffassung mit der theoretischen Position, die in England von Lader und seinen Kollegen vertreten wird (Lader, 1967; Lader und Mathews, 1968; Lader und Wing, 1966). Nach Ansicht dieser Autoren stellt Desensibilisierung ein Mittel dar, durch das sich optimale Bedingungen zur Gewöhnung an eine bestimmte Situation schaffen lassen. Der unangenehme Stimulus läßt sich dem Individuum darbieten, während sich sein zentrales Nervensystem in einem niedrigen Erregungszustand befindet. Nach ihrer Theorie stellt sich die Reaktivität auf Stimuli bei niedriger Erregung relativ rasch ein, während in Zuständen hoher Erregung eine Gewöhnung langsam oder gar nicht eintritt. Die Reaktivität kann dadurch aber noch erhöht werden.

Diese Konzeption liefert eine brauchbare Erklärung für viele Ergebnisse der Desensibilisierung und hat sich auch für heuristische Zwecke als recht wertvoll erwiesen. (Vgl. beispielsweise Watts' [1971] interessante Studie, die von der Gewöhnung ausgeht.) Eysenck und Beech (1971) meinen, die Berichte über effektive Angstreduktion durch *in-vivo*-Desensibilisierung mit diesem Konzept zu erklären, könnte Schwierigkeiten bereiten, doch zeigt hier Watts' Arbeit mög-

---

[13]Unterschiedliche Populationen oder unterschiedliche Arten von Problemen können sich nicht nur auf die Änderungswahrscheinlichkeit auswirken, auch der *Änderungsprozeß* selbst kann anders sein.

licherweise einen Weg. Die Frage nach dem Erregungsniveau während der Darbietung scheint für klinische Zwecke bedeutsam zu sein. Doch ist sie noch nicht so weit beantwortet, daß sich ihr entnehmen ließe, wie mit bestimmten Patienten oder bei bestimmten Problemen zu arbeiten wäre. (Vgl. Crowder und Thornton, 1970; Lader und Mathews, 1968; Marks, 1972, 1975; Van Egeren, 1971; Watts, 1971.) Rachman meint, daß sich seine Rekonzeptualisierung des Begriffs der mentalen Ruhe nicht nur mit einer Habituationstheorie vertrüge, sondern auch mit Wolpes Theorie der reziproken Hemmung. In gewissem Maße scheint dies auch der Fall zu sein. Obwohl Wolpe zur Desensibilisierung eine veränderte Form des Entspannungstrainings von Jacobsen (1938) einführte und obgleich er weiterhin die Muskelentspannung überzeugt vertritt, hat er niemals impliziert, die Muskelentspannung an sich sei wesentlich. Muskelentspannung ist nur eines von zahlreichen Verfahren, die Wolpe empfohlen hat, um einen Zustand hervorzurufen, der der Angst entgegenwirkt. Wolpe meint, daß assertive Reaktionen, sexuelle Reaktionen, positive Vorstellungen und so fort Wirkungen hervorbrächten, die der Wirkung der Entspannung völlig gleichwertig seien und sich in bestimmten klinischen Situationen sogar als geeigneter und nützlicher erwiesen. Allerdings hat Wolpe in seinen theoretischen Schriften die Ereignisse in den Mittelpunkt gerückt, die sich auf der Ebene des autonomen Nervensystems abspielen, während sowohl Rachmans (1968) Interpretation der verfügbaren Daten wie die Ergebnisse, die aufgrund der Habituationstheorie gewonnen wurden, eher dem retikulären Erregungssystem als dem Ort angstreduzierender Prozesse größere Wichtigkeit zuweisen.

Entspannung und die Theorie der reziproken Hemmung

In unserem Zusammenhang ist es wichtig, Wolpes theoretische Position und alternative Auffassungen von der Rolle der Entspannung genau zu untersuchen. Nach seiner Erklärung der Desensibilisierungseffekte scheinen dabei nämlich verschiedene Merkmale dem Versuch im Wege zu stehen, dieses mit dem Verfahren dynamischer Therapeuten zu vereinbaren. So wie Wolpe die systematische Desensibilisierung erklärt, liegt der Wirksamkeit des Verfahrens angeblich das Prinzip der *reziproken Hemmung* zugrunde. In frühen Darstellungen der systematischen Desensibilisierung wurde die reziproke Hemmung als neurologischer Mechanismus angesehen, der erklärt, warum zum Beispiel die Fütterung eines furchtsamen Tieres in einer

Situation, die nur geringe Angst hervorruft, die Eliminierung der Angst erleichtern könnte. Die Erklärung, die sich auf Sherringtons (1906) Neurologie und Hulls (1943) Lerntheorie beruft, sieht folgendermaßen aus: Mit Hull geht Wolpe davon aus, daß die Auslöschung jeder Reaktion auf die Erzeugung eines Hemmungszustandes (einer reaktiven Hemmung) zurückgehe, welcher der Ermüdung analog sei. Diese reaktive Hemmung werde durch jeden nicht-bekräftigten Versuch aufgebaut und führe zu einer zeitweiligen Unterdrückung der Reaktion. Sie könne durch einen Prozeß konditionierter Hemmung dauerhaft gemacht werden, in dem die Aufgabe der Reaktion durch die Reduktion dieses aversiven Ermüdungszustandes bekräftigt werde. Nach Wolpe extingieren auch Angstreaktionen in dieser Weise. Doch versteht Wolpe Angst im wesentlichen als autonome Reaktion und er behauptet, daß autonome Reaktionen reaktive Hemmung nur in geringem Maße erzeugten. Da Auslöschung nach dieser Auffassung auf dem Aufbau reaktiver Hemmung beruht, extingiert Angst also äußerst langsam.

Aus der Sicht dieser Theorie, die Extinktion als Ermüdung sieht, scheint zur wirksamen Eliminierung von Angst irgendeine andere Form der Hemmung erforderlich zu sein, die der reaktiven Hemmung funktional äquivalent ist. Wolpe behauptete nun, daß die reziproke Hemmung diesem Anspruch genüge. Er ging von Sherringtons Beobachtung aus, daß die Auslösung eines Reflexes durch einen anderen reziprok gehemmt werden kann (beispielsweise führt die Kontraktion der Streckmuskulatur des Armes zu einer reziproken Entspannung der Beugemuskulatur), und glaubte, die sympathische und parasympathische Reaktionsbereitschaft hemmten sich reziprok; Angst nun sei eine sympathische Entladung und deshalb könne die Auslösung parasympathischer Reaktionen Angst reziprok hindern und folglich ihre Eliminierung beschleunigen.

Wolpes Erklärung durch Hemmungsprozesse auf der Ebene des autonomen Nervensystems ist in den letzten Jahren von verhaltenstherapeutischen Autoren häufig in Frage gestellt worden (z. B. Bandura, 1969; Wilson und Davison, 1971; Delprato, 1973; Waters, McDonald und Koresko, 1972). Die Zweifel, die von diesen Autoren geäußert, und die alternativen Erklärungen, die vorgeschlagen wurden, sind in unserem Zusammenhang von erheblicher Bedeutung, weil sie für den Versuch einer Integration psychodynamischer und verhaltensorientierter Standpunkte vermutlich einen weit nützlicheren Rahmen liefern.

Wolpes Erklärung der systematischen Desensibilisierung betont, daß sich die Paarung von Stimuli und Reaktionen unter den richtigen Bedingungen weitgehend mechanisch und automatisch auswirke. Die Rolle der Entspannung besteht nach dieser Theorie im wesentlichen darin, einen physiologischen Zustand hervorzurufen, in dem sich der Hemmungsmechanismus leicht auslösen läßt. Im Gegensatz dazu meinen allerdings zahlreiche Autoren, die sich zu diesem Gegenstand äußern (z. B. Wilson und Davison, 1971; Vodde und Gilner, 1971; Delprato, 1973), daß Entspannung möglicherweise die Angstreduktion nicht durch irgendeinen direkten neurologischen Mechanismus fördere, sondern deshalb zu ihr beitrage, weil sie *den Menschen in die Lage versetze, sich selbst dem auszusetzen, wovor er Angst hat.* Wilson und Davison führen aus:

»Phobiker sind definitionsgemäß Menschen, die die jeweils gefürchteten Objekte vermeiden. Um sie zu ermutigen, sich dem, was sie fürchten, zu stellen, ist es unter Umständen nicht nur notwendig, eine Situation zu schaffen, die abgestuft mit relativ schwachen ›Dosen‹ der Phobie beginnt, sondern auch, die Bedrängnis, die durch Stimuli hervorgerufen werden soll, über weite Strecken des Generalisierungsgradienten zu reduzieren, indem man der Person eine beruhigende Antiangst-Reaktion wie Entspannung anbietet. Da der Fortschritt innerhalb der Hierarchie in der Regel vom Patienten kontrolliert wird, dürfte er weit eher bereit sein, sich bestimmten Aspekten seiner Furcht zu stellen, wenn er in irgendeiner Weise dabei unterstützt wird, beispielsweise durch das Wissen, wie er sich entspannen kann« (S. 12). Nach Wolpes Auffassung besitzt die bloße Darbietung furchterregender Vorstellungen relativ geringen Wert. Wolpe weist sogar warnend darauf hin, daß solche Darbietung die Angst *steigern* kann. Wenn die Entspannung des Patienten nicht hinreichend tief sei und/oder er Vorstellungen ausgesetzt werde, die zu hoch in der Hierarchie angesiedelt seien, werde die Angst die Entspannung reziprok hemmen und umgekehrt. Nach dieser Ansicht hängt fast alles davon ab, welche Reaktion die Oberhand über die andere gewinnt. Wenn nicht durch entsprechende Bedingungen dafür gesorgt wird, daß die Antiangst-Reaktion an diesem Punkt stärker ist, werden die Dinge nur verschlimmert.[14]

---

[14]Aus dieser Sicht erscheint es allerdings ziemlich überraschend, daß Wolpe meint, traditionelle dynamische Therapien erzielten in etwa 50 % der Fälle ihre Erfolge dadurch, daß sie die Bedingungen reziproker Hemmung unbeabsichtigt lieferten (Wolpe, 1958, S. XI). Wenn die Gefahr so groß ist, daß stark angstauslösende Items vorzeitig dargeboten werden, während für einen ausreichend angsthemmenden Zustand noch

Wilson und Davison (1971) meinen jedoch, »daß diesem wichtigen Bestandteil der klinischen Lehre in der Verhaltenstherapie durch das gut bewiesene Phänomen experimenteller Extinktion widersprochen wird«. Dies ist nämlich ein Grund dafür, weshalb diese Autoren die Reizdarbietung betonen und nicht die reziproke Hemmung. Eine solche Blickrichtung bringt uns — wie wir gleich sehen werden — der Lösung des Problems, wie sich Konzepte und Methoden von Verhaltenstherapeuten und dynamisch orientierten Therapeuten aufeinander beziehen lassen, ein gutes Stück näher.

Wolpe sagt wenig über die Bedingungen aus, die die Darbietung dessen, was gefürchtet wird, einschränken oder erleichtern. Wir hören von ihm lediglich, es sei wichtig, daß der Patient über eine recht lebhafte Vorstellungskraft verfüge. Die Ausführungen zu diesem Thema behandeln lebhafte Vorstellungskraft häufig als ein ziemlich globales, inhärentes (wenn auch in irgendeiner Weise trainierbares) Attribut. Kaum finden sich Ausführungen darüber, daß manche Vorstellungen, besonders furchterregende, sich möglicherweise nicht mit gleicher Lebhaftigkeit vorstellen lassen wie andere, noch darüber, daß der Hauptwert der Entspannung unter Umständen darin liegt, daß er eben dieses Problem ausräumt. In Wolpes Modell wird die Darbietung bedrohlicher Hinweisreize an sich als eine ziemlich unkomplizierte Angelegenheit behandelt. Weitgehend beschränkt er sich auf die Frage, ob solche Darbietung bei einem hinreichend angsthemmenden Zustand erfolge. Nur so könne therapeutische Wirkung erzielt werden. Ich werde im Fortgang kurz darauf zu sprechen kommen, daß die Frage, wie die vollständige und geeignete Darbietung der wichtigsten angsterregenden Hinweisreize zu bewerkstelligen sei, für psychodynamische Therapeuten von entscheidender Bedeutung ist und sich nicht ganz so einfach beantworten läßt. Die Tatsache, daß Wilson und Davison den Akzent auf die Darbietung legen und die Entspannung nur als ein Mittel zu angemessener Darbietung verstehen, läßt auf ein System schließen, in dem sich all die verschiedenen Ergebnisse gut unterbringen lassen, die bislang aus Studien zur Desensibilisierung gewonnen worden sind. Außerdem scheint es faszinierende Möglichkeiten zu eröffnen, um diese Ergebnisse und Methoden mit jenen in Einklang zu bringen, die sich aus psychodynamischer Forschung herleiten.

---

nicht gesorgt ist, dann müßte die Verschlechterung, die laut Bergin (1971) nur bei einem gewissen Prozentsatz der dynamischen Behandlung erfolgen, das typische Ergebnis sein.

Das meiste, was bislang über die Rolle der Entspannung gesagt wurde, kann ebenso für den graduellen Aufstieg in der Hierarchie gelten. Ursprünglich entwickelte Wolpe die Methode der Hierarchiekonstruktion, um sicherzustellen, daß der Patient sich immer in einer Situation befindet, die nur leichte Angst hervorruft, so daß sie durch die Entspannungsreaktion gehemmt werden kann. Intensive Angst könnte nicht so leicht gehemmt werden. Deshalb hielt man es für notwendig, mit nur schwach beunruhigenden Items zu beginnen und erst einmal ihre Wirkung zu neutralisieren. Man ging davon aus, daß die Angstreduktion dann auf die oberen Ebenen der Hierarchie generalisieren würde, so daß die (nun etwas verminderte) Angst, die durch das nächst höhere und damit stärker beunruhigende Item ausgelöst würde, wiederum durch Entspannung gehemmt werden könnte. Während die höheren Items der Hierarchie zunächst Reaktionen hervorrufen würden, die durch Entspannung nicht gehemmt werden könnten, wäre es möglich, sich ihnen so graduell anzunähern und durch allmähliche Neutralisation der Elemente der ursprünglichen Angstreaktion sie letztendlich ganz zu neutralisieren. (Einige experimentelle Evidenz für die Generalisierung der Angstreduktion auf höhere Ebenen der Hierarchie konnte kürzlich gewonnen werden [Lomont und Brock, 1971; vgl. aber auch Grossberg, 1973; Van Egeren, Feather und Hein, 1971].)

Die Hierarchiekonstruktion wurde also ursprünglich im Rahmen einer Technik der systematischen Desensibilisierung gesehen, die auf Wolpes Theorie der reziproken Hemmung beruhte. Die Interpretation von Wilson und Davison jedoch (1971), die von dem Gesichtspunkt der Darbietung ausgeht, ist für die Hierarchiekonstruktion ebenso relevant wie für die Entspannung. Die Autoren verstehen beide Aspekte der systematischen Desensibilisierung als »taktische Manöver ... und nicht als unverzichtbare theoretische Teilelemente« (Davison und Wilson, 1972, S. 28). Wenn mit Vorstellungen begonnen wird, die nur minimale Angst auslösen, dann kann sich der Patient leichter einem Aspekt seiner Erfahrung stellen, vor dem er möglicherweise davonlaufen würde, würde er sich von Anfang an seiner ganzen Heftigkeit gegenübersehen. Nur wenn die Darbietung der bedrohlichen Aspekte seines Lebens partiell bleibt, kann die Angst extingieren. Wenn der Patient große Angst vor irgendeinem Aspekt seiner Erfahrung hat, kann seine Toleranz gegenüber dem Sich-selbst-Aussetzen an immer ausgeprägtere und beunruhigendere

Merkmale dieser Erfahrungsklasse sehr wohl von der Frage abhängen, ob es gelungen ist, die Angst bei leichten Items zu löschen, und ob diese Auslöschung auf schwierigere, aber verwandte Items generalisiert ist. Doch ganz anders als Wolpe in seiner Darstellung von der Rolle der Hierarchien erklären Davison und Wilson, warum diese Vorgehensweise taktisch wirksam sein kann.

Die wichtigste Konsequenz aus der Version von Wilson und Davison ist die Tatsache, daß *andere* Verfahren, eine Person dem Bereich, der Angst auslöst, auszusetzen, von gleichem Nutzen sind. Effektive Angstreduktion durch *Überflutung* beispielsweise, wobei die Versuchspersonen sofort den stärksten angstauslösenden Vorstellungen ausgesetzt werden, statt daß sie graduell eine Hierarchie emporgeführt werden, scheint sich sehr gut mit der Auffassung von Wilson und Davison zu vertragen. Solange die Person die bedrohlichen Hinweisreize oder Vorstellungen tatsächlich dargeboten bekommt, darf man erwarten, daß es zur Extinktion kommt.[15] Bei der Überflutung muß der Therapeut jedoch viel aktiver dafür sorgen, daß der Patient das furchterregende Material tatsächlich intensiv erlebt, da der Patient weit höher motiviert ist, die Darbietung zu vermeiden oder abzuschwächen, als wenn er es mit Items zu tun hat, die nur schwache Angst auslösen.

Zum gegenwärtigen Zeitpunkt ist es nicht möglich, ganz genau zu bestimmen, wann sich der allmähliche Aufstieg in der Hierarchie empfiehlt und wann er unnötig oder sogar ein Hemmschuh für den therapeutischen Prozeß ist. Die wachsende Zahl positiver Berichte über die Verwendung von Überflutung läßt es sehr wahrscheinlich erscheinen, daß graduelle Annäherung nicht immer richtig oder die beste Wahl ist. Man muß wissen, daß Überflutung sowohl Angst wie Vermeidungsverhalten eliminieren kann. (Vgl. Marks, 1972, 1975; Rachman und Hodgson, 1974; Riccio und Silvestri, 1973).

Entsprechend den Ausführungen von Wilson und Davison kann graduelle Annäherung jedoch bei vielen Patienten ein nützliches taktisches Manöver sein, um sie den Bereichen ihrer Angst auszusetzen. Ferner ist es ganz und gar nicht irrelevant, daß dieses Verfahren für

---

[15]Bestimmte Aspekte der Habituationstheorie, von der es weiter oben in diesem Kapitel hieß, sie sei möglicherweise eine wichtige Ergänzung zur Auffassung von der Darbietung, lassen darauf schließen, daß sich auch mit Hilfe zusätzlicher Parameter bestimmen läßt, ob Überflutung von Nutzen sein kann. Auch die Darbietungsdauer kann anscheinend ein entscheidender Parameter sein. (Vgl. Baum, 1970; D'Zurilla, Wilson und Nelson, 1973; Staub, 1968; Sue, 1975.)

den behandelten Patienten beträchtlich weniger Bedrängnis bedeutet. Ein Umstand, der nicht allein deshalb von Bedeutung ist, weil dies eine humanere Vorgehensweise ist, sondern auch, weil er dafür sorgt, daß der Patient die Behandlung nicht vorzeitig abbricht.

Andere Prozesse bei systematischer Desensibilisierung

Graduelles Aufsteigen in der Hierarchie und die Paarung von Angststimuli mit Entspannung sind nicht die einzigen Merkmale, die systematische Desensibilisierung kennzeichnen, obgleich die Literatur zunächst dazu neigte, sie aus Gründen bestimmter theoretischer Vorlieben besonders zu betonen. In den letzten Jahren hat man sich mit zahlreichen anderen Eigenschaften des Verfahrens befaßt, die die Möglichkeit zu therapeutischem Erfolg eröffnen. Beispielsweise haben verschiedene Autoren (z. B. Leitenberg u. a. 1969, 1971; Barlow u. a., 1970; Wagner und Cauthen, 1968) vorgebracht, es gehöre zum typischen Desensibilisierungsverfahren, daß der Therapeut mit Bekräftigung reagiere, wenn der Patient sich in der Vorstellung oder im wirklichen Leben den Dingen annähere, die er fürchte. Man hat vermutet, die Tatsache, daß der Therapeut billigend reagiere, wenn der Patient in der Hierarchie aufsteigt, sei anstelle der schon erörterten angstreduzierenden Faktoren oder zusätzlich zu ihnen für die eintretende Änderung verantwortlich.
Vor nicht allzulanger Zeit haben Davison und Wilson (1973) die Forschungsarbeiten besprochen, die systematische Desensibilisierung unter diesem Blickwinkel operanter Konditionierung untersucht haben, und festgestellt, daß sie ganz und gar nicht überzeugend seien. Einen gleichen Mangel an Beweiskraft stellten sie für die Behauptung fest, die Wirkung systematischer Desensibilisierung gehe in erster Linie auf die Erwartungen der Versuchsperson hinsichtlich des therapeutischen Fortschritts zurück (z. B. Maricia, Rubin und Efran, 1969; Wilkins, 1971) oder beruhe auf der Tatsache, daß die Versuchsperson ihre Angst kognitiv reinterpretiere, wenn sie sich selbst bei angstfreiem Verhalten beobachte (Valins und Ray, 1967). Wie sie feststellen, sei es *eine* Sache zu zeigen, daß die gemäßigte Aversion einer Versuchsperson gegenüber Schlangen dadurch abgeschwächt werden könne, daß man ihr suggeriere, ihr Herzschlag reagiere nicht mehr auf Schlangenbilder. Eine ganz andere Sache sei es jedoch, einem Menschen, der heftige Angst habe, einzureden, er irre sich, wenn er glaube, er habe Angst. Wie nicht anders zu erwarten, gibt es kaum Evidenz dafür, daß dies letztere erfolgversprechend ist.

Davison und Wilson bestreiten nicht, daß sich sozialkognitive Faktoren in der systematischen Desensibilisierung auswirken können, ebensowenig wie sie die Vielfalt anderer »Beziehungs«-Gesichtspunkte abtun, die als relevant dargestellt werden. Sie bringen jedoch vor, daß man aufgrund dieser Faktoren vernünftigerweise nicht annehmen könne, die zu Anfang dieses Kapitels erörterten Prozesse spielten keine Rolle. Davison und Wilson setzen sich wie Bandura (1969) dafür ein, Furchtreduktion und Eliminierung von Vermeidungsverhalten auf vielfältige Art und Weise anzugehen. Dazu gehört nach ihrer Auffassung sowohl die Verwendung spezifischer technischer Verfahren, die sich als nützlich erwiesen haben, wie die Entwicklung einer klinisch brauchbaren Beziehung zum Patienten. (Vgl. auch Goldfried und Davison, 1976; Lazarus, 1971.)

Systematische Desensibilisierung und Vereinigungsphantasien

Ein letzter Versuch, die Wirkung systematischer Desensibilisierung zu erklären, wird uns in diesem Abschnitt beschäftigen. Es ist eine völlig neue Auffassung, die sich nur schwer mit dem Standpunkt vereinbaren läßt, der in den meisten bislang durchgeführten Arbeiten vertreten wurde. Dennoch ist die Studie, auf die sich diese Auffassung gründet, trotz ihrer Vorläufigkeit beeindruckend. Im übrigen stützt sie sich auf einen großen Bestand anderer empirischer Arbeiten, die viel zu wenig beachtet wurden, wenn man bedenkt, welch überraschende Konsequenzen sich aus ihnen ergeben.

Silverman, Frank und Dachinger (1974) behandelten Personen mit Insektenphobien mittels eines Verfahrens, das in mancherlei Hinsicht die systematische Desensibilisierung zum Vorbild hatte, sich aber in wichtigen Punkten von ihr unterschied. Aufgrund von Überlegungen, die sie von der psychoanalytischen Theorie bezogen, und aufgrund früherer Ergebnisse aus Silvermans programmatischen Forschungsarbeiten ersetzten sie das Entspannungstraining durch einen tachistoskopisch dargebotenen Stimulus — die sprachliche Botschaft »Mama und ich sind eins« für die Experimentalgruppe und die Botschaft »Menschen gehen« für die Kontrollgruppe. Bei den Messungen von subjektivem Mißbehagen und Annäherungsverhalten zeigten die Versuchspersonen in der Experimentalgruppe eine signifikant ausgeprägtere Verbesserung als die Kontrollprobanden. Obgleich in dieser ersten Studie kein Vergleich mit den herkömmlichen Desensibilisierungsverfahren vorgenommen wurde, scheinen die Ergebnisse Wichtiges zu implizieren. Der einzige Unterschied zwischen

Experimental- und Kontrollgruppe war der Inhalt des unterschwelligen Stimulus — Unterschiede, die etwa auf Voreingenommenheit des Versuchsleiters oder Merkmale der Aufgabenstellung zurückzuführen wären, scheinen unwahrscheinlich, da der Versuchsleiter nicht wußte, welcher Stimulus in das Tachistoskop eingelegt wurde; gleiches gilt aufgrund der Kürze der Darbietung — 0,004 Sekunden — (zumindest bewußt) für die Versuchsperson. So scheint die unterschiedliche Verbesserung auf die Wirkung des Stimulus zurückzugehen und/oder die Phantasien, Affekte usw., die von ihm hervorgerufen wurden. Silvermans Hypothese lautet, daß der Patient sich in seinen Phantasien mit dem Therapeuten als Mutterersatz vereinigt und daß diese Phantasien der Wirksamkeit systematischer Desensibilisierung zugrunde liegen. Diese Hypothese stimmt mit den Daten seiner ersten Studie überein, wenn sie von diesen auch gewiß nicht eindeutig bestätigt wird, wie er selbst unmißverständlich einräumt. Doch selbst die Entdeckung, solch eine Botschaft könnte, ohne bewußt wahrgenommen zu werden, eine Rolle bei der Angstreduktion spielen, ist außerordentlich provozierend. Es läßt darauf schließen, daß wir nur eine höchst unvollständige Vorstellung davon haben, wie Ängste reduziert werden.[16]

[16]Silverman hat über eine ganze Reihe von Studien berichtet, in denen er tachistoskopische Stimulation verwendet hat. Dabei konnten viele der Probleme ausgeräumt werden, die sich Anfang der sechziger Jahre bei dieser Art von Forschung ergaben. Die Studien bestätigen in erstaunlicher Weise eine Vielzahl psychoanalytischer Formulierungen. Sie sollten von jenen Kritikern berücksichtigt werden, die behaupten, es gebe keine experimentellen Beweise für unbewußte Prozesse (und in der Tat präsentieren sie gewisse — wenn auch meiner Meinung nach nicht unüberwindliche — Zweifel an der gegenwärtigen Form psychodynamischer Theoriebildung [vgl. Silverman, 1971, 1972, 1976; Wolitzky und Wachtel, 1973]).

9

Angstreduktion durch Darbietung: Klinische Fragen

Was in den Kapiteln 6 und 8 an Ergebnissen und Argumenten vorgebracht wurde, legt die Vermutung nahe, daß Analytiker und Verhaltenstherapeuten jeweils auf unterschiedliche Weise Mittel und Wege entdeckt haben, wie sie ihren Patienten helfen können, Angst zu überwinden. Beide bieten beunruhigende Gedanken, Situationen und Vorstellungen dar. Verhaltenstherapeuten, die systematische Desensibilisierung praktizieren, legen Wert auf graduelle Darbietung und Entspannungstraining — eine Vorgehensweise, die den Patienten in die Lage versetzt, sich in wachsendem Maße dem auszusetzen, was er sonst vermeiden würde. Und wie wir gesehen haben, verwenden Analytiker Methoden, die in mancherlei Hinsicht ähnlich sind; doch sind diese Methoden weit weniger systematisch oder vollständig. Für analytische Therapeuten bedeuten Entspannung und graduelle Darbietung im wesentlichen flankierende Maßnahmen. Sie sorgen hauptsächlich für die Darbietung von Angstquellen, indem sie die Abwehrmechanismen des Patienten »deuten« und ihn so daran hindern, sich der Angst auf seine typische Weise zu entziehen.

Wie wir in den letzten Kapiteln sehen konnten, haben in der Regel weder Verhaltenstherapeuten noch Analytiker — von wichtigen Ausnahmen abgesehen — ihr Tun in erster Linie als Hilfe zur leichteren Darbietung gewöhnlich vermiedener Angstquellen verstanden. Die Betonung von reziproker Hemmung oder Gegenkonditionierung auf der einen Seite und Einsicht oder emotionalem Verstehen auf der anderen hat zu scheinbar disparaten Methodologien und konzeptuellen Strategien geführt, die nach Auffassung beider Lager sich gegenseitig auszuschließen und unvereinbar zu sein scheinen. Wenn wir aber statt dessen sagen, es sei von entscheidender Bedeutung, daß Bedingungen geschaffen werden, die die Darbietung fördern, dann können wir erkennen, daß systematische Desensibilisierung und vieles, was dynamische Therapeuten tun, einander ergänzen bei der Verfolgung desselben therapeutischen Ziels. Wir können uns dann überlegen, wie sich die besonderen Stärken beider Ansätze miteinander verbinden lassen, um bedrängende Angst zu überwinden.[1]

[1] Meine Argumentationsweise sollte nicht so verstanden werden, als ob ich Gegenkon-

Der Forschungsüberblick im letzten Kapitel zeigte, daß die systematische Desensibilisierung für bestimmte Formen klinischer Probleme einen entscheidenden Beitrag liefert, und daß sich Beweise für Symptomersatz oder andere Zeichen aversiver Konsequenzen selten finden. Es stellte sich jedoch heraus, daß die Anwendbarkeit systematischer Desensibilisierung weit begrenzter ist, als anfänglich angenommen wurde. Obwohl also die Entwicklung der systematischen Desensibilisierung einen entschiedenen Fortschritt in der Behandlung von Angst darstellt, muß immer noch häufig auf alternative Methoden zurückgegriffen werden. Wenn wir entscheiden wollen, welche anderen Mittel wir verwenden können (insbesondere, in welcher Weise diese anderen Mittel sich traditionellen psychodynamischen Methoden annähern und sich sinnvollerweise als Spielarten systematischer Desensibilisierung auffassen lassen), müssen wir uns noch eingehender mit der Frage beschäftigen, warum systematische Desensibilisierung sich als nicht generell anwendbar erwiesen hat.

Die Antwort liegt nicht unmittelbar auf der Hand. In vielerlei Hinsicht scheint systematische Desensibilisierung ein außerordentlich einfühlsames und rationales Verfahren zu sein, das dem Therapeuten mit Hilfe von Entspannungstraining und allmählichem Aufstieg in der Hierarchie von Items ermöglicht, den Patienten dem auszusetzen, wovor er Angst hat.

Die Eliminierung von Angst durch diese technischen Hilfen scheint von verfahrenstechnischem wie von moralischem Wert zu sein. Einerseits wird durch die relativ schonende Darbietung dessen, was der Patient fürchtet, die Wahrscheinlichkeit verringert, daß er die Therapie vorzeitig abbricht, um weitere Qual zu vermeiden. Andererseits ist der humane Charakter des Verfahrens ein Wert an sich. Hier werden dem Patienten nicht »zu seinem eigenen Besten« Schmerzen zugefügt. Viele psychotherapeutische Verfahren sind frustrierend und qualvoll und ganz gewiß sind Techniken vorzuziehen, durch die sich vergleichbare Ergebnisse erzielen lassen, ohne dafür einen solchen

brauchbare Konzepte zur Angstreduzierung sind, bleibt nach wie vor ein fruchtbares Gebiet für weitere Forschung. Worauf es mir hier ankommt, ist die Tatsache, daß effektive Darbietung ein sehr entscheidender Gesichtspunkt ist, den Theoretiker beider Richtungen nur unzulänglich berücksichtigt haben. Dadurch wird uns ermöglicht, einen großen Bereich von Übereinstimmungen zu erkennen, zu welch unterschiedlichen Methoden die spezifischen therapeutischen Prozesse auch führen mögen.

Preis zahlen zu müssen. Ein anderer Vorteil des Desensibilisierungsverfahrens liegt darin, daß es aufgrund seines eindeutig definierten Geltungsbereichs leicht ist, zu beurteilen, ob die therapeutischen Bemühungen Früchte tragen. Man muß nicht einige Jahre lang warten, um zu sehen, ob sich irgendeine durchgreifende Charakterveränderung einstellt, sondern kann die Wirksamkeit seiner therapeutischen Interventionen feststellen, indem man die Angstreaktionen des Patienten auf eine eindeutig definierte Klasse von Ereignissen kontrolliert. Obgleich von Fällen berichtet worden ist, wo man Hierarchien mit hunderten von Items über lange Zeit hin dargeboten hat, empfehlen Lazarus und Serber (1968), der Therapeut möge »die Angemessenheit der Desensibilisierung erneut überprüfen, sobald sich nach fünf oder sechs Sitzungen noch keine nennenswerten Ergebnisse einstellen.« Diese Auffassung führt (wenn realisierbar) dazu, daß sich der Therapeut in weit höherem Maße Rechenschaft über sein Tun ablegen muß, als es üblicherweise in der Psychotherapie geschieht. Damit ist für ihn auch die Chance größer, aus seiner Erfahrung zu lernen und den Fehler zu vermeiden, sich unwiderruflich auf eine für seinen Patienten nicht geeignete Strategie festzulegen.

Der eindeutig definierte Geltungsbereich der systematischen Desensibilisierung ist vielleicht ihre auffälligste und kennzeichnendste Eigenschaft[2] und wahrscheinlich der wichtigste Grund für ihre Überlegenheit gegenüber herkömmlichen Methoden — wenn überhaupt Überlegenheit festgestellt wird. Paul (1966) meint, daß die Prinzipien, die die Angstreduktion bei systematischer Desensibilisierung erklären, die gleichen seien wie jene, die sich in traditionellen Interview- oder Beziehungs-Therapien auswirken,[3] daß aber die Desensibilisierung aufgrund ihres fokussierten Geltungsbereichs eine effizientere Anwendung dieser Prinzipien ermögliche:

»Statt daß man es dem Klienten und dem Zufall überläßt, symbolische angsterzeugende Hinweisreize bei unterschiedlichen Graden von Aufmerksamkeit einzuführen, wird im Desensibilisierungsverfahren versucht, die Lernkontingenzen systematisch anzuordnen. Konkurrierende Stimuli und Reaktionen werden auf ein Minimum reduziert. Die Situation ist so angelegt, daß externe Stimuli zurückge-

---

[2]Erinnern wir uns, daß es Berichte über therapeutische Verfahren gibt, die als Formen systematischer Desensibilisierung beschrieben wurden und in denen weder Entspannung noch gradueller Aufstieg in einer Hierarchie verwendet wurde.

[3]In dieser Hinsicht ähnelt Pauls Auffassung der hier vertretenen in überraschendem Maße.

drängt werden; und durch das Entspannungsverfahren werden interne und propriozeptive Stimuli weitgehend eingeschränkt. Durch das Ausschalten konkurrierender Ereignisse kann der Therapeut die Aufmerksamkeit des Klienten ausschließlich auf die wirklich wichtigen Hinweisreize lenken« (S. 89).
Doch trotz dieses bestechenden Grundprinzips ist die systematische Desensibilisierung *nicht* immer so effizient. Zum Teil liegt es daran, daß viele Angstreaktionen eng mit unzulänglichen sozialen Fertigkeiten und mit anderen Problemen fehlangepaßten offenkundigen Verhaltens verknüpft sind. Diese Frage werden wir in den beiden folgenden Kapiteln untersuchen, wo wir uns mit den verschiedenen Möglichkeiten beschäftigen werden, dem Patienten das Erlernen eines befriedigenderen interpersonalen Verhaltens zu erleichtern, und wo wir der Frage nachgehen werden, wie die Tatsache, daß für solches Lernen nicht ausreichend Sorge getragen wird, häufig die therapeutischen Anstrengungen beeinträchtigen kann. Auch Paul hält es für wichtig, daß der Patient lernt, bestimmte reale Situationen besser zu bewältigen, und er vertritt die Auffassung, daß solches Lernen nicht automatisch aus der Desensibilisierung von Angst erfolge. Doch auch wenn er einräumt, »zusätzliche Arbeit« sei vielleicht nötig, um zu verhindern, daß sich die Angst als Ergebnis fehlangepaßter Interaktionsmuster wieder einstellt, so behauptet er doch, daß »sich die systematische Desensibilisierung *in fast jedem Fall, in dem Angst eine auffällige Rolle spielt*, in der Praxis als eine effiziente und nützliche Behandlungstechnik erweisen dürfte« (S. 9; Hervorhebung von P.L.W.).
Nach meiner Auffassung überschreitet Paul in seinen Empfehlungen die Grenzen jenes Bereichs, für den die wirksame Anwendung der Desensibilisierung nachgewiesen werden konnte und in dem — so möchte ich meinen — ihre Wirksamkeit auch wahrscheinlich ist. Denn der Brauchbarkeit der Desensibilisierung sind nicht nur durch die Notwendigkeit, fehlangepaßte offenkundige Reaktionsmuster zu berücksichtigen, Schranken gesetzt, sondern auch dadurch, daß der Therapeut nur begrenzt kontrollieren kann, welche Hinweisreize dem Patienten tatsächlich dargeboten werden. Die Vorstellung, daß »der Therapeut die Aufmerksamkeit des Klienten ausschließlich auf die wirklich wichtigen Hinweisreize lenken« könne, ist außerordentlich idealistisch. Zwar scheint systematische Desensibilisierung die Darbietung bei bestimmten Patienten und bei bestimmten Angstformen zu erleichtern (insbesondere dort, wo die Angstreize weitgehend situationsbedingt und extern sind), doch in vielen Fällen verlangt der

Umstand, daß der Therapeut die Vorstellungen des Patienten und deren Intensität nur begrenzt kontrollieren kann, noch andere Methoden, als sie für die Desensibilisierung typisch sind, um eine ausreichende Darbeitung zu ermöglichen.

Wie schwach die Analogie ist zwischen dem Tierexperiment, in dem einem Organismus ein Stimulus dargeboten wird, und der Forderung, ein Mensch möge sich etwas vorstellen, ist von zahlreichen Autoren unterstrichen worden (z. B. Breger und McGaugh, 1965; Weitzman, 1967). Weitzmans Beobachtungen sind von besonderem Interesse. Er führte mit sechs Patienten insgesamt etwa zweihundert Desensibilisierungssitzungen durch und fragte sie nach jeder, was genau sie sich vorgestellt hatten. Er berichtet darüber:

»Ausnahmslos berichten die Patienten bei eingehender Befragung von einer Flut visueller Vorstellungen. Sobald sie sich die Ausgangsszene vor Augen geführt hatten, wandelte sie sich und änderte ihre Gestalt. Diese Transformationen fanden ständig statt. Wenn die Vorstellungsphase vom Therapeuten beendet wurde, hatten sich bei den Patienten Vorstellungen eingestellt, die sich inhaltlich völlig vom intendierten Stimulus entfernt hatten. Diese Inhalte und die Transformationen, die sie offenbaren, müssen als eine Form spontaner und offensichtlich autonomer Phantasie beschrieben werden, wie sie vielen dynamisch orientierten Therapeuten vertraut ist...« (S. 305).

Nach Weitzman kann also der Therapeut keine sehr genaue Kontrolle über den Vorstellungsinhalt des Patienten ausüben, wenn er ihn auffordert, sich ein Item der Hierarchie auszumalen. Der Patient mag die Worte des Therapeuten als Ausgangspunkt nehmen, doch seine Erfahrungen während der stillen Vorstellungsphase entfernen sich von den Erwartungen des Therapeuten und gehen in Richtungen, die weitgehend von der besonderen Konfiguration der Motive, Konflikte, Erinnerungen und Assoziationen des Patienten bestimmt werden.

Weitzmans Behauptungen sind nicht unwidersprochen geblieben. Davison und Wilson (1973) berichten beispielsweise, daß sie in ihrer umfassenden klinischen Erfahrung mit systematischer Desensibilisierung »selten, wenn überhaupt jemals, Belege für Weitzmans Beobachtungen gefunden« hätten. Möglicherweise gehen die Unterschiede zumindest teilweise darauf zurück, daß verschiedene Therapeuten unterschiedliche implizite Mitteilungen übermitteln. Lazarus' (1968) Vorschlag jedoch, man solle den Patienten zu einer genauen Beschreibung dessen auffordern, was er bei jeder Vorstellungsinstruktion erlebe (anstelle der älteren Instruktion, nur durch Fingerheben zu signalisieren, wenn er Angst empfindet), scheint von der Auffassung auszugehen, man könne nicht annehmen, daß die vorgestellte Szene unbedingt die vom Therapeuten intendierte Szene sei. Nicht nur können die Vorstellungen des Patienten von dem, was beabsichtigt ist, abschweifen — oder die Inhalte abweichen —, sie können auch hinsichtlich ihrer Lebhaftigkeit beträchtliche Unterschiede aufweisen. Dies ist ein außerordentlich wichtiger Punkt, der sich nur sehr schwer beurteilen läßt. Abgesehen von den individuellen Unterschieden kann jeder von uns wahrscheinlich ganz subjektive Vorstellungen erinnern, die ihrerseits in Lebhaftigkeit und Intensität sehr unterschiedlich sind. Manche Vorstellungen oder Erinnerungen bestehen eigentlich nur aus Wörtern, die wir uns hersagen, während andere in ihrer Realität und Intensität fast traumartig sind. Ebenso wird es wahrscheinlich Unterschiede hinsichtlich des Ausmaßes geben, in dem sich ein Patient den wesentlichen Stimuluselementen aussetzt. Selbst im einfachsten Fall darf man mit Sicherheit eine größere Reduktion etwa der Furcht vor Schlangen erwarten, wenn der Patient — besonders bei einem höheren Item aus der Hierarchie — die Form, die Bewegung, die Schuppigkeit, die Farbe und andere Eigenschaften einer Schlange lebhaft empfindet, als wenn er sich praktisch nur die Worte hersagt: »Eine Schlange befindet sich in meiner unmittelbaren Nähe.« In den Schriften zur systematischen Desensibilisierung wird dieses Problem für gewöhnlich eingestanden, doch gibt es wenig Ausführungen, die sich unmittelbar mit ihm auseinandersetzen.

Dem Problem, in welcher Qualität der Patient sich die Zielreize darbietet, läßt sich, soweit es praktikabel ist, dadurch beikommen, daß man sie ihm konkret (*in vivo*) darbietet. In letzter Zeit sind tatsächlich zahlreiche Berichte erschienen, denen zu entnehmen ist, daß konkrete Darbietung von größerer Wirksamkeit ist als Vorstellungsdesensibilisierung, oder die die frühere Annahme in Frage stellen, die Vorstellungsdesensibilisierung generalisiere vollständig auf die natürliche Situation (z. B. Agras, 1967; Barlow, Leitenberg, Agras und Wincze, 1969; Davison, 1968; Lo Piccolo, 1969; Marks, 1969; Sherman, 1972).

Selbst bei konkreter Darbietung muß man sich jedoch klarmachen, daß die Reize, die der Person tatsächlich dargeboten werden, streng genommen nicht von den Dingen abhängen, die *wahrgenommen* werden. Die Beziehung zwischen beiden muß nicht immer eng sein. Das Problem stellt sich bei konkreten Reizen weniger als bei Vorstellungsreizen, bleibt aber trotzdem real. Menschen unterscheiden sich in hohem Maße durch das, was sie »bemerken«. Wenn die Hinweisreize angstauslösend sind, gewinnen subjektive »Abwehrverfahren« der Wahrnehmung besondere Bedeutung. (Vgl. Erdelyi, 1974; Wolitzky und Wachtel, 1973). Dieser letztere Gesichtspunkt ließe sich als Faktor verstehen, der zugunsten von Desensibilisierung spricht, die ja um eine Darbietung auf niedrigen Angstniveaus bemüht ist. Doch wenn wir die Frage nach der Darbietungsqualität richtig beantworten wollen, müssen wir uns über die Grenzen jener oberflächlichen S-R-Formulierung klarwerden, in denen die Desensibilisierung häufig erörtert wird, und komplexere erkenntnistheoretische und klinische Konzepte einführen.

Vielleicht noch wichtiger ist der Umstand, daß die *in-vivo*-Lösung sich als weit weniger praktisch erweist, wenn die Angst nicht in erster Linie durch externe Hinweisreize hervorgerufen wird, sondern durch solche, die mit den Gedanken und affektiven Reaktionen der Person verknüpft sind. Wie wir aber in Kapitel 6 gesehen haben, besteht guter Grund zu der Annahme, daß für die meisten Neurosen, die der Psychotherapie bedürfen, jene Angst entscheidend ist, die eine Reaktion auf solche inneren Vorgänge darstellt. In diesen Fällen wird die Unterscheidung zwischen Vorstellungsdesensibilisierung und *in-vivo*-Desensibilisierung ziemlich problematisch. Der Therapeut kann dann dem Patienten den Stimulus nicht in derselben Weise »darbieten«, wie er einen Hund in einen Raum bringen kann, in dem sich ein Patient befindet, der unter Hundeangst leidet, oder wie er einen klaustrophobischen Patienten in einen winzigen fensterlosen Raum bringen kann. Die Stimuli müssen wie bei der Vorstellungsdesensibilisierung von dem *Patienten* hervorgebracht werden. Sie sind also für den Therapeuten nicht unmittelbar beobachtbar. Darüber hinaus lassen sich solche Hinweisreize nur schwer intentional erzeugen.

Wenn man jemanden anweist, einen Affektzustand absichtlich hervorzurufen, führt das häufig zu Verwirrung. Der Patient empfindet die Situation als paradox. Tatsächlich versuchen manche Verhaltenstherapeuten Angst, bei der herkömmliche verhaltensorientierte Methoden nicht wirksam sind, dadurch zu behandeln, daß sie sich eben jene paradoxe Wirkung zunutze machen, die sich bei dem Bemühen einstellt, Affektzustände absichtlich hervorzurufen. Statt daß der Patient aufgefordert wird, seine Angst zu unterdrücken, sagt man ihm, er solle versuchen, soviel Angst wie möglich zu empfinden. Manchmal stellt er dann fest, wenn er dieser

Forderung nachkommen will, daß er nicht in der Lage ist, heftige Angst zu empfinden. Durch das Bemühen, größere Angst zu empfinden, wird seine Angst reduziert. Beim Summer Institute in Behavior Therapy, das von Joseph Wolpe und seinen Mitarbeitern durchgeführt wurde, sah ich, wie diese Methode der »paradoxen Intention« (Frankl, 1960) bei mehreren agoraphobischen Patienten mit beachtlichem Erfolg verwendet wurde.

Wenn die Ängste des Patienten weitgehend durch seine eigenen Gefühle hervorgerufen werden, dann ist es ein beträchtliches Dilemma, für eine therapeutisch angemessene Darbietung der Angstquelle zu sorgen. Die Hinweisreize, die dem Patienten dargeboten werden müssen, kann nur er selbst produzieren, und das läßt sich intentional oft schwer bewerkstelligen. Dazu ist er aufgrund seiner Angst hoch motiviert, sie *nicht* zu produzieren. Gehen die Probleme des Patienten auf die Angst zurück, die sich bei ihm in dem Moment zeigt, wenn er sexuell erregt ist, wenn er ärgerlich wird oder wenn er die Neigung verspürt, sich auf andere zu verlassen, dann müssen ihm — damit die Angst extingieren kann — Hinweisreize dargeboten werden, die mit der Erregung von Sexualität oder Ärger oder Abhängigkeit verknüpft sind. Wenn er habituell zu bestimmten Manövern neigt, die die Erregung solcher Gefühle verhindern sollen (Abwehrmechanismen oder Sicherheitsoperationen), wird er nicht in der Lage sein, sich den Reizen auszusetzen, die erforderlich sind, damit die Angst extingieren kann.

Man könnte im Prinzip behaupten, daß selbst bei solchen Angstquellen die Möglichkeit besteht, zwischen Vorstellungs- und *in-vivo*-Desensiblisierung zu unterscheiden — daß der Therapeut zwar nicht erwarten kann, daß der Patient auf Befehl ärgerlich oder sexuell erregt wird, daß er aber den Patienten auffordern kann, sich einen solchen Zustand *vorzustellen*. Solch eine Unterscheidung mag logisch vielleicht haltbar sein, ist wahrscheinlich jedoch von geringem klinischen Wert, da für eine Behandlung die Frage nach der Lebhaftigkeit oder dem »Wirklichkeitscharakter« dessen, was sich der Patient vorstellt, von außerordentlicher Wichtigkeit ist.

Wenn das vorgestellte Erlebnis sich nicht weitgehend an das konkret gefürchtete Erlebnis annähert, ist von der Vorstellungsdesensibilisierung nur geringer Nutzen zu erwarten. Paul (1966) legte beispielsweise in der oben erörterten Studie großen Wert auf die Anweisung an seine Therapeuten, sie sollten sicherstellen, daß die Patienten sich die Situation und ihren Kontext so vorstellten, wie sie sie erleben würden, wenn sie sich tatsächlich in ihr befänden. Sie sollten sich nicht selbst im Bild sehen, denn dann würden sie es in Distanz von der eigenen Person erleben und nicht als wirklich erfahrenes »darin sein«. Pauls gute Resultate mit der Desensibilisierung sind im wesentlichen der Sorgfalt zuzuschreiben, mit der er dafür sorgte, daß die Darbietung mittels Vorstellungen für seine Versuchspersonen einen realistischen Charakter annahm. Die Forderung, ein Mensch, der etwas nicht fühlt, solle sich vorstellen, er fühle es, scheint kein sehr wirksamer Weg zu sein, um vergleichbare Lebhaftigkeit und Wirklichkeitsnähe zu erreichen.

Eine solche Lösung ist besonders problematisch, wenn der Patient — wie es häufig der Fall ist — nicht eingesteht, daß er tatsächlich so fühlt oder auch nur so fühlen kann. Wenn seine Furcht vor bestimmten Gedanken oder Gefühlen nicht nur zu beunruhigenden Symptomen oder Charakterschwierigkeiten führt, sondern auch zu sehr zögernder Anerkennung eben dieser Gedanken und Gefühle als Teil seines eigenen Verhaltens, dann wird es ihm in der Tat schwerfallen, sie sich mit Lebhaftigkeit vorzustellen. Der Patient kann versuchen, mit dem Therapeuten zusammenzuarbeiten — der seine Angestellten unbarmherzig antreibende und von Magengeschwüren geplagte Manager kann zum Beispiel versuchen, sich vorzustellen, wie er sich offen nach Beistand sehnt; oder die unter häufigen Panikanfällen leidende scheue Angehörige der Heilsarmee kann versuchen, sich vorzustellen, wie es sie nach Lastwagenfahrern verlangt —, doch wird der Erfolg solcher Anstrengungen wahrscheinlich nicht sehr beeindruckend sein.

Ich habe hier natürlich beschrieben, was traditionell als Abwehr — Mechanismen, die wichtige Gedanken, Motive und affektive Reaktionen ins Unbewußte verbannen — und als Widerstand — das Widerstreben des Patienten, diese Dinge für sich anzuerkennen — bezeichnet wird. Verhaltenstherapeuten lehnen solche Konzepte häufig als unbegründet und überflüssig ab. Erörtert man die tatsächlichen klinischen Beobachtungen eingehender, erweist es sich jedoch gewöhnlich, daß dieser Einwand nicht der Frage gilt, ob Angst Menschen dazu bringen könne, nicht zur Kenntnis zu nehmen, wie sie reagieren oder welche Grundlage ihre Handlungen haben, sondern der Frage, welche *Arten* von Vorgängen nicht zur Kenntnis genommen werden und/oder welche Arten von Schlüssen zu ziehen sind. (Beispielsweise kann bei ein und derselben Frau der eine Kliniker, der von bestimmten Voraussetzungen irgendwelcher Art ausgeht, zu der Überzeugung gelangen, sie nehme nicht zur Kenntnis, daß ihr Verhalten durch den Wunsch nach einem Penis motiviert sei; ein anderer Kliniker hingegen, sie nehme nicht zur Kenntnis, daß sie in Harnisch gerate, wenn Männer ihre Freiheit und Macht demonstrierten; oder ihre Depressionen stellten sich — trotz ihrer Behauptung, dies sei kein Problem für sie — gerade dann ein, oder sie bekomme gerade dann Kopfschmerzen bzw. handle — abermals ohne es zu bemerken — gerade dann in einer Weise, die ihren Bemühungen zuwiderlaufe.)

Der Einwand von Verhaltenstherapeuten gegen Konzepte wie Abwehr richtet sich auch gegen die theoretische Sprache, die bei der Beschreibung dieser Beobachtungen verwendet wird. Verhaltenstherapeuten wenden sich beispielsweise besonders heftig gegen Termini wie »das Unbewußte«, das scheinbar einen autonomen Homunculus impliziert, dessen Handlungen ihrerseits eine Erklärung verlangen. Aber auch hier sind — wie in vielerlei Hinsicht — die Unterschiede zwischen dynamischen und verhaltensorientierten Auffassungen nicht annähernd so groß, wie es auf den ersten Blick erscheint, besonders wenn man sich klarmacht, daß viele psychodynamisch orientierte Nicht-Freudianer beispielsweise der Frage, ob der Penisneid nun ganz wörtlich zu nehmen sei, ebenfalls skeptisch gegenüberstehen würden —, daß sie den Einwand gegen das hohe Ausmaß an schlußfolgerndem Denken also durchaus akzeptierten. Was den zweiten Einwand (der sich gegen die theoretische Sprache der Psychoanalyse richtet) anbetrifft, so können viele jüngere psychoanalytische Autoren mit allzu konkret verstandenen Konzepten wie »das Unbewußte« ebenso wenig anfangen wie irgendein Verhaltenstherapeut.[4](Vgl. insbesondere Schafer, 1972, 1973a, 1973b.)

Die Behandlung von inneren Ängsten

Die Schwierigkeiten, die sich bei der Verwendung des Standardverfahrens der systematischen Desensibilisierung einstellen, wenn der Patient seine eigenen Gedanken oder Tendenzen fürchtet, müssen den Kliniker nicht zur Hilflosigkeit verurteilen. Neben der Standarddesensibilisierung gibt es zahlreiche weitere Verfahren, mit deren

[4]Wiederum sollte klar sein, daß ich nicht meine, es gebe *keine* grundlegenden Unterschiede zwischen dynamischen und verhaltensorientierten Auffassungen. In der konkreten Praxis kann die Frage, welche Schlüsse zu ziehen sind, sehr unterschiedlich gelöst werden. Eben die Mischung aus Übereinstimmung und Unterschied motivierte mich zu diesem Buch.

Hilfe Verhaltenstherapeuten diesen Fällen beizukommen vermögen, und die Methoden dynamischer Therapeuten sind natürlich ganz speziell darauf abgestellt, solche Probleme zu bewältigen. Ich werde später noch erörtern, auf welche Weise Methoden wie Modellierung, Verhaltenseinübung, Verhaltensformung und andere diesen Patienten helfen können, die Furcht vor ihren eigenen Reaktionen und Tendenzen zu überwinden. Hier wollen wir uns nun mit Methoden befassen, welche die Darbietung jener Hinweisreize zu erleichtern suchen, die unrealistische Gefahr signalisieren. Insbesondere wollen wir Spielarten des Desensibilisierungs- und Überflutungsmodells betrachten und überlegen, wie sie sich mit Verfahrensweisen verbinden lassen, die aus der psychoanalytischen Methode der Erkundung erwachsen sind.

Weitzman (1967) meint, daß das Standardverfahren der Desensibilisierung manchmal die Aufgabe leisten könne, jene Angst zu überwinden, die die eigenen Gedanken und Antriebe der Patienten bei ihm hervorrufen. Die besonderen Stimuli oder Situationen, die gefürchtet werden, könnten aus psychoanalytischer Sicht als symbolische »Träger« der Antriebe verstanden werden. Ob der Patient diese Impulse anerkennt oder nicht — wenn er sich dem gefürchteten phobischen Objekt wirklich oder in der Vorstellung aussetzt, dann muß er sich auch, zumindest indirekt, der Erregung des gefürchteten Antriebs aussetzen. Wenn also seine Angst reduziert wird, wird nicht nur zufällig konditionierte Angst extingiert, sondern auch die Signalangst, die den Patienten dazu gebracht hat, seine Antriebe als gefährlich zu betrachten.

Diese Spekulationen Weitzmans über die Wirkungsweise systematischer Desensibilisierung sind interessant. Sie gehen von der Annahme aus, daß die Angst zwar ursprünglich durch die Erregung bestimmter Gedanken oder Antriebe erzeugt wurde, daß es aber dadurch auch zur Furcht vor einem bestimmten, eindeutig definierbaren äußeren Ereignis oder Objekt kommt, und daß die ursprüngliche Angst sich möglicherweise durch die Konzentration auf das äußere Ereignis oder Objekt behandeln läßt. Nun hat diese Verwendungsweise der traditionellen systematischen Desensibilisierung allerdings ihre Grenzen. Zum einen merkten selbst relativ streng verhaltensorientierte Autoren an (z. B. Wolpe, Brady, Serber, Agras und Liberman, 1973):

»Systematische Desensibilisierung erweist sich dann als weniger fruchtbar, wenn die Ängste eines Menschen sich nach systematischer Verhaltensanalyse als schlecht definiert oder als nicht eindeutig mit spezifischen Stimuli verknüpft herausstellen: ›Ich weiß nicht, wovor ich Angst habe. Heute ist es eine Brücke, morgen die Tatsache, daß ich zur Arbeit muß.‹ Panphobische Patienten oder Patienten, deren Ängste ihre Konfiguration häufig und ohne sichtbare externe Stimuli wechseln, sind ungeeignete Anwärter auf systematische Desensibilisierung« (S. 963).

Zweitens hilft die Desensibilisierung auf Vorstellungen von äußeren phobischen Objekten nicht immer, selbst wenn eine oder mehrere eindeutig definierte Phobien zu erkennen sind. In Kapitel 7 wurden die Berichte von Feather und Rhoads erwähnt, in denen die Desensibilisierung auf Vorstellungen von externen Dingen wenig wirksam war, während eine modifizierte Form der Desensibilisierung, bei der sich der Patient das Ausagieren verbotener Phantasien vorstellte, zu guten Resultaten führte.

Es mag an dieser Stelle nützlich sein, den Ansatz von Feather und Rhoads noch etwas genauer zu betrachten. Er beruht auf der Auffassung, daß sich nur ein kleiner Prozentsatz der Fälle als die zufällige Paarung neutraler externer Hinweisreize mit angstauslösenden Hinweisreizen verstehen lasse. Häufiger — so meinen sie — wird Angst direkt durch die Erregung eines bestimmten Triebs oder Impulses hervorgerufen. Andere Symptome ließen sich durch ihre Beziehung zur Erregung des Triebs verstehen.

»In Fällen multipler Phobien scheinen beispielsweise die gefürchteten Objekte oder Situationen weder durch Symbolismus noch durch physische Ähnlichkeit mit einander in Beziehung zu stehen. Wenn die scheinbar verschiedenen angstauslösenden Situationen alle nur einen bestimmten Trieb verstärken, dann lassen sich multiple Phobien mit sparsamen Mitteln erklären. Sonst hätte man multiple Ätiologien zu postulieren, wie z. B. eine Reihe zusammenhangloser, zufällig konditionierender Ereignisse.

Eine wichtige praktische Folge dieser Auffassung ist die Überlegung, daß eine erfolgreiche Intervention auf der Ebene des Triebs auf alle Phobien generalisieren müßte, die durch diesen Trieb aufrechterhalten werden. Operational gesehen müßte man die verhaltenstherapeutische Technik der systematischen Desensibilisierung auf die triebbezogene Vorstellung richten, die dem Vermeidungsverhalten zugrunde liegt, und nicht auf Vorstellungen, die die vermiedenen Umweltstimuli betreffen. Davon wäre dann eine Modifikation aller triebbezogenen Phobien zu erwarten« (S. 501).

Klinisch verfahren die Autoren so, daß sie mit zwei bis fünf diagnostischen Interviews beginnen. Diese Interviews konzentrieren sich vor allem auf die Geschichte des Symptoms, machen aber von all dem Material Gebrauch, an das sich auch psychodynamische Therapeuten in der Regel halten (z. B. Träume, Phantasien, Fehlleistungen). Ihr Ziel ist eine psychodynamische Formulierung. Besonderen Wert legen sie auf die Frage, was denn das Schlimmste sei, das sich der Patient in der Situation vorstellen könne, die er fürchtet. Sie bestehen so lange auf einer klaren Antwort, bis der Patient eine lebhafte, genaue Beschreibung liefert. Gewöhnlich beschreibt der Patient die Phantasie einer antisozialen Handlung. Daraufhin wird der Patient in Entspannung unterwiesen. Eine Hierarchie von »abgestuften Phantasien über die Ausführung relevanter Impulse« wird konstruiert. Während der Patient sich der Vorstellungsdesensibilisierung unterzieht, wird er außerdem aufgefordert, sich allmählich den realen Situationen zu stellen, die er fürchtet.

In der weiteren Entwicklung änderten Feather und Rhoads einige Züge ihres Verfahrens ab. Zum einen verzichteten sie mehr und mehr auf die Verwendung von Hierarchien und forderten den Patienten statt dessen auf, sich, während er entspannt war, die schlimmsten Dinge vorzustellen, die er sich ausdenken konnte. Insofern verlagerte sich ihr Ansatz vom Desensibilisierungsmodell zu einer Technik, die der Überflutung oder Implosionstherapie in vielerlei Hinsicht ähnelte. Doch die Patienten empfanden nicht einfach Angst, sie wurden auch noch aufgefordert, die Vorstellung, daß sie in außerordentlich antisozialer Weise handelten, zu *genießen* — das heißt, den Trieb in der Phantasie zu *befriedigen*. Feather und Rhoads berichten, daß einige dieser Vorstellungen von Lächeln und lautem Gelächter begleitet würden. Häufig haben die Patienten jedoch auch von Schuldgefühlen berichtet, weil sie — wenn auch nur in der Phantasie — gewaltsame oder antisoziale Neigungen zum Ausdruck brachten. Der Therapeut bemühte sich dann vor allem darum, dem Patienten bei der Unterscheidung zwischen Phantasie und entsprechendem Handeln zu helfen. Diese Hilfe zur Unterscheidung von Phantasie und Realität ist der Faktor, den Feather und Rhoads bei der Erklärung ihrer Arbeit für entscheidend halten. Nach ihrer Auffassung haben die Patienten Mühe, zwischen den Konsequenzen von Wünschen und tatsächlichen Handlungen zu unterscheiden.

In ihrer Erklärung heben Feather und Rhoads also einen Prozeß hervor, der eher mit Einsicht als mit Extinktion durch wiederholte nichtbekräftigte Darbietung verwandt ist. Es geht dabei jedoch nicht um Einsicht in den in der Kindheit liegenden Ursprung des Problems, sondern um die Einsicht, daß Handlungen, die in der Phanta-

sie ausgeführt werden, andere Konsequenzen haben als Handlungen, die in der Realität stattfinden. Einsicht dieser Art läßt sich gar nicht so leicht von Extinktion unterscheiden. Auch diese wird manchmal als Fähigkeit zur Unterscheidung einer Kontingenzveränderung verstanden. Es hat jedoch den Anschein, daß die Änderung zumindest in einigen der Fälle, von denen Feather und Rhoads berichten, durch eine ziemlich rasche kognitive Umstrukturierung vermittelt worden ist. Trotz ihrer Widerstände zeigten die Patienten beträchtliche Veränderungen, die zu einem raschen Ende der Behandlung führten.
In der Tat stießen Feather und Rhoads häufig auf Widerstände (vgl. Rhoads und Feather, 1972). Die Patienten kamen zu spät, blieben den Sitzungen fern, führten die therapeutischen Aufgaben nicht aus und so fort. In einigen Fällen wurde die Technik verändert, um diesen Verhaltensweisen Rechnung zu tragen, die nach Meinung der Autoren auch aus den Übertragungsreaktionen gegenüber dem Therapeuten erwuchsen. Die Frage des Widerstands ist ein Thema, das über weite Teile dieses Buches implizit behandelt wird. Es ist ein wichtiges Problem, auf das man in der Literatur zur Verhaltenstherapie nicht genügend eingegangen ist. Ob man den Terminus »Widerstand« nun akzeptiert oder nicht, so werden doch die meisten praktizierenden Verhaltenstherapeuten zugeben, daß sie nicht selten Verhaltensweisen begegnen, die der gewünschten therapeutischen Entwicklung zuwiderlaufen. Das klinische Geschick des Verhaltenstherapeuten besteht großenteils darin, daß er sich Dinge einfallen läßt, durch die er sich die Kooperation des Patienten sichert und dessen Bereitschaft, die therapeutischen Aufgaben auszuführen, auf die sie sich geeinigt haben.

Deutung und die Darbietung von Angstreizen

Für den Therapeuten können sich nicht nur Schwierigkeiten ergeben, wenn er den Patienten zur Zusammenarbeit bei irgendeiner bestimmten Technik zu gewinnen sucht, er muß auch mit den oben erwähnten Problemen rechnen, wenn er Bedingungen schafft, unter denen dem Patienten tatsächlich die wichtigsten Angstreize dargeboten werden. Nach Möglichkeit sollte der Therapeut deshalb über eine Vielfalt von Interventionsmöglichkeiten verfügen. Er kann dann sein Vorgehen den Bedürfnissen und Neigungen des Patienten anpassen. Die Techniken zur Angstreduktion, die wir im letzten und in diesem Kapitel betrachtet haben, sind sehr vielversprechend und sollten nach meiner Auffassung in das therapeutische Instrumentarium fast aller Therapeuten aufgenommen werden. Wo sie anwendbar sind, scheinen sie im allgemeinen rascher als herkömmliche Methoden zu einer Änderung spezifischer Aspekte der Schwierigkeiten des Patienten und seines angstmotivierten, fehlangepaßten Verhaltens beitragen zu können. In manchen Fällen — insbesondere wenn die therapeutischen Ziele sich auf die Änderung eines Merkmals oder mehrerer vereinzelter und leicht isolierbarer Merkmale im Verhalten oder Gefühlsleben des Patienten beschränken — können sich diese Techniken nach geeigneter Verhaltensbeurteilung als ausreichend erweisen, um wichtige und überdauernde Änderungen zu schaffen. In vielen anderen Fällen mögen diese Techniken als *ein* Aspekt des therapeutischen Bemühens beträchtlichen Wert haben. Sie werden dann an einem bestimmten Punkt im Kontext eines längeren und umfassenden therapeutischen Prozesses eingesetzt. Aus vielerlei Gründen, von denen einige bereits deutlich geworden sein sollten, halte ich diese neueren Verfahren jedoch nicht für einen *Ersatz* der traditionellen interview- oder beziehungsorientierten Methoden (obgleich ihre Brauchbarkeit und Wirksamkeit ein neues Licht auf unser Verständnis der herkömmlicheren Methoden werfen und auch nicht ohne Einfluß auf ihre Verwendungsweise bleiben sollten).

Der größte Teil der folgenden Erörterung wird sich mit der Frage beschäftigen, wie auch herkömmliche therapeutische Verfahrensweisen der Aufgabe gerecht werden können, dem Patienten Angstreize darzubieten und seine aus Fehlanpassung resultierende Angst auszulöschen. Doch dies sollte man nicht so verstehen, als seien psychodynamische Methoden nur eine andere Form von Desensibilisierung. Um diesem Mißverständnis vorzubeugen, scheint zunächst der Hinweis auf einen Umstand nützlich, der — wie offensichtlich er auch immer sein mag — leicht übersehen wird, wenn das psychodynamische Interview weitgehend mit Begriffen wie Extinktion und Desensibilisierung erörtert wird: Ziel und Wirkungsweise herkömmlicher psychodynamischer Methoden erschöpfen sich nicht einfach darin, Angst durch die akkumulierte Darbietung dessen zu extingieren, was bedrohlich erscheint und vermieden wird. Die Möglichkeit, Störungen aufzuheben, wird beispielsweise dadurch bedeutend verbessert, daß der Patient Gelegenheit erhält, eine Beziehung aufzunehmen, in der der andere (der Therapeut) nicht einfach auf sie reagiert oder seine eigenen Interessen und Neigungen verfolgt,[5] sondern über die

[5] In gewissem Maße geschieht natürlich beides, doch (so ist zu hoffen) erheblich weniger als in anderen Beziehungen — nicht weil der Therapeut besser oder selbstloser als

Dinge nachzudenken versucht, die sich zwischen ihnen beiden abspielen, und den Patienten gleichfalls zum Nachdenken anregt. Dadurch können Muster aufgedeckt werden, die möglicherweise auch für andere gegenwärtige Beziehungen im Leben des Betreffenden bedeutsam sind. Dort werden sie jedoch nicht entdeckt oder verstanden, weil beide Parteien so sehr in das Geschehen verwickelt sind, daß sie mehr oder minder automatisch reagieren und ihnen nicht klar wird, was passiert.

Die Aufdeckung solcher interpersonalen Muster ist schwierig, besonders wenn sie sehr differenziert sind und/oder wenn Fehlbezeichnungen und falsche Wahrnehmungen vorherrschen, die der Abwehr dienen. Wenn der Therapeut stark damit beschäftigt ist, eine bestimmte Technik anzuwenden oder den Patienten davon zu überzeugen, daß er irgend etwas tun müsse, kann es ihm sehr schwer fallen, gleichzeitig auf die äußerst feinen Details des emotionalen Menuetts zu achten, das sie aufführen. Nur wenn er einen Teil seiner Zeit dafür opfert, einfach auf das zu hören, was der Patient spontan zur Sprache bringt, oder darauf zu achten, wie sich ihre Beziehung entwickelt, wird der Therapeut wahrscheinlich zu jener äußersten Aufnahmefähigkeit fähig sein. Besonders in Fällen, in denen die Beschwerden des Patienten nicht scharf umrissen oder klar abgegrenzt, sondern eher von der Art sind wie: »Ich scheine mit Menschen nicht warm werden zu können«, oder »Männer verlieren von einem gewissen Punkt an das Interesse an mir«, oder »Die meiste Zeit über habe ich nicht das Gefühl, wirklich zu sein«, dürfte es von entscheidender Bedeutung sein, solche Feinheiten in der Beziehung aufzudecken. Sicherlich ist es — wie oben festgestellt — wichtig, für diese ziemlich vagen Beschwerden konkretere Bedeutungen zu entdecken. Doch eines der besten Verfahren hierbei ist, auf das zu achten, was sich im Behandlungszimmer zuträgt. Häufig weiß der Patient überhaupt nicht, wonach er in seinen alltäglichen Interaktionen zu suchen hat, bis der Therapeut ihm dadurch hilft, daß er ihm zum Beispiel sagt: »Wissen Sie, jedes Mal, wenn ich Ihnen, wie jetzt eben, zugelächelt habe, haben Sie sich abgewandt«, oder »Mir scheint, daß es Ihnen jedes Mal, wenn ich Ihnen etwas Schmeichelhaftes sage, gelingt, irgendeine kritische Nuance darin zu entdecken.«

Diese und andere therapeutische Aspekte der traditionellen Hal-

---

andere ist, sondern weil die therapeutische Situation so angelegt ist, daß sie diesem Vorgang Einhalt gebietet.

tung und Einstellung des Therapeuten werden an anderer Stelle dieses Buches eingehender erörtert. Wenn ich jetzt die herkömmliche Beziehung zwischen Patient und Therapeut als Basis oder als Kontext benutze, in den meine Verwendungsweise spezifischer verhaltensorientierter Interventionen eingebunden ist, so liegt das an der Tatsache, daß ich nach wie vor eine hohe Meinung von dem vielfältigen Nutzen habe, den diese Beziehung besitzen kann. (Es liegt auch daran, daß ich nach wie vor meine, daß die wirklich nützlichen Züge dieser Beziehung durch die Verwendung aktiverer und deutlicherer Interventionstechniken nicht beeinträchtigt werden.) Deshalb hielte ich es für sehr wertvoll, viele Aspekte der herkömmlichen psychotherapeutischen Modalitäten beizubehalten, selbst wenn sie nicht einfach ein anderes Mittel zur Desensibilisierung sind. Der Wert eines Verfahrens, das Desensibilisierung oder Extinktion auf diese Weise erreicht, liegt nach meiner Auffassung gerade darin, daß auch diese anderen therapeutischen Aspekte ins Spiel gebracht werden. An diesem Punkt meiner Ausführungen möchte ich jedoch darlegen, warum das traditionelle therapeutische Interview manchmal tatsächlich das geeignetere Instrument zur Auslöschung von Angst ist als Desensibilisierung. Ferner möchte ich untersuchen, durch welche technischen Einzelheiten sich diese Wirkung des Interviews steigern läßt.

Die Bedingungen, unter denen Desensibilisierung von begrenzter Wirkung ist, sind bereits eingehend betrachtet worden. Wir haben mit Wolpe u. a. (1973) festgestellt, daß systematische Desensibilisierung in der Regel wirkungslos bleibt, wenn wir es mit multiplen oder wechselnden Ängsten und mit vagen Beschwerden zu tun haben, die in wenigen fokussierten Interviews nicht so rasch artikuliert werden können. Wir haben uns auch mit den Grenzen beschäftigt, die der systematischen Desensibilisierung gesetzt sind, wenn die Ängste des Patienten sich auf die eigenen Gedanken und Neigungen zentrieren, und wir haben gesehen, daß dies recht häufig der Fall ist. Manchmal können diese Schwierigkeiten mit der verhaltenstherapeutischen Technik der Überflutung behandelt werden, wie sowohl Wolpe u. a. (1973) als auch Marks (1972) vorschlagen. Wenn der Patient in eine Kakophonie beunruhigender Vorstellungen eingetaucht wird, können dadurch manchmal die multiplen Quellen seiner Angst erfaßt und viele Gefühle wachgerufen werden, die sich beim schonenderen und langsamer vorgehenden Verfahren der Desensibilisierung leicht abwehren lassen.

Bei manchen Patienten — und in gewissen Stadien der Therapie wächst ihre Zahl erheblich — ist allerdings auch Überflutung wirkungslos und ungeeignet. Wie die meisten bislang in diesem Kapitel erörterten Methoden wird Überflutung vom Patienten wie vom Therapeuten wahrscheinlich als eine gesonderte, isolierbare Technik wahrgenommen, als eine Technik, die sich ganz unabhängig von der Beziehung, die zwischen ihnen besteht, zusätzlich einsetzen läßt. Insofern wird sie wohl ganz anders erlebt als die Aktivitäten des Therapeuten in herkömmlichen, deutenden Therapien, wieviel an »Techniken« auch diese letzteren tatsächlich enthalten mögen. Manche empfinden die Verwendung so expliziter Techniken als störende Unterbrechung einer Beziehung, die sich sonst als einheitliche Erfahrung darstellt, und wenden ein, sie seien künstlich, entwürdigend und ähnliches. Wahrscheinlich unterschätzen Therapeuten, die sich in ihrer Praxis ausschließlich innerhalb eines verhaltenstherapeutischen Systems bewegen, die Häufigkeit dieser Art von Schwierigkeiten, da Patienten, die darunter leiden, wahrscheinlich seltener einen verhaltensorientierten Therapeuten aufsuchen werden. Goldfried und Davison (1976), die sich mit der Patient-Therapeut-Beziehung ausführlicher befassen als die meisten Verhaltenstherapeuten, stellen fest, daß relativ abhängige Patienten ihren Anweisungen bereitwilliger Folge leisten als unabhängigere Menschen.

Abgesehen davon, daß Patienten Einwände gegen den Gebrauch expliziter Techniken erheben (Einwände, die in unterschiedlichem Maße entweder auf ernst zu nehmenden Wertvorstellungen beruhen, die sich weitgehend unabhängig von den Ängsten und Konflikten des Patienten entwickelt haben, oder auf Motiven und Einflüssen, die es gerechtfertigt erscheinen lassen, sie als Widerstände des Patienten zu verstehen), ist Überflutung als normale Technik der Verhaltenstherapie unter Umständen deshalb schwierig, weil der Patient sich die wirklichen Quellen seiner Angst nicht eingesteht — oder sogar leugnet, er habe überhaupt Angst. Nehmen wir beispielsweise einen Patienten, der reichliche Anzeichen für Angst vor sexuellen Gefühlen erkennen läßt und dessen Probleme sich vielfach als eine Konsequenz des durch diese Angst motivierten Vermeidungsverhaltens verstehen lassen.

Er kann seine Einsamkeit darauf zurückführen, daß er Frauen gegenüber »zu wählerisch« ist, daß er keine Parties mag oder daß seine Arbeitsbelastung zu groß ist und so fort. Möglicherweise fährt er fort, sich zu beklagen, während er jeden Versuch, diesen Beschwerden therapeutisch beizukommen, als töricht oder abwegig abtut. Oder ein Patient mit zahlreichen Quellen heftiger Angst kann von einer Sitzung zur anderen die Beschreibung seines Verhaltens und seiner Beschwerden abwandeln: »Nein, das ist es eigentlich nicht. Ich glaube, alles in allem kann ich mich doch durchsetzen. Mein Problem ist, daß ich nicht lange genug bei der Sache bleibe ... Nein, die Arbeit ist nicht das Problem. Wenn ich nur ein Mädchen kennenlernen würde ... Diese Geschichte mit den Mädchen ist wohl Ihr Steckenpferd. Mir scheint, daß der Ärger mit meiner Mutter viel wichtiger ist.«

Ebenso kann der Patient sich darüber beklagen, daß der Therapeut zu sehr in ihn dringt, ihm nicht zuhört und so fort. Oder er behauptet möglicherweise, er könne sich nicht vorstellen, was er sich vorstellen soll, denn »meine Vorstellungskraft ist nicht sehr gut«, oder »Ich glaube nicht, daß mein Problem wirklich darin liegt«, oder »Ich komme mir wie ein schrecklicher Heuchler dabei vor«. Ebenso kann er eine Krise nach der anderen zur Sprache bringen, um den Therapeuten abzulenken und das Geschehen auf der Ebene »bloßen Redens« zu halten. Vielleicht auch vergegenwärtigt er sich hartnäckig die falschen Dinge, »mißversteht« die Anweisungen des Therapeuten und so fort. In manchen Fällen lassen sich solche Schwierigkeiten durch entschiedene Beharrlichkeit überwinden.[6] Doch stellen sich besondere Schwierigkeiten, wenn der Patient berichtet, daß er sich das Verlangte nicht ausmalen »könne«, wie sehr er sich auch bemühe, oder daß er die Vorstellung kalt und gefühllos erlebe.

Wenn irgendeine dieser Schwierigkeiten oder auch alle zusammen auftreten, kann die Erkenntnis von Nutzen sein, daß auch herkömmliche psychotherapeutische Modalitäten die Gelegenheit bieten, die angstauslösenden Hinweisreize darzubieten, und daß diese Methoden unter Umständen sogar die wirksamere Technik der Darbietung bedeuten, wenn die betreffenden Hinweisreize reaktionserzeugt sind — Begleiterscheinungen von Gedanken, Gefühlen und Neigungen des Patienten. Dies gilt vor allem dann, wenn der Therapeut diesen besonderen Aspekt (die Darbietung der Angstreize) stärker berücksichtigt sowie bewußt und absichtlich verwendet, um die Wirkung zu steigern.

Es ist typisch für den dynamischen Therapeuten, auf latente Themen und Zusammenhänge sowie auf Zeichen von Widerstand und Vermeidung zu achten. Dabei teilt er dem Patienten mit, was er wahr-

---

[6]Einige der praktischen und ethischen Fragen, die die Überredungsversuche oder die Hartnäckigkeit des Therapeuten betreffen, werden in Kapitel 12 erörtert werden.

nimmt. Diese Kommentare werden gewöhnlich als Deutungen verstanden, die bestimmte Bedeutungen erhellen und den Patienten in die Lage versetzen, die Kräfte und Ereignisse in seinem Leben besser zu verstehen. Sicherlich ist das eine der Folgen dieser Kommentare. Doch bringen sie den Patienten auch dazu, sich dem zu stellen, wovor er Angst hat. So lassen sich irrationale Ängste reduzieren.

Die Deutungen des Therapeuten tragen auf unterschiedliche Weise dazu bei, den Patienten den angsterregenden Hinweisreizen auszusetzen — und steigern damit die Wirksamkeit der Therapie bei der Extinktion von Angst und Vermeidungsverhalten. Die niedrige Extinktionsrate furchtmotivierten Verhaltens, die sich in den oben angeführten Experimenten ergab (S. 192—93), läßt sich so verstehen, daß dort eine Situation geschaffen wurde, in der die Vermeidung der angstauslösenden Hinweisreize großzügig gestattet war. In Experimenten, in denen dem Vermeidungsverhalten entgegengewirkt und somit die Berührung mit angstauslösenden Hinweisreizen gesteigert wurde, erfolgte die Auslöschung sehr viel rascher (vgl. Baum, 1970).

Die Deutung von Widerständen in der traditionellen Psychotherapie läßt sich als klinische Analogie zu diesem Verfahren der »Reaktionsverhinderung« verstehen. Die Kommentare des Therapeuten zu den Versuchen des Patienten, bestimmte Themen zu vermeiden, oder zu anderen Handlungen, durch die er dem Kontakt mit den therapeutisch relevanten Erlebnissen aus dem Wege geht, sollen das Vermeidungsbestreben des Patienten stören.

Die Störung von Abwehrmechanismen oder Widerständen durch den Therapeuten kann doppelte Wirkung zeitigen. Sie kann dem Patienten die Erkenntnis erleichtern, welches seine wirklichen Probleme und wirklichen Angstquellen sind, und ihn zudem in engeren Kontakt mit den Dingen bringen, die er fürchtet. Die Förderung von Einsicht und die Förderung von Reizdarbietung können Hand in Hand gehen, denn therapeutisch nützliche Einsichten lassen sich dadurch erzielen, daß furchterregende Gedanken und Tendenzen hautnah erlebt werden, statt daß sie Gegenstand abstrakten, schlußfolgernden Denkens sind. Beispielsweise beklagte sich ein Patient darüber, daß er zu niemandem eine enge Beziehung habe, sich nie verliebt habe, sich einsam fühle und so fort, machte sich aber dabei nicht klar, daß er es in Wirklichkeit selbst war, der sich daran hinderte, seine Bindungen zu anderen zu vertiefen, und daß er dies sogar ganz aktiv tat. Es handelte sich um einen groß gewachsenen, blonden, muskulösen jungen Mann, der ein bekanntes Mitglied der kalifornischen Surfmannschaft gewesen war, bevor er nach New York gekommen war und eine erfolgreiche Karriere in der Werbebranche begonnen hatte. Er kannte viele Frauen, war aber ruhelos und unzufrieden und sehnte sich danach, jemandem wirklich zugetan zu sein. Denn dies, so sah er, verschaffte anderen offensichtlich Befriedigung. Theoretisch sah er schon ein, daß es »sein« Problem sein müsse, doch wollte er nicht begreifen, inwiefern er selbst zum Fortbestehen des Problems beitrug. Statt dessen beschäftigte ihn die Frage, warum bestimmte Frauen nicht die richtigen für eine enge Beziehung waren. Dadurch aber verschleierte er nicht nur die wahre Natur seines Problems, sondern sorgte auch dafür, daß es fortbestand. Eine der Ursachen dafür, daß er keine echte Zuneigung für eine Frau aufbringen konnte, lag darin, daß er nach ihren Mängeln suchte und sich auf diese konzentrierte, bis es völlig natürlich schien, daß er keine engere Beziehung zu *dieser* Frau eingehen konnte. Es schien an seinem Scharfsinn, nicht an seinem Problem zu liegen.

Dieser Mann verstand also kaum, inwiefern die Angst vor Zuneigung das Lebensmuster beeinflußte, das ihn störte und das ihn in die Therapie führte — und dies trotz seiner Bereitschaft, bei verschiedenen Gelegenheiten zuzugeben: »Vermutlich habe ich Angst, irgend jemandem meine Zuneigung zu schenken.« In den meisten klinischen Fällen — außer im Kino — ist die Einsicht, die der Patient gewinnen muß, nicht eine jähe Erkenntnis, durch die er Aufschluß über eine Sache gewinnt, von der er vorher überhaupt nichts gewußt hat, sondern ein klareres und wirklicheres Verständnis von etwas, das er vorher nur in vager oder unbestimmter Weise geahnt hat. Seine Furcht vor engen Beziehungen zu anderen hat dieser Patient »intellektuell« und nicht »emotional« verstanden. Denn in gewisser Hinsicht war ihm bewußt, daß er vor diesen Dingen Angst hatte. Doch war das Bewußtsein eine Art Schlußfolgerung oder logischer Deduktion aus der Beobachtung des eigenen Verhaltens und aus dem psychologischen Wissen, welches er aufgrund seiner Allgemeinbildung hatte. Die Angst hatte er selten tatsächlich *erlebt*, weil seine Vermeidungen so wirksam waren. Man ist an die Analogieexperimente mit Tieren erinnert, wo das Vermeidungsverhalten so rasch wirksam wird, daß das Tier die verschiedenen Anzeichen für Angst niemals aufzuweisen scheint, die sich in den frühen Phasen, als das Vermeidungsverhalten gelernt wurde, beobachten ließen. Wenn das Tier sprechen könnte, so würde es vielleicht sagen: »Ich soll Angst vor dem schwarzen Sektor haben? Das ist doch Unsinn! Ich habe seit Monaten keine Angst gehabt. Ich mag nur gerne in den weißen Sektor laufen.«

Der oben beschriebene Patient vermied die Erfahrung einer engen und immer vertrauter werdenden Beziehung auf verschiedene Weisen — und damit auch die Angst, die solche Beziehung in ihm hätte erregen können. Wie bereits erwähnt, gelang ihm das einmal dadurch, daß er seine Aufmerksamkeit den Mängeln einer jeden Person zuwandte, mit der er näher bekannt wurde. So schrieb er den Bruch dieser *bestimmten* Beziehung den Eigenschaften des anderen zu, während er sich theoretisch eingestand, daß er *ganz allgemein* ein Problem mit engen Beziehungen habe. Indem ich ihn wiederholt darauf hinwies, wie sich diese Handlungsweisen bei ihm verbanden, versuchte ich der Wirksamkeit dieses Vermeidungsmusters entgegenzuwirken. Mein Ziel war es, ihn auf die Tatsache aufmerksam zu machen, daß *er etwas tat*. Dadurch sollte er sich von dem Gedanken lösen, daß etwas mit *ihr* nicht stimmte, und sich klarmachen, daß seine Wahrnehmung eine Aktivität sei. Ich hoffte, daß ich durch diese Strategie seine Aufmerksamkeit auf sein eigenes Handeln würde lenken können, wodurch er möglicherweise die Angst bemerken würde, die ihn motivierte, und allmählich auch die Gefühle und Sehnsüchte, die diese Angst auslösten.[7] Indem so der Gegenstand seiner Aufmerksamkeit verändert wurde (hoffentlich ebenso in vivo wie in den Sitzungen), konnten ihm mehr und mehr die Hinweisreize dargeboten werden, die mit der Erregung von Zuneigung und Abhängigkeitsgefühlen verknüpft waren, statt daß sein Blick nur die Schwächen des anderen erfaßte. Die wirksame Darbietung der Angstreize zum Zweck der Auslöschung von Angst und die Deutung der Gefühle und Abwehrmechanismen zum Zweck eines wirklich erlebten Verständnisses lassen sich als die beiden Seiten ein und derselben Medaille verstehen.

Zwei andere verwandte Vermeidungsmanöver kamen in einer der ersten Sitzungen ans Licht. Der Patient berichtete mir, daß er mit einer Frau, die älter gewesen sei als er, Marihuana geraucht und daß er dabei sehr stark das Bedürfnis empfunden habe, sie möge sich ihm mütterlich zuwenden. Er habe in der Tat das Gefühl gehabt, sie könnte eine gute Mutterfigur für ihn sein. Als aus seiner Beschreibung hervorging, daß dies im Verhältnis zu Frauen ein wichtiges und bedeut-

[7]Es ließe sich auch die Möglichkeit vorstellen, daß durch diese neue Richtung seiner Aufmerksamkeit — sie sollte nicht mehr der Frau, sondern der eigenen Person gelten — sein Geschick, immer sofort die zur Rationalisierung verwendbaren Fehler des anderen herauszufinden, abnehmen würde, daß also seine Fertigkeit, eine verborgene Konfiguration zu entdecken, beeinträchtigt würde, wenn man seine Aufmerksamkeit häufiger auf etwas anderes lenken würde.

sames Erlebnis zu sein schien, erinnerte ich ihn, daß er die Erzählung *mit den Worten* begonnen hatte: »Das ist etwa das dritte Mal, daß ich sie getroffen habe. Wahrscheinlich werde ich nicht mehr oft mit ihr zusammenkommen ...« Diese Worte, die er beiläufig und ohne Betonung gesagt hatte, schienen in der Rückschau sehr wichtig. Ließen sie doch auf eine Tendenz schließen, sich zurückzuziehen, sobald jemand ihm nahekam. Ich sagte ihm, daß ich aufgrund seiner Beschreibung dessen, was zwischen ihnen geschehen sei, jetzt von seiner früheren Äußerung sehr frappiert sei, er glaube nicht, sie noch sehr häufig zu sehen. Dieses Thema sollte im weiteren Verlauf unserer Arbeit noch eine ganz erhebliche Bedeutung bekommen. Doch in dieser Sitzung wurde es durch das Auftreten eines zweiten Vermeidungsmanövers beiseite geschoben. Auch dieses wurde in der späteren Arbeit ein wichtiger Punkt. Auf meine Bemerkungen antwortete er: »Ja, es war eine eindringliche Erfahrung, aber ich kann sie auch mit anderen Leuten haben.« Was sich hier abzuzeichnen begann und in den folgenden Sitzungen deutlicher wurde, war die Tendenz, seine Erfahrungen mit einem bestimmten Menschen herunterzuspielen, Menschen als gleichwertig oder austauschbar anzusehen. In seinen Augen war niemand einzigartig: Gemeinsame Züge wurden ausgemacht, wodurch sein Bedürfnis nach einer bestimmten Person, seine Bindung an sie abgeschwächt wurde — stets konnte er dasselbe auch anderswo bekommen.

Wie ich ihm darlegte, schien mir die Frage, ob seine Ansicht zutraf oder logisch war (jedes einzelne seiner Urteile mochte weitgehend richtig sein), nicht entscheidend zu sein, sondern welche Funktion diese Auffassung hatte. Sie setzte sich regelmäßig durch, wenn er zu irgend jemandem näheren Kontakt aufnahm, und bewirkte, daß die Beziehung rasch an Vertrautheit verlor. Entscheidend war — wie ich wiederholt unterstrich —, daß hier auch *andere* Gedanken logisch waren oder zutrafen, beispielsweise: »Das hat wirklich Spaß gemacht«, oder »Es hat mir wirklich gefallen, mit ihr zusammenzusein«, oder »Sie versteht mich gut«. Doch der Gedanke, der sich gewöhnlich einstellte, wenn er an ein solches Erlebnis dachte, war: »Sie ist nicht die einzige, mit der ich solch ein Erlebnis haben kann.«

Interessanterweise verwendete er dieses Abwehrmanöver nicht nur, wenn es um eine nähere Beziehung zu einer Frau ging. Die oben erwähnte Sitzung begann wie folgt:

P: Ich weiß nicht recht, worüber ich heute sprechen soll.

T: Ich dachte, die letzte Sitzung sei recht wichtig gewesen.[8]

P: Ja? Was war daran so wichtig?
T: Erinnern Sie sich, worum es in der Sitzung ging?
P: Ich bin nicht sicher. War das die Sitzung, wo es darum ging ... daß ich keine Verletzlichkeit zeigen kann und ... Unsicherheit und Unzulänglichkeit nicht wirklich empfinden kann? Es ist schwer für mich, die einzelnen Sitzungen gegeneinander abzuwägen. Jede scheint mir wirklich bedeutsam zu sein. Wenn Sie meinen, daß etwas an der letzten besonders wichtig war, sollten Sie es mir sagen.

An diesem Beispiel wird besonders deutlich, daß »Jede scheint mir wirklich bedeutsam« rasch die implizite Bedeutung von »Keine von ihnen bedeutet mir irgend etwas« annimmt oder von »Sie hatte nichts Besonderes«. (Übrigens zeigt der kurze Ausschnitt auch, wie der Patient die Sprache dazu verwendet, sich die Dinge vom Leibe zu halten, während er sich selbst vormacht, sich kooperativ und interessiert zu verhalten. Die oberflächliche Art, wie er die Wörter »Verletzlichkeit«, »Unsicherheit« und »bedeutsam« verwendet, ist dazu geeignet, diesen Wörtern ihre affektive Bedeutung zu nehmen, selbst wenn er sie in Zusammenhängen gebraucht, wo sie angebracht erscheinen.) Um diesem und zahlreichen anderen Verfahren zu begegnen, durch die er die Erregung von gefürchteten Gefühlen milderte oder abschwächte, mußte ich seine Aufmerksamkeit wiederholt auf sie lenken und den reibungslosen Ablauf seiner Vermeidungssequenzen unterbrechen. So hoffte ich, ihn in die Lage zu versetzen, wirklich mit den Empfindungen in Kontakt zu kommen, vor denen er Angst hatte (und/oder ihn zu befähigen, wirklich zu verstehen, wovor er Angst hatte und was er vermied). Immer wieder deutete er die Dinge um, so daß Thema und Bedeutung unmerklich wieder auf vertrauten Boden gerieten.
Später in derselben Sitzung sagte ich, daß er sich selbst etwas vormache, wenn er glaube, er stelle einfach höhere Ansprüche und spare sich für eine Beziehung auf, »die wirklich etwas Besonderes, sozusagen allumfassend« sei. Ich unterstrich, das Problem sei nicht, daß er noch nicht der Richtigen begegnet sei, sondern daß er sich in Wirklichkeit große Mühe gebe, jeder wirklichen Beziehung aus dem Wege

---

[8]Mein Versuch, absichtlich ein bestimmtes Thema zur Sprache zu bringen, statt mich auf seine Assoziationen zu verlassen, wird an späterer Stelle dieses Kapitels noch erörter werden.

zu gehen, und daß er aktive Anstrengungen unternehme, um diese Situation aufrechtzuerhalten. Daraufhin kam es zu folgendem Dialog:

P: Ich weiß nicht. Ich meine, ich glaube, Sie haben völlig recht, aber ...[9] Sehen Sie, was ich mir sage, ist, daß ich jetzt nach jemandem suche, zu dem ich eine nähere Beziehung gewinnen kann und ... wissen Sie, deshalb habe ich Joan geheiratet [eine Frau, die er mit beträchtlich ambivalenten Gefühlen geheiratet hatte — und zwar eher aus dem Gefühl heraus, daß es ihm zu diesem Zeitpunkt guttun würde, als aufgrund einer wirklichen Empfindung für sie. Sie wurden dann nach zwei Jahren geschieden], weil ich mir sagte, ich hab so viele Frauen gekannt, und ich hab versucht, eine nähere Beziehung zu gewinnen und das ging nicht, und keine ist vollkommen, so kann ich genausogut bei dieser Frau bleiben und sie heiraten und zu ihr eine Beziehung eingehen, weil das bei jeder möglich ist.

T: Das hört sich nach einer Bindung an, aber ich glaube, da haben Sie wieder dasselbe gemacht.

P: Ja, wieso?

T: Weil Sie, wenn Sie sagen, daß man eine Beziehung zu jedem gewinnen kann, damit wieder sagen, daß alle Leute gleichwertig, austauschbar sind.

P: Nur daß sie in vielerlei Hinsicht netter war als viele andere Frauen.

T: Okay. Doch wenn Sie das so ausdrücken — und auch denken —, daß Sie zu jedem eine Beziehung gewinnen können ...

P: Ja.

T: ... machen Sie bereits einen Jedermann aus ihr. Das ist ein Verfahren, um sich aus allen Beziehungen *herauszuhalten*. Gewiß, wir haben über den Gesichtspunkt der Wahl gesprochen, daß man sich jemanden auswählt, an den man sich bindet, aber wenn Sie das mit der Überzeugung tun »Ich wähle mir einfach irgend jemanden aus«, dann binden Sie sich nicht wirklich, dann wenden Sie sich nicht dem zu, was an diesem Menschen einzigartig ist, was an ihm ganz besonders erscheint.

P: Gut, nehmen wir beispielsweise Carole (seine damalige Freundin). Ich meine, Carole ist in mancherlei Hinsicht etwas Besonderes.

---

[9] »Sie haben recht, aber ...« war ein ständiges Leitmotiv der Therapie. Ich glaube, der Leser wird begreifen, daß es genau zu den anderen beschriebenen Aspekten paßte.

Viele Gründe sprechen dafür, daß sie die geeignete Frau für mich ist, aber aus vielen Gründen ist sie auch nicht die geeignete Frau für mich, und einige von ihnen sind sehr wichtig; so befinde ich mich Carole gegenüber ziemlich in Konflikt.

T: Im Moment spreche ich nicht über Carole oder über diese Frau von Freitagabend. (Das bezieht sich auf die ältere Frau, die er zu einem früheren Zeitpunkt der Sitzung erwähnt hatte. Beim Überfliegen des Sitzungsprotokolls fällt mir auf, daß ihr Name bis zu diesem Punkt noch nicht genannt worden war.) Sie beschäftigen sich wieder damit, welche Eigenschaften diese Frau hat und welche jene. Doch bestimmte Dinge, die *Sie tun*, erklären weit besser, warum Sie zu niemand eine enge Beziehung haben.[10] Das ist der Schlüssel, nicht diese oder jene Frau oder die Frage, worauf man zu achten hat.[11] Was tue *ich*, wie kommt es, daß ich nach all diesen Jahren und all diesen Frauen, die ich getroffen habe, niemals wirklich das Gefühl gehabt habe, eine zu lieben? Was tue *ich*?

P: Es könnte einfach daran liegen, daß ich noch nicht die richtige Frau getroffen habe.[12] Ich meine, ich weiß, daß ich lange Zeit in meinem Leben einen Bogen um jede Frau gemacht hab, zu der ich eine Beziehung hätte aufbauen können, ich habe einfach einen Bogen um sie alle gemacht, und ich hab mich bemüht, das nicht mehr zu tun, aber ich weiß nicht, ich such nach jemandem.

T: Ich glaube, wir bemühen uns heute um einen Zwischenschritt,

---

[10] Hier bringe ich wieder die Sprache auf das oben erwähnte Thema (vgl. S. 249). Es fällt auf, wie geschickt und unauffällig er sich von diesem Thema entfernt hat. Der Therapeut muß stets auf der Hut sein, um das Gespräch beim richtigen Thema zu halten.

[11] Ich scheine hier bis zu einem gewissen Maße in seine Abwehroperationen hineingezogen worden zu sein. Hier sage *ich* in gewissem Sinne, daß es nicht auf eine bestimmte Frau ankomme; *ich* bestärke ihn in einer gewissen narzißtischen Sichtweise. Sicherlich fordere ich ihn auch dazu auf, sein eigenes Tun zu betrachten, in der Hoffnung, die Sequenz zu unterbrechen, die sein Problem am Leben erhält. Doch ist meine Ausdrucksweise bemerkenswert, weil bei aktivem therapeutischen Engagement eine solche unbewußte Kollusion mit den Abwehrmechanismen des Patienten sehr häufig — und wahrscheinlich unvermeidlich — ist (vgl. Levenson, 1972).

[12] Wenn der Leser inzwischen ein Empfinden dafür entwickelt hat, wie die Arbeit mit diesem Patienten ablief, wird ihn diese Bemerkung des Patienten, sozusagen stellvertretend für mich, frustrieren. Ich hoffe jedoch, daß er nicht überrascht oder entmutigt ist. Interaktionsmuster wie diese lassen sich gewöhnlich nicht so rasch ändern. Die Abstände zwischen solchen Bemerkungen werden — so hofft man zumindest — allmählich größer werden.

wenn wir fragen, was Sie möglicherweise tun, um sich aus allen Beziehungen herauszuhalten. Denn eines der Dinge, die wir erkannt haben, ist die Tatsache, daß sich bei Ihnen, sobald Sie das Gefühl haben, eine Bindung einzugehen, sofort der Gedanke einstellt: »Nun, das wird nicht mehr sehr lange dauern, sehr häufig möchte ich sie nicht mehr sehen«, und wenn Ihnen die Beziehung zu jemandem zu einem bedeutsamen Erlebnis wird, sagen Sie sich selbst: »Das hätte ich auch bei jemand anderem haben können.«

Durch die letzte Bemerkung dieser Sequenz bringe ich wieder seine Vermeidungstechniken in den Blick, wobei ich an dieser Stelle sogar scheinbar in Kauf nehme, ihn in seinem Bemühen zu entmutigen, irgendeine Bindung zu jemandem einzugehen. Diese Entscheidung ging weitgehend auf die Flexibilität seiner Abwehrmanöver zurück, auf die Tatsache, daß er auf vielfältige — grobe wie subtile — Weisen seine Vermeidungsmanöver abwandeln konnte, um das Erlebnis, vor dem er sich zu schützen suchte, zu verhindern oder abzuschwächen. Ich war der Meinung, es würde ihm wenig nützen, wenn er einfach fortginge und es »ausprobieren« würde, bevor diese Sequenzen nicht weniger wirksam und automatisch geworden waren. Sein Bemühen würde erfolglos bleiben.
Anders als in den relativ einfachen Verfahren zur Reaktionsverhinderung, die Gegenstand von Analogieexperimenten sind (wo die Vermeidung gewöhnlich ein einfacher physischer Akt ist), muß man sich in klinischen Fällen wie diesem weitgehend darauf beschränken, auf bestimmte Dinge hinzuweisen, die Aufmerksamkeit des Patienten zu erlangen und in die Sequenz seiner Akte von Aufmerksamkeit andere Gedanken und Perspektiven einzubringen. Der Patient schützt sich gewöhnlich vor der Angst, die die Erfahrung der Nähe hervorrufen würde, indem er so handelt, daß die beunruhigenden Gefühle sich nicht voll entfalten können, und indem er seine Aufmerksamkeit so organisiert, daß er es nicht bemerkt, wenn er die Neigung verspürt, sich einem anderen zuzuwenden, sich ihm mitzuteilen und sich auf ihn zu verlassen.[13] Hinweisreize, die nicht wahrgenommen werden, können keine Angst verursachen. Das Vermeidungsverhalten, das der

---

[13]Es dürfte klargeworden sein, daß ich in diesem Beispiel nicht versucht habe, alles mitzuteilen, was dafür sprach, daß die Erfahrung der Nähe tatsächlich eine wichtige Angstquelle für den Patienten war, wenn auch vieles von dem, was ich angeführt habe, in diese Richtung weisen dürfte. Auch habe ich in dieser kurzen Darstellung nicht versucht, im einzelnen anzugeben, welche psychischen Abläufe unter dem vieldeutigen

Patient zeigte, ist — wie in sehr vielen klinischen Fällen — in erster Linie kognitiver Art; es handelt sich um Formen des Denkens, der Wahrnehmung, der Aufmerksamkeitsorganisation, der Ereignisinterpretation. Die meisten dieser Formen sind automatisch und (auf kurze Sicht) so wirksam, daß sie nicht als Vermeidungsverhalten erlebt werden, sondern als Gedanken und Wahrnehmungen, die sich einfach an den offensichtlichen Realitäten der Situation orientieren. Wenn Fragen zu diesen kognitiven Akten aufgeworfen werden, wenn die Aufmerksamkeit auf sie gelenkt wird und wenn sie dem Patienten zu Bewußtsein gebracht werden, verlieren sie etwas von ihrer Automatik, werden weniger mühelos. Dadurch kann es zur partiellen Darbietung dessen kommen, wovor sie schützen sollen. Man kann dies mit dem Bemühen vergleichen, die Sprünge eines Tieres zu verlangsamen, durch die es sich aus einer Kammer rettet, in der man ihm Elektroschocks verabreicht hat.[14] Man kann es aber auch in einem stärker traditionellen klinischen Sinne verstehen, indem man davon ausgeht, daß die Deutung der Abwehrmechanismen und Widerstände dem Patienten seine Abwehraktivitäten bewußter macht und so fort. In jedem Fall sollte es klar sein, daß ein psychodynamischer, interpretativer Ansatz, wie er in den Therapieausschnitten illustriert wurde — andere Teile der Therapie waren stärker verhaltensorientiert —, unter anderem dazu führen kann, den Patienten in seinem Bestreben zu stören, sich die Berührung mit den gefürchteten Erlebnissen zu ersparen, wobei er sich um die Möglichkeit bringt zu lernen, daß sie gar nicht so gefährlich sind, wie er glaubt.[15]

Die explizite Berücksichtigung der Reaktionsverhinderungs- und Extinktionsaspekte herkömmlicher therapeutischer Modalitäten kann auch zu Interventionen führen, die weiter von der typischen klinischen Praxis abweichen, als es in dem Beispiel oben geschah, wo wir es eher mit üblicher psychodynamischer Praxis als mit klinischer In-

---

Ausdruck »jemandem nahekommen« zu verstehen sind — etwas, was nach meiner Meinung bei der tatsächlichen Behandlung eines solchen Problems sehr eingehend zu geschehen hätte.

[14] In einem Fall wie diesem ist es außerordentlich schwierig, das klinische Äquivalent zur völligen Verhinderung des »Hinausspringens« zu schaffen, obwohl in anderen Fällen die Vorstellungsüberflutung diesem Ziel nahekommen kann.

[15] Ich sage hier »Möglichkeit«, weil — wie in Kapitel 10 noch dargelegt wird — bei manchen Ereignisketten, die zu einer neurotischen Charakterentwicklung führen und sie aufrechterhalten, der Versuch, sie durch andere zu ersetzen, möglicherweise *wirklich* aversiv sein kann, wenn nicht auch andere Änderungen angestrebt werden.

novation zu tun haben. Betrachten wir etwa die folgende Intervention bei einem anderen Patienten, der ebenfalls ziemlich zurückhaltend und einsam war. In diesem Fall schien klar, daß das Gefühl seiner Isolierung in hohem Maße darauf beruhte, daß er es nur schwer über sich brachte, anderen irgend etwas mitzuteilen, was sich als ein Zeichen der Schwäche verstehen ließe oder als Hinweis darauf, daß die Dinge sich seiner Kontrolle entzogen. So war er nicht in der Lage, andere wirklich an dem zu beteiligen, was ihn interessierte (oder auch nur an dem, was ihm Freude oder Spaß machte), weil er immer »im Griff« haben mußte, was er darstellte, um es abzuschirmen und zu kontrollieren und sich nicht der Lächerlichkeit auszusetzen, die er antizipierte. Er war ein erfolgreicher Anwalt und zeichnete sich durch große Eloquenz aus. So konnte er sein Image zwar meist bewahren, wurde aber zusehends unglücklicher darüber, wie wenig ihm andere Menschen bedeuteten, wie unbefriedigend seine ständige Suche nach neuen Bekanntschaften blieb und wie müßig das Bemühen war, sie zu beeindrucken. Ihm war anfangs weitgehend unbewußt, wie sehr und wie zwanghaft es ihm um sein Image zu tun war und in welch engem Zusammenhang dieses Bestreben mit seiner ursprünglichen Beschwerde über häufige Depressionen, Einsamkeit und Sinnlosigkeit stand. Zum Zeitpunkt des hier vorgestellten Behandlungsabschnitts begann er es jedoch bis zu einem gewissen Grade zu erkennen.

In der Sitzung, die uns hier interessiert, sagte er zu Anfang, er wolle mir von seinen Unzulänglichkeiten berichten, bemerkte dazu aber, das sei an diesem Tag sehr schwer, weil er gerade sehr obenauf sei. Trotzdem nannte er eine Reihe von Problemen und Sorgen, aber in einem Ton, der deutlich machte, daß ihn keiner dieser Punkte sonderlich bekümmerte. Ich suchte nach einer Möglichkeit, emotionalen Kontakt herzustellen, und merkte an einem bestimmten Punkt an, daß er sich durch die Verwendung von »möglicherweise« und »vielleicht« bei der Beschreibung von Gefühlen der Unzulänglichkeit (»Möglicherweise fühle ich mich sexuell nicht genügend auf der Höhe«) von dem Gefühl distanziere, über das er spreche.

Zum ersten Mal in der Sitzung ließ ihn seine Redegabe im Stich und er verstummte. Dann begann er leise und zögernd zu sprechen. Zum ersten Mal schien ihn zu berühren, was vor sich ging. Mir wurde klar — bis zum gewissen Grade räumte auch er es ein —, daß all seine vorausgegangenen Eingeständnisse von Unzulänglichkeit in Wirklichkeit Bereiche betrafen, in denen er sich ganz sicher fühlte, so daß er davon ausgehen konnte, andere würden seine Geständnisse nicht ernst nehmen. So sagte er beispielsweise, er mache sich Sorgen, ob er beruflich mit anderen Schritt halten könne (er war auf dem besten Wege, Partner in einer angesehenen Wallstreet-Kanzlei zu werden), und daß er bei Dinnerparties manchmal das Gefühl habe, seine Konversation sei ungeschickter als die anderer (er war ausgesprochen eloquent und durchaus fähig, sich zu artikulieren). Zwar war es nicht völlig aus der Luft gegriffen, wenn er sich über diese Dinge besorgt zeigte — manchmal setzten sie ihm wirklich zu —, doch sprach er in der Regel nur über sie, wenn er sich ziemlich sicher fühlte.

Meine Bemerkung hingegen, er verwende Worte wie »möglicherweise«, um sich zu distanzieren, berührte eine Angelegenheit, die zum Ausdruck zu bringen ihm weit mehr widerstrebte, einen Aspekt, bei dem ihm jegliches Selbstvertrauen abging — seine Unfähigkeit, sich emotional natürlich und spontan zu verhalten. Er befürchtete, in dieser Hinsicht anderen gegenüber tatsächlich weit ins Hintertreffen zu geraten, und hatte große Angst, man würde es bemerken und ihn verspotten. So sprach er weder mit mir noch mit anderen je darüber. Es erschien mir deshalb sehr wichtig, ihm die Erfahrung zu verschaffen, daß er mir diese Sorge mitteilen konnte und dies nicht zu der Ablehnung und dem Spott führte, die er antizipierte. Ich konzentrierte mich auf diesen Aspekt und legte Wert darauf, ihn wissen zu lassen, daß ich aus seinen Äußerungen heraushörte, er fühle sich hilflos und unzulänglich, weil er emotional verschlossen sei, sich nicht mitteilen könne, unfähig sei, seine Gefühle mit anderen zu teilen und in seine Beziehung zu ihnen einzubringen. Auch wo er nur beiläufig von solchen Gefühlen berichtete, griff ich sie auf, betonte sie und machte ihm klar, daß ich nicht die theoretische Klage eines erfolgreichen Mannes vernahm, der gerne noch ein bißchen emotionalen Zuckerguß auf den schon so fetten Kuchen seines Lebens gießen würde (in diesem Ton sprach er über das Problem — das er trotz allem nicht völlig leugnete, sondern das sogar der Grund war, der ihn zu mir führte). Statt dessen deutete ich an, daß ich einen unglücklichen und verzweifelten Menschen um Hilfe flehen hörte, der sich verloren und hilflos fühlte und den seine Unfähigkeit, normale menschliche Bindungen und Gefühle zu erleben, fast zum Weinen brachte.

Ich übertrieb etwas, dramatisierte die Dinge, die er zu seinem Erfahrungsbereich zuließ. Das geschah absichtlich; ich wollte dieses Erlebnis intensivieren, er sollte wissen, daß er jemandem gegenüber war, der wahrnahm, daß er sich in einer bestimmten Hinsicht *wirklich* unzulänglich fühlte, und ihm trotzdem mit Sympathie und Achtung begegnete. Das war sehr bedrängend für ihn, und er suchte die Dinge, die ich sagte, auf verschiedene Weise umzudeuten und abzuschwächen. Trotzdem wurde ihm in dieser Sitzung für eine gewisse Zeit die Erfahrung zuteil, sich, sozusagen, in der Schock-Kammer zu befinden und zu erleben, daß ihm keine Schocks verabreicht wurden. Das heißt, als seine Manöver, mich vom Thema abzubringen, nicht anschlugen, nahm er wahr, daß ich seine Unzulänglichkeit bemerkte, und er lernte langsam, daß es auszuhalten war. Am Ende der Sitzung sprach ich aus, was meiner Meinung nach vorgegangen war: Es war ihm gelungen, mich sein Gefühl der Unzulänglichkeit wirklich erkennen zu lassen — er hatte nicht nur Scheingeständnisse über Dinge gemacht, von denen er insgeheim meinte, er habe sie gut im Griff. Wenn er anfangen könne — so fuhr ich fort —, sich dieser vermeintlichen Gefahr mehr und mehr auszusetzen, würde er wahrscheinlich lernen können, daß sie in Wirklichkeit nicht, wie er sein ganzes Leben lang geglaubt hatte, Ablehnung und Erniedrigung heraufbeschwören würde. Hierauf begann er: »Ich verstehe, was Sie meinen, aber ...« Ich hatte das sichere Gefühl, daß er versuchen wollte, das Erlebnis ungeschehen zu machen, daß er mir einreden wollte, er fühle sich in dieser Hinsicht nicht wirklich so unzulänglich und unfähig. Deshalb unterbrach ich ihn und teilte ihm mit, was nach meiner Meinung nun folgen würde. Ich erklärte ihm unmißverständlich, ich wolle nicht hören, was er zu diesem Punkt zu sagen habe; ich hätte das Gefühl — ob nun zu Recht oder zu Unrecht —, er habe mir tatsächlich sein wahres Problem mitgeteilt und nach meiner Meinung könnte es ihm helfen, wenn er die nächsten beiden Tage in dem Bewußtsein zubringe, daß jemand, auf den er Wert lege, ihn in dieser Weise sehe (um zu entdecken, daß ein solches Wissen Achtung und Zuneigung keineswegs ausschließe).[16] Ein- oder zweimal versuchte er

[16]Es zeigt sich hier ein interessantes Paradoxon, das bei solcher Arbeit häufig ist. In dem Maße, in dem er mir ehrlich mitteilte, wie sehr er die Tatsache, emotional blokkiert zu sein, als Unzulänglichkeit empfand, war er tatsächlich spontan und ehrlich. Indem er mir das Gefühl mitteilte, daß er solche Gefühle nicht mitteilen könne, widerlegte er in gewissem Sinne dieses Gefühl der Unzulänglichkeit. Doch wirkte sich das ganz anders aus als seine sonstigen Äußerungen über Unzulänglichkeit in Bereichen, in der sie in Wirklichkeit gar nicht vorhanden war. Auch waren jetzt auf meiner Seite Achtung und Zuneigung für ihn viel stärker als gewöhnlich, weil er mir *tatsächlich* etwas mitteilte und weil er aufrichtig war. In gewisser Weise machten seine Zurückhaltung und Abgeschlossenheit es schwer, ihn gerne zu haben und ihn ernst zu nehmen. Doch indem er sie eingestand, durchbrach er sie, und so wurde er menschlich durch seine Klage, er sei herzlos.

mit einer Miene, als wolle er einfach meine Unlogik richtigstellen oder sie etwas deutlicher machen, ein »Aber« einzuwerfen, doch ich blieb fest und bestand auf *meiner Auffassung* — ob sie nun richtig oder falsch war. In der nächsten Sitzung würde ich mir dann anhören, so sagte ich, was er dazu zu sagen habe, aber bis dahin müsse er es ertragen, daß ich ihn in dieser Weise sähe.

Ob das mit dieser Maßnahme in Zusammenhang stand oder nicht, kann ich nicht mit Sicherheit sagen, jedenfalls erklärte er mir zwei Sitzungen später, daß er mich möge und die Beziehung zu mir gerne vertiefen würde. Das sagte er nicht in seiner üblichen Manier — so obenhin und/oder seine Gefühle nur zur Schau stellend —, sondern unter deutlichen Zeichen eines inneren Kampfes, zögernd und mit aufrichtigem Empfinden. Abgesehen von der Frage, ob mein Tun klug oder richtig war, sollte auf jeden Fall deutlich werden, daß die besondere Weise, in der die Sitzung verlief, und insbesondere das, was ich am Ende tat, nicht denkbar gewesen wäre, wenn ich nicht auch bei der dynamischen Therapie die Modelle von Extinktion und Reaktionsverhinderung vor Augen gehabt hätte.

Reaktionsverhinderung ist natürlich nicht der einzige aus der herkömmlichen klinischen Praxis stammende Aspekt, der den Patienten mit jenen Reizen in Berührung zu bringen vermag, die mit furchterregenden Gedanken und Gefühlen verknüpft sind. Die Wahrscheinlichkeit, daß der Patient bestimmte Gedanken denkt oder bestimmte Gefühle empfindet, wird beispielsweise einfach dadurch verändert, daß der Therapeut die Aufmerksamkeit auf diese Gedanken und Gefühle lenkt. Im ersten der beiden Beispiele hätten die Erfahrung und der Ausdruck von Gefühlen der Zuneigung gegenüber der mütterlichen Frau, mit der der Patient den Abend verbracht hatte, ebenso dadurch gefördert werden können, daß man ihn gefragt hätte, was zwischen ihnen geschehen sei, wie durch den Hinweis darauf, daß er sich zurückgezogen habe. Wenn ich mich an die erste Strategie gehalten hätte, wären möglicherweise einige dieser Gefühle in der Sitzung rascher ausgedrückt worden (womit sich die Chance eröffnet hätte, daß ein gewisser Teil der Angst ausgelöscht worden wäre und so weitere Gefühle hätten enthemmt werden können). Für die zweite Strategie habe ich mich vor allem wegen ihrer Wirkung außerhalb der Sitzungen entschieden. Ich hoffte, die Konzentration auf seine Vermeidung würde ihr reibungsloses und automatisches Funktionieren stören. Die Frage nach einem optimalen Gleichgewicht zwischen der Ermutigung von Gefühlsausdruck und der Entmutigung von Vermeidung — einander ergänzende Strategien, die in ihrer konkreten Anwendung aber, wie dies zeigt, durchaus verschieden sein können — ist sehr komplex. Wir werden in Kapitel 11 noch eingehender auf sie zu sprechen kommen.

Es gibt verschiedene Gründe dafür, warum der Ausdruck erschreckender Gefühle erleichtert wird, wenn der Therapeut Dinge sagt wie: »Erzählen Sie mir über Ihr Erlebnis mit dieser Frau«, oder »Das hört sich an, als sei sie eine wirklich gute Mutter«. Erstens werden sowohl die Aufmerksamkeit als auch Assoziationen beim Patienten geweckt. Allein die Tatsache, daß die Aufmerksamkeit des Patienten auf bestimmte Aspekte seiner Erfahrung gelenkt wird, verändert den Fluß seiner Assoziationen und Reaktionen. Außerdem läßt sich der Patient wegen seines Wunsches, den Therapeuten zufriedenzustellen, dazu bewegen, auf diesem etwas unbehaglichen Gebiet zu bleiben, das er sonst gern verlassen würde. Der Therapeut zeigt mit seinen Fragen und Kommentaren Interesse an bestimmten Gedanken und Gefühlen. So ist der Patient im Gegensatz zu sonst vielleicht willens und fähig, sich ihnen zuzuwenden. Ferner zeigt diese Bekundung von Interesse von seiten des Therapeuten, daß er keine Angst hat, sich Dingen zuzuwenden und von Dingen zu hören, die den Patienten erschrecken. Der Therapeut modelliert also Furchtlosigkeit hinsichtlich dieser Fragen und die Neigung, sich ihnen zu nähern. So hilft er dem Patienten bei der Annäherung an seine Angst und bei ihrer Überwindung.

Die vorstehende Erörterung macht deutlich, daß sich die meisten Dinge, die ein dynamischer Therapeut unternimmt, durchaus mit den Grundprinzipien der verhaltenstherapeutischen Techniken vereinbaren lassen.[17] Ich habe jedoch eingewandt, daß in vielen Fällen, in denen die Angst vor allem mit reaktionserzeugten Hinweisreizen assoziiert ist und in denen die Vermeidungen kaum merkliche Veränderungen der Wahrnehmung, der Aufmerksamkeit, des Affekts oder der Einstellung schaffen, konventionellere verhaltensorientierte Mittel wie Desensibilisierung oder Überflutung die Darbietung der Angstreize kaum garantieren können. Wenn der Patient zudem, durch Angst motiviert, seine Erlebnisweise verändert (Abwehrmechanismen einsetzt), dann begreift er seine Probleme häufig in einer Weise und reagiert er oft so, daß, besonders zu Anfang der Therapie, bei Anwendung üblicher Methoden eine Kooperation schwierig wird. Wir haben gesehen, daß sich die Operationen, durch die der

---

[17]Ich möchte hier jedoch nicht den Eindruck entstehen lassen, als ob dies die *einzig* sinnvolle Weise sei, die Aktivitäten des Therapeuten zu verstehen (vgl. unten).

Therapeut Einsicht zu erleichtern, und die Operationen, durch die er die Darbietung der Angstreize zu fördern sucht, beträchtlich überschneiden. Es gibt also Situationen, wo die Änderungen, die durch die Verwendung traditionellerer Verfahren (oder leichter Abwandlungen von diesen) hervorgerufen werden, den Patienten so weit bringen, daß er zu einer fruchtbaren Zusammenarbeit auch auf verhaltenstherapeutischem Feld in der Lage ist. Verhaltensorientierte Methoden scheinen besonderen Wert für jene Therapiephase zu haben, die dynamische Therapeuten als das Stadium des »Durcharbeitens« bezeichnen, ein Stadium, das unter Umständen die meiste Zeit und die meiste Anstrengung kostet, das aber gewöhnlich auch ein Gutteil an vorbereitender Exploration erfordert, um Patienten wie Therapeuten eine klare Vorstellung von den wesentlichen Dingen zu geben.

Über die Frage, wieviel Exploration erforderlich ist und wieviel Zeit aufgewendet werden muß, um die Probleme des Patienten ausreichend zu verstehen, gehen die Meinungen sehr auseinander. In einem Symposion zur Rolle des Lernens in der Psychotherapie (Porter, 1968) äußerten sich Lazarus und Kubie vom Standpunkt der Verhaltenstherapie beziehungsweise der Psychoanalyse aus sehr unterschiedlich über die Frage, wie rasch sich die wichtigsten Themen und Probleme eines Patienten erkennen lassen. Die Auffassung vieler psychoanalytischer Therapeuten, daß sich ein Verständnis, das für eine umfassende therapeutische Änderung ausreiche, nur über einen sehr langen Zeitraum erreichen lasse, hängt eng mit dem historischen oder genetischen Akzent im psychoanalytischen Denken zusammen. Wenn der Analytiker behauptet, daß er selbst nach vielen Monaten beileibe nicht alles Erforderliche in Erfahrung gebracht habe und daß eine weitere Exploration nötig sei, so erscheint er wahrscheinlich dem eher verhaltensorientierten Kliniker — der glaubt, er könne sehr viel rascher ein recht klares Bild der Schlüsselprobleme gewinnen — entweder begriffsstutzig oder treuherzig. Doch die Haltung des Analytikers beruht auf der Vorstellung, man müsse die Kindheitserlebnisse kennen, die zum gegenwärtigen Dilemma des Patienten geführt haben. Um der Ereignisse aus der Kindheit habhaft zu werden, um die entscheidenden Entwicklungserlebnisse und die geheimen, uneingestandenen Phantasien aus den frühen Jahren des Patienten zu entdecken, braucht man in der Tat viel Zeit und Mühe. Hinsichtlich der *gegenwärtigen* Dynamik — der Abwehr, der uneingestandenen Wünsche und der störenden Verhaltensmuster, die sich in der Gegenwart zeigen — könnte sich der

Analytiker nach meiner Meinung sehr viel früher eines recht umfassenden Bildes sicher sein. Meiner Auffassung nach — der ich dem Verständnis der Genese eine kleinere Rolle zumesse —, endet jene Phase der Therapie, die in erster Linie im Zeichen der »Exploration« steht, sehr viel früher (obgleich natürlich ein gewisses Maß an weiterer Exploration, Aufdeckung und Rekonzeptualisierung die ganze Therapie begleitet; sie können auch an verschiedenen Punkten des weiteren Verlaufes wieder vorherrschend werden). Eine entsprechend größere Bedeutung gewinnt damit das Durcharbeiten bzw. das therapeutische Vorgehen auf der Basis der Konsequenzen, die sich aus dem Verständnis ergeben.

Auch dem Prozeß der freien Assoziation sollte der Therapeut weniger Platz einräumen, als in den meisten psychoanalytischen Schriften oder in der Therapiedarstellung von Dollard und Miller vorgeschlagen wird. Ich würde wie Fromm-Reichmann (1950) meinen, daß es bei unserem gegenwärtigen Wissensstand unwirksam und eine Zeitverschwendung sein kann, der freien Assoziation zuviel Bedeutung beizumessen, wenn wir mit einiger Sicherheit vorhersagen können, welche Dinge relevant sind und welche nur ablenken oder am Kern vorbeigehen. Das heißt nicht, daß alle assoziativen Methoden der Befragung oder des Aufdeckens von Gefühlen beiseite gelassen werden sollten; doch bei ihrer Verwendung sollte man bedenken, in welchem Stadium der Therapie der Patient sich befindet, was der Therapeut bereits über die Probleme des Patienten weiß, welche alternativen Methoden der Befragung und der Intervention zur Verfügung stehen und welche Gesichtspunkte dagegen sprechen.

Wenn man den Patienten manchmal auffordert, seine Gedanken zu einer bestimmten Idee oder Vorstellung schweifen zu lassen, kann das ein nützliches Verfahren sein, um die Bedeutung irgendeines verwirrenden oder unklaren Aspekts zu verstehen. Als kurze, prägnante Intervention hören meine Patienten recht häufig die Aufforderung zu solchen Assoziationen von mir. Außerdem mache ich auch häufig den Versuch, den Patienten bestimmen zu lassen, statt die Themen selbst vorzugeben. Das fördert Unabhängigkeit und Verantwortungsgefühl beim Patienten und sorgt überdies dafür, daß in der Therapie die Interessen des Patienten und nicht die des Therapeuten angesprochen werden. Häufig reagiere ich auf die Frage eines Patienten mit einer anderen Frage oder damit, daß ich die Frage zurückgebe, statt ihm eine direkte Antwort zu geben. Diese traditionelle klinische Technik ist nach wie vor sehr nützlich, um bestimmte Bereiche und Gefühle aufzudecken, die dem Patienten Verlegenheit bereiten oder ihn in Konflikte bringen. Er stellt eine Frage, weil er einerseits versucht, ein Problem mitzuteilen, es andererseits aber verbergen will. Wenn man in solchen Fällen die gestellte Frage beantwortet, entmutigt man den Patienten unter Umständen, deutlicher zum Ausdruck zu bringen, was er auf dem Herzen hat, weil die Antwort sein Interesse »töricht« oder »falsch« erscheinen lassen kann. Wenn man hingegen nach dem Gefühl oder dem Interesse fragt, das zu dieser Frage geführt hat, statt sie direkt zu beantworten, kann man so möglicherweise den Patienten bewegen, dem Therapeuten mitzuteilen, was er eigentlich damit andeuten wollte. Eine solche Frage kann zeigen, daß der Therapeut keine Angst vor den Gefühlen des Patienten hat, daß dieser sie also nicht hinter der Fassade verbergen muß, die das manifeste Thema möglicherweise darstellt.

Oft beantworte ich die Fragen des Patienten aber auch ganz unmittelbar und stelle dann fest, daß meine Bereitschaft, den Patienten beim Wort zu nehmen und mich nicht automatisch hinter der Maske des Therapeuten zu verbergen, sehr zum Fortschritt der Arbeit beiträgt. Natürlich spielen bei der Entscheidung, wann man antworten und wann man die Frage zurückgeben soll, komplexe Fragen klinischer Beurteilung mit. Und natürlich wird der Patient jeder Entscheidung des Therapeuten für die eine oder andere Richtung besondere Bedeutung beimessen, wenn sie von der therapeutischen Routine abweicht. Doch wie sehr es auch die Aufgabe des Therapeuten erschweren mag, wenn er sein Ziel nicht auf die »Exploration« beschränkt, so würde ich dennoch behaupten, daß er seinen konkreten Handlungsspielraum nicht so stark eingrenzen sollte. Wenn es also auch seinen Wert hat, den Patienten die Richtung bestimmen zu lassen, so gibt es Zeiten, da der Therapeut eine klare Vorstellung von dem Weg hat, den die Dinge nehmen sollten, und da es für den Patienten eine notwendige korrektive Erfahrung bedeuten kann, wenn der Therapeut ganz aktiv und explizit die Richtung vorgibt, die eingeschlagen werden sollte.

Wo der Therapeut sich sicher ist, daß beispielsweise die Darbietung bestimmter Hinweisreize zur Extinktion der Angst beiträgt, die zu den entscheidenden Problemen des Patienten gehört, spricht wenig dafür, an ihrer Stelle eine mehr oder weniger zufällige Darbietung zu wählen, in der Hoffnung, daß das dabei Angesprochene sich *vielleicht* als relevant erweist oder daß eine weitere Exploration zu einem neuen Verständnis führt. So wertvoll es ist, immer offen zu bleiben für eine Erweiterung und Berichtigung der eigenen Auffassung, so ist es doch nicht sinnvoll, die Behandlung fortgesetzt dem Interesse der

Diagnose zu opfern. Wie der Patient kann sich auch der Therapeut nicht mit dem bloßen Verständnis zufriedengeben, sondern muß von einem bestimmten Punkt an auf der Grundlage dieses Verständnisses *handeln*.

Die vorangegangenen Abschnitte machten deutlich, wie die Verfahren der traditionellen deutenden oder Gesprächstherapien durch nicht-verstärkte Darbietung der angstauslösenden Hinweisreize die Extinktion von Angst erleichtern können. Ich habe versucht zu zeigen, daß bei bestimmten Arten von Patienten und bei bestimmten Arten von Angstreizen (besonders reaktionserzeugten Hinweisreizen) interpretative Methoden besser als die Desensibilisierung dem Patienten jene Bedingungen wirksam darzubieten vermögen, die ihm Furcht einjagen. Nun ist jedoch die Extinktion durch wiederholte nicht-verstärkte Darbietung nicht der einzige Weg, auf dem sich unrealistische Angst reduzieren läßt. Schließlich haben dynamische Therapeuten jahrelang betont, welche Rolle Einsicht oder ein neues und besseres Verständnis dabei spielen, unrealistische Ängste aufzulösen, die auf falschen Annahmen über die Welt und über die Konsequenzen der eigenen Gedanken und Handlungen beruhen. In den letzten Jahren haben auch viele Verhaltenstherapeuten erkannt, wie wichtig es ist, unsere Auffassung von den Dingen umzustrukturieren. Sie haben dargelegt, daß es notwendig sei, kognitive Modelle von fehlangepaßtem Verhalten und von Verhaltensänderung zu entwikkeln, um die Konditionierungsmodelle zu ergänzen, an denen sich ihre Arbeit ursprünglich orientiert hatte.[18]

Dazu hat Bandura (1969) beispielsweise ausgeführt:

»Generell scheinen die Ergebnisse dafür zu sprechen, daß emotionales Verhalten von zwei unterschiedlichen Stimulusquellen kontrolliert werden kann. Die eine ist die emotionale Erregung, die durch symbolische Aktivitäten in der Form emotionsauslösender Gedanken über erschreckende oder lustvolle Ereignisse selbst erzeugt wird. Die zweite ist die Reaktion, die unmittelbar durch konditionierte aversive Stimuli hervorgerufen wird. Emotionales Verhalten der ersten Art

---

[18] Es sei jedoch bemerkt, daß Davison und Wilson (1973) warnend auf folgendes hinweisen: Ein Teil der Arbeiten, die sie selbst als »kognitiv« bezeichneten, ließe sich eher als eine Mediations-Theorie des S-R-Ansatzes verstehen und weniger als Abweichung von der Perspektive der Konditionierungstheorien.

sollte rasch durch die kognitive Umstrukturierung der wahrscheinlichen Reaktionskonsequenzen gelöscht werden können, während die Eliminierung des zweiten Verhaltens möglicherweise die wiederholte, nicht-verstärkte Darbietung bedrohlicher Ereignisse in unmittelbarer oder stellvertretender Form verlangt« (S. 304).

Wolpe (1969) und andere haben in ähnlicher Weise zwischen unmittelbar konditionierten und kognitiv vermittelten Angstreaktionen unterschieden und die Auffassung vertreten, je nachdem, welche vorherrsche, müsse man zu unterschiedlichen Behandlungsstrategien greifen. Zahlreiche Verhaltenstherapeuten haben in den letzten Jahren wesentlich dazu beigetragen, das Verfahren der kognitiven Umstrukturierung zu entwickeln. (Vgl. Goldfried und Davison, 1976; Goldfried, DeCenteceo und Weinberg, 1974; Lazarus, 1971; Mahoney, 1974; Meichenbaum, 1973, 1974.) Zum Teil weisen diese Arbeiten Ähnlichkeit mit dem Ansatz auf, der in diesem Buch beschrieben wird. Viele von ihnen legen jedoch — auch wenn sie mit dem hier beschriebenen Verfahren zu vereinbaren sind — ganz eigene Ansichten vor, die eine sehr persönliche Erweiterung des therapeutischen Repertoires darstellen.

Häufig ist der Einfluß der rational-emotiven Therapie von Ellis (1962) stark ausgeprägt. Mein Verfahren unterscheidet sich von der am rational-emotiven Modell orientierten Arbeit dadurch, daß es in weit höherem Maße jene Phänomene berücksichtigt, die psychodynamische Therapeuten in Begriffe wie Widerstand, Abwehr, Intellektualisierung und Isolierung gefaßt haben. Ich vermute, daß viele Erfolge, die mit den Methoden der rational-emotiven Therapie erzielt worden sind, auf die Tatsache zurückgehen, daß sie häufig mit abgestuften wirklichkeitsbezogenen Aufgaben verbunden werden, in denen ein »rationaleres« Verhalten verlangt wird, und daß das rationale Argument an sich den Patienten häufig dazu motiviert, neue Interaktionsweisen mit anderen Menschen zu erproben — und nicht in erster Linie die Berichtigung falscher Annahmen oder Ansprüche. Nach meiner Auffassung sollte man, wenn man den Patienten dazu bewegen will, sein Leben anders zu verstehen, jenen Versuchen größere Aufmerksamkeit schenken, durch die der Patient mittels bestimmter Abwehrmanöver die Wirkung von Äußerungen abschwächt, mit denen er sich vordergründig einverstanden erklärt.

In meiner eigenen Arbeit tendiere ich dazu, den Patienten mit Hilfe herkömmlicherer Mittel dabei zu unterstützen, die Ereignisse seines Lebens und die Komplexität seiner Ziele und Gefühle deutlicher zu verstehen. Während ich also einmal deutende Kommentare häufig unter der oben betonten Perspektive der Darbietungserleichterung sehe, ist es zu anderen Zeiten mein Hauptziel, dem Patienten dabei zu helfen, seine Wahl und seine Voraussetzungen zu *verstehen*, und ihm zu zeigen, in welcher Beziehung sie möglicherweise zu seinen Problemen stehen. Manchmal kann dieses Verständnis und die Berichtigung falscher Voraussetzungen dadurch gefördert werden, daß bestimmte Aspekte aus der Geschichte des Patienten in den Blick gerückt werden. Doch teile ich, wie schon dargelegt, mit den meisten Verhaltenstherapeuten (wie auch mit einigen dynamischen Therapeuten) die Überzeugung, daß eine Blickrichtung, die in erster Linie gegenwärtige Ereignisse und Reaktionen erfaßt, am ehesten dazu angetan ist, jene Art von Verständnis zu schaffen, die zu Änderung führt.

Wenn man Exploration und Einsicht mit herkömmlichen Mitteln wie freier Assoziation, Interpretation und Widerspiegelung von Gefühlen zu erreichen sucht, so können — wie ich festgestellt habe — auch Elemente des Desensibilisierungsverfahrens von Nutzen sein und in den Prozeß integriert werden. Die herkömmlichen Methoden können nicht nur als eine andere Form von Desensibilisierung verwendet werden, sondern umgekehrt lassen sich Aspekte der Desensibilisierung auch als andere Mittel zur Förderung von Einsicht benutzen. (Vgl. auch Singer, 1974; Weitzman, 1967.)

In der verhaltenstherapeutischen Literatur lassen sich nicht viele Ausführungen zu der Frage finden, wie jene Verfahren, die mit der Desensibilisierung zu tun haben, zum Selbstverständnis eines Menschen beitragen können. Vielleicht erklärt sich dies aus dem therapeutischen Kontext und dem psychologischen Klima, in dem sich die systematische Desensibilisierung entwickelt hat. Wenn die Vorstellungen des Patienten ausschließlich als »Stimuli« verstanden werden, die dem Patienten als Teil der vom Therapeuten verordneten Behandlung dargeboten werden, und nicht als bedeutsame Produkte der Vorstellungskraft des Patienten (die möglicherweise wertvolle Informationen über seine Motive, Gefühle und sein Weltverständnis enthalten), dann werden die Verwendungsmöglichkeiten solcher Vorstellungen eingeschränkt.

Ein Beispiel für die Verwendung von Entspannung und/oder gelenkter Vorstellung kann vielleicht zeigen, wie diese Methoden die psychodynamische Exploration unterstützen und dem Patienten helfen können, Dinge zu sehen, die er vorher verborgen hielt. Einer meiner Patienten sprach bei einer bestimmten Gelegenheit über seine Tendenz, anderen die Botschaft zu vermitteln, er sei unbedeutend und brauche nicht beachtet zu werden. Durch die Arbeit der wenigen vorhergehenden Sitzungen war er sich dieser Tendenz deutlicher bewußt geworden und er bemerkte langsam, wie er dies bewerkstelligte. In der Sitzung, von der hier die Rede ist, wurde ihm klar, daß er dies vor allem dann tat, wenn er begann, eine starke positive Wirkung auszuüben. Er beschrieb dies im Zusammenhang mit verschiedenen geschäftlichen Treffen und sagte, er habe das Gefühl, daß dies keine ungewöhnliche Erfahrung für ihn sei. Ich fragte ihn, ob ihm noch andere Fälle einfielen, und er erinnerte sich daran, daß er mit mehreren Leuten beim Abendessen war, darunter auch einer Frau, Laura mit Namen, die ihm geholfen hatte, seine derzeitige Stellung zu bekommen. Sie hatte irgendeine schmeichelhafte Bemerkung zu einer Äußerung von ihm gemacht, woraufhin er sich unbehaglich fühlte. Nach seiner Darstellung hatte er sich bis zu diesem Zeitpunkt unbefangen am Gespräch beteiligt, »und dann sagt jemand etwas, woraus hervorgeht, daß ich meine Sache gut mache, und ich werde befangen und verheddere mich.«

Ich fragte ihn, wie er sich gefühlt habe bei Lauras Äußerung, sie sei von dem, was er gesagt habe, beeindruckt. Er meinte, das lasse sich schwer beantworten, er sei sich einfach blöd vorgekommen. Ich forderte ihn auf, sich vorzustellen, er säße in diesem Augenblick am Tisch und ziehe vom Leder und Laura sage: »John, das war sehr eindrucksvoll.« Ich forderte ihn auf, sich möglichst in diese Vorstellung zu versenken und dabei festzustellen, was er empfinde. Er sagte, das sei schwer, und ich drängte ihn, sich die Situation in möglichst lebhaften und konkreten Details auszumalen; ich würde schweigend warten, während er sich mit diesem Erlebnis beschäftige und darauf achte, was er empfinde. Nach einem Augenblick sagte er: »Ich habe mich wohl gefragt, ob sie mich verscheißert, ob sie mir was vormacht.«

Ich merkte an, daß er sich also zum einen offenbar frage, ob man ihn an der Nase herumführe. Nun forderte ich ihn auf, sich die Situation abermals vorzustellen, dieses Mal solle er sich aber die Gewißheit zu eigen machen, daß sie es wirklich so meine. Wieder wartete ich schweigend, und nach einem Augenblick sagte er: »Das erste, was ich tun möchte ... ich kann mir das vorstellen, und ich fühl mich unbehaglich, ich habe das Gefühl, ich müßte etwas sagen, um ihre gute Meinung zu rechtfertigen. Ich würde gern etwas anderes sagen, und nun bin ich sehr befangen, sehr verkrampft, und sage irgend etwas Törichtes.«

Ich hörte ihm mit Interesse zu und sagte, daß er die Angst vielleicht in einer Weise angehen könne, die der systematischen Desensibilisierung ähnele (mit der er es früher versucht hatte). Ich schlug ihm vor, er solle sich entspannen und dann versuchen, sich die Situation sehr lebhaft vorzustellen. Ich forderte ihn auf, sich vorzustellen, Laura sei sehr beeindruckt, wobei er wisse, daß sie es auch wirklich meine. »Und nun stellen Sie sich vor, daß Sie nur ›danke‹ sagen und sonst nichts. Versuchen Sie sich längere Zeit nur diese Vorstellung zu vergegenwärtigen.«

Eine Zeitlang saß er schweigend da, dann sagte er: »Wissen Sie, was mir in den Sinn gekommen ist? Das Bedürfnis nach einer Zigarette. Früher, als ich noch rauchte, hätte ich danke gesagt und dann eine Zigarette genommen, um mich abzulenken.«

Ich fragte: »Was geschah, als Sie nur danke gesagt haben?«

Er antwortete: »Ich hatte das Gefühl, daß irgend etwas anderes geschehen sollte. Mir gefiel die Vorstellung, daß ich nicht zu antworten brauchte, nachdem ich das Kompliment angenommen hatte. Aber ich war verkrampft, als ob etwas anderes geschehen sollte.«

Ich forderte ihn abermals auf, sich genau den gleichen Ereignisablauf vorzustellen. Ich erklärte ihm, daß ich hoffte, er könne der Angst die Spitze nehmen, wenn er sich der Situation mehrfach hintereinander aussetze.[19] Wieder ermutigte ich ihn, sich vorzustellen, daß er das Kompliment nur annehme, es damit gut sein lasse und hinter dem stehe, was er gesagt habe.

Dieses Mal sagte er: »Eben jetzt, als ich daran gedacht habe, an den Vorschlag auf ihr Kompliment hin ganz ruhig zu bleiben, hat es tatsächlich ein ganz stark erotisches Gefühl ausgelöst, in meiner Reaktion ist ein starkes erotisches Element, das schon da war, bevor ich wirklich damit begonnen hatte, mir die Situation zu vergegenwärtigen. Das überrascht mich, weil ich auf sie sonst eigentlich gar nicht erotisch reagiere. Ich meine, sie ist sehr attraktiv, doch ist sie viel zu sehr Angstobjekt ... Jetzt kann ich sehen, wie ich meine Hand ausstrecke und sie berühre, statt daß ich die Zigarette nehme.« Als er das sagte, brach er in ein lautes, unkontrollierbares Gelächter aus.

Ich bemerkte dazu, daß ein Teil der Angst, die er in der Situation erlebe, möglicherweise darauf zurückzuführen sei, daß ihr Kompliment wie eine Aufforderung wirke.

---

[19] Natürlich ging es nicht nur darum. Ich modellierte implizit auch eine andere Möglichkeit, mit solchen Situationen fertigzuwerden. Außerdem werden durch eine solche Vorgehensweise vermutlich — wie unten dargelegt — Übertragungsphantasien mobilisiert, die bei der Veränderung eine Rolle spielen.

»Ich muß irgend etwas tun, wissen Sie, wenn jemand zu mir sagt: ›Das war sehr gut.‹ Ich muß die Leistung wiederholen und es diesmal zweimal so gut machen.«

»So haben Sie dieses Mal also zwei Dinge empfunden? Sie haben den Zwang empfunden, es zu wiederholen, und Sie haben ein erotisches Gefühl für sie empfunden?«

»Nein, nein. Das erste habe ich in Wirklichkeit nicht empfunden. Das heißt, sehen Sie, wenn ich wirklich, wenn ich mir wirklich einbilde, auf diese Situation entspannt zu reagieren, das heißt, unter keinem Leistungsdruck zu stehen, dann empfinde ich tatsächlich eine gewisse Art von Sexualität, die nicht, die irgendwie anders ist, aber ich glaube, das kommt daher, daß ich nicht so viel Angst empfinde. Ich vergegenwärtigte mir die Situation ohne große Angst, und das Gefühl kam daher, daß ich einfach da saß. Ich habe das nicht erwartet.«

Es war noch einige Arbeit erforderlich, um die erotischen Gefühle zu explorieren, die in dieser Situation im Patienten aufgewühlt wurden (was er nicht bemerkt hatte, als er sich tatsächlich in der Situation befunden hatte), und um ihm zu ermöglichen, ein emotionaleres, weniger intellektualisiertes Empfinden für diese Gefühle und ihre Beziehung zu seiner allzu bescheidenen Haltung zu entwickeln. Doch wir empfanden die Sitzung beide als »Durchbruch«, der einen wesentlichen Fortschritt für die therapeutische Arbeit bedeutete. Natürlich ist es denkbar, daß er auf diese Gefühle ebenso rasch ohne Entspannung und gelenkte Vorstellung gekommen wäre, oder daß es auch gewisse Nachteile mit sich brachte, wenn man in dieser besonderen Weise zu einem besseren Verständnis gelangte.

Wie in Kapitel 7 ausgeführt, kann die Verwendung dieser und anderer expliziter Interventionen durch den Therapeuten gewiß eine Vielzahl von Phantasien und Gefühlen im Patienten wecken. Mir scheint jedoch nicht, daß solche Reaktionen unbedingt schwerer zu »analysieren« oder »lösen« sind als diejenigen, die der Patient offenbart, wenn die Sitzung von einem Therapeuten geleitet wird, der sich strenger an interpretative Methoden hält (vgl. Silverman, 1974). Je nachdem, wie der Patient andere Personen (insbesondere Autoritäten) erlebt — ob er eher das Gefühl hat, sie seien manipulierend, kontrollierend oder wüßten besser als er, was er zu tun hat, oder ob er glaubt, sie enthielten ihm etwas vor, seien schwer durchschaubar oder nicht bereit, ihm zu helfen —, können beim einen oder anderen Verfahren Probleme entstehen. Doch in beiden Fällen ist es meist möglich, dem Patienten zu helfen, auch wenn er die Interaktion höchst subjektiv, selektiv oder verzerrt wahrnimmt. Dies gilt vor allem, wenn man die Auffassung vertritt, daß die Übertragungsreaktionen des Patienten nicht nur Ausdruck vergangener Geschehnisse sind, sondern auch eine Reaktion auf gegenwärtige Ereignisse darstellen, bestimmt von Schemata, die durch Assimilation wie Akkomodation charakterisiert sind.

10

Vorbereitung realen Handelns: Selbstbehauptungstraining und verwandte Methoden

In herkömmlichen Darstellungen der Psychotherapie ging man davon aus, daß der Patient nur gründlich verstehen müsse, um dann sein Verhalten ändern zu können. Im einen Fall sind Änderungen des sichtbaren Verhaltens ein wichtiges und explizites Ziel, in einem anderen, wo die Hauptbeschwerde des Patienten mit seinem Selbstgefühl oder mit irgendeinem anderen, deutlich subjektiven Phänomen in Zusammenhang steht, werden Verhaltensänderungen häufig als relativ unbedeutend behandelt. In beiden Fällen schenkt man jedoch, folgt man einem traditionellen Ansatz, *unmittelbaren* Versuchen, sichtbares Handeln zu ändern, wenig Aufmerksamkeit. Solche Änderungen werden als *Nebeneffekte* eines neuen Verständnisses des Selbst gesehen.

Nicht selten trägt zum Widerstreben traditioneller Therapeuten, das Handeln des Patienten unmittelbar zu beeinflussen, ein vorwiegend ethischer Gesichtspunkt bei. Häufig hört man Äußerungen wie: Es sei Sache des Patienten, nach seinem Verständnis zu handeln; der Patient müsse die Wahl haben, sich nicht zu ändern; der Therapeut habe kein Recht, dem Patienten zu sagen, was er zu tun habe, und so fort. Damit werden wir uns noch eingehender beschäftigen. Hier möchte ich einige der Möglichkeiten erörtern, mit deren Hilfe der Therapeut Handlungen fördern *kann*, die sich auf das neue Verständnis des Patienten gründen. Ich möchte auch darlegen, warum dies nach meiner Überzeugung häufig eine praktische Notwendigkeit ist, wenn andauernde Änderung eintreten soll. Ich meine, daß diese praktischen Realitäten geklärt werden müssen, bevor man die ethischen Fragen betrachtet, da ein vernünftiges Moralsystem sich auf irgendeine Vorstellung von Konsequenzen gründen muß, die aus alternativen Wahlmöglichkeiten des Handelns (oder Nicht-Handelns) erfolgen.

Einer der Gründe dafür, daß man dem herkömmlichen Konzept so lange Zeit folgte, ist die Tatsache, daß Patienten sich manchmal von einem gewissen Punkt an einfach deshalb ändern, weil sie ihre eigenen Wünsche und ihre Lebenssituation besser verstehen. Eine klarere Erkenntnis dessen, womit man es zu tun hat, oder eine perzeptiv-kognitive Reorganisation, die ein ganz anderes Spektrum von Möglichkeiten in den Blick rückt, können eine Kraft sein, die sehr stark auf Änderung drängt.

Häufig führt Verständnis allein jedoch nicht zu einer veränderten Lebensweise. Ich habe bereits darauf hingewiesen, daß die Erklärung, in manchen Fällen führe Verständnis nicht zur Änderung, weil es intellektuell und nicht emotional sei, ihre Grenzen hat. Hier sei hinzugefügt, daß sich zudem fragen läßt, selbst wenn dies eine adäquate Konzeptualisierung wäre, warum die Therapie Jahre und Jahre dauert und keine Änderung herbeiführen kann, wo man doch den Wert emotionaler Einsicht für gesichert hält. Die Antwort, der Patient leiste Widerstand, kann nicht genügen. Wenn er dem Tun des Therapeuten Widerstand leistet, dann hätte der Therapeut eben etwas anderes tun sollen.

Aus dem ersten Teil geht hervor, daß der Therapeut in vielen Fällen vor allem eines anders machen müßte als in herkömmlichen dynamischen Therapien — nämlich direktere Anstrengungen unternehmen, um neue Verhaltensweisen anzuregen und anzuleiten. Viele Überlegungen weisen übereinstimmend in diese Richtung. Vor allem Handeln sorgt — wie ich an vielen Stellen dargelegt habe — für die Aufrechterhaltung von Strukturen. Hartnäckige Denk- und Wahrnehmungsweisen sowie damit verwandte Motivationstendenzen, die Analytiker in allen Einzelheiten beobachtet haben, werden nicht nur durch eine bestimmte Anordnung von Kräften in einem hypothetischen psychischen Apparat aufrechterhalten, sondern auch ganz wesentlich durch die Konsequenzen des Handelns der Patienten im wirklichen Leben. Zu diesen Konsequenzen gehören die Reaktionen, die in anderen durch das Verhalten des Patienten hervorgerufen werden (beispielsweise die Feindseligkeit, die durch eine paranoide Haltung geweckt wird, den Argwohn des Patienten wiederum bestätigt und so den Teufelskreis schließt) wie auch die ziemlich direkten Auswirkungen der Handlungen des Patienten auf die Art und Weise, wie er seine eigenen Motive, seinen Selbstwert und so fort erlebt. (Beispielsweise wird der Patient unter Umständen nicht um bestimmte Dinge bitten, aus Angst, er werde zu »anspruchsvoll« oder »gierig« erscheinen. Das kann zu erheblicher Deprivation führen und zum Entstehen intensiver Wünsche, die ihn wiederum in dem Gefühl bestärken, er sei viel zu anspruchsvoll, woraufhin der Kreislauf von vorn beginnt.[1])

---

[1]Verkürzte Ausdrücke wie »Entstehen von Wünschen« sollten nicht im Sinne von hydraulischen oder Energiemodellen verstanden werden. Dieselben Phänomene lassen sich weitgehend auch mit kognitiven Begriffen darstellen. Danach können Faktoren wie etwa die Erinnerung an frühere Kränkungen und Deprivationen oder der Ver-

Durch solche Prozesse kann die Arbeit der analytischen Sitzung leicht zunichte gemacht werden. In der Zeit zwischen den Sitzungen werden nämlich durch die andauernde neurotische Lebensweise die während der Sitzung teilweise demontierten neurotischen Strukturen sozusagen repariert. Wenn man davon ausgeht, daß Änderung neurotischer Interaktionsmuster ein Nebeneffekt von Änderungen in Selbstwahrnehmung und Motivationszuständen sei und deshalb nicht in die unmittelbare Verantwortlichkeit des Therapeuten falle, berücksichtigt man nicht ausreichend, wie sehr Änderung an einem dieser beiden Pole (das heißt entweder in der Selbstwahrnehmung *oder* in den offenkundigen Handlungsmustern) zugleich Bestandteil des Änderungsprozesses am anderen Pol ist. Wenn die hier dargelegte Analyse richtig ist, darf man davon ausgehen, daß therapeutische Anstrengungen, die darauf verzichten, unmittelbar in das Alltagsverhalten des Patienten einzugreifen, selbst dort, wo sie erfolgreich *sind*, wahrscheinlich länger dauern, als sie sollten, und etwas weniger erreichen, als sie könnten. Außerdem ist wahrscheinlich, daß sie deshalb wirksam, weil die Umwelt des Patienten jene neuen Interaktionsversuche sehr ermutigt, die durch die Deutungsarbeit der Sitzungen angeregt werden. Auch hier gilt also, daß neue Handlungen zu intrapsychischer Änderung beitragen, und umgekehrt. Aber wahrscheinlich gibt es viele Aspekte im Lebenskontext des Patienten, die solche Änderungen behindern, statt sie zu fördern.

Noch ein zweiter — und verwandter — Gesichtspunkt in diesem Zusammenhang: Es ist wichtig, daß der Therapeut sich bemüht, neue Interaktionsmuster des Patienten unmittelbar zu kontrollieren bzw. ihn dazu anzuleiten. Dies hängt mit den Schranken zusammen, die der Einsicht dadurch gesetzt sind, daß der Patient verzweifelt an alten Verhaltensweisen und alten Beziehungsmustern festhält. Wenn er in seinem Alltagsleben viele Wahlmöglichkeiten ausgeschlossen hat und nun seine Befriedigung bei wenigen Menschen und in außerordentlich stereotyper Weise sucht, wird es ihn wahrscheinlich ängstigen, seine Gefühle hinsichtlich dieser Beziehungen in Frage stellen und über sie nachdenken zu müssen. Wenn er jedoch kleine Schritte unternehmen kann, um sein Leben allmählich anders zu gestalten,

---

gleich mit dem, was andere haben, das gegenwärtige Verlangen (nicht unbedingt bewußt) intensivieren und die Ansprüche steigern, denen genügt werden muß, damit ein Mensch zufrieden ist und das Gefühl hat, daß er bekommt, was ihm zusteht, und so fort (vgl. Klein 1967).

wird es ihm vielleicht möglich, diese Dinge etwas freier zu sehen und zu überdenken.[2]

Ich habe mich mit diesem Problem bereits auseinandergesetzt (Wachtel, 1975). Dabei ging es um den Fall eines jungen Mannes, der durch die intensiven, konfliktreichen Bindungen an seine Mutter entscheidend daran gehindert war, bedeutsame Bindungen zu anderen Menschen zu knüpfen. Es war ihm fast unmöglich, seine Gefühle gegenüber der Mutter zu hinterfragen. Da er so übermäßig abhängig von ihr war, scheute er es, jene Grenzen zulässiger Gedanken und Gefühle zu übertreten, die seine Mutter festgesetzt hatte. Er fürchtete zu verlieren, was er hatte. Als der Therapeut versuchte, die Bindung des Patienten an seine Mutter durch Einsicht in ihren Ursprung und in ihre Bedeutung zu lösen, scheiterte er, weil die Intensität der Bindungen der Einsicht im Wege stand. Ich habe dann erörtert, wie dieser Fall möglicherweise mit Erfolg hätte angegangen werden können, wobei ich jene Methoden vorschlug, die ich in den letzten beiden Kapiteln ausführte und die im folgenden Teil dieses Kapitels noch eingehender besprochen werden. Dieser besondere Fall war ein gutes Beispiel dafür, wie eben die Probleme, die der Therapeut zu explorieren versucht, die Exploration behinderten. Man bezeichnet solche Patienten gewöhnlich als »Grenzfall« (borderline case) oder »nicht zur Analyse geeignet«. Doch wie der folgende Abschnitt zeigt, sind die Hindernisse, die der Änderung durch Einsicht allein im Wege stehen, möglicherweise für viel mehr Fälle von Bedeutung, als man aufgrund herkömmlicher Annahmen erwarten würde.

Hindernisse, die der Änderung im täglichen Leben entgegenstehen

Reaktionen von anderen Menschen, die die Entwicklung und Änderung des Patienten behindern, sind häufiger, als in psychoanalyti-

[2]Diese ersten Schritte sind fast mit Sicherheit ungeschickt und sporadisch. Es ist schwierig, im interpersonalen Bereich fein abgestimmte Anpassung zu leisten oder stetig Fortschritte zu machen, allen möglichen Rückschlägen zum Trotz, bevor sich nicht auch ein klareres Verständnis der eigenen Lebensprobleme entwickelt hat. Fast immer ist es ein Merkmal neurotischer Lebensmuster, daß die Realität des Umgangs mit anderen und der Erfahrung der eigenen Person beträchtlich entstellt ist. Dies ist — in etwas anderer Weise — auch von vielen Verhaltenstherapeuten der kognitiven oder Breitband-Schule betont worden. Und selbst unter den Vertretern der Neo-Skinnerschen Richtung gibt es immer weniger Therapeuten, die darauf bestehen, man dürfe sich nur auf offenkundiges Verhalten konzentrieren, ohne kognitive Haltungen, Einstellungen oder andere organische Variablen zu berücksichtigen.

schen Schriften allgemein angenommen wird. Nicht selten sind die Menschen, die eine langfristige Beziehung zu dem Patienten eingehen, ihrerseits von rigiden neurotischen Bedürfnissen dazu getrieben. Ihnen ist darum zu tun, den Patienten auf dieses Interaktionsmuster zu verpflichten. Das Phänomen an sich ist traditionellen Therapeuten nicht neu (obwohl sicherlich in manchen Kreisen heftiger Widerspruch laut würde, wenn argumentiert würde, daß gegenwärtige Feedback-Quellen vermutlich eine wichtigere Ursache von Widerstand sind als die herkömmlich betonten intrapsychischen Gründe). Wissenschaftler, die sich mit der Neurose und/oder der ehelichen Beziehung beschäftigt haben, wissen seit langem um solche klassischen Paarungen wie allwissender Mann und schutzbedürftige Frau; oder um das furchtsame Paar, das sich gegenseitig versichert, daß die mutigere Lebensweise anderer oberflächlich sei; um das »geschäftige« Paar, dessen wechselseitige Ängste vor Gemeinsamkeit und Intimität sich bestens ineinanderfügen; um die feindselige herrische Ehefrau und ihren zum Märtyrer gewordenen Mann, und um zahlreiche andere Kombinationen. Nicht nur für die Ehe, sondern für jede langfristige Beziehung von einiger Bedeutung, deren Fortsetzung bis zu einem gewissen Grade auf Freiwilligkeit beruht, gilt die Frage, ob diejenigen, die die neurotischen Verhaltensmuster des Patienten ergänzen, dies nicht zumindet teilweise aus dem Bedürfnis heraus tun, an einer solchen Interaktion teilzuhaben (oder, anders ausgedrückt, ob bestimmte Elemente einer Interaktion, die aversiv erscheinen, nicht doch bekräftigend wirken).

Induzierte Entwicklung komplementärer Bedürfnisse bei Partnern

Weniger häufig wird in der psychodynamischen Literatur erwähnt, daß selbst dann, wenn der andere eine Beziehung mit dem Patienten aufgrund seiner *nicht*-neurotischen Aspekte und *trotz* seiner neurotischen eingeht, man damit rechnen muß, daß seine Anpassungsflexibilität möglicherweise in einer heftigen Wechselbeziehung mit den starren neurotischen Mustern steht. Damit meine ich, daß der Mensch, der in erster Linie von den nicht-neurotischen Qualitäten des Partners angezogen wird, zuerst versuchen kann, die neurotischen Verhaltensmuster zu verändern. Doch wenn er feststellt, daß sie unveränderlich sind und er trotzdem sein Interesse an der Beziehung beibehält, dann mag er anfangen, sich diesen Mustern anzupassen. Vielleicht entdeckt er sogar, daß er in der einen oder anderen Weise Lust oder Nutzen aus ihnen ziehen kann. Eine Zeitlang kann er, wenn es ihm wirklich gelingt, aus der Not eine Tugend zu machen, eine bestimmte Seite seiner Persönlichkeit in die Beziehung einbringen und in ihr Bedürfnisse befriedigen, denen andere Beziehungen nicht so leicht genügen können. So wird er nach einer gewissen Zeit durch seine Anpassungsbestrebungen vielleicht dazu gebracht, eine Beziehung zum Patienten aufzubauen, die so beschaffen ist, daß er sich wünscht, die Dinge möchten bleiben, wie sie sind. Er hat das Problem, wie sich am meisten aus einer Beziehung herausholen läßt, die befriedigend, aber durch neurotische Störungen geprägt ist, gelöst, indem er sich angepaßt hat. Dadurch sorgt er aber möglicherweise dafür, daß der andere in seinem neurotischen Lebensmuster eingeschlossen bleibt.

Es bedarf sicherlich nicht der besonderen Erwähnung, daß ich damit nicht sagen will, die obigen Anpassungs- und Befriedigungsversuche seien bewußt. Ebensowenig will ich damit sagen, daß der Partner — auch wenn er das lebhafte Bedürfnis verspürt, die neurotischen Züge der Beziehung zu erhalten — nicht in irgendeiner Weise darunter leide, daß er sich an diesem Durcheinander beteiligt und daß er aus einer Änderung des Interaktionsmusters nicht Gewinn ziehen würde, wenn sie sich herbeiführen ließe. Ich weise nur darauf hin, daß der Partner aufgrund kurzfristiger Erwägungen motiviert sein kann, sich gegen Änderungen des Patienten zu wehren und alle Anstrengungen unternehmen kann — abermals nicht unbedingt bewußt —, sie rückgängig zu machen.

Unfreiwillige Bestätigung neurotischer Muster durch einen Partner

Die verschiedenen Kontingenzen, die eben beschrieben wurden, stehen im Widerspruch zu einer ganzen Reihe anderer Fälle, in der die klinische Evidenz keineswegs die Betonung rechtfertigt, die auf das *Bedürfnis* des Partners, die Neurose des Patienten am Leben zu erhalten, gelegt wird, in denen der Partner aber dennoch — vielleicht unwissentlich oder sogar unwillentlich — als Komplize an der Perpetuierung der neurotischen Muster des Patienten mitwirkt. In solchen Fällen erlebt der Partner das neurotische Verhalten des Patienten weitgehend mit Schmerz und Frustration, doch er muß so handeln, daß die neurotischen Muster aufrechterhalten werden.

Der Partner eines Patienten, der sich etwa gegenüber der Sexualität in einem heftigen Konflikt befindet, wird wahrscheinlich auf die zögernden, ängstlichen Annäherungen des Patienten seinerseits recht verkrampft und unbehaglich reagieren. Dieser Partner kann durchaus fähig sein, bei anderen spontan und sinnlich zu reagieren. Doch bei unserem Patienten ist Sex eine trockene, plumpe und nicht sehr erfreuliche Angelegenheit. Der Partner mag den ehrlichen Wunsch haben, der Patient möge sexuell freier und ungehemmter sein. Trotzdem wird er möglicherweise dazu beitragen, daß ihre sexuellen Begegnungen weitgehend verkrampft und freudlos sind. Er ist nicht in der Lage, anders zu reagieren. Dadurch werden die Ängste des Patienten genährt und er ist weniger denn je in der Lage, sexuelle Lust zu geben oder selbst zu empfinden.

In ähnlicher Weise kann jemand, der es mit einem aggressiven, mißtrauischen Menschen zu tun hat, den aufrichtigen Wunsch haben, seine Wachsamkeit aufgeben und sich liebe- und vertrauensvoller zeigen zu können. Doch da er ständig Argwohn und Feindseligkeit begegnet, wird es ihm wohl schwerfallen, nicht mit Ärger oder Rückzug zu reagieren — wodurch der Patient in seiner Auffassung bestärkt wird, daß man anderen nicht vertrauen, sich nicht auf sie verlassen könne.

In einer anderen Situation kann ein übermäßig Abhängiger sich so verhalten, daß andere gerade dazu provoziert werden, ihm seine Verantwortung abzunehmen. So kann der Patient seine eigenen Fähigkeiten nicht genügend entwickeln, seine Abhängigkeit kann so auch nicht geringer werden. Obwohl in solchen Prozessen der »Gebende« häufig seine eigenen Bedürfnisse befriedigt (denken wir etwa an das klassische Bild der überbesorgten Mutter), werden die Ansprüche des Abhängigen häufig auch als sehr unangenehm empfunden; dennoch wird sich derjenige, der mit dem Patienten in diese Beziehung verstrickt ist, möglicherweise unwiderstehlich zu eben jenem Verhalten gedrängt sehen, das für eine Fortdauer der ärgerlichen Abhängigkeit sorgt.

Nicht zur Kenntnis genommene Änderung

In wieder anderen Fällen tragen diejenigen, die mit dem Patienten interagieren, zum Fortbestand alter Muster bei, wenn sie erste Anzeichen von Veränderung überhaupt nicht bemerken. Häufig prägen unsere Erwartungen unsere Wahrnehmungen in solchem Maße, daß wir das Verhalten anderer weiterhin so einordnen und weiterhin so darauf reagieren, wie wir es bisher getan haben, selbst wenn dieses Verhalten sich beträchtlich geändert hat. Sobald wir jemanden als »scheu« oder »unehrlich« oder »uninteressant« eingestuft haben, werden wir viele Verhaltensweisen, die wir unter anderen Umständen anders ansehen würden, weiterhin in Übereinstimmung mit unserem gewohnten Bild von diesem Menschen wahrnehmen. Wenn die Verhaltensänderung des Patienten von Dauer ist, werden sie wahrscheinlich auch jene irgendwann bemerken, die mit ihm interagieren. Doch oft kann die Tatsache, daß die Reaktion anderer anfänglich ausbleibt, so entmutigend sein, so daß die Verhaltensänderung *nicht* überdauert. Der Patient kommt wieder auf seine alten Verhaltensweisen zurück, die Art und Weise, wie andere ihn wahrnehmen, bleibt unverändert oder wird sogar bestärkt, und die weitgehend starren Wahrnehmungserwartungen halten den Zyklus am Leben. In solchen Fällen muß man dem Patienten helfen, die ersten Phasen durchzustehen, bis andere Menschen damit beginnen, ihm verschiedene Rückmeldungen zu geben.[3]

Defizite an sozialen Fertigkeiten

Vielleicht der wichtigste Grund dafür, warum spezielle Techniken erforderlich sind, um das Verhalten des Patienten zu steuern — wichtig deshalb, weil die Notwendigkeit überall spürbar ist, in herkömmlichen Therapiedarstellungen aber so selten erörtert wird —, liegt darin, daß die Konflikte und Hemmungen, die den Kern seiner Probleme bilden, in der Regel zu spezifischen Defiziten an sozialen Fertigkeiten führen. Wenn die Konflikte und Hemmungen reduziert werden und der Patient anfängt, sein neues Verständnis in die Praxis umzusetzen, bleibt das Defizit bestehen. Seine ersten Bemühungen, anders zu handeln, sind häufig ungeschickt und wirkungslos. Statt neuen und positiveren Reaktionen bei anderen zu begegnen, mag er auf Ablehnung oder Geringschätzung stoßen. Statt belohnt zu werden, wird er also bestraft und dadurch vielleicht entmutigt, einen neuen Versuch zu wagen. Seine früheren Ängste und »unrealistischen« Phantasien werden dadurch vielleicht noch verstärkt.
Viele Autoren, die sich zur Therapie äußern, leugnen dieses Problem ausdrücklich. Sie gehen davon aus, der Patient wisse, was zu tun sei und wie es zu tun sei. Er unterlasse es lediglich aufgrund von Hemmungen und Konflikten — oder er könne es, wenn er es aus irgendeinem Grund tatsächlich nicht wisse, leicht und rasch lernen. Wenn der Patient sich also z. B. darüber beklagt, er wisse nicht, was er mit

---

[3]In Kapitel 11 werde ich darlegen, wie auch der Therapeut den Änderungsprozeß beeinträchtigen kann, wenn er die bereits eingetretene Änderung nicht deutlich genug wahrnimmt.

den Leuten auf einer Party reden solle, wie er sich energisch zeigen könne, ohne abgelehnt zu werden, oder wie man sich einem Mädchen nähere, ohne übertrieben agressiv oder übermäßig linkisch zu wirken, so wird dies als eine Form des Widerstands verstanden. Man erwartet, er werde schon rasch entdecken, daß er all diese Dinge bestens kann, sobald seine Konflikte gelöst sind.

Nach meiner Auffassung übersieht man dabei weitgehend, wie komplex und langfristig der Prozeß ist, in dem wir jene interpersonalen Verhaltensweisen lernen, die von einem Erwachsenen in unserer Kultur verlangt werden. Dieser lange und schwierige Prozeß läßt sich so leicht übersehen, weil er sich ganz allmählich vollzieht und weil seine Manifestationen — wenn sie erst einmal erlernt und täglich ausgeübt werden — »einleuchtend« zu sein scheinen. Doch wenn man sich das Sozialverhalten von Kindern und Jugendlichen ansieht, stellt man überrascht fest, daß sich die Formen sozialen Handelns allmählich entwickeln und daß jede dieser früheren Stufen für einen Erwachsenen unangemessen wäre.

So können Erwachsene wie Kinder beispielsweise das Gefühl haben, sie würden aus einem Gespräch ausgeschlossen, und den Wunsch verspüren, man möge das Wort an sie richten oder das Gespräch solle sich um sie drehen. Doch während mein zweijähriger Sohn auf eine positive Reaktion rechnen könnte, wenn er zu uns sagen würde: »Sprich nicht zu Papa, Mama, sprich zu Kenny« oder »Sprecht über mich«, würde ein Erwachsener, der den gleichen Wunsch verspürte, schlecht beraten sein, ihn in der gleichen Weise zum Ausdruck zu bringen. Kinder müssen in einem langen Prozeß lernen, ihre Gefühle zu kanalisieren und auszudrücken. Ihre anfänglich ungeschickten Versuche würden rasch entmutigt werden, würde man Erwachsenenstandards von Mäßigung, Artikuliertheit und Gewandtheit anlegen. Glücklicherweise werden die Erwartungen, die in die Bewertung kindlicher Reaktionen einfließen, gewöhnlich auf das jeweilige Entwicklungsstadium ausgerichtet, so daß das Kind in den vielen Jahren, in denen sich sein Verhalten allmählich entwickelt, dennoch zu befriedigenden Interaktionen fähig ist.

Wo aber neurotische Hemmungen diesem allmählichen Lernprozeß im Wege waren und ihn in seinem normalen Ablauf gehindert haben, wird der Erwachsene, der im Verlauf der Therapie ein Bedürfnis auszudrücken beginnt, das er jahrelang gehemmt hat, dies wahrscheinlich in einer Weise tun, der es an der Feinabstimmung des typischen Erwachsenenverhaltens fehlt. Wir sehen uns dann als Therapeuten dem ungezähmten und unangemessenen Ärger eines Patienten gegenüber, der sich bislang gegen solche Gefühle gewehrt hat, oder wir erleben den unrealistischen Anspruch auf Aufmerksamkeit und Zuneigung eines Menschen, der zwanghaft unabhängig war. Wahrscheinlich sind wir dann erfreut, daß *irgendeine* Veränderung eintritt, und von jener unzulänglichen Form nicht abgestoßen, die diese frühen Äußerungen annehmen. Die Einstellung, die wir uns als Therapeuten zu eigen machen, ermöglicht es uns, empathisch und ermutigend auf Verhaltensweisen unserer Patienten zu reagieren, die wir bei unseren Freunden häufig nicht tolerieren würden. Unser ungewöhnliches Verständnis und die Tatsache, daß wir in dieser ganz besonderen Situation die Dinge immer im Hinblick auf die Frage erleben, ob sie der Entwicklung des Patienten dienlich sein könnten, läßt uns leicht übersehen, daß Menschen, die sich in einer anderen Beziehung zum Patienten befinden, auf solche Verhaltensweisen vielleicht anders reagieren.

Wenn der ergreifende Kampf, den wir in unseren Sitzungen beobachten, nicht zu dem Fortschritt in der Lebensweise des Patienten führt, den wir erhoffen, so liegt das wahrscheinlich oft daran, daß andere Gestalten im Leben des Patienten diesem ersten groben Versuch nicht annähernd mit der gleichen Ermutigung begegnen, die wir ihm entgegenbringen. Diesen Menschen ist auch — wie oben erörtert — an alten Interaktionsweisen gelegen, so daß sie (gar nicht zu Unrecht) andere Standards als wir anlegen, wenn sie auf das Verhalten des Patienten reagieren. Durch ihre Reaktionen zeigen sie dem Patienten unter Umständen aufs neue, daß der Ausdruck seiner Gefühle gefährlich ist. Manchmal ergeben sich die negativen Reaktionen unmittelbar aus der Abneigung gegen die Grobheit oder die mangelnde Differenziertheit im Verhalten des Patienten — etwa wenn eine sexuelle Annäherung nicht dem kulturellen Ritual entspricht, an das der andere gewöhnt ist. In anderen Fällen ist die enttäuschende und die Hemmungen wieder verstärkende Reaktion anderer die Folge seiner unzureichender Fertigkeiten, seiner mangelnden Intensität oder Beharrlichkeit — wenn etwa ein früher bescheidener Mensch es wagt, den Mund aufzumachen und sich zu behaupten, sobald er jedoch aufgetrumpft hat, nicht weiß, wie er mit der Reaktion des anderen fertigwerden soll und sich wieder in eine ausgesprochen demütige Haltung zurückzieht.

Solche Mißerfolgserfahrungen sind die Folge tatsächlich lächerlicher Verhaltensweisen oder auch der Scham, die sich einstellt, wenn andere noch nicht einmal bemerken, daß man versucht, sich durchzusetzen oder den Mund aufzumachen. So wird vielleicht jemand, der

versucht, auf Parties mehr aus sich herauszugehen, indem er sich aktiv an einer lauten Witzrunde beteiligt, statt wie bisher nur zuzuhören und sich ohnmächtig zu fühlen, ins Stottern geraten oder die Pointe vermasseln. Vielleicht wird er noch nicht einmal den ersten Satz zu Ende bringen, da man sich nur schwer Gehör verschafft, wenn mehrere Leute darauf brennen, zuerst »dran« zu kommen. Wenn gleichzeitig ein anderer zu sprechen beginnt und man selbst eigentlich an der Reihe wäre, braucht man ein Gefühl für den richtigen Zeitpunkt und eine gewisse Beharrlichkeit, um zu Wort zu kommen. Wenn der Patient nach drei Worten innehält und der andere, der mit ihm zugleich begonnen hat, weiterredet; wenn er zu erzählen beginnt, während die anderen noch über den letzten Witz lachen, und er deshalb nicht gehört wird; oder wenn er wartet, bis jemand anderes bereits mit dem nächsten Witz begonnen hat, dann wird er sich gedemütigt fühlen, weil es ihm nicht gelungen ist, die Aufmerksamkeit der Gruppe zu gewinnen; möglicherweise genauso gedemütigt, wie wenn er sich Gehör verschafft und den Witz vermasselt hätte und man sich offen über ihn lustig gemacht hätte.
Da all diese vielfältigen entmutigenden Konsequenzen unzulänglichen Sozialverhaltens durch ihre Rückmeldung die therapeutische Änderung beeinträchtigen können, ist es nicht nur wichtig, zu kontrollieren, wie der Patient seine neu gewonnene Einsicht im Alltag anwendet, man sollte in vielen Fällen auch versuchen, mit dem Patienten soziale Fertigkeiten einzuüben und dann ein festes Programm zu ihrer Anwendung zu entwickeln. Ein nützliches Modell hierfür ist die Methode, die die Verhaltenstherapeuten Selbstbehauptungstraining nennen.

Selbstbehauptungstraining

Unter Selbstbehauptungstraining verstehe ich hier eine vielseitig anwendbare Methode, um neue und effektivere interpersonale Verhaltensweisen herbeizuführen. In der Regel schließt sie sehr verschiedene (einander nicht unbedingt ausschließende) Methoden ein. So werden in den Sitzungen zum Beispiel mit Hilfe von Rollenspiel Interaktionen, wie sie im täglichen Leben vorkommen, geübt, es werden in den Sitzungen erwünschte Verhaltensweisen eingeübt (möglicherweise mit einer stufenweisen Annäherung an ein geeignetes Kriterium); der Therapeut modelliert effektivere Handlungsweisen, um mit bestimmten Situationen fertigzuwerden, und es wird dem Patienten eine abgestufte Reihe von Aufgaben aus dem täglichen Leben gestellt, durch die er seine interpersonalen Fertigkeiten formen und seine gegenwärtigen Beziehungen verändern kann. Wie wir sehen werden, ist »Selbstbehauptungstraining« inzwischen eine unpassende Bezeichnung, manchmal auch eine irreführende. Die Methoden, die ursprünglich entwickelt wurden, um den Patienten in die Lage zu versetzen, sich für seine Rechte einzusetzen, sind so erweitert worden (oder lassen sich so erweitern), daß sich mit ihr fast jede Form von Hemmung im sozialen Verhalten bearbeiten läßt.

Systematische Forschung

Es hat weniger offizielle, systematische Forschung zum Selbstbehauptungstraining als zur systematischen Desensibilisierung gegeben. Und das hat gute Gründe. Selbstbehauptungstraining, wie es von erfahrenen Praktikern verwendet wird, ist weit weniger mechanisch und der Routine unterworfen als systematische Desensibilisierung. Man wird ihm mit experimentellen Analogien lange nicht so gerecht. Ich hatte Gelegenheit, einige außerordentlich bedeutende Kliniker beim Selbstbehauptungstraining zu beobachten. Was ich da gesehen habe, hat wenig Ähnlichkeit mit dem, was in der experimentellen Literatur untersucht wird. (Tatsächlich wird — wie ich unten ausführen werde — besonders durch die Beobachtung von erfahrenen Verhaltenstherapeuten beim Selbstbehauptungstraining im engeren und weiteren Sinne deutlich, wie sich die klinische Praxis, die sich von einem differenzierten verhaltensorientierten Ansatz aus ergibt, den Verfahren annähert, die aktivere Therapeuten interpersonaler Orientierung verwenden). Wenn man dagegen die klinische Praxis systematischer Desensibilisierung betrachtet, hat man ungeachtet der Tatsache, daß den Besonderheiten eines jeden Patienten in irgendeiner Weise Rechnung getragen werden muß, das Gefühl, ein Verfahren zu beobachten, das dem in Analogstudien angewandten ziemlich ähnlich ist.

Wenn sich also Untersuchungen mit den standardisierten Anwendungen von gewissen Verfahren beschäftigen, die sich jedoch in der Praxis als äußerst flexible und individualisierte Behandlungsform darstellen, so bleibt fraglich, ob sie irgendwelchen Wert für die Anleitung zu klinischem Handeln besitzen. Zur Unterscheidung zwischen wesentlichen und unwesentlichen Elementen haben sie weit weniger Anhaltspunkte geliefert als im Falle der systematischen Desensibilisierung. So geht aus einer Studie von McFall und Twentyman (1973) beispielsweise hervor, daß Modellierung, die eines der wichtigsten Elemente des klinischen Selbstbehauptungstrainings ist, keine höhere Leistungsverbesserung bewirkt als allgemeine Instruktionen, mehr Selbstbehauptung zu zeigen, und die dem Patienten gebotene Möglichkeit, Selbstbehauptungsverhalten einzuüben. Außerdem stellten sie fest, daß Üben in der Vorstellung dem tatsächlichen Training des erwünschten Verhaltens völlig gleich kam. Ihre Versuchspersonen waren jedoch keine Patienten, die eine Behandlung wollten, sondern Studenten, die sich freiwillig zur Verfügung gestellt hatten (vgl. Kapitel 8). Es ging nicht darum, komplexe interpersonale Fertigkeiten aufzubauen oder zu erweitern, es ging vielmehr um ein sehr enges Verhaltensspektrum: die Fähigkeit, »unvernünftige« Ersuchen abzulehnen (was nicht leicht zu definieren war, da nicht berücksichtigt wurde, welche subjektive persönliche Bedeutung die betreffenden Ereignisse für jede Versuchsperson besaßen). McFall und Twentyman bedienten sich einer standardisierten Tonbandaufnahme, die sich in keinerlei Hinsicht den Besonderheiten der Versuchspersonen anpaßte, weder der besonderen Natur ihrer Schwierigkeit oder ihrem Fortschritt im Trainingsprogramm noch ihrem Fortschritt bei dem Versuch, in alltäglichen Situationen das anzuwenden, was sie im Trainingsprogramm gelernt hatten.

Von all diesen Schwierigkeiten abgesehen — es kam hinzu, daß die Beurteilung der Auswirkungen auf das Verhalten im täglichen Leben auf sehr kurze Zeit bemessen (im Höchstfalle ein Monat) und in ihrer Ausführung problematisch war (indem man nur eine von mehreren Messungen in mehreren Studien aufführte).[4]

Forschungsarbeiten dieser Art beantworten also nicht Fragen wie die

---

[4]Ich habe hier nicht die Absicht, einige wenige Forscher herauszugreifen und ihre Arbeit isoliert zu kritisieren. McFall und Twentyman äußern sich beispielsweise sehr differenziert zu dem, was sie tun. Sie gehen einsichtig und ehrlich auf die Kompromisse ein, die sie machen mußten. Ich möchte vielmehr zeigen, warum systematische Forschung wenig verläßliche Anhaltspunkte für die klinische Praxis in diesem Bereich geliefert hat. Wenn ich anderer Meinung bin als McFall und Twentyman, so nicht deshalb, weil ich die Kompromisse deutlicher sehen würde, sondern weil ich meine, daß die Kompromisse den Versuch zweifelhaft erscheinen lassen, diese Fragen über die Analogieforschung mit standardisierten Techniken anzugehen. Dasselbe trifft im wesentlichen für die unten erörterte Studie von Goldstein u. a (1973) zu, obschon hier besonders verblüfft, daß Forscher, die sich der Grenzen bewußt sind, die man bei der Untersuchung nicht-klinischer *Populationen* in Kauf zu nehmen hat, zwar eine geeignetere Gruppe untersuchen, dann aber ein ungeeignetes *Verhalten* auswählen, so daß *abermals* eine Studie erforderlich wird, um entscheiden zu können, ob die Ergebnisse von irgendwelcher klinischen Relevanz sind.

folgenden: ob Modellierung auch dann von Wert wäre, wenn man sich — wie in vielen klinischen Situationen — mit komplexeren interpersonalen Fertigkeiten als der bloßen Ablehnung bestimmter Ansuchen beschäftigte; ob sie nützlich wäre, wenn man sie nicht in standardisierter, sondern in individualisierter Weise verwenden würde, die auf die jeweils besonderen Bedürfnisse, Einstellungen, spezifischen Defizite und Fortschritte abgestimmt wäre; ob sie größere Bedeutung hätte, wenn sie auf eine ernsthaft gestörte Patientenpopulation statt auf freiwillig angetretene Studenten angewendet würde, und ob sie schließlich eine Änderung von längerer Dauer bewirken könnte.

Ferner bemüht man sich in Forschungsarbeiten dieser Art, die ganze Vielfalt der Beobachtungen in standardisierte Verfahren zu zwängen, und achtet deshalb kaum auf die Effekte des reziproken Feedback-Systems, das ich in diesem Buch betont habe und das für verhaltensorientierte Kliniker und Forscher im Prinzip von höchstem Interesse sein sollte. McFall und Twentyman berichten beispielsweise, daß ihre Versuchspersonen sich zwar assertiver verhalten hätten, doch *ohne den Eindruck zu vermitteln, sich wirklich selbst behaupten zu können.* Angesichts der zu Anfang dieses Kapitels dargelegten Überlegungen (z. B. S. 275—277) ist dies ein außerordentlich interessanter Befund. Er könnte einen Prozeß widerspiegeln, der nach einer gewissen Zeit alle eingetretenen Änderungen zunichte machen würde, indem er jene Art von neuer Rückmeldung begrenzte, die das neue Verhalten unterstützen könnte. Die Strategie des Vergleichs von standardisierten Verfahren ermutigt nicht zur Untersuchung solcher Fragen, weil der Forscher dazu gebracht wird, das »Resultat« eines experimentellen »Inputs« zu betrachten, ohne die interpersonalen Prozesse zu berücksichtigen, welche die Wirkungen einer Gruppe insgesamt wie auch die Beobachtungen vermitteln, die von der Gruppennorm abweichen (dies trotz der Tatsache, abermals sei es gesagt, daß solche Prozesse den Kern jener Phänomene ausmachen, auf die die sozial-kognitive Lerntheorie — ganz im Gegensatz zu den Experimenten, die gewöhnlich in ihrem Namen unternommen werden — hinweist).[5]

Eine andere Studie, die sich auf eine rein klinische Population beschränkte, brachte ähnliche Ergebnisse: Komplizierte Modellierungsverfahren waren einfachen Instruktionen zur besseren Selbstbehauptung und einer Modellierung geringeren Ausmaßes nicht

---

[5]Zur eingehenderen Diskussion dessen, wie Experimente das Beobachtete verdrehen können, vgl. Wachtel (1973a, b).

überlegen (Goldstein u. a., 1973). Doch diese Studie, die von der Erkenntnis motiviert war, daß die »systematische Verwendung und Evaluation von Modellierungsverfahren in klinischen Kontexten« (S. 31) erforderlich sei, erfaßte nur die Antworten der Patienten auf eine Reihe von Fragen wie »Was würden Sie tun, wenn . . .«. Die Forscher kamen zu dem Schluß: »Man würde gut daran tun, wenn man solche Interventionen nicht nur — wie in unseren Untersuchungen — anhand vorläufiger Kriterien (beispielsweise Änderungen im verbalen Verhalten) vergleichen würde, sondern auch anhand endgültiger Kriterien wie etwa Änderungen in der Fähigkeit des Patienten, sich in seiner Umwelt unabhängig zu verhalten« (S. 41). Eine solche Erweiterung tut in der Tat not.
Andere systematische Studien zu verschiedenen Aspekten des Selbstbehauptungstrainings-Modells sind in ihrer Bedeutung für die klinische Praxis ähnlich unbestimmt. Da sie nicht klar sagen, welche Elemente wesentlich und welche unwesentlich sind, haben klinische Praktiker einen ziemlich komplexen Ansatz entwickelt. Er weist zahlreiche Züge auf, die sich in ihren Grundlagen ähnlich sind bzw. einander ergänzen.

Klinische Grundprinzipien des Selbstbehauptungstrainings

Wolpe (1958) verstand das Selbstbehauptungstraining in seinen frühen Äußerungen in erster Linie als ein Verfahren, das den Patienten dazu bewegen sollte, mit Angst nicht zu vereinbarende Verhaltensweisen zu äußern. Im Modell der reziproken Hemmung spielte das Selbstbehauptungsverhalten also eine ähnliche Rolle wie die Muskelentspannung. Selbstbehauptungstraining konnte in gewissem Sinne als Variante systematischer Desensibilisierung betrachtet werden. Gewiß ist eine der Konsequenzen eines erfolgreichen Selbstbehauptungstrainings die, daß der Patient weniger Angst hat. Angstreduktion wird heute jedoch in der Regel als Teil einer Reihe von Prozessen verstanden, die in einer komplexen Wechselbeziehung stehen, und nicht einfach als Resultat unmittelbarer Gegenkonditionierung. Wolpes Pionierarbeiten auf diesem Gebiet sind von ihm selbst und anderen erheblich weiter entwickelt worden. So versteht man heute die Anwendungsmöglichkeiten des Selbstbehauptungstrainings und damit verwandter Methoden neu. Man weiß jetzt, daß der Patient, wenn er lernt, mit anderen angemessener, geschickter und effektiver zu interagieren, ganz andere Rückmeldungen von ihnen empfängt, die dafür sorgen, daß er zu sich selbst eine positivere Einstellung gewinnt und seine Angst sich reduziert. Dies trägt auch dazu bei, einen Kontext zu schaffen, in dem adaptives Verhalten zunehmend leichter wird. Zusätzlich können die Verfahren des Selbstbehauptungstrainings eine wichtige Hilfe bei der Vorbereitung von Einsicht sein. Wenn dieser Prozeß erfolgreich ist, können all diese Aspekte — Angstreduktion, bessere Rückmeldung, klareres Verständnis und adaptiveres Verhalten — einander fördern und gegenseitig verstärken.

Als man den Begriffsrahmen für das Selbstbehauptungstraining erweiterte und differenzierte, blieb dies nicht ohne Wirkung auf die klinische Praxis. Der Einwand gegen das Assertionstraining, es sei überaus mechanisch oder ein unangebrachter Versuch, dem Patienten beizubringen, so wie der *Therapeut* zu reagieren und, statt nach seinem eigenen Wertsystem und persönlichen Stil sich nach dem des *Therapeuten* zu richten, mag einmal seine Rechtfertigung gehabt haben. Diese Beschreibung trifft jedoch keineswegs mehr auf jenes Selbstbehauptungstraining zu, das heute von einfühlsamen Klinikern praktiziert wird. Sie wissen, wie komplex die Entwicklung adaptiven interpersonalen Verhaltens ist und wodurch es behindert oder gefördert werden kann.

Die richtige Verwendung des Selbstbehauptungstrainings zwingt dem Patienten nämlich ganz und gar nicht die Wertvorstellungen oder Präferenzen des Therapeuten auf. Zu seinen bedeutsamen Konsequenzen gehört etwa, daß das Selbstverständnis des Patienten gefördert wird, daß seine Fähigkeit wächst, seinen eigenen Neigungen entsprechend zu handeln statt nach den Wünschen anderer. Eines der Dinge, die mich am meisten frappierten, als ich zum ersten Mal Verhaltenstherapeuten beim Selbstbehauptungstraining mit schwierigen Fällen beobachtete, war der Umstand, daß sich das, was sie taten — in der Sprache dynamischer Therapeuten —, leicht in dem Sinne verstehen ließ, daß sie dem Patienten den Ausdruck dessen erleichterten, wozu er vorbewußt neigte. Ich habe beispielsweise in zahlreichen Fällen beobachtet, wie Verhaltenstherapeuten Patienten dabei halfen, mit einer tyrannischen, zudringlichen, überkritischen Mutter fertigzuwerden. Manche Therapeuten tendierten dazu, dem Patienten einfach vorzuschreiben, was zu tun sei (»Sie sollten ihr sagen . . .«). Andere jedoch, die mit ähnlichen klinischen Problemen zu tun hatten, sagten ihren Patienten eher Dinge wie: »Das hört sich an, als hätten Sie ihr gern unzweideutig gesagt, sie solle Ihre Post nicht mehr öffnen, als hätte Sie aber irgend etwas davon abgehalten. Sie sind davor im letzten Augenblick zurückgeschreckt und haben sich gesagt, es hat ja gar keine Bedeutung.« Solche Kommentare beantworteten die Patienten dann häufig mit Äußerungen wie: »Ja, ich vermute, ich hätte sie wirklich gerne zurückgewiesen, vielleicht mehr, als mir klar ist. Aber Sie kennen meine Mutter nicht! Das ist leichter gesagt als getan.«

Diese Mischung aus einer gewissen Einsicht (die zum Zeitpunkt, da sie geäußert und wirklich empfunden wird, stufenweise und fast selbstverständlich erfolgt und nicht plötzlich und dramatisch) und der Bekundung, es sei schwierig, diese Einsicht in die Praxis umzusetzen, wird von dynamischen wie verhaltensorientierten Klinikern sehr häufig beobachtet. Oft folgt sie (bei beiden) auf einen Vorgang, der im wesentlichen die Interpretation einer Handlungstendenz ist, gegenüber der sich der Patient im Konflikt befindet. Erfahrene Verhaltenstherapeuten befassen sich mit solchen Tendenzen in nicht geringerem Maße als Analytiker. Wie bei Analytikern ist auch die Wirkung ihrer Interventionen in der Regel dann am größten, wenn sie sich auf jene Tendenzen konzentrieren, die der Patient gerade anzuerkennen beginnt, bei denen er aber immer noch die Motivation verspürt, ihnen aus dem Wege zu gehen oder sie zu leugnen. Verhaltenstherapeuten neigen nicht dazu, über Interpretationen oder Einsichten zu sprechen, und ganz gewiß beziehen sie sich nicht auf vorbewußte Antriebe, doch in der Praxis greift der erfahrene Praktiker das auf, was der Patient selbst zu tun geneigt ist, dessen er sich aber noch kaum bewußt ist, bevor es nicht ausgesprochen ist.[6]

Außerdem befaßt er sich nicht nur mit den ersten Handlungen des Patienten, auch die Tatsache, daß er sich solchen Tendenzen überhaupt zuwendet, ermöglicht es häufig in späteren Sitzungen, weitere konfliktreiche Handlungstendenzen zu erkennen, die früher mit noch intensiverer Angst verknüpft waren und deren Vermeidung den Lebensstil des Patienten nachdrücklich beeinflußt hat. (Der psychoanalytisch gebildete Leser wird hier die Ähnlichkeit zu einer ihm vertrauten Erscheinung erkennen, dem Umstand nämlich, daß die fort-

---

[6]Unter den Verhaltenstherapeuten, die ich beim Selbstbehauptungstraining beobachtet habe, ist mir diese Art klinischen Radars am meisten bei Arnold Lazarus von der Rutgers University und bei Alan Goldstein im Fachbereich Psychiatrie der Temple University aufgefallen. Es ist mir ein Vergnügen, hier darauf hinweisen zu können, wie wichtig es für mich war, diese beiden hervorragenden Kliniker beobachten zu können. Dadurch sind mir viele der hier erörterten Übereinstimmungen zu Bewußtsein gekommen, obgleich die genannten Therapeuten keinesfalls für die stark subjektive Weise verantwortlich sind, in der ich ihre Arbeit verstanden habe.

gesetzte Deutung dessen, was vorbewußt geworden ist, zu immer »tieferen« Schichten führt, die einst unbewußt waren und abgewehrt wurden.)

Eine einfühlsame Verwendung des Selbstbehauptungstrainings kann also mit dem Versuch beginnen, die Konflikte des Patienten zu klären, wobei sich die in diesem Zusammenhang gestellten Fragen nicht immer von dem unterscheiden lassen, was viele dynamische Therapeuten auch versuchen. In eine andere Richtung führt das Selbstbehauptungstraining bei der Frage, wie auf den Einwand des Patienten im obigen Beispiel zu reagieren sei (»Aber Sie kennen meine Mutter nicht! Das ist leichter gesagt als getan.«) Aber selbst hier sind die beiden Ansätze zu Anfang dann wohl ziemlich ähnlich. Die meisten Therapeuten — gleich welcher Provenienz — werden wissen wollen, was die Mutter des Patienten nach seiner Meinung wohl tun würde. Doch während viele dynamische Therapeuten bestrebt wären, durch eine Reihe von Deutungen äußerst unrealistische verdrängte infantile Phantasien aufzudecken (die nach ihrer Auffassung die einflußreichsten Faktoren bei der Aufrechterhaltung der Hemmungen des Patienten sind), würde der dem Selbstbehauptungsmodell folgende Therapeut eine andere Vorgehensweise wählen. Statt sich mit Deutungen zufriedenzugeben und von der Annahme auszugehen, daß sich aus angemessener Einsicht schließlich angemessenes Handeln ergibt, würde er schon früh versuchen, konkretes Handeln zu unterstützen. Ein neues Verständnis wäre für ihn nicht nur Begleiterscheinung, sondern Teil eines synergistischen Prozesses, bei dem Handeln und Rückmeldung laufend Einsicht erzeugen und umgekehrt Einsicht ständig konkretes Handeln bewirkt.

Im Modell des Selbstbehauptungstrainings wird das konkrete Handeln sowohl durch die Ereignisse innerhalb der Sitzung wie durch geplante Erfahrungen außerhalb der Sitzung gefördert. Gewöhnlich bedient man sich beider Erfahrungsformen, doch ist das keine Notwendigkeit; gelegentlich wird äußeres Handeln auch ohne eine spezielle Vorbereitung innerhalb der Sitzungen geplant. Zu anderen Zeiten wiederum führt die Arbeit innerhalb der Sitzung zu »spontanen«, effektiven Handlungen des Patienten, die nicht ausdrücklich programmiert waren; doch war dann die Arbeit in den Sitzungen so effektiv, daß ausdrückliche Planung überflüssig wurde.[7]

---

[7]Natürlich kommt es manchmal zu einer wichtigen Änderung im Leben des Patienten, *ohne* daß der Therapeut ausdrücklich darüber gesprochen hätte, wie der Patient seine gegenwärtige Lebenssituation bewältigen könnte. Das herkömmliche psychoanalyti-

Nach Wolpes frühen Darstellungen des Selbstbehauptungstrainings (vgl. Wolpe, 1958) hatte es den Anschein, als genüge es, dem Patienten einige wenige einfache Regeln für effektives Handeln zu liefern, um so für angemessenes Verhalten zu sorgen und neurotische Muster zu modifizieren. Nach meiner eigenen Erfahrung — soweit ich die Arbeit der Verhaltenstherapeuten beurteilen kann, die ich beobachtet habe — ist dies nicht sehr häufig möglich. Sehr oft muß das Handeln des Patienten mit großer Aufmerksamkeit und Sorgfalt geplant und kontrolliert werden. Dabei hat man das besondere therapeutische Ziel zu berücksichtigen und durch die Arbeit in den Sitzungen die angemessenen Verhaltensmuster zu entwickeln.

Die Notwendigkeit eines abgestuften Vorgehens: Fallbeispiel

In vielen Fällen ist es notwendig, daß die für den Alltag des Patienten therapeutisch relevanten Handlungen sehr sorgfältig geplant werden. Das folgende Beispiel ist recht typisch für die Probleme, mit denen man es dabei zu tun bekommt. Mr. Jones, der Patient, war ein Mann von achtunddreißig Jahren, der einige Jahre zuvor geschieden worden war und sich einsam und deprimiert fühlte. Er hatte seine Frau als ziemlich junger Mann kennengelernt, hatte sie sehr geliebt und wußte immer noch nicht, wie er ohne sie leben und wie er andere Frauen kennenlernen sollte. Letzteres war ein besonders wunder Punkt für ihn. Er hatte seine Frau kennengelernt, als sie beide noch zur Schule gingen, und er hatte das Gefühl, er wisse nicht, wie er auf andere Art die Bekanntschaft von Frauen machen könnte. Seine Schuljahre lagen lange zurück und sein Beruf brachte ihn fast ausschließlich mit Männern in Berührung.

An einem bestimmten Punkt der therapeutischen Arbeit hatte er das Gefühl, es sei jetzt an der Zeit für ihn, eine Frau kennenzulernen. So schien es angebracht, ganz eindeutig auf die Entwicklung der Fertig-

---

sche Therapiemodell legt auf diese Fälle besonderen Wert, da es offenkundige Verhaltensänderung als einen Nebeneffekt der Therapie versteht, auf den der Analytiker nicht unmittelbar einzugehen braucht. Ich vermute, daß in den meisten Fällen, in denen Psychoanalyse hilft, ein wichtiger Faktor der ist, daß der Analytiker — abgesehen davon, daß er das Verständnis des Patienten fördert — versucht, wenn auch nicht gerade explizit (vielleicht sogar verdeckt und schuldbewußt), den Patienten zu adaptivem Handeln anzuleiten. Und mein Interesse am Selbstbehauptungstraining widerspiegelt meine Überzeugung, daß diese Arbeit besser geleistet werden kann, wenn sie explizit und systematisch durchgeführt wird.

keiten hinzuarbeiten, die ein Mann braucht, wenn er mit einer Frau zusammenkommen, ein Gespräch beginnen, sie um eine Verabredung bitten will und so fort. (Der Leser sei daran erinnert, daß meiner Auffassung nach Schwierigkeiten in diesem Bereich nicht nur das Ergebnis gegenwärtiger Hemmungen und Konflikte sind, sondern daß sie häufig auch ein echtes Lerndefizit widerspiegeln, zu dem es gekommen ist, weil der Patient jene relevanten früheren Erfahrungen vermieden hat, die allmählich diese sozialen Fertigkeiten aufbauen). Mr. Jones hatte anfangs keine Vorstellung, wo er Frauen kennenlernen könnte. Nachdem ich ihn ermutigt hatte, sich danach zu erkundigen, stellte er fest, daß es mehrere Bars gab, wo Männer seiner sozioökonomischen und ethnischen Gruppe hingingen, um Frauen kennenzulernen. Obgleich ihm diese Vorstellung eine gewisse Angst einflößte, schien es ihm dennoch die bequemste und erträglichste der verfügbaren Möglichkeiten zu sein. Wir sprachen ein wenig über seine Ängste und Widerstreben, einen Versuch zu wagen. Ich bestärkte ihn in seinem Vorhaben und schlug ihm vor, wir sollten einmal eingehend untersuchen, wie er Schritt für Schritt vorgehen könne. Ich riet ihm davon ab, sofort ins kalte Wasser zu springen. Wahrscheinlich würde er dann feststellen, daß er sich äußerst unbehaglich fühlte und daß seine Versuche ungeschickt und erfolglos blieben. Statt dessen ermutigte ich ihn, sich allmählich mit der neuen Situation vertraut zu machen. Das erschien ihm sinnvoll, und wir kamen überein, daß er das erste Mal nur hineingehen, sich umsehen, sich einen Eindruck von dem Ort verschaffen und wieder hinausgehen sollte. Er sollte sich nicht verpflichtet fühlen, zu irgend jemandem auch nur Hallo zu sagen, noch viel weniger, ein echtes Gespräch anzufangen, die Telefonnummer von irgend jemandem zu erbitten oder ähnliches. Wir hofften, er könnte auf diese Weise zwanglos in der Bar heimisch werden und sich allmählich an die Umgebung gewöhnen (das heißt, die Hinweisreize, die mit dem äußeren Umfeld verknüpft waren, wäre dann keine Angstreize mehr und alle weiteren Versuche fänden nicht von vornherein auf der Basis einer bereits gespannten Situation statt). Wir planten, daß er bereits bei der geringsten Spannung sich daran erinnern sollte, daß er an diesem Tage nicht dort sei, um sich einer Frau zu nähern. Außerdem planten wir, daß er, wenn sich beim ersten Mal irgendeine Spannung einstellte, auch das zweite Mal noch bei diesem Ziel bleiben sollte. Er sollte den nächsten Schritt nicht machen, bevor er sich ungezwungen in der Bar aufhalten konnte. Sobald er dies erreicht hatte, sollte er weitere Schritte unternehmen, etwa Hallo sagen, dann ein Fünfminuten-Gespräch anfangen, dann eine Frau um ihre Telefonnummer bitten, sie anrufen und zum Abendessen einladen und so fort — wieder sollte er jeden Schritt wiederholen, bis er dazu mehr oder minder angstfrei in der Lage war, und erst dann die nächste Stufe in Angriff nehmen.

Nach dem ersten Besuch in der Bar war Mr. Jones freudig erregt. Ihm hatten solche Orte immer Angst und Schrecken eingeflößt. Nun war er angenehm überrascht, wie leicht es ihm wurde, diese Bar zu betreten, da alle Leistungsanforderung von ihm genommen war. Er brannte darauf, den nächsten Schritt zu unternehmen, und äußerte die Überzeugung: »Das hab ich im Handumdrehen geschafft.« Ich warnte ihn, nicht *zu* schnell voranzugehen, und erinnerte ihn daran, daß er in der ersten Runde nur so gut abgeschnitten habe, weil er sich nicht selbst unter Leistungszwang gesetzt habe.

Offensichtlich war die Warnung jedoch nicht deutlich genug. Der nächste Schritt gelang ebenfalls bestens. Es gefiel ihm auch diesmal in der Bar, er grüßte ein oder zwei Frauen und fühlte sich ausgezeichnet, als er ging. Doch zur Sitzung nach dem dritten Besuch in der Bar kam er sehr deprimiert, sprach davon, daß ihm seine Frau fehle, daß niemand sie ersetzen könne und so fort. Nachdem ich ihn eine Zeitlang dazu befragt hatte, kam schließlich heraus, daß er in der Bar am Abend vorher eine Frau kennengelernt hatte, ein paarmal mit ihr getanzt und die Telefonnummer von ihr bekommen hatte. Die nähere Untersuchung zeigte, daß sie die Initiative ergriffen, daß sie ihn angesprochen hatte, ihn zum Tanzen aufgefordert und ihm ihre Nummer mit den Worten »Rufen Sie mich doch morgen abend an« gegeben hatte. Als wir den Abend dann weiter rekonstruierten, stellte sich heraus, daß Mr. Jones sich zuerst großartig gefühlt hatte und zu dem Schluß gekommen war, es bestünde keine Notwendigkeit, das langsame und sorgfältig abgestufte Tempo beizubehalten, auf das wir uns geeinigt hatten. Er hatte sich eine heftige Affäre mit dieser Frau vorgestellt, hatte dann Angst bekommen, hatte das Gefühl gehabt, sie werde ihm über den Kopf wachsen und er werde allen möglichen Anforderungen und Erwartungen zu genügen haben. Dann dachte er an seine Exfrau, mit der er kurz vor der Scheidung zu einem bequemen, wenn auch nicht sehr befriedigenden modus vivendi gekommen war. Dieser beruhte im wesentlichen darauf, daß sie ihre Grenzen gegenseitig tolerierten. Nun hatte er das Gefühl, er könne die gegenwärtige Situation nicht bewältigen, und er sehnte sich nach der Sicherheit der verlorenen Beziehung. So versank er in einen deprimierten und verzweifelten Zustand, der sich erst besserte, als wir die Ereignisse vom Abend vorher sorgfältig ordneten und er beschloß, sich wieder an das abgestufte Tempo zu halten, das wir zu Anfang festgelegt hatten. Bei dieser Aussicht fühlte er nun im Gegensatz zu seinen Anfangserfolgen eine gewisse Angst, war aber optimistisch und bereit, allmählich die Verantwortung für sich selbst zu übernehmen.

Diese Erscheinung — daß der Patient zu rasch vorgeht und dann wieder ängstlich und entmutigt wird — ist bei solchen Versuchen nicht ungewöhnlich. Der Therapeut wandelt auf einem schmalen Grat, wobei er einerseits bemüht ist, die spontanen Versuche des Patienten zu ermutigen und ihm dabei zu helfen, seinen eigenen Impulsen und Neigungen zu trauen, und auf der anderen Seite dafür zu sorgen versucht, daß der Patient ein Tempo einhält, das er aller Wahrscheinlichkeit nach als belohnend erleben wird und das ihn nicht in demütigende Erfahrungen führt. Doch je mehr Erfahrung ich mit dieser Art von Arbeit sammle, desto deutlicher habe ich den Eindruck, daß es in den meisten Fällen wahrscheinlich besser ist, wenn man ein bißchen zu vorsichtig ist. Wenn man einen Patienten ermutigt, ein Gebiet zu betreten, das er für gefährlich hält, dann ist es ungeheuer wichtig, daß er dabei keine schlechten Erfahrungen macht. Anders als in Situationen, wo der Patient äußere oder unbelebte Dinge fürchtet (wie hohe Berge oder Untergrundbahnen), sind interpersonale Begegnungen immer unvorhersagbar und von den Reaktionen der anderen abhängig. Wie in diesem Kapitel bereits dargelegt, sollte ein Patient eine solche Begegnung nicht wagen, wenn er nicht darauf vorbereitet ist, all ihre Weiterungen zu bewältigen. Sonst wäre es unter dem Gesichtspunkt des therapeutischen Fortschritts manchmal besser, wenn er sich überhaupt nicht auf sie eingelassen hätte. Dem Therapeuten, der durch seine Ausbildung gelernt hat , in seiner Arbeit ohne Zwang auszukommen, mag die Pflicht, die Therapie zu strukturieren und ein bestimmtes Tempo vorzugeben, manchmal als Belastung erscheinen. Vielleicht hat er sogar anfangs den Eindruck, eine zwanghafte Kontrolle auszuüben. Doch kann ihm in den Fortschritten, die sein Patient macht, reicher Lohn dafür zuteil werden.

Systematische Desensibilisierung, Überflutung und Selbstbehauptungstraining

Die obenstehende Erörterung sollte deutlich machen, daß es Parallelen zwischen Selbstbehauptungstraining und systematischer Desensibilisierung gibt. Tatsächlich läßt sich vieles von dem, was ich beschrieben habe, als eine Art *in-vivo*-Desensibilisierung verstehen.

Hinweisreize, die mit der Situation selbst (der Bar, der Anwesenheit von Frauen und so fort) *sowie mit den eigenen Intentionen*[8] verknüpft sind, sind in unterschiedlichem Maße angstauslösend, und der Patient wird stufenweise mit ihnen vertraut gemacht. Während die Notwendigkeit, auch bei der systematischen Desensibilisierung den Patienten allmählich den Reizen auszusetzen, bezweifelt wurde (vgl. Kapitel 8), ist das stufenweise Fortschreiten beim Selbstbehauptungstraining hingegen von entscheidender Bedeutung. Bei jenen Angstformen, für die sich die systematische Desensibilisierung empfiehlt (Angst vor Situationen, in denen nicht gehandelt werden kann oder muß), läßt sich mit gutem Grund annehmen, daß die Überflutung genauso wirksam sein kann, vielleicht sogar noch wirksamer. Bei interpersonalen Problemen, die vom Patienten eine angemessenere Reaktion verlangen, ist diese jedoch gewöhnlich völlig ungeeignet.

Die Notwendigkeit eines abgestuften Vorgehens zeigt sich vielleicht am deutlichsten an einem Beispiel, das eigentlich nicht aus dem Bereich des Selbstbehauptungstrainings, aber aus einem sehr ähnlichen Verfahren kommt — der Therapie von Impotenz (Kaplan, 1974).[9] Kaplans Methode geht von der Auffassung aus, daß psychogene Impotenz das Ergebnis von Angst vor der sexuellen Situation sei. Sie entspricht sehr weitgehend der Leistungsangst, doch in manchen Fällen kommt entweder die Furcht hinzu, dem Penis könnte beim Geschlechtsverkehr irgend etwas zustoßen, oder es liegen ähnliche Ängste vor, die psychodynamischen Klinikern vertraut sind. Die Therapie macht den Patienten Schritt für Schritt mit immer schwierigeren (und/oder erregenderen) Situationen vertraut, wobei stets dafür gesorgt wird, daß kein Leistungsdruck entsteht und daß der Patient sich nicht dem nächsten Schritt zuwendet, bevor nicht der vorherr-

---

[8]Diese Angstquelle ist außerordentlich wichtig. Ein und derselbe Platz kann sicher und gefährlich sein, je nachdem, was man zu tun beabsichtigt. Selbstbehauptungstraining, das sich mit interpersonalen Situationen befaßt, zwingt den Kliniker zu der Erkenntnis, wie wichtig Hinweisreize sind, die mit Intentionen oder Motivationszuständen verknüpft sind. Dies ist vermutlich der Grund dafür, daß mir das klinische Denken von Verhaltenstherapeuten, die sich vor allem mit Selbstbehauptungstraining beschäftigen, als mit den Vorstellungen psychodynamisch ausgerichteter Therapeuten durchaus vereinbar erschienen ist.

[9]Ich gehe in diesem Buch auf die Sexualtherapie kaum ein, weil Kaplans Darlegung eine ausgezeichnete Beschreibung liefert. Außerdem schildert sie die Beziehung zu psychodynamischen Ansätzen so, daß sich ihre Darlegungen im großen und ganzen — wenn auch nicht vollständig — mit meiner eigenen Auffassung decken.

schende Affekt beim vorhergehenden Schritt eindeutig Lust anstelle von Angst ist. Anfangs streicheln Patient und Partner möglicherweise nur nicht-genitale Zonen. Sie werden angewiesen, sich ganz allein auf die lustvollen Empfindungen zu konzentrieren und ausgesprochen sexuelle Verhaltensweisen zu unterlassen. Sobald sie dieses Tun als lustvoll und problemlos empfinden, gehen sie zur leichten Stimulation der Genitalien des anderen über (dabei bleibt der Geschlechtsverkehr immer noch verboten). Erst wenn sie in einem abgestuften Prozeß alle Schritte auf dem Wege zum Geschlechtsverkehr mit Lust und Erregung statt mit Angst assoziieren, versuchen sie den Koitus. Auf diese Weise wird die Angst, die eine Erektion verhindert, stufenweise eliminiert. An einem bestimmten Punkt dieses Prozesses kommt es dann zu spontanen Erektionen.

Wir wollen nun betrachten, wie im Unterschied zu diesem desensibilisierungsähnlichen Modell die Behandlung der Angst mit dem Überflutungsmodell aussehen könnte. Der Patient wird dabei nicht allmählich mit den zunehmend erregenderen sexuellen Situationen vertraut gemacht, er wird statt dessen angewiesen, sich sofort der schwierigsten zu stellen. Davon hätte er nun aber gar nichts. Die Angst würde die Erektion hemmen, und seine Angst vor Mißerfolg wäre wiederum bestätigt. Auch die Furcht davor, daß er Schaden nehmen könnte, wenn er eine richtige Erektion hätte und in die Vagina eindringen würde — welcher Art diese Ängste auch im einzelnen sein mögen —, ließe sich nicht extingieren, da er dazu zuerst einmal eine Erektion haben müßte. Er begibt sich ja aber gerade deshalb in Therapie, weil er *nicht* zu einer Erektion fähig ist![10]

Wenn das Selbstbehauptungstraining auch nicht so dramatisch oder auffällig ist, so ist es doch auch hier neben der Angstreduktion in den meisten Fällen das Ziel, den Ausdruck einer bisher gehemmten Reaktion zu ermöglichen. (Natürlich unterstützen sich die beiden Ziele oft gegenseitig.) Und bei beiden Verfahren erfolgt die Reaktion unter Umständen eben nicht, wenn der Ausgangspunkt zu schwierig ist. Bei den Problemen, die Selbstbehauptungstraining verlangen, werden dem Patienten nicht einfach externe Stimuli dargeboten, die an-

---

[10] Natürlich ließe sich ein Modell der Vorstellungsüberflutung verwenden (beispielsweise könnte man den Patienten anweisen, sich entweder vorzustellen, daß er verspottet würde, weil er keine Erektion hat, oder sich auszumalen, er habe Angst vor Beschädigung, während sein Penis erigiert sei und sich in der Vagina befinde), doch die meisten Sexualtherapeuten halten bei der Behandlung sexueller Probleme *in-vivo*-Verfahren für weit wirksamer.

geblich in jeder Intensität »verabreicht« werden können. Ihm müssen vielmehr Hinweisreize dargeboten werden, die mit *seinen eigenen Reaktionsweisen* verknüpft sind, und wenn die vom Therapeuten geschaffene oder induzierte Situation die Reaktion *nicht* hervorruft, dann war der Patient keineswegs der Situation ausgesetzt, die er *wirklich* fürchtet (sich nämlich in ihr zu befinden *und etwas zu tun*). Überdies genügt es für die meisten Fälle von Selbstbehauptungstraining nicht, einfach *etwas* zu tun. Der Patient muß effektiv reagieren, er muß belohnende Reaktionen bei anderen hervorrufen, Reaktionen, die ihn ermutigen, seine Bemühungen in diese Richtung verstärkt fortzusetzen.[11] Dies ist nicht nur ein Grund dafür, den Patienten zu ermutigen, er möge in seinen in-vivo-Begegnungen schrittweise vorgehen und Schwierigkeitsgrade wählen, mit denen er fertigwerden kann, sondern auch dafür, sich verstärkt der Arbeit innerhalb der Sitzungen zuzuwenden, die meist ein wichtiger Teil des Selbstbehauptungstrainings ist. Diesem Aspekt wollen wir uns nun zuwenden.

Aspekte des Selbstbehauptungstrainings innerhalb der Sitzungen

Selbstbehauptungstraining besteht — wie erwähnt — gewöhnlich aus geplanten Handlungen für den Alltag des Patienten und aus bestimmten Erfahrungen innerhalb der therapeutischen Sitzung. Diese Erfahrungen werden meist durch verschiedene Aspekte des Rollenspiels ermöglicht. Wenn innerhalb der Sitzungen Situationen simuliert werden, denen der Patient in seinem Alltag begegnet, hat das mehrere Funktionen für das therapeutische Bemühen. So läßt sich zum Beispiel dem Problem begegnen, daß der Patient leicht durch Reaktionen anderer verletzt werden kann. Der Patient kann dann zunächst einmal neue Verhaltensweisen im sicheren Kontext der therapeutischen Beziehung erproben. Dem Therapeuten ist es möglich, dafür zu sorgen, daß sie auf eine positive Reaktion stoßen. Das Rollenspiel ermöglicht dem Therapeuten auch, deutlicher zu beobachten, was der Patient eigentlich in jenen Situationen macht, die ihm Probleme bereiten. Es ermöglicht dem Patienten, sein Verhalten ein-

[11] »Belohnend« meint hier nicht unbedingt »positiv« im Sinne von erfreut, freundlich oder ausdrücklich ermutigend. Manchmal hat der Patient die Absicht, jemanden in Harnisch zu bringen oder unterzukriegen. Dann kann eine ärgerliche Reaktion belohnend sein, während ein freundliches oder tolerantes Lächeln frustrierend oder sogar demütigend wäre.

mal ganz neu zu sehen, besonders wenn Ton- oder Videobänder zur Verfügung stehen. Es leistet einen Beitrag zur *Verhaltenseinübung*, zur systematischen Erprobung und Entwicklung neuer adaptiver Interaktionsmuster. Schließlich erlaubt das Rollenspiel die *Rollenumkehrung* (das heißt, der Therapeut übernimmt die Rolle des Patienten und der Patient die von einem Menschen, mit dem er interagiert). Dadurch hat der Patient einerseits die Möglichkeit zu verstehen, wie sich jemand fühlt, der mit ihm interagiert (wenn der Therapeut die Rolle so spielt, wie der Patient es gewöhnlich tut), und andererseits zu erkennen, wie sich die für ihn problematische Situation auch anders bewältigen ließe (wenn der Therapeut in der Rolle des Patienten alternative Verhaltensweisen *modelliert*).

Wir wollen zuerst die Frage betrachten, wie sich ein sicherer Ort schaffen läßt, wo neue Verhaltensweisen erprobt werden können. Aus den Darlegungen in diesem Kapitel sollte hervorgegangen sein, wie wertvoll ein solcher Rahmen für erste Versuche ist. Wir müssen uns klarmachen, welcher Unterschied besteht zwischen der Einstellung des Therapeuten, der bereit ist, neue und adaptivere Verhaltensweisen zu akzeptieren und zu ermutigen — wie unzulänglich sie auch immer sein mögen —, und der Einstellung von Menschen, die sich nicht in der therapeutischen Rolle befinden und angemessenes erwachsenes Verhalten erwarten. Das therapeutische Umfeld liefert eine einzigartige Gelegenheit, neue Seinsweisen ohne die Gefahren zu erproben, denen solche Bemühungen sonst ausgesetzt sind.

Selbst dem Therapeuten fällt es nicht immer leicht, auf eine solche Weise zu reagieren, die die tastenden Versuche des Patienten unterstützt, ihn ermutigt, sich einen Lebensstil anzueignen, der mehr Belohnungen verschafft und seine Überzeugungen und Neigungen besser zum Ausdruck bringt. Wolf (1966) hat überzeugend dargelegt, wie der Therapeut in die neurotischen Muster des Patienten hineingezogen werden kann und sie damit bestätigt oder stärkt, statt gegen sie zu arbeiten — oder anders ausgedrück, wie der Therapeut sich als »Komplize« an der Neurose des Patienten beteiligen kann. Zur Ausbildung des Therapeuten gehört unter anderem, daß er empfänglich wird für die Feinheiten nonverbaler Kommunikation, so daß er Hinweisreize erkennen und artikulieren kann, und nicht automatisch auf sie reagiert. Bei dem Bemühen, sich von der Art automatischer Reziprozität zu lösen, die neurotische Interaktionsmuster in Gang hält, hilft dem Therapeuten auch die Tatsache, daß er sich durch die Art und Weise, wie er die Beziehung zum Patienten strukturiert, die Möglichkeit zum Zuhören und Nachdenken verschafft. (In Kapitel 11 werden noch weitere Gesichtspunkte zur Sprache kommen, die dem Therapeuten dabei helfen können, die Anstrengungen des Patienten wirklich zu ermutigen, statt unbemerkt gegen sie zu arbeiten.)

Der Therapeut ist dank seiner Ausbildung und seiner Haltung als teilnehmender *Beobachter* in der Lage, auf eine (wie zu hoffen ist) der Entwicklung des Patienten dienliche Weise zu reagieren. Der Patient kann am Therapeuten Dinge erproben, die er »draußen« nicht wagen würde. Dazu wird er einerseits durch die Atmosphäre freundlicher Billigung ermutigt, die der Therapeut zu schaffen versucht, und andererseits durch die Deutungen, die von seiner Bereitschaft zeugen, neue Verhaltensweisen ernst zu nehmen, die der Patient sonst möglicherweise wieder aufgeben würde, weil andere Menschen, zu denen der Patient in Beziehung steht, sie vermutlich gar nicht bemerken. Doch bleibt der Wert dieses Aspekts in herkömmlichen Verfahren oft begrenzt, weil es dem Therapeuten widerstrebt, das Problem der Übertragung oder das der Akkomodation an die Bedingungen in der Alltagswelt des Patienten unmittelbar anzugehen. Ohne den ausdrücklichen Versuch, die Kluft zwischen der schützenden therapeutischen Beziehung und der anspruchsvolleren Außenwelt zu überbrükken, ist die Gefahr groß, daß der Patient Unterschiede zu machen lernt. Er wird sich dem Therapeuten gegenüber ganz anders verhalten als allen Leuten sonst gegenüber. Der Therapeut gewinnt dann die Überzeugung — die zutrifft, soweit es sein unmittelbares Erleben des Patienten (innerhalb der Sitzung) anbelangt —, daß der Patient freier geworden sei, offener, gesünder und spontaner; doch im Alltagsleben des Patienten ist die Änderung weit weniger groß. Wenn dies häufiger vorkommt, dann erklärt dies, warum Therapeuten ehrlich davon überzeugt sein können, daß ihre Arbeit von großer Wirkung sei, während die Forschung diese Wirkung nicht so recht bestätigt — möglicherweise verändern Patienten sich in der Beziehung zum Therapeuten *wirklich* erheblich, in anderen Umfeldern hingegen kaum.

Einige traditionelle Therapeuten sind sich dieses Problems wohl bewußt und wenden sich sehr aufmerksam der Frage zu, was im Alltag des Patienten tatsächlich geschieht. Manchmal mag diese Form der Informationsbeschaffung ausreichen. Der Patient hat genügend Klarheit über seine Probleme gewonnen, seine Angst ist ausreichend reduziert worden oder er hat die Notwendigkeit eingesehen, daß sein Verhalten sich ändern muß — und er weiß ungefähr, was er zu tun hat, um sich einen gewissen Erfolg ausrechnen zu können. Gewiß braucht nicht jeder Patient strenges Selbstbehauptungstraining.

Bei manchen Patienten ist es jedoch erforderlich, dem Aufbau neuer Interaktionsmuster größere und eingehendere Aufmerksamkeit zu schenken. Und selbst wo das nicht unbedingt notwendig ist, würde es doch zu einer rascheren und umfassenderen Änderung führen. Es geht nicht nur darum, daß der Patient nicht *weiß*, wie er mit der Situation am angemessensten oder am wirksamsten fertigwerden kann. Aus den oben dargelegten Gründen hat der Patient aufgrund seiner Konflikte und Hemmungen häufig nur begrenzte Möglichkeiten, zu beobachten und zu assimilieren, wie sich Menschen in verschiedenen Situationen verhalten. Doch selbst wenn der Patient in gewissem Sinne »weiß«, was er tun muß, ist ihm dieses Wissen unter Umständen nicht verfügbar oder kann er es nicht so benutzen, daß es ihm wirksames Handeln ermöglichen würde. Vielleicht kann der Patient beschreiben, was notwendig ist, es aber nicht in die Praxis umsetzen. Oder er ist möglicherweise in der Lage, bei seiner Frau assertives Verhalten zu manifestieren, nicht aber bei seinem Chef, oder umgekehrt.

Die allmähliche Strukturierung von Verhaltensweisen im wirklichen Leben und die spielerische Erprobung dieser Interaktionen in der Sitzung können die Angst vor dem Handeln in bestimmten Umfeldern desensibilisieren und die Umsetzung impliziter Handlungsmuster in wirkliche Handlungen innerhalb neuer Umfelder oder Kontexte fördern. Die Wirkung des Selbstbehauptungstrainings besteht in solchen Fällen möglicherweise weniger darin, daß etwas Neues gelehrt wird, vielmehr setzt es ein Wissen *frei*, das irgendwo gespeichert ist, sich aber nur sehr schwer in Verhalten umsetzen läßt. Wer Schwierigkeiten hat, beispielsweise »Auf Wiedersehen« zu sagen, hat sicherlich mehr als genug Gelegenheit, andere zu beobachten, wie sie es sagen. Trotzdem kann er weiterhin das Gefühl haben, er wisse nicht, wie er es anstellen soll, bis ihm der Umstand, es unter nichtbedrohlichen Bedingungen einüben zu können, die Möglichkeit gibt, seine Beobachtungen mit Handlungsmustern und interpersonalen Hinweisreizen zu integrieren. Er wird dann sehr viel rascher »lernen« als ein Mensch, der eine Interaktionsweise beherrschen muß, über die er — selbst als völlig passiver Beobachter — kaum etwas in Erfahrung gebracht hat. Rollenspiel und Verhaltenseinübung können also aus vielen Gründen wichtige Hilfen bei der Erlernung effektiven Handelns sein — wenn dies auch nicht unbedingt in allen Fällen so sein muß.

Rollenspiel ist auch insofern von Wert, als es dem Therapeuten ein Bild vom Verhaltensstil des Patienten vermittelt, den keine Beschreibung von der Art »Da sagte ich ihm, daß ich nicht mochte, was er tat« vermitteln kann. Weil diese Form unmittelbarer Beobachtung von großer Bedeutung ist, lernt der Therapeut auf die Dinge zu achten, die der Patient in seiner Gegenwart tut — und auch darauf, wie er es tut. Dazu gehören der Kommunikationsstil und die nicht-expliziten Mitteilungen, die die vom Patienten vermeintlich übermittelte explizite Botschaft begleiten und manchmal modifizieren oder sogar umkehren (beispielsweise der Anflug von Freude oder triumphierendem Starrsinn im Bericht des Patienten, er habe »versucht«, was der Therapeut vorgeschlagen habe, jedoch festgestellt, daß er es »nicht könne«). Doch muß der Therapeut — wie ich festgestellt habe — sich auch ein Bild davon machen können, wie der Patient sich anderen gegenüber verhält (besonders da bestimmte Interaktionsweisen, die eine wichtige Rolle in seinem Leben spielen, möglicherweise in der Beziehung zum Therapeuten *keine* Entsprechung haben).[12] Und für diesen Zweck ist das Rollenspiel eine unschätzbare therapeutische Hilfe. Eingehende Fragen nach der genauen Ereignisfolge, besonders wenn der Patient aufgefordert wurde, die betreffenden Ereignisse so rasch als möglich schriftlich festzuhalten, sind in dieser Hinsicht natürlich ebenfalls von großem Wert und manchmal natürlich auch ausreichend. Wenn der Patient zudem noch vorspielt, was er gesagt hat und wie er es gesagt hat, entdeckt man in vielen Fällen Dinge, die der Patient in seinem Bericht über das Ereignis verschleiert hat.

Der Unterschied zwischen Bericht und Darstellung zeigt sich manchmal deutlich im Zögern des Patienten, wenn er zum Rollenspiel aufgefordert wird. Mehrfach haben Patienten sich mir gegenüber geweigert, an einem solchen Rollenspiel teilzunehmen, weil es zu »künstlich« sei. Und in jedem Fall kamen sie ziemlich rasch zu der Erkenntnis, daß sie tatsächlich genau das Gegenteil befürchtet hatten — daß das Geschehen (oder das mögliche Geschehen — vgl. unten) im Spiel zu *wirklich* würde. Tatsächlich muß man beim Rollenspiel manchmal aus eben diesem Grunde vorsichtig zu Werke gehen. Der Patient kann das Gefühl haben, bloßgestellt, sozusagen nackt ausgezogen zu werden, wenn sich im Spiel schließlich herausstellt, daß sein »Ich

[12] Wie ich an anderer Stelle vorgebracht habe (Wachtel 1973 b), ist die Generalisierbarkeit emotionaler Interaktionsstile wahrscheinlich größer als viele sozial-kognitive Theoretiker nach ihren Experimenten erwarten, jedoch wiederum nicht so groß, daß automatisch *vorausgesetzt* werden könnte, alle Dinge, die im Leben des Patienten Bedeutung haben, würden unbedingt in der Übertragung evident werden.

hab sie runtergemacht« oder »Ich hab ihr gesagt, sie solle das lassen« ziemlich unwirksame Äußerungen sind, die durch den Tonfall, durch häufige »Ähs« und Sprechpausen, durch eine unterwürfige Haltung und so fort wieder zurückgenommen werden. Ein ähnliches Gefühl wird sich einstellen, wenn er behauptet: »Ich habe ihr gesagt, daß ich sie wirklich liebe«, und im Rollenspiel deutlich wird, daß ihm echte Gefühlsäußerungen im Halse steckenbleiben — er also etwa auf die Frage: »Tom, magst du mich wirklich?« buchstäblich nicht sagen kann: »Ja, ich liebe dich wirklich«, ohne das Gesicht zu verziehen oder sich zu verkrampfen, als erhielte er einen Schlag.

Aus diesem Grunde werden Patienten, wenn das Rollenspiel eingeführt wird, anfangs häufig versuchen, ihm auszuweichen. Weiten wir das letztgenannte Beispiel aus und beziehen wir seine Anfänge mit ein. Der Therapeut erklärt das Rollenspiel, sagt, daß er die Rolle der Frau übernimmt und fragt: »Tom, magst du mich wirklich?« Tom sagt: »Ich würde zu ihr sagen, daß ich es tue, aber sie würde sich beklagen.« Therapeut: »Sagen Sie mir nicht, was Sie tun würden. Ich bin Jane. Sprechen Sie zu mir. Tom, magst du mich wirklich?« Tom (dreht sich weg und sieht etwas gequält aus): »Ja.« Therapeut (immer noch als Jane): »Du sagst es nicht so, als würdest du es wirklich meinen.« Tom: »Ja, das sagt sie und ich antworte dann gewöhnlich . . .« Therapeut (unterbricht): »Sie sagen mir wieder, was Sie sagen würden. Ich bin Jane. Tom, du sagst es nicht so, als würdest du es wirklich meinen.« Tom: »Es fällt mir schwer, zu antworten, wenn sie das sagt.« Therapeut: »Wie ist Ihnen zumute, wenn sie es sagt?« Tom: »Ärgerlich, gedrängt.« Therapeut: »Okay, ich bin Jane. Sagen Sie mir, was Sie empfinden.« Tom: »Jane, wenn du das sagst, macht es mich wirklich krank. Wenn du mich nicht so häufig fragen würdest, wäre ich vielleicht in der Lage, es auch mal spontan zu sagen, ohne mich wie eine Marionette zu fühlen. (Dann in einem Ton, der zeigt, daß er nun zum Therapeuten als Therapeuten spricht) Himmel, ich möchte wissen, was passieren würde, wenn ich das wirklich zu ihr sagte.« Therapeut: »Wir wollen das ein bißchen weiterspielen und sehen, wie Sie sich dabei fühlen. Wie stellen Sie sich Janes Reaktion vor?«

Wie der letzte Teil der Unterhaltung zeigt, kann das Rollenspiel das Verständnis des Patienten ebenso vertiefen wie das des Therapeuten. Exploration, Beobachtung und Einübung sind in der Praxis des Rollenspiels nicht scharf voneinander unterschieden. Ein und dieselbe Sequenz einer Sitzung kann unter verschiedenen Gesichtspunkten betrachtet werden. Der Patient erweitert vielleicht nicht nur sein Verständnis, wenn er sein Verhalten beobachtet, während er zugleich die Rolle spielt — unter Umständen ist diese Situation zur Selbstbeobachtung tatsächlich geeigneter als die häufig in einer Atmosphäre des Zwangs ablaufenden wirklichen Begegnungen (besonders wenn Tonband- oder Videoaufzeichnungen im nachhinein eine genaue Untersuchung gestatten) —; durch das Verfahren der *Rollenumkehrung* kann er auch beträchtlich an Einsich hinsichtlich der Personen gewinnen, mit denen er interagiert, und bezüglich der Frage, wie er selbst auf andere wirkt.

In der Regel wird in der Literatur zur Verhaltenstherapie diesem Aspekt der Rollenumkehrung keine besondere Bedeutung beigemessen. Verhaltenstherapeuten benutzen die Rollenumkehrung gewöhnlich aus anderen Gründen — der Therapeut soll etwa ein klareres Bild über das Verhalten bedeutsamer anderer Menschen gewinnen, indem er den Patienten veranlaßt, sie darzustellen; oder die Rollenumkehrung soll dem Therapeuten Gelegenheit geben, bei der Darstellung der Patientenrolle effektiveres Verhalten zu modellieren; oder vielleicht auch einem schüchternen Patienten seine Scheu vor dem Rollenspiel nehmen, indem er zunächst die Rolle eines anderen spielt.[13]

In einem Fall berichtete beispielsweise eine Patientin, Mrs. Brown, ihr Mann sei ein Klotz, völlig unbeweglich, und es gebe kein Mittel, ihn dazu zu bewegen, ihren Bedürfnissen mehr Aufmerksamkeit zu schenken. Sie schien durch nichts von dieser Meinung abzubringen, und sicher war daran einiges richtig. Ihr Mann war ziemlich gefühllos und wenig ansprechbar. Doch sie sah nicht, wie sehr ihre eigene unterwürfige, in keiner Weise assertive Art es ihm leicht machte, ihre Ansprüche zu übergehen. Als sie begann, mehr Durchsetzungsbestreben zu zeigen — eine Reaktion auf die Tatsache, daß ich dieses Thema ständig in den Blick rückte —, erwies sie sich dabei als nicht sehr hartnäckig, und ihr Mann konnte seine gewohnten Verhaltensmuster fortsetzen, das heißt einfach fortgehen oder schweigen. Sie meinte, er würde es sich auch weiterhin bequem machen und sie überhaupt nicht zur Kenntnis nehmen, ganz gleich, wie nachdrücklich und hartnäckig sie ihre Forderung vorbringen würde. Ich forderte sie auf, seine Rolle zu übernehmen, während ich die ihre

[13] Dies mag manchen Lesern nicht einleuchten. Man könnte erwarten, der Patient sei befangener, wenn er jemand anders darzustellen habe, als wenn er nur sich selbst spiele. Nach meiner Erfahrung fällt es jedoch Patienten manchmal leichter, über die Rollenumkehrung mit dem Rollenspiel zu beginnen. Sie haben dann weniger das Gefühl, »sie säßen auf dem Präsentierteller.«

spielte, und äußerte die Vermutung, dadurch würde ich vielleicht ein Gefühl dafür bekommen, wie ihr zumute sei, wenn sie mit ihm interagierte. In ihrer Rolle sagte ich: »Edward, es gibt da etwas, über das ich unbedingt mit dir sprechen möchte.« Sie sagte, die Rolle vergessend: »Er würde mir nicht antworten.« Ich ließ die Rolle ebenfalls beiseite und sagte: »Sagen Sie mir nicht, was er tun würde. Sie sind Edward. Machen Sie es mir schwer, dann werde ich wissen, wie es ist.« Dann, abermals in der Rolle: »Edward, da ist etwas, über das ich unbedingt mit dir sprechen möchte.« Mrs. Brown (in der Rolle Edwards) schwieg weiter, sah gelangweilt und unaufmerksam aus. Ich fuhr fort: »Edward, was du jetzt machst, ist genau der Punkt, über den ich mit dir sprechen möchte. Immer wenn ich mit dir sprechen möchte, siehst du gelangweilt aus und antwortest nicht. Das muß aufhören.« Daraufhin fiel Mrs. Brown wieder aus der Rolle und sagte: »Das würde ihn überhaupt nicht beeindrucken. Er würde es immer noch ignorieren.« Abermals wies ich daraufhin, sie solle *tun*, was auch Edward tun würde, statt mir zu *sagen*, was er tun würde. Dieselbe Interaktion begann von vorn. Dieses Mal blieb sie ein wenig länger in der Rolle, bevor sie sie wieder vergaß und erklärte, Edward würde nicht antworten. Ständig mußte ich sie drängen, sich an ihre Rolle zu halten und der widerspenstige Edward zu bleiben, während ich in meiner Darstellung ihrer Rolle allmählich den Druck auf Edward erhöhte.

Schließlich geschah etwas Interessantes. Ich hatte gerade zu Edward (Mrs. Brown) gesagt: »Edward, du bist daran gewöhnt, daß ich dich um etwas bitte, und dann gleich darauf einen Rückzieher mache. Diesmal mach ich keinen Rückzieher. Ich möchte, daß du mir antwortest, und ich werde hier so lange sitzen bleiben, bis du antwortest.« Ich saß da und starrte Edward (Mrs. Brown) unverwandt an. Sie blieb etwa dreißig Sekunden still, rutschte unruhig hin und her und brach plötzlich in ein unkontrollierbares, nervöses Gelächter aus. Als sie ihre Fassung wiedergewonnen hatte, sagt sie: »Ich vermute, es ist nicht leicht, Edward zu sein, besonders wenn ich ihm gegenüber entschieden bin. Ich bin ihm noch niemals so entgegengetreten wie Sie eben.« Sie erkannte jetzt, daß sie zuvor so häufig aus der Rolle gefallen war, weil es unbequem war, Edward zu spielen, wenn er sich einer beharrlichen Ehefrau gegenüber sah, die darauf bestand, daß er in irgendeiner Weise reagierte. Den Rest der Sitzung beschäftigte sie sich mit ihrem neuen Gefühl, das sie erkennen ließ, wie Edward eigentlich zumute war und wie leicht sie es ihm gemacht hatte, sie zu ignorieren. In der nächsten Sitzung berichtete sie, daß sie seit vielen Jahren das erste bedeutsame, wirklich persönliche Gespräch mit Edward geführt habe.[14]

Rollenumkehrung trägt nicht nur dazu bei, daß der Patient versteht, wie jenen zumute ist, mit denen er interagiert, sie fördert manchmal auch sein Selbstverständnis. Wenn der Therapeut modelliert, wie der Patient *gehandelt* hat, versteht dieser möglicherweise besser, wie er auf seinen Partner wirkt; wenn der Therapeut modelliert, wie der Patient handeln *könnte*, gewinnt der Patient vielleicht eine gewisse Einsicht über sich selbst und über seine tatsächlichen Wünsche und Vorstellungen.

Wenn in der Literatur von Modellierung die Rede ist, heißt es meist nicht, daß sie die Einsicht fördere, sondern daß sie dem Patienten ein Bild davon vermittele, wie er bestimmte Dinge bewältigen könne, was er dann dazu verwenden kann, um mit seiner Situation besser fertigzuwerden. (Zu einer eingehenden Darstellung der Verwendung von Modellierung zur Verhaltensänderung vgl. Bandura, 1969, 1971). Wie oben erörtert, ist eine solche Verwendung von Modellierung zum Zwecke der Instruktion dann am effektivsten und nützlichsten, wenn das modellierte Verhalten sich mit dem Stil, den Wertvorstellungen und den Zielen des Patienten deckt. Die instruktiven und die selbstexploratorischen Aspekte von Modellierung sind durchaus miteinander vereinbar, sie ergänzen einander sogar.

Rollenspiel trägt auch zur Entwicklung sozialer Interaktionsfertigkeiten bei, insofern sie Gelegenheit bieten, geeignetes Verhalten zu formen (vgl. Kapitel 11) und einzuüben; außerdem wird versucht, mit bestimmten antizipierten Problemsituationen im sicheren Kontext des Sprechzimmers des Therapeuten fertigzuwerden, wo Fehlschläge »leicht genommen« werden können. Ich bin bereits auf die verschiedenen Gründe zu sprechen gekommen, warum die anfänglichen Versuche des Patienten, sich zu ändern, zunächst wahrscheinlich unbeholfen und unwirksam sind. Ich habe auch dargelegt, daß Entmutigung die Folge sein kann, wenn diese Handlungen zuerst mit Menschen erprobt werden, die nicht die nötige Ausbildung oder Einstellung besitzen, um auf einsetzende Änderungen im Patienten zu ach-

[14]Wie unschwer zu erraten ist, gehörte zur Situation von Mrs. Brown mehr, als hier beschrieben wird. Beispielsweise war es wichtig zu verstehen, warum sie bei Edward blieb und bis zu diesem Zeitpunkt das Gefühl hatte, sie könne ihn auf keinen Fall verlassen. Um Antwort auf die Frage zu bekommen, was sie beide in diesem (Nicht-)Interaktionsmuster gefangenhielt, waren noch eine Vielzahl anderer Dinge zu berücksichtigen.

ten und die nur registrieren, ob sein Verhalten den normalen Erwachsenenstandards von Vernunft und Kompetenz auch entspricht. Rollenspiel im Selbstbehauptungstraining unterscheidet sich von seiner Verwendung im Kontext von Gestalttherapie oder Psychodrama in erster Linie dadurch, daß es unter der Perspektive der *Einübung* gesehen wird und das Interesse infolgedessen der Strukturierung und Kontrolle von konkreten Interaktionen gilt, die der Patient in seiner Lebenspraxis versucht. Die Gestalttherapie oder das Psychodrama weisen damit zwar viele Ähnlichkeiten auf, benutzen das Rollenspiel aber vor allem dazu, *Einsicht* zu fördern, und weit weniger dazu, strukturierte therapeutische Aufgaben in bezug auf das interpersonale Verhalten des Patienten zu planen. Gestalttherapeuten teilen mit den meisten psychodynamischen Therapeuten die Auffassung, daß wirkliche Einsicht spontan zu angemessenerem und adaptiverem Verhalten führen wird. Wie gezeigt, glaube ich jedoch, daß dies häufig nicht der Fall ist und daß Übungen in den Sitzungen und strukturierte Versuche im täglichen Leben des Patienten für den Erfolg einer Therapie von entscheidender Bedeutung sein können.

11
Bekräftigung und Interpretation

In herkömmlichen Darstellungen der Psychotherapie wird häufig großer Wert darauf gelegt, daß der Therapeut verzichtet, dem Patienten Ratschläge zu geben bzw. bestimmte Handlungen selektiv zu billigen oder zu belohnen. Dieser Auffassung begegnet man auch bei Rogers und seinen Schülern, doch läßt sich schwer entscheiden, wie ernst diese Anweisung eigentlich genommen wird. Nach meiner Erfahrung geben die meisten Therapeuten zu — wenn man in sie dringt —, daß sie nicht völlig darauf verzichten können, dem Patienten ihre Präferenzen deutlich zu machen oder ihm bestimmte Möglichkeiten vorzustellen. Doch sie behaupten, daß man dies so selten als möglich machen sollte und daß sie eine solche Einflußnahme meist vermieden.

Verhaltensorientierte Autoren versichern hingegen oft, daß der Therapeut das Verhalten seines Patienten bekräftigen *solle* und dies auch tue. Ihr Einwand gegen den traditionellen Ansatz beruht weitgehend auf der Ansicht, daß traditionelle Therapeuten *wirkungslos* bekräftigten bzw. daß ihre Art und Weise zu bekräftigen nicht systematisch genug sei.

Beziehungen zwischen dem hier vertretenen Ansatz und anderen auf Bekräftigung beruhenden Ansätzen

Die Anwendung der Prinzipien von Verstärkung bzw. Bekräftigung erfolgt auf die vermutlich expliziteste, bekannteste (und für manche auch auf die berüchtigste) Weise in therapeutischen Programmen wie beispielsweise den Münz-Verstärkungs-Plänen (Ayllon und Azrin, 1968). In solchen Programmen werden Prinzipien, die aus der Forschung zur operanten Konditionierung stammen, ziemlich unmittelbar angewandt, um bestimmte Zielverhaltensweisen zu verändern. Diese »Pläne« unterscheiden sich in mancherlei Hinsicht von den verhaltenstherapeutischen Methoden, die wir bislang erörtert haben, wie auch von den Vorschlägen, die in diesem Kapitel zur Verwendung von Verstärkung gemacht werden.

Zum einen werden Münz-Verstärkungs-Systeme zwangsläufig im Kontext von Institutionen angewandt. Ihr Erfolg hängt von der Kontrolle ab, die totale Institutionen über die Gewährung von Belohnungen ausüben können (vgl. Goffman, 1961). (Insofern ist das typische Klassenzimmer als eine *zeitlich begrenzte* totale Institution anzusehen. Während eines Teils des Tages übt der Lehrer eine Kontrolle aus, die der von Krankenhaus- oder Gefängnispersonal gleichkommt, und folglich kann er ähnliche Methoden der Verhaltenskontrolle anwenden, wenn er möchte.)

Angesichts dieses anderen Kontextes stellen sich viele ethische Fragen. Sie dürften sich von jenen unterscheiden, die durch Methoden aufgeworfen werden, bei welchen die Kontrolle über das, was mit dem anderen geschieht, nicht so vollständig oder so bewußt ausgenutzt zu werden scheint. Sicherlich werden nicht alle Programme von Autoritäten aufgestellt, die unabhängig entscheiden, welche Verhaltensweisen die Betroffenen zeigen und welche Belohnungen verabreicht werden sollten (vor allem im schulischen Bereich kommt es vor, daß Schüler und Lehrer nicht selten aushandeln, was von jeder Partei erwartet werden darf und welche Kontingenzen eingerichtet werden sollen). Viel spricht auch für die Auffassung, daß stets eine *Gegenkontrolle* stattfinden, daß der Betroffene niemals einfach passiver Empfänger einer Reihe von Interventionen von seiten des Versuchsleiters oder des therapeutisch Handelnden sein sollte.[1] Trotzdem sind die Fragen, die solche Programme aufwerfen, noch problematisch genug, um besondere Beachtung zu verdienen. Man könnte sie einfach als Sonderfälle allgemein relevanter ethischer Erwägungen verstehen, doch wird mancher Leser die besonderen Bedingungen von Münz-Verstärkungs-Systemen weit weniger akzeptabel finden als andere Anwendungsformen von Verstärkung.

Überdies werden solche Systeme in der Regel von einem streng Skinnerschen Gesichtspunkt aus durchgeführt, der kaum eine Möglichkeit zur Integration bietet. Obgleich die Münz-Verstärkung im Prinzip sehr unterschiedlich ausgeführt werden kann (vgl. Greenspan, 1974), gehört sie doch wohl zu jenen verhaltensorientierten Techniken, die sich am schwersten mit herkömmlichen psychotherapeutischen Ansätzen vereinbaren lassen.

Aus diesen Gründen habe ich nicht die Absicht, mich in diesem Kapitel noch weiter mit Münz-Verstärkungs-Plänen zu beschäftigen.[2]

---

[1] Eine berühmte Karikatur im *Columbia Jester* zeigt eine Ratte in einer Skinner-Box, die sich einer anderen gegenüber brüstet, sie habe ihrem Versuchsleiter beigebracht, ihr immer dann ein Nahrungskügelchen zu geben, wenn sie den Hebel niederdrücke.

[2] Eine ausgezeichnete Erörterung der Vor- und Nachteile dieses Verfahrens findet sich bei Davison (1969). Vgl. auch Levine und Fasnacht (1974).

Und zudem möchte ich ausdrücklich zwischen diesem Verfahren und der Verwendung von Bekräftigungsprinzipien, an die hier gedacht ist, unterscheiden. Ich bitte den Leser, von seinen (positiven oder negativen) Gefühlen zu Münz-Verstärkungs-Systemen oder zur Gesellschaftsphilosophie von Skinner abzusehen und den Versuch zu machen, ganz unvoreingenommen zu beurteilen, welche Bedeutung es für die psychotherapeutische Änderung hat, wenn wir all das berücksichtigen, was wir über die Konsequenzen unseres Verhaltens wissen. Auch habe ich nicht die Absicht, den Gebrauch von so konkreten Verstärkern wie Bonbons oder Keksen — auch nicht in bezug auf die Individualtherapie außerhalb von Institutionen — zu erörtern. Es mag angebracht sein, bei manchen Menschen hiermit zu arbeiten, besonders wenn natürlichere soziale Einflüsse bei ihnen bislang fehlten. Auch eignen sie sich manchmal als Übergangsstufe in Richtung auf eine größere Sensibilität für menschliche Interaktionen (vgl. Kapitel 4 von Bandura, 1969. Dort findet sich eine ausgezeichnete Erörterung dieser Frage.) Aber Bonbons sind Ablenkungsmanöver, und die spezifische Verwendungsweise von Verstärkern, die mir für eine Integration am relevantesten erscheint, sollte man am besten nach ihrem eigenen Wert beurteilen.

Dem Thema des vorliegenden Kapitels stehen Arbeiten wie die von Allen u. a. (1964) schon näher, auch wenn sie sich immer noch erheblich davon unterscheiden. Diese Autoren berichten z. B. von einem erfolgreichen Versuch, das scheue, zu Isolierung führende Verhalten eines Mädchens im Kindergarten zu verändern. Zu Beginn der Behandlung verbrachte das Mädchen seine Zeit kaum mit anderen Kindern. Sie beobachteten, daß die Kindergärtnerinnen, die sich um das Kind kümmerten, es trösteten und es zum Spiel mit anderen zu bewegen suchten, wenn es sich selbst isolierte. Bei den seltenen Gelegenheiten, da es sich den anderen Kindern näherte, wandten die Kindergärtnerinnen ihm weniger Aufmerksamkeit zu. Die Autoren gingen von der Hypothese aus, daß die Aufmerksamkeit Erwachsener ein wichtiger Bekräftigungsfaktor für dieses kleine Mädchen war und daß es durch die Kontingenzen im Kindergarten tatsächlich bekräftigt wurde, wenn es sich von den anderen Kindern absonderte. Hingegen wurde ihm die Bekräftigung vorenthalten, wenn es sich ihnen näherte. Deshalb wiesen die Autoren die Kindergärtnerinnen an, die vorliegende Kontingenz umzukehren — sich den Mädchen *nur* dann zuzuwenden, wenn es sich den anderen Kindern näherte, und es nicht zu beachten, wenn es sich von ihnen absonderte.

Die Ergebnisse waren eindeutig. Mit der Herstellung der neuen

Kontingenz nahm die Zeit merkbar zu, die es mit anderen Kindern verbrachte. Um festzustellen, ob ihre Erklärung richtig war, wiesen die Autoren die Kindergärtnerinnen dann an, die alte Kontingenz wiederherzustellen — sich ihm zuzuwenden, wenn es allein und traurig war, es aber nicht zu beachten, wenn es mit den anderen Kindern spielte. Das Verhalten des Kindes nahm wieder das alte Muster an. Auf die Rückkehr zur neuen Kontingenz folgte rasch wieder eine Zunahme an geselligem Spiel. Eine Nachfolgeuntersuchung ein Jahr später zeigte, daß es sein neues Verhalten beibehalten hatte. Es machte den Eindruck eines gesunden, glücklichen, aufgeschlossenen kleinen Mädchens.

Diese Arbeit unterscheidet sich in mancherlei Hinsicht von den oben erörterten Formen operanter Verfahren. Sie beschäftigt sich mit einer sozialen Verhaltensweise, und die Bekräftigungen, deren die Autoren sich bedienen, sind soziale Bekräftigungen. Sie beruht auf einer sorgfältigen Analyse der menschlichen Interaktion, die stattfand, bevor der Psychologe auf dem Schauplatz erschienen war. Solche Versuche — oder komplexere Analysen von Verstärkungsmustern in Familien, wie Patterson sie unternahm (vgl. Patterson, 1974) — zeigen, wie nützlich es ist, zum Verständnis der häufig überraschenden Konsequenzen von Phänonemen wie Sympathie, Mitleid, Ärger oder Moral von der Perspektive der Bekräftigung auszugehen. Das therapeutische Bemühen richtet sich darauf, die ungünstigen Konsequenzen jener Verstärkungsmuster, die den »Naturzustand« der Umwelt des Klienten prägen, zu korrigieren.

Explorationen — und selbst Interventionen — dieser Art sind psychodynamischen Praktikern nicht fremd, besonders wenn diese mit Kindern arbeiten. Nicht selten wird in der herkömmlichen therapeutischen Arbeit mit Kindern großer Wert darauf gelegt, zu untersuchen, welches Verhalten von den Eltern ermutigt wird (wobei diese häufig nicht bemerken, daß sie es tun und wie sie es tun), und ihnen klarzumachen, wie sie auf das Kind reagieren sollten, um der Entwicklung des Kindes eine andere Richtung zu geben.

Arbeiten wie die von Allen u. a. oder Patterson unterscheiden sich von der herkömmlichen kindertherapeutischen Arbeit vor allem in zweierlei Hinsicht. Positiv zu vermerken ist, daß ihre Arbeit weit eingehender und bewußter die Bekräftigungskontingenzen berücksichtigt sowie die Konsequenzen und Richtlinien, die sich aus der Laborforschung auf diesem Gebiet ergeben. Daher sind sie sich auch der Schwierigkeiten deutlich bewußt, die mit der Beobachtung und Kategorisierung von Verhalten verbunden sind. Sie kennen also die Notwendigkeit einer ausführlichen und sorgfältigen Beobachtung innerhalb des Umfeldes, in dem sich das Problem manifestiert.

Mein Hauptvorbehalt gegenüber dieser Arbeit lautet, daß dort nur eine Perspektive gegenüber den entscheidenden Verhaltensweisen eingenommen wird und daß wegen dieses engen Blickwinkels wahrscheinlich einiges verlorengeht. Eine kritische Frage, die ungelöst bleibt, ist die, ob die Erfolge, die hinsichtlich des Zielverhaltens erreicht werden, nicht teuer bezahlt sind. Hat das oben beschriebene Kind beispielsweise nur gelernt, eine rein äußerliche Beziehung zu anderen anzuknüpfen, seine wirklichen Gefühle aber zu verschließen, um sich die verzweifelt benötigte Billigung von Elternfiguren zu verschaffen, und ist es dadurch auf einen Lebenslauf festgelegt worden, der von Verstellung und Entfremdung geprägt ist, während doch die Wurzeln seiner Isolierung hätten aufgedeckt und beseitigt werden können? Allen u. a. liefern einige Daten, die diese Frage betreffen: Erstens behielt das Kind nach einiger Zeit sein Verhalten bei, auch ohne daß die Kindergärtnerinnen mit ihrer Bekräftigung fortfuhren. Vermutlich gelang es ihm, nachdem man es ermutigt hatte, mehr Zeit mit anderen Kindern zu verbringen, die Angst zu überwinden, die es in ihrer Gegenwart empfunden hatte, und bestimmte Beziehungsmuster zu erlernen, die es dann auch beibehielt, weil sie einen intrinsischen Befriedigungswert besaßen. Zweitens haben die Autoren zu beurteilen versucht, wie seine allgemeine affektive Entwicklung verlaufen war. Sie berichten, daß das Kind generell glücklicher und selbstbewußter erschienen sei und überhaupt keine Probleme in anderen Bereichen zeigte. Es läßt sich jedoch schwer entscheiden, wieviel Vertrauen solchen Berichten geschenkt werden darf. Kliniker, die ausschließlich unter dem Blickwinkel operanter Konditionierung arbeiten, haben nicht gelernt, die kaum merklichen Anzeichen für Konflikte zu entdecken oder die subjektiven, erfahrungsmäßigen Elemente im Leben ihrer Patienten zu bewerten. Wenn allerdings der Versuchsleiter keine negativen Effekte entdeckt, fällt die Beweislast sicherlich dem Zweifler zu, der die Auffassung vertritt, daß ein scharfsichtigerer Beobachter zu anderen Schlüssen kommen würde (Wachtel und Arkin, 1976). Auf jeden Fall wäre das Vertrauen in diese Arbeit größer, wenn sich die Bewertung wie die Arbeit überhaupt eine umfassendere Perspektive zu eigen gemacht hätten.

Der Ansatz, den die Autoren verfolgen, trägt den Konsequenzen, die auf die Handlungen des Patienten folgen, nachdrücklich Rechnung. Er ist den Entdeckungen von Therapeuten verpflichtet, die sich stärker an der operanten Konditionierung orientieren. Mein Ansatz unterscheidet sich jedoch von dem ihren in einigen wichtigen Punkten. 1. Er berücksichtigt in weit höherem Maße versteckte, nicht-konventionelle Verstärker, die häufig von jenen, die sie wünschen, verleugnet werden (beispielsweise die Verletzung anderer oder die Befriedigung einer sexuellen Phantasie). 2. Er betont multiple und konkurrierende Verstärker. 3. Er sucht Untersuchung und Verwendung von Reaktionskonsequenzen mit Interpretationen und einer Förderung des Verständnisses auf seiten des Patienten zu verbinden (und zu zeigen, inwiefern viele Verhaltenstherapeuten dies bereits tun und inwiefern sie — nach meiner Ansicht — dabei nicht weit genug gehen). Ich werde auf die Wirkung deutlicher und expliziter Bekräftigung noch zu sprechen kommen, aber auch auf die Bedeutung unmerklicher impliziter. Und ich werde ebenfalls darauf eingehen, wie man einerseits die Bekräftigungskontingenzen berücksichtigt, die sich in der Alltagssituation des Patienten auswirken, und welche Kontingenzen andererseits in der therapeutischen Situation vorhanden sind (oder vorhanden sein sollten). Dazu gehören ganz wesentlich die Verstärkungsaspekte von Deutungen — und zwar sowohl diejenigen, die unbemerkt einfließen, wie auch jene, die bewußt verwendet werden.

Bekräftigung und »Stimuluskontrolle«

Bekräftigung wird von Vertretern der Verhaltensmodifikation häufig mit Begriffen wie »Stimuluskontrolle« erörtert. Damit scheint eine Art unausweichlicher Wirkung von Bekräftigungskontingenzen und Bekräftigungsplänen impliziert, welche den Menschen zum bloßen Spielball der Kräfte, die auf ihn einwirken, macht. Diese Auffassung ist für viele Psychotherapeuten unannehmbar. Ihnen widerstrebt es, a) das alltägliche Sozialverhalten ihrer Patienten (oder das eigene) in dieser Weise zu verstehen, und b) den Versuch zu unternehmen, ihre Patienten bewußt auf diese Weise zu »kontrollieren«. Wenn man einer Integration von herkömmlichen klinischen Konzeptionen mit dem Ansatz der Verstärkung das Wort reden will, muß man deshalb darauf hinweisen, daß dies nicht die einzige Art ist, wie man Verstärkung verstehen kann.
Beispielsweise führt Bandura (1969) aus, daß Bekräftigungen sich als *informative* Ereignisse sehen lassen, die (einem Wesen, das urteilen und antizipieren kann) übermitteln, welche Konsequenzen sich aus verschiedenen Handlungsabläufen ergeben werden. Die Auffassung, daß Bekräftigung eher in Form von *Anreizen* wirke statt als unmittel-

bare und automatische Kontrolle, setzt sich selbst unter »hartgesottenen« experimentellen Forschern immer mehr durch (z. B. Bolles, 1972). Diese Auffassung wird nicht nur dem Menschen als entscheidungsfähigem Handlungsträger besser gerecht, sondern offensichtlich auch den Daten.

Bekräftigung in den Lebensumständen des Patienten

Wie in Kapitel 10 dargelegt, können alle während der Sitzungen erzielten Fortschritte ernsthaft beeinträchtigt werden, wenn nicht erkannt wird, welchen tiefgehenden Einfluß die Alltagserfahrungen des Patienten auf ihn ausüben. Optimale therapeutische Arbeit setzt die Kenntnis der Bekräftigungskontingenzen voraus, die der Patient in seinem wirklichen Leben erfährt. Dieses Wissen läßt sich häufig nur sehr schwer ermitteln, weil Verhalten oft durch ganz unregelmäßige Belohnungsmuster aufrechterhalten wird. In der Tat lassen viele Forschungsarbeiten darauf schließen, daß ein Verhalten, welches sporadisch und unregelmäßig belohnt wird, erheblich stabiler ist als ein Verhalten, das bei jedem Auftreten belohnt wird und das deshalb ziemlich rasch verschwindet, wenn sich das typische Ergebnis nicht sofort einstellt.

Die überdauernden Verhaltensmuster, die den Kliniker in erster Linie interessieren, werden also wahrscheinlich durch unregelmäßige Verstärkungspläne bestimmt und lassen sich deshalb nicht leicht mit einem bestimmten Ergebnis verknüpfen. Es ist sehr viel leichter, die Verknüpfungen zwischen einem Verhaltensmuster und einer bestimmten Konsequenz zu erkennen, wenn diese regelmäßig auf das Verhalten folgt. Wenn die Aufeinanderfolge unregelmäßig ist, wenn also das Verhalten häufig auftritt, auch wenn das entscheidende Ergebnis nicht folgt (und wenn das Ergebnis, welches interessiert, häufig auftritt, ohne daß das betreffende Verhalten zuvor gezeigt worden wäre — selten ist ein bestimmter Verstärker ausschließlich an eine Verhaltensweise gebunden), so kann der Beobachter leicht übersehen, welche Verbindung zwischen der Reaktion und dem besonderen Ergebnis vorliegt, dessen gelegentliches Auftreten das Verhalten aufrechterhält.[3]

[3]Der Umstand, daß Verhaltensweisen, die nur intermittierend bekräftigt werden, hartnäckiger sind und daß sie auch ohne Bekräftigung noch längere Zeit aufzutreten pflegen, ist für den Begriff der Internalisierung von beträchtlicher Bedeutung. Möglicherweise lassen sich Erscheinungen wie etwa Schuld, die trotz des Fehlens von Tadel oder

Manchmal läßt sich diesem Problem durch sorgfältige und systematische Beobachtungen und Aufzeichnungen beikommen, die entweder vom Patienten oder von ausgebildeten Beobachtern gemacht werden. Eine andere Möglichkeit, dieses Problem anzugehen — in verschiedenen Phasen dabei von Nutzen, sich ein Bild vom Leben des Patienten zu machen —, folgt aus der Erkenntnis, daß letztlich die Bekräftigungskontingenzen, die für die Aufrechterhaltung des Verhaltens verantwortlich sind, die Kontingenzen sind, *die ein Individuum wahrnimmt.* Das Verhalten des Patienten wird durch seine (nicht unbedingt bewußte) Erwartung aufrechterhalten, daß ihn eine bestimmte Handlungsweise zu einem erwünschten Ziel führe, und nicht »objektive« Fakten. Aus diesem Grund können Versuche, die Phantasien des Patienten zu beobachten oder sie zu erschließen — ob nun mit TATs, Träumen, freien Assoziationen oder womit auch immer — von erheblichem Wert sein, um die relevanten Kontingenzen zu kennzeichnen. Sie können den Therapeuten dazu führen, eine wesentliche (wenn auch gelegentliche) Verhaltens-Ergebnis-Sequenz zu entdecken, die sonst unbemerkt bliebe (denn Phantasien sind nicht immer unrealistisch; häufig sind sie subjektive Wahrscheinlichkeitsurteile über kontingente Ergebnisse oder sie sind Variationen der tatsächlich beobachtbaren Kontingenzbeziehungen). Phantasie wie tatsächliche Kontingenzen im Leben eines Menschen müssen betrachtet werden, um zu verstehen, wodurch sein Verhalten aufrechterhalten wird.

Bekräftigung adaptiven Verhaltens

Wie in Kapitel 10 hervorgehoben wurde, ist es wichtig, daß die Versuche des Patienten, auf eine adaptivere und aktivere Weise zu handeln, Erfolg haben. Um die Erfolgschance zu erhöhen, wurde ein Verfahren vorgeschlagen, in dem die Versuche des Patienten sorgfältig strukturiert werden, so daß er sich keinen Anforderungen gegen-

Bestrafung von außen fortbesteht, sehr gut als selten und intermittierend bekräftigt verstehen. Greenspan (1975) liefert in seiner Monographie über operante Konditionierung und Psychoanalyse einige interessante Gesichtspunkte zu Verstärkungsplänen und Strukturbildung in psychoanalytischem Sinne. Greenspans Auffassung unterscheidet sich jedoch erheblich von der hier vertretenen, insofern er meint, Bekräftigungskontingenzen beeinflußten das Verhalten ohne die Vermittlung von Kognition und Organisationsprozessen. Entgegen unserer Auffassung versteht er Bekräftigungen also nicht als *wahrgenommen,* sondern als »objektiv« dargeboten.

über sieht, auf die er nicht vorbereitet ist. Die Abstufung von Aufgaben und Begegnungen, an die er sich heranwagt, wurde mit der Abstufung verglichen, die in der systematischen Desensibilisierung praktiziert wird. Hier sei bemerkt, daß diese allmähliche Annäherung an das letztlich erwünschte Verhalten auch dem Begriff der »Verhaltensformung« in der Literatur über operante Konditionierung entspricht.

Wie Bandura (1969, 1974) dargelegt hat, verlassen sich viele Wissenschaftler der Skinnerschen Richtung allzusehr auf die Verhaltensformung, eine Methode, die in der Tierforschung unentbehrlicher und angebrachter ist als in der Arbeit mit Menschen. Tieren läßt sich das, was von ihnen verlangt wird, oft nur dadurch mitteilen, daß man eine einigermaßen wahrscheinliche Annäherung an das angestrebte Verhalten bekräftigt, um allmählich den »Einsatz zu erhöhen«, wenn stärkere Annährungen wahrscheinlich werden. Menschen kann man häufig über das gewünschte Verhalten instruieren oder es modellieren.[4]

Doch auch bei Menschen können sich Verhaltensformung oder ähnliche Verfahren als nützlich erweisen. Die Kenntnis der Lebensumstände des Patienten kann dem Therapeuten sagen, daß dessen derzeitige Fähigkeiten zur Interaktion in bestimmten Bereichen (oder mit bestimmten Menschen) zu Erfolg und in anderen zu Mißerfolg führen wird. Wenn sich der Therapeut dies vor Augen hält, kann er den Patienten anregen, seinen Handlungsspielraum in bestimmte Richtungen zu erweitern, bei anderen ihn zu Vorsicht und Geduld ermahnen. Auf diese Weise vermag der Patient allmählich adaptive Fertigkeiten aufzubauen und Optimismus und Selbstvertrauen zu erwerben. Bekräftigung ist nicht nur ein Verfahren, um Verhalten anzuleiten oder zu belohnen, es ist auch ein Verfahren, Verhalten *dauerhaft* in eine bestimmte Richtung zu lenken, beim Patienten eine Stimmung zu schaffen, die die Wahrscheinlichkeit verringert, daß er sein Bemühen entmutigt einstellt.

Unbemerkte Bekräftigungen

Wenn wir uns Gedanken über die Notwendigkeit machen, daß der Patient in seinen Bemühungen bekräftigt werden sollte, dann müssen

---

[4] Wie Bandura auch festgestellt hat, kann selbst bei Tieren die ausschließliche Verwendung von Verhaltensformung erfolglos sein. Auch in Tierstudien reicht Modellierung nicht selten aus, um deutlich zu machen, welches Verhalten verlangt wird.

wir uns klarmachen, daß die Wirkung der Bekräftigungen davon abhängt, wie der Mensch sie wahrnimmt, nicht davon, wie sie »objektiv dargeboten« werden. Manchmal werden die verstärkenden Ereignisse vom Patienten nicht als solche erkannt und tragen doch zur Aufrechterhaltung des Verhaltens bei, auf das sie folgen. Dies ist im wesentlichen mit »unbewußter Befriedigung« gemeint. Vielfältige Erfahrungsaspekte können diese Funktion übernehmen. Die Frage, ob und in welcher Weise solche unerkannten Verstärker sich von bewußt erkannten Belohnungen oder Zielen unterscheiden, ist beileibe noch nicht beantwortet. (Vgl. Brody, 1972; Spielberger und De Nike, 1966; Bandura, 1969; Silverman, 1972).

Erkennt der Patient nicht, daß ein erwünschtes Ereignis eine kontingente Konsequenz seines eigenen Verhaltens ist, so kann dies den Fortschritt behindern, obgleich das Verhalten »objektiv« belohnt wurde. So war es im Fall von Mrs. Brown (Kapitel 10). Aus den Berichten, die sie über die Interaktionen mit ihrem Mann lieferte, ging deutlich hervor, daß erhebliche Änderung eingetreten und daß ihr neues Verhalten von beträchtlicher Wirkung war. Es war jedoch auch deutlich, daß sie ihre Anstrengungen nicht als erfolgreich empfand und daß sie durch die Situation, in der sie keinerlei Erfolge wahrnahm, entmutigt wurde.

Ursprünglich war ihr Mann ihren Beschreibungen zufolge einfach nicht bereit gewesen, ein einziges Wort zu äußern, wenn das Gespräch auch nur in die Nähe des Themas Gefühle geriet. Nach einigen Rollenspiel-Sitzungen und der Anwendung des dort Gelernten im Alltag führte sie mit ihm Gespräche von zehn bis fünfzehn Minuten Dauer über Beziehungsprobleme. Obschon ein solches Ausmaß an Interaktion sicherlich immer noch ziemlich begrenzt und weit von dem entfernt ist, was man letztlich erhofft, war die Änderung dennoch sehr bemerkenswert und befand sich in ziemlich deutlichem Widerspruch zu ihrer ursprünglichen Vorhersage, daß er sich nicht einen Millimeter vom Fleck rühren oder auch nur mit einem einzigen Satz antworten würde. Doch diese Änderung, von der sie noch zwei Wochen zuvor gesagt hatte, sie werde sich »noch nicht einmal mit einer Elefantenbüchse« herbeiführen lassen, schien ihr nun überhaupt nicht mehr bemerkenswert. Sie sah nur, welch weiter Weg noch vor ihr lag, und nicht, wie weit sie schon gekommen war.[5]

---

[5]Zu einem weiteren Aspekt des Problems, warum Menschen Belohnungen nicht mit ihren eigenen Handlungen in Zusammenhang bringen, vgl. die wichtige Arbeit von Seligman (1974).

Nun läßt sich dies auf unterschiedliche Weise verstehen. Wenn Mrs. Brown die Änderung nicht bemerkt, läßt sich das zumindest partiell als ein Verhaltensmuster verstehen, dem eine bestimmte Motivation zugrunde liegt, das eine überdeterminierte Neigung zu alten Anpassungsformen widerspiegelt und zugleich Furcht vor den Gefühlen und Tendenzen, die durch eine tiefergehende Änderung geweckt werden könnten. Neben dieser Auffassung, die diesen Mechanismus als »Widerstand« versteht, ist auch eine stärker kognitiv ausgerichtete Sicht möglich. Neue Ereignisse, die sich nur geringfügig von erwarteten Ereignissen unterscheiden, an die man sich angepaßt hat, werden wahrscheinlich alten Schemata assimiliert. Wenn die Änderungen zunächst klein bleiben, kann einige Zeit vergehen, bevor der Patient merkt, daß tatsächlich ein beträchtliches Maß an Veränderung eingetreten ist.

Was bekräftigt wen?

Nicht immer ist die Tatsache, daß der Patient die Kontingenzen nicht bemerkt, daran Schuld, wenn ein Verhalten, das offensichtlich bekräftigt wird, nicht beibehalten wird. Dies muß man sich klarmachen. Häufig bemerkt der Patient die Kontingenzen, doch unterscheiden sich seine (bewußten oder unbewußten) Ziele von den »durchschnittlich zu erwartenden« Zielen, die man annimmt. In gewissem Maße hat dieses Problem verhaltenstherapeutisch wie dynamisch orientierte Autoren beschäftigt. Mischel (1973b) hat beispielsweise die Auffassung vertreten, die Verhaltenstherapie beschäftige sich mit den einzigartigen, individuellen Persönlichkeitszügen des Patienten, wozu auch die besonderen Verstärker gehören, die für diesen einzelnen in Frage kommen. Das Premack-Prinzip (Premack, 1965) — danach wird einer Person erlaubt, häufig auftretende Verhaltensweisen als Belohnung für weniger häufige Verhaltensweisen auszuführen — ist für Verhaltenstherapeuten ein ähnlicher Orientierungspunkt, um sich auf die je besonderen Verstärkungen zu konzentrieren. Wenn man jedoch Verhaltenstherapeuten bei der Arbeit beobachtet oder die Fallstudien in der verhaltenstherapeutischen Literatur untersucht, zeigt sich, daß die Tendenz, davon auszugehen, daß die Person die Dinge wünscht, die dem kulturellen Standard entsprechen (vgl. Kapitel 7), bei Verhaltenstherapeuten viel ausgeprägter ist als bei dynamischen Therapeuten. Der größte Beitrag der verhaltensorientierten Kliniker und Forscher besteht darin, daß sie erhellt haben, welche Wirkung *Bekräftigungspläne* (unabhängig vom Inhalt) haben und welche Rolle die explizite Berücksichtigung von Belohnungen und Bestrafungen für die therapeutische Strategie spielen kann. Die psychodynamische Tradition hat sich weit mehr mit der Erforschung der Vielfalt von Ereignissen beschäftigt, die für verschiedene Menschen erstrebenswert zu sein scheinen.

Häufig wird angenommen, Lob sei ein ausgezeichneter Allzweck-Verstärker, und natürlich wird Lob von vielen Menschen als erstrebenswert und belohnend angesehen. Doch die motivationalen Eigenschaften von Lob sind weit komplizierter, als gewöhnlich vermutet wird. Manchmal enthält Lob beispielsweise die implizite Aufforderung, in Zukunft mehr und noch bessere Leistungen zu erbringen. Ich habe viele unglückliche Lebensmuster erlebt, die ihren Ursprung darin hatten, daß Eltern ihr Kind lobten, um es in einer sich ständig beschleunigenden Tretmühle zu halten. Im Kontext des familiären Kommunikationsmusters empfanden diese Kinder die Äußerung »Das ist sehr gut« als »Ich mach mir Sorgen, ob du es schaffst. Soweit bist du gekommen, nun erwarte ich den nächsten Schritt.« Als junge Erwachsene lehnten diese Patienten die an sie gestellten unerbittlichen Anforderungen ab, denen zu genügen sie sich solange bemüht hatten. Sie konnten der Tretmühle nur durch einen verzweifelten Sprung entrinnen, durch die radikale Ablehnung allen Leistungsstrebens und aller Bemühungen um Lob. Der Erfolg war Handlungsunfähigkeit und Isolation. Wer sich ihnen mit wohlmeinenden und positiven Reaktionen näherte, mußte feststellen, daß er als heuchlerischer Schulmeister behandelt wurde.

In ähnlicher Weise kann Lob aversiv werden, wenn ein Mensch für Qualitäten gelobt wird, die er nicht hat. In solchen Fällen kann das Lob die Aufmerksamkeit erst recht auf den Mangel lenken. Besonders wenn dieses ein Lob von einem Elternteil kommt, mag dies zu dem Gefühl führen, daß man nicht so gesehen wird, wie man wirklich ist, weil man so wie man wirklich ist, nicht gut genug ist. Der Elternteil, der das Bedürfnis hat, das Kind als vollkommen anzusehen, lobt es nicht in angemessener und realistischer Weise — wozu auch die Erkenntnis und das Akzeptieren der Grenzen des Kindes gehört —, sondern lobt *alles* auf eine Art und Weise, die deutlich macht, daß alles lobenswert sein *muß*. So hat sich beispielsweise ein Mann trotz beträchtlicher Talente lange Zeit darum bemüht, akzeptiert und geachtet zu werden. Er war von seinem Vater für seine körperlichen und athletischen Leistungen zu einem Zeitpunkt gelobt worden, als er entsetzlich dünn und ein mittelmäßiger Sportler war. Obgleich dies von ihm zu der Zeit nicht klar artikuliert wurde, scheint das Lob in ihm das Gefühl hervorgerufen zu haben, er *müsse* ein Sportass sein und seine intellektuellen Begabungen seien von geringem Wert (obgleich auch diese von seinem Vater gelobt wurden). In späteren Jahren fiel es ihm sehr schwer zu glauben, daß Lob auf wirklicher Achtung und auf einer zutreffenden Wahrnehmung seiner Person beruhen könnte. Dies hängt mit dem Problem der wahrgenommenen »Ehrlichkeit« von Lob oder anderen interpersonalen Verstärkern zusammen. Wir werden in diesem Kapitel darauf noch zu sprechen kommen.

Ich habe bislang recht global von »Lob« gesprochen. Obgleich zwar manchmal fast alles Lob als falsch empfunden wird, ist es doch häufiger, daß unterschieden wird. Manches Lob wird als wertvoll empfunden, anderes nicht. Beispielsweise kann ein Mensch Lob, das seinem Intellekt gilt, sehr belohnend finden, Lob hingegen, das sich auf sein Äußeres bezieht, unangenehm (oder umgekehrt); oder dem Lob von einem Gleichgestellten wird großer Wert beigemessen, während jedoch dem Lob einer Autorität Mißtrauen entgegengebracht wird; oder Zeichen für »Achtung« werden geschätzt, wohingegen Zeichen für »Zuneigung« als Hinweis auf Schwäche verstanden werden.

Sehr oft ist die angestrebte Bekräftigung spezifischer, als so globale Konzepte wie »Lob«, »Aufmerksamkeit« oder »positive Zuwendung« vermuten lassen würden. Ein hypochondrischer Patient beispielsweise, für den die Aufmerksamkeit, die er erntet, ein wichtiger Faktor bei der Aufrechterhaltung seiner Präokkupation ist, wird sich nicht unbedingt rasch ändern, wenn ihm die »gleiche« Bekräftigung (Aufmerksamkeit) dafür angeboten wird, daß er reifer und unabhängiger handelt. Sorgfältige Beobachtung zeigt dann vielleicht, daß für ihn nicht »Aufmerksamkeit« verstärkend ist, sondern »Aufmerksamkeit-für-Passivität« oder »Aufmerksamkeit-für-Leiden«. Solche inhaltlichen Besonderheiten der Bekräftigung werden leicht übersehen, wenn die klinische Arbeit auf Modellen beruht, die im Labor entwickelt worden sind, wo ein ziemlich globales Motiv (wie Hunger) künstliche Bedeutung erhält und damit die Festlegung und nicht der Inhalt von Bekräftigungen von vorrangigem Interesse ist.

Unbewußte Motive und Konflikte

Das letzte Beispiel führt uns zu dem wichtigsten und kontroversesten Aspekt in bezug auf Definitionen und Erklärungen nichtnormativer Bekräftigungen. Wenn man klinisch exploriert, warum ein Patient mehr nach Aufmerksamkeit-für-Leiden als nach Aufmerksamkeit-für-

Leistung strebt, stellt man häufig fest, daß das Ziel, um das es ihm geht, eine Art Kompromiß ist. Will man dieses Ziel und seine »Geschichte« verstehen, muß man eine Anzahl von Motivationstendenzen erschließen, die der Patient nicht anerkennt und die miteinander in Konflikt liegen. Unter solchen Tendenzen, die aus sichtbarem Verhalten ebenso erschlossen werden wie aus Träumen und Phantasien, sind manche antisozial, kindisch oder unvereinbar mit der bewußten Auffassung des Patienten von dem, was rechtens oder der Mühe wert ist.

Die Bedeutung oder Gültigkeit von Schlüssen auf unbewußte Motive oder auf die Rolle von Konflikten ist nicht einfach oder unmittelbar einleuchtend zu beweisen. Dazu müssen eine Vielfalt von »Beweiskriterien« und ein komplexes Gewebe von miteinander zusammenhängenden Beobachtungen berücksichtigt werden. Um den Leser, dem die Verwendung solcher Konzepte zutiefst widerstrebt, zu überzeugen, müßte man darüber mindestens ein Buch schreiben. Ich kann den Leser meines Wissens jedoch nicht auf eine einzige Arbeit verweisen, die in dieser Hinsicht völlig befriedigend wäre. Verschiedene Darlegungen in diesem Buch und andernorts (Wachtel, 1973b, in Vorbereitung) verweisen auf einige Fragen, die mir relevant erscheinen, doch stellen sie allein noch keinen »Beweis« dar. Eine überzeugende Darlegung der Notwendigkeit, mit unbewußter Motivation und Phantasie als bedeutsamen Konzepten zu arbeiten, scheint mir sowohl erforderlich wie möglich zu sein — doch ungeachtet all der Bücher, die zu diesem Thema geschrieben worden sind, ist meines Erachtens noch keines erschienen, das die Logik von Schlußfolgerungen, die klinischen Daten und die kontrollierten Forschungsergebnisse in wirklich befriedigender Weise präsentieren würde. Wir, die wir von dem Wert solcher Konzepte überzeugt sind, gründen unsere Auffassung auf eine Vielzahl von Beobachtungen und Gesichtspunkten, die sich nur schwer organisieren oder zusammenfassen lassen. Die folgenden Ausführungen, die beschreiben, wie sich Prinzipien der Bekräftigung in der Therapiesitzung anwenden lassen, richten sich in erster Linie an Kliniker, die mit Begriffen wie unbewußtes Motiv und Konflikt zumindest in Maßen etwas anfangen können. Doch selbst der Leser, der in dieser Hinsicht skeptischer ist, kann — indem er vielleicht die Sprache etwas abwandelt — in den folgenden Äußerungen vieles entdecken, das auch auf sein Interesse stoßen wird.

Das Bild eines Therapeuten, der nicht-kontingent reagiert, der »bedingungslose positive Zuwendung« unabhängig von dem, was der Patient tut oder sagt, vermitteln kann, ist wahrscheinlich nicht sehr realistisch. So hat Truax (1966) beispielsweise die Tonbänder einer erfolgreichen Therapie von Rogers analysiert. Aus seinem häufig zitierten Bericht über die Ergebnisse läßt sich schließen, daß selbst Rogers, dieser entschiedene Gegner kontingenter Bekräftigung, auf verschiedene Patientenäußerungen verschieden reagiert und daß Äußerungen, auf die empathische oder akzeptierende Bemerkungen des Therapeuten folgen, in der Regel an Häufigkeit zunehmen.
Bandura (1969) nennt eine Anzahl anderer Studien, aus denen ebenfalls hervorgeht, daß bedingungsloses Akzeptieren von seiten des Therapeuten »so gut wie unmöglich« ist. Er führt weiter aus, daß »übermäßige soziale Reaktionsbereitschaft, die auf ... ›bedingungsloser‹ Basis erfolgt, erwünschte Persönlichkeitsmerkmale weder schaffen noch aufrechterhalten kann« (S. 77). Bei der Beurteilung dieser Behauptung sind einige Gesichtspunkte zu berücksichtigen.

Die Rolle nicht-kontingenten Akzeptierens

Vor allem muß noch einmal daran erinnert werden, daß kein therapeutisches Bemühen erfolgreich sein wird, wenn es von einem falschen Verständnis der Erfahrungen des Patienten und der sie bestimmenden Faktoren ausgeht. Das richtige Verständnis läßt sich jedoch nicht leicht gewinnen. Dynamische Therapeuten haben die Frage, wie es zu erlangen und zu vermitteln sei, natürlich immer mit dem verbunden, was ihrer Auffassung nach die Fähigkeiten und Aufgaben des Therapeuten sein müßten. Dagegen sehen Verhaltenstherapeuten die Durchführung einer sorgfältigen und genauen Verhaltensanalyse zu häufig als die Hauptaufgabe des gründlich geschulten Experten an. Manchmal ist nach ihrer Auffassung die Erfüllung des therapeutischen Plans sogar eine Aufgabe niedriger Ordnung, die auch von unqualifizierteren Kräften erfüllt werden kann.
Die Erfahrungen, die Dilemmas und der Lebensstil des Patienten können unter Umständen viel besser verstanden werden, wenn der Therapeut weitgehend nicht-kontingent akzeptiert. Wenn der Patient dem Therapeuten nicht großes Vertrauen entgegenbringt, wird er ihm wahrscheinlich auch nicht die ganze Komplexität seines Seelenlebens offenbaren, besonders jene Aspekte seiner Person nicht, die in

Widerspruch zu sozialen Tabus oder selbstauferlegten Leistungs- und Wertstandards stehen. Wir alle haben unsere Bereiche, die geheim und verletzlich sind — besonders diejenigen von uns, die im Begriff stehen, sich einer psychotherapeutischen Behandlung zu unterziehen. Vom bewußten Verheimlichen über unbemerkt selektives Berichten und Erinnern bis hin zu andauernden und aktiven Versuchen der Selbsttäuschung reichen unsere Möglichkeiten , um gerade jene Dinge zu verbergen, die zur Aufrechterhaltung unserer neurotischen Probleme am entscheidendsten sind. Erst wenn der Patient häufiger die Erfahrung gemacht hat, daß er dem Therapeuten immer »gefährlichere« Dinge enthüllen kann und trotzdem von ihm akzeptiert wird, wird er schließlich alles offenbaren, was zum Verständnis seiner Probleme erforderlich ist. Dies ist natürlich eine Grundannahme der herkömmlichen Psychotherapie, doch die Analyse von Dollard und Miller (1950 — Kapitel 6) machte deutlich, daß sich diese Auffassung auch unschwer lerntheoretisch verstehen läßt.
Außerdem muß man sich klarmachen, daß der Therapeut, selbst wenn er die Absicht hat, sich weitgehend auf differenzierte Bekräftigung zu verlassen, über Bekräftigungen verfügen muß, die für den jeweiligen Patienten von Bedeutung sind. Sonst wird er keinen Einfluß haben. Hier hat wiederum die Tatsache, daß in der Forschung zur operanten Konditionierung *Kontingenzen* und *Verstärkungspläne* so sehr im Vordergrund stehen, viele Verhaltenstherapeuten, die sich daran orientieren, dazu geführt, der Frage, *was* verstärkend ist, zu wenig Aufmerksamkeit zu schenken. Diese Frage ist weit komplexer, wenn man sich mit verhaltensgestörten Menschen befaßt, als wenn man es mit Labortieren zu tun hat oder mit Menschen im künstlich eingeschränkten Kontext des psychologischen Experiments. Es ist wesentlich, daß man genau versteht, welche Ereignisse bekräftigen. Nicht jedes Nicken, »Hm, hm« oder »Gut« von irgendeinem Menschen muß unbedingt als besonders wünschenswert empfunden werden. Nur wenn der Therapeut zu einer außerordentlich geschätzten Figur wird, wird auch seine Billigung zu einer hochmotivierenden Kraft. Dies kann er einmal dadurch erreichen, daß er eine Zeitlang die freundliche, akzeptierende Figur ist, die keinerlei Forderungen stellt und die nicht vom Patienten verlangt, daß er irgendwelche Arbeit leiste, sich anpasse oder sich in einem positiven Licht präsentiere, um Achtung und Aufmerksamkeit zu bekommen. Doch wenn diese nicht-kontingente, akzeptierende Haltung für den Erfolg der therapeutischen Arbeit wichtig erscheint, dann muß der Therapeut sich frei fühlen können, in einem späteren Stadium aktiv intervenie-

ren zu dürfen, um zu Beginn überhaupt nicht-kontingent *sein* zu können. Ergebnisse wie die von Truax (1966), die darauf schließen lassen, daß bedingunglose Akzeptanz gar nicht so leicht ist, widerspiegeln vielleicht, wie schwer ein solches Akzeptieren fällt, wenn die ganze Last des therapeutischen Unterfangens darauf ruht. Möglicherweise neigen Therapeuten, die sich keinen ausdrücklichen Einfluß auf das Verhalten des Patienten gestatten, dazu, solch einen Einfluß unmerklich und verdeckt auszuüben. Therapeuten dagegen, die von der Erwartung ausgehen, zu einem späteren Zeitpunkt aktive Bemühungen zum Zwecke der Änderung unternehmen zu können, sind vielleicht besser in der Lage, Einflußmaßnahmen zurückzustellen, bis sie ein klareres Bild von den Schwierigkeiten des Patienten haben und bis sie eine festere Bindung geknüpft haben, die auf Empathie und Billigung gegründet ist. Diese Therapeuten sind möglicherweise durchaus fähig, in den Anfangsstadien der Therapie nicht-kontingent zuzuhören und zu reagieren. Empirische Untersuchungen, die sich mit dieser Frage beschäftigen, wären sehr nützlich.

Die Arten von Bekräftigung, über die der Therapeut verfügt

Wenn wir dem Therapeuten das Recht einräumen, durch sein Handeln auf das Tun, Sagen oder sogar Denken des Patienten systematisch Einfluß auszuüben — und vielleicht sogar fordern, er solle es tun —, scheinen wir, was die ethischen und technischen Fragen anbelangt, geradezu die Büchse der Pandora zu öffnen. Mit den ethischen Fragen werden wir uns vor allem in Kapitel 12 noch beschäftigen. In diesem Abschnitt möchte ich mich in erster Linie mit den Ereignissen und Prozessen befassen, die gemeint sind, wenn es heißt, der Therapeut »bekräftige« das Verhalten des Patienten.

Wie die frühere Erörterung der »Stimuluskontrolle« deutlich gemacht haben dürfte, ist dies keine Frage, die unzweideutig entschieden ist. Der Therapeut verteilt kein Nahrungskügelchen, das automatisch das jeweils gezeigte Verhalten verstärkt (wahrscheinlich kann auch der Laborforscher diese Wirkung nicht verzeichnen, obgleich er, wenn er von dieser Vorstellung ausginge, wohl nicht zu ganz so unrealistischen Erwartungen käme.) Die offensichtlichste und wahrscheinlich auch häufigste Weise, wie der Therapeut durch selektives und kontingentes Reagieren Einfluß nimmt, ist die Billigung der Handlungen des Patienten. Anmerkungen des Therapeuten wie »Das ist gut« sind häufig an sich belohnend. Außerdem informieren sie den Patienten darüber, ob sein Handeln dazu beiträgt, sein Problem

zu lösen. Doch ist es der Mühe wert, noch auf einige Probleme hinzuweisen, die sich in diesem Zusammenhang stellen.
Vor allem habe ich, als ich Verhaltenstherapeuten beobachtet habe, festgestellt, daß eine ziemlich verbreitete Tendenz vorherrscht, allzu verschwenderisch mit Lob umzugehen. Die häufige und übertriebene Verwendung von Vokabeln wie »Schön!«, »Herrlich!«, »Das ist wunderbar!« und ähnlichen Ausrufen kann zu einer Wertminderung der Kommentare des Therapeuten führen, wodurch sie ihre Wirkung weitgehend einbüßen. Eine Art psychischer Inflation findet statt. Im Bilde gesprochen, wenn der Therapeut ganze Wagenladungen voll »Schöns« auffährt, büßen sie ihre Kaufkraft im psychischen Wirtschaftssystem des Patienten ein. Überträgt man die Theorie des Anpassungsniveaus (Helson, 1964) auf den Persönlichkeitsbereich, dann darf man davon ausgehen, daß solch übermäßiges Lob assimiliert und zu einer Art Bezugspunkt werden kann, wodurch dann immer stärkere Reaktionen erforderlich werden, wenn überhaupt noch eine Wirkung erfolgen soll.
Einfacher ausgedrückt, es läßt sich schlicht und einfach feststellen, daß der Therapeut unter Umständen als unehrlich empfunden wird, wenn er zu häufig und zu überschwenglich lobt.
Damit verwandt ist die Tatsache, daß die Kriterien, nach denen der Therapeut sein Lob erteilt, in einer vernünftigen Beziehung zu den Kriterien des Patienten stehen müssen. Denn ganz gewiß ist eines der wichtigsten Probleme von Patienten der Umstand, daß sie an die Dinge, die sie für lobenswert halten, zu strenge Kriterien anlegen, und sicherlich sollte der Therapeut die Forderungen eines zu strengen Überichs nicht wiederholen; doch zu einem gewissen Grade muß er sich dem anpassen, was *der Patient* als bedeutsamen Fortschritt empfindet. Wenn der Therapeut den Patienten dazu bringen möchte, weniger streng mit sich selbst umzugehen und schon Anfangserfolge stärker zur Kenntnis zu nehmen, ist er gut beraten, sein Lob so anzubringen, daß es ausdrücklich die abweichenden Wertmaßstäbe des Patienten berücksichtigt. Wenn er also auf einen unter Isolation leidenden Mann reagiert, der von einem erfreulichen Gespräch mit einer Frau berichtet, gleichzeitig aber seine eigenen »unzulänglichen« Bemühungen scharf ablehnt, wäre es wahrscheinlich ein Fehler, mit »Schön, das ist wirklich großartig« zu reagieren. Statt dessen sollte der Therapeut dem Sinne nach etwa so antworten: »In der Vergangenheit haben Sie solche Dinge geringgeschätzt und das Gefühl gehabt, daß Sie ein Versager seien, wenn Sie nicht mit ihr ins Bett gingen. Aber ich glaube, wir müssen wirklich erkennen, daß Sie einen

Schritt nach vorn gemacht haben und daß Sie ihn mit Geschick und Vergnügen getan haben.«
Wichtig ist auch die Erkenntnis, daß Lob — wie oben erwähnt — als Bestrafung empfunden werden kann. Dies ist nicht nur der Fall, wenn es Forderungen enthält, sondern auch manchmal in Situationen wie der eben beschriebenen. Wenn der Patient durch übertriebenes Lob den Eindruck gewinnt, der Therapeut sei naiv, verstehe nicht oder sei unehrlich, dann kann das für den Patienten sehr entmutigend sein. Er verliert dann die Hoffnung, hier eine Beziehung gefunden zu haben, die er achten und auf die er rechnen kann. Außerdem können Lob oder Billigung nicht selten Furcht einflößen, weil sie darauf hindeuten, daß der Therapeut eventuell zu nahe rückt. Nähe kann eine Bedrohung sein, wenn der Patient noch nicht dazu bereit ist und wenn sie zu einem Zeitpunkt entsteht, da er immer noch das Gefühl hat, sie diene dazu, ihn offener zu machen und ihn seines Schutzes zu berauben, damit er später verletzt werden könne. In diesem Zusammenhang ist von großer Relevanz, was Sullivan (1953) und Guntrip (1969) unter den Begriffen »feindselige Transformation« bzw. »schizoide« Phänomene erörtern.
Schließlich kann überschwengliches und ostentatives Lob problematisch sein, weil der Patient sein adaptives Verhalten als etwas ansehen mag, das er nur zeigt, um sich das Lob des Therapeuten zu verschaffen, und möglicherweise keineswegs das Gefühl entwickeln wird, es sei intrinsisch befriedigend, sich adaptiver und aktiver zu verhalten. Wenn dies der Fall ist, wird das neue Verhalten wahrscheinlich nur so lange gezeigt werden, wie das Lob des Therapeuten erfolgt. Es ist also unwahrscheinlich, daß es noch lange über den Abschluß der Therapie hinaus beibehalten wird. Wie schon dargelegt, läßt sich Bekräftigung wohl nicht so verstehen, daß bestimmte Reaktionen als Funktion der kontingent erfolgenden Stimuli automatisch eingeprägt werden, sondern eher als komplexe Wechselwirkung von kognitiven und motivationalen Variablen. Zu den Faktoren, denen zunehmend Bedeutung beigemessen wird, gehört die *Attribution*, die die Person hinsichtlich ihres eigenen Verhaltens vornimmt. Wenn sie ihr Verhalten lediglich im Dienste extrinsischer Belohnung versteht, wird sie weit eher zu früheren Verhaltensmustern zurückkehren, sobald diese spezifische Belohnung nicht mehr verfügbar ist. Anders liegt der Fall, wenn sie das Gefühl hat, sie handle in dieser bestimmten Weise, weil sie es *wünscht* (vgl. Bowers, 1974; Levine und Fasnacht, 1974).

Bislang habe ich explizite und eindeutige Bekräftigungen des Therapeuten beschrieben — Lob, Ermutigung, Billigung und so fort. Häufig handelt der Therapeut jedoch belohnend oder bestrafend. Trotzdem können diese Handlungsweisen einen wichtigen Einfluß auf den Patienten ausüben. Solche Bekräftigungen stellen aus der Sichtweise der Attributionstheorie kaum Probleme dar — der Patient ist sich wahrscheinlich nicht bewußt, daß er auf sie reagiert, und wird ihren Wirkungen folglich kaum irgendeine Änderung in seinem Verhalten attribuieren. Doch werfen sie ein anderes Problem auf, mit dem weit schwieriger fertigzuwerden ist: Da sie unmerklich und im allgemeinen nicht bewußt beabsichtigt sind, unterliegen sie der Kontrolle des Therapeuten weit weniger. So können sie mit seiner bewußten therapeutischen Strategie in Konflikt geraten.

Diese Einflüsse sind bisher kaum systematisch untersucht worden, obwohl von den meisten Therapeuten beiläufig eingeräumt wird, daß es sie gibt. Als soziale Wesen werden wir durch weit mehr beeinflußt und bestimmt als nur durch die expliziten verbalen Botschaften anderer. Tonfall, Haltung, Gestik, Rhythmus und eine Vielfalt weiterer Verhaltensdimensionen können einen enormen Einfluß auf uns ausüben. Ein Umstand, dessen sich der kundige Schauspieler oder Redner sehr genau bewußt ist. Doch selten sind wirklich all diese Aspekte unserer Kommunikation mit anderen unter der Kontrolle des Bewußtseins. Es ist ein Mythos, daß der Therapeut dem Geschehen ständig mit freischwebender Aufmerksamkeit folge. Als Sterbliche reagieren auch wir Therapeuten manchmal äußerst heftig, und manchmal hängen wir Tagträumen nach. Häufig teilt sich das dem Patienten auf irgendeine Weise mit. Wenn er es systematisch auf sein Verhalten bezieht, kann es dadurch durchaus verändert bzw. beibehalten werden. Ähnlich können (wenn Therapeut und Patient sich gegenübersitzen) Veränderungen des Augenkontaktes, ein unterdrücktes Gähnen, das Vor- oder Zurücklehnen, ein kaum bewußter Blick zur Uhr oder die Tatsache, daß der Therapeut hin und wieder einen Fussel von seinen Hosen entfernt, dieselbe Funktion wie ein »Sehr gut« oder ein »Das ist falsch« erfüllen.

Wenn der Patient auf der Couch liegt, entfallen einige dieser Informationsquellen, doch es gibt noch viele andere, und wahrscheinlich wird deren Bedeutung gerade durch ihre Exklusivität verstärkt. Nicht nur Tonfall, Wortwahl oder inhaltliche Selektivität können als Anhaltspunkte oder Anreize dienen, am lautesten ist vielleicht das

Schweigen. In der klassischen psychoanalytischen Situation ist Schweigen ein außerordentlich wichtiges Kommunikationsmittel. Obgleich es den typischen Hintergrund für die Assoziationen des Patienten liefert und insofern für diesen so wenig sichtbar ist wie für den Fisch das Meer, in dem er schwimmt, so ist es doch eine turbulente und veränderliche See, deren Strömungen vom Patienten empfunden werden und die seine Assoziationen und Gefühle durchaus beeinflussen kann. Es gibt feindseliges Schweigen, akzeptierendes Schweigen, enttäuschtes Schweigen und strafendes Schweigen, und ein jedes hat seine eigene Wirkung.

Sicher beeinflußt das Schweigen des Therapeuten den Patienten nicht unmittelbar, es erhält Bedeutung erst aufgrund seiner eigenen Erwartungen und Phantasien. Ein Schweigen, in dem sich die Furcht des Therapeuten vor dem spiegelt, was er jetzt sagen könnte, kann vom Patienten als ruhige Billigung dessen erlebt werden, was er gerade mitgeteilt hat. Ebenso kann ein Schweigen, das sympatisches, intressiertes Zuhören ausdrückt oder das Bemühen zu verstehen, was der Patient meint, als tückische Verweigerung von Hilfe erfahren werden.

Doch selbst im Schweigen »vollständig analysierter« Therapeuten werden sich bestimmte Muster abzeichnen — oder vielmehr in ihrem Schweigen und Sprechen, denn das Schweigen gewinnt seine Bedeutung ja erst aus dem Umstand, daß der Therapeut nicht immer schweigt. Manchmal spricht er und manchmal nicht, und in gewissem Sinne entscheidet er sich ständig für das eine oder das andere. Die Beziehung zwischen verschiedenen Verhaltensweisen oder Kommunikationsformen von Patienten und dem Reden oder Schweigen von Therapeuten ist kaum, wenn überhaupt, untersucht worden. Ich vermute, daß Therapeuten, die sich freiwillig bereit finden würden, an solchen Studien teilzunehmen, schockiert wären über das, was dabei entdeckt würde. Wahrscheinlich würde man feststellen, daß bestimmte Aspekte des Patientenverhaltens verläßlich mit den ermittelten Mustern korrelieren würden (und vielleicht könnte man auch beobachten, daß sie sich änderten, wenn der Therapeut — auf das gestoßen, was er früher tat — beginnen würde, sich anders zu verhalten).

Bekräftigung in der Deutung

Diese subtilen, nonverbalen bekräftigenden Merkmale des Therapeutenverhaltens sind insofern von besonderer Bedeutung und besonderem Interesse, als sie mit der interpretativen Seite therapeutischer Tätigkeit in einer Wechselbeziehung stehen. Seit wir erkannt haben, daß die Dinge, die als relativ neutraler Erklärungs- oder Klärungsversuch verstanden werden, ebenso dazu dienen, mittels Ermutigung, Kritik usw. Einfluß auszuüben, verstehen wir weit besser, was der Therapeut wirklich tut und warum er Erfolg (oder Mißerfolg) hat.[6]

Interpretation von Abwehr und Widerständen

Eine der wichtigen Entwicklungen in der psychoanalytischen Technik, die mit dem zunehmenden Interesse am Ich Hand in Hand ging, war die Aufstellung der Regel, daß man Widerstand oder Abwehr zu deuten habe, bevor man sich der Triebinterpretation zuwenden könne. Dies war in mancherlei Hinsicht ein sehr vernünftiger klinischer Rat. Die vorzeitige, unvorbereitete Deutung einer unbewußten Tendenz hat zum einen nur wenig Überzeugungskraft (sie kann den Widerstand sogar *steigern* und die Wahrscheinlichkeit *verringern*, daß der Patient den Trieb wirklich als den seinen erlebt). Wenn der Therapeut sich auf die Abwehr konzentriert, so besitzt er damit zum andern ein vorzügliches Mittel, um dem Patienten einen zweiten, ebenso wichtigen Aspekt seiner Person klarzumachen, den er nicht ausreichend in Rechnung stellt und der für sein Leben von großer Bedeutung ist. Und schließlich läßt sich dadurch, daß man die Aufmerksamkeit auf eine der Abwehr dienende Aktivität lenkt, ihrer Wirkung entgegenarbeiten, so daß jenes Material auftauchen kann, was durch diese Abwehr eigentlich ferngehalten wird.

Bei einem sehr zwanghaften Menschen beispielsweise ist es wahrscheinlich nicht besonders sinnvoll, wenn man sich an »tiefe« Deutungen macht, ohne zuvor herausgearbeitet zu haben, wie er aus *jeder* Deutung einfach eine »interessante« Idee macht, die er vielleicht danach bewertet, ob sie mit den Daten in logischem Zusammenhang steht, die ihn aber nicht dazu veranlaßt, einen vorher abgelehnten Aspekt seiner selbst zu erleben oder gar sich zu ändern. Es kann sehr wertvoll sein, dem Patienten zu zeigen, wie seine Wortwahl, sein allzu bewußter Tonfall oder sein sorgfältiges Abwägen von Alternativen dazu dienen, bestimmte Erlebnisse auszuschließen. Ich habe beispielsweise einen Mann immer und immer wieder darauf hingewie-

[6] Wie weiter unten erörtert, sollte diese Auffassung nicht so verstanden werden, daß Deutungen *lediglich* Bekräftigungen seien.

sen, daß er sich auf seine Erfahrung ständig mit dem Wort »vielleicht« bezog (»vielleicht bedeutet das, daß ich ärgerlich bin«, »vielleicht mag ich sie wirklich nicht«, und so weiter). Dies führte schließlich nicht nur dazu, daß er dieses bestimmte Verhalten fallen ließ, sondern auch (und hier stelle ich natürlich nur Vermutungen über die Ursachenverknüpfung an) zu einer Öffnung und Bereicherung seiner Erfahrungen überhaupt.

Doch dieser altehrwürdige Bestandteil klinischer Strategie kann zu schwerwiegenden Problemen führen, wenn nicht auch ein anderer Gesichtspunkt berücksichtigt wird, und zwar die Frage von Bekräftigung und Verhaltensformung. Sie zeigen sich vermutlich (implizit oder explizit) in der Arbeit vieler traditioneller dynamisch orientierter Therapeuten, doch habe ich zahlreiche erfahrene Kollegen in einer Weise über ihre Arbeit sprechen hören, die darauf schließen läßt, daß sie sich dieser Probleme nicht ausreichend bewußt sind. Bei der Supervision angehender Therapeuten konnte ich feststellen, daß sie diese Aspekte erheblich vernachlässigten. Vielleicht liegt das daran, daß Therapeuten in der Ausbildung besonders stark dazu neigen, dem »Buchstaben des Gesetzes« zu folgen. So interpretieren sie zu Anfang ihrer Arbeit fast erbarmungslos Abwehrmechanismen. Deshalb ist es unter Umständen besonders wichtig, ihnen die belohnenden oder bestrafenden Aspekte ihrer »Deutungen« zu zeigen.

Betrachten wir beispielsweise einen zwanghaften Patienten, wie er oben beschrieben wurde. Der dynamisch ausgebildete Kliniker wird wahrscheinlich ein feines Gespür für die kaum merklichen wie für die deutlich sichtbaren Manifestationen der Abwehrstrategie des Patienten haben. Er wird bemerken, auf welch vielfältige Weise der Patient anscheinend mit wichtigen emotionalen Problemen umgehen kann — allerdings so, daß er sie relativ affektfrei hält. Wenn solch ein Patient nun einen kleinen, vorsichtigen Schritt macht und eine mit Konflikt verbundene Tendenz in seiner Persönlichkeit zu erleben beginnt, wird dieser Versuch wahrscheinlich von beträchtlichen Ausweichmanövern und Intellektualisierungsbestrebungen begleitet sein. Viele Kliniker sind nun besonders empfänglich für diese weniger offenkundigen Aspekte im Verhalten des Patienten (und vielleicht stolz auf ihre Fähigkeit, eher diese Abwehrmechanismen als inhaltliche Änderung zu entdecken, obschon das selbst Nichtkliniker bemerken könnten). Und auch geleitet von der klinischen Maxime, daß die Abwehr zuerst gedeutet werden müsse, neigen sie dazu, sich in erster Linie auf den Abwehraspekt des Verhaltens zu konzentrieren. Dem Patienten würde dann etwa gesagt, daß er vom Ärger über seine Mutter spreche, als sei er eine »Sache«, die er untersuche, und nicht etwas, das er fühle; sein Tonfall spiegle nicht diesen Ärger wider, den er nach seiner Aussage empfinde; oder mit dem Ausdruck »etwas genervt« scheine er das zurückzunehmen, was er eigentlich sagen wolle. All dies mag durchaus richtig sein, doch ist es klinisch falsch gesagt.

Nach meiner Meinung muß hier, in bezug auf das Verhältnis von Ausdruck und Abwehr, betrachtet werden, welche Richtung das Verhalten des Patienten in diesem Fall bei der Änderung eingeschlagen hat. Wenn er also zunächst offener und affektiver gesprochen hätte, um dann anschließend in höherem Maße zu intellektualisieren, wäre es wichtig, dies zu registrieren und »die Abwehr zu deuten«. Doch wenn er zuvor *noch* stärker intellektualisiert hätte als im Augenblick, so würde ich behaupten, daß es ein Fehler wäre, sich diesem Aspekt seines Verhaltens zuzuwenden. Geschieht es, so wird dadurch implizit die Botschaft übermittelt, daß seine Änderung zu offenerem Ausdruck hin nicht gut genug sei. Das wird wahrscheinlich dazu führen, daß weitere Anstrengungen in dieser Richtung entmutigt werden. Wenn man hingegen sagt: »Sie sprechen über Ihren Ärger gegenüber Ihrer Mutter mit stärkerem Affekt als vorher«, wird man wahrscheinlich die entgegengesetzte Wirkung erzielen. So wird die Änderung des Patienten zu offenerem Ausdruck akzeptiert und ermutigt, es wird ihm nicht so sehr das Gefühl von Frustration und Unzulänglichkeit eingeflößt. Der Patient gewinnt den Eindruck, er sei in der Lage, sich zu ändern und seine Angst zu bewältigen. Dadurch werden weitere Versuche wahrscheinlich.

Kürzlich hat mir ein Therapeut in der Ausbildung, mit dessen Supervision ich betraut war, von folgendem Vorfall berichtet. Seine Patientin, ein Teenager, hatte beträchtliche Schwierigkeiten, einzusehen, daß sie für die Dinge, die ihr zustießen, mitverantwortlich war. Aufgrund ihrer passiven Haltung und ihrer Neigung zu Selbstmitleid hatte sie ziemlich wenig Erfolg bei Jungen. In einer Sitzung hatte die Patientin erzählt, daß sie in letzter Zeit von Jungen netter behandelt würde. Aus dem Zusammenhang ging hervor, daß dieser Umstand auf gewisse Änderungen zurückzuführen war, die im Verhalten der Patientin eingetreten waren. Doch berichtete sie von dieser Änderung in einem Tonfall, der anzudeuten schien, daß sie nichts damit zu tun habe. Der junge Therapeut bemerkte das und sagte: »Du sagst das, als hättest du damit nichts zu tun.« Woraufhin die Patientin (charakteristischerweise) antwortete: »Ganz egal, was ich tue, Sie finden ja doch, daß es nicht gut genug ist.«

Ich versuchte dem Ausbildungskandidaten deutlich zu machen, daß man dieselbe Feststellung auch in einer Weise hätte zum Ausdruck bringen können, die den Fortschritt der Patientin zur Kenntnis genommen und folglich ermutigt hätte. So hätte man antworten können: »Nun, ich vermute, daß du dich richtig verhalten hast, wenn die Jungen so auf dich reagiert haben.« (Ich hätte den Kommentar des jungen Therapeuten möglicherweise für angebracht gehalten, wenn er in einem Stadium der Therapie erfolgt wäre, in dem die Patientin bereits weitgehend ihre Tendenz, sich als passive Beobachterin ihres Lebens zu sehen, aufgegeben hätte und diese Äußerung ein Rückfall in bereits überwundene fehlangepaßte Verhaltensweisen gewesen wäre.)

Ähnlich gelagert ist der Fall einer außerordentlich selbstkritischen und sich selbst abwertenden Patientin, die mir in einer Sitzung berichtete, sie sei mit jemand anders im Auto auf einer Landstraße steckengeblieben. Da sie kürzlich einen Autoratgeber für Frauen gelesen hatte, konnte sie sich vorstellen, welche Ursache die Panne hatte. Sie sagte das ihrem Begleiter. Es war deutlich, daß ihr dies gefiel und daß es ihr auch Spaß machte, ihr Wissen jemand anderem mitzuteilen. Daraufhin fuhr sie fort und sagte, dies sei die einzige Sache, die sie über Autos wisse, im Grunde genommen habe sie keine Ahnung. Diese Äußerung entsprach ihrem abwehrenden Bestreben, eigene Leistungen schlecht zu machen und ihrer Mitteilsamkeit und ihren lustvollen Gefühlen Zügel anzulegen. Bei einer anderen Gelegenheit hätte ich vielleicht durchaus den Wunsch verspürt, ihre Aufmerksamkeit darauf zu lenken, wie sie den Stolz auf ihre Fähigkeiten verbarg. In diesem Falle schien es mir jedoch wichtig, das Gespräch nicht auf ihre Unzulänglichkeiten zu bringen, selbst wenn meine Wahrnehmung in gewissem Sinne »richtig« war. Statt dessen sagte ich einfach, ich könne sehen, wieviel Freude ihr ihre Fähigkeiten bei dieser Gelegenheit bereitet hätten, und ich fände es gut, daß sie sich dies gestatte. Ich wollte positiv und ermutigend reagieren und keinen negativen Kommentar anschließen. Als Deutung wären beide Kommentare richtig gewesen, sowohl der, der ihre Freude betonte wie auch der, der die Tatsache in den Blick rücken würde, daß sie diese Freude verbarg.

Verhaltensformung und Bekräftigung

In der obigen Erörterung habe ich mich implizit auf das operante Konzept der Verhaltensformung bezogen. Häufig hat der Patient das letztlich gewünschte Verhalten nicht in seinem Verhaltensrepertoire (so der Zwangsneurotiker den weitgehend unmittelbaren Gefühlsausdruck.) Deshalb muß der Therapeut zu Anfang eine weniger ideale Annäherung an das letztlich entscheidende Kriterium wählen. Deshalb bekräftigt er die Verhaltensrichtung, die zu befriedigenderen Aktivitäten führt. Wenn sich das Verhalten des Patienten in die gewünschte Richtung zu verlagern beginnt, verändert sich damit natürlich auch das Kriterium für die Bekräftigung. Es orientiert sich jetzt stärker am endgültigen Zielverhalten. So kann ein bestimmtes Verhalten des Patienten an einem bestimmten Punkt der Therapie zu dem Kommentar führen: »Sie scheinen heute aufrichtiger mit mir zu reden«, an einem anderen Punkt nur Schweigen ernten und wieder an einem anderen Punkt eine »Abwehrdeutung« hervorrufen (beispielsweise: »Das hört sich an, als ob Sie mir sagten, was Ihnen logisch erscheint, und nicht, was Sie wirklich fühlen.«)

Es geht also nicht darum, daß man Abwehr niemals deutet oder dem Patienten niemals zeigt, wie er ehrliche Selbstkonfrontation und ehrlichen Ausdruck vermeidet. Die Frage ist vielmehr, ob die besondere Art des Patienten sich zu äußern zu einem gegebenen Augenblick Fortschritt darstellt (auch wenn er minimal ist), Stillstand oder Rückschritt. Dieser besondere Ausdruck muß nicht nur als eine bestimmte Mischung aus Äußerungsbereitschaft und Abwehrbestreben verstanden, sondern innerhalb jener Verhaltenssequenz gesehen werden, deren Bedeutung für den therapeutischen Prozeß sich nicht außerhalb des Kontexts verstehen läßt. In einem psychoanalytischen Seminar äußerte der verstorbene Harry Bone die Besorgnis, daß ungeschickte Kommentare von Therapeuten die ersten zaghaften Ansätze zu neuen Seinsweisen zerstören und damit das spätere Aufblühen einer reicheren und kommunikativeren Lebensweise verhindern könnten. Bone ging es hier um die Vorzüge und die Bedeutung der analytischen Arbeit von Rogers, doch ist er von Skinner ebenso beeinflußt wie von Rogers. Der erstere hätte kaum irgendwelche Wirkung auf die Psychologie ausgeübt, wenn er von den Organismen, deren Verhaltensweisen er bekräftigte, verlangt hätte, daß sie den gestellten Ansprüchen auf Anhieb genügten. Verhaltensformung läßt sich sicher in solchen Worten beschreiben, daß sich darin eine kalte, manipulative Haltung widerspiegelt. Man kann sie aber auch so sehen, daß sie von Geduld getragen ist, von dem Verständnis dafür, wonach ein Mensch zu einem gegebenen Zeitpunkt strebt, und von der freundlichen Ermutigung zaghafter Fortschritte in Richtung auf ein erwünschtes Ziel.

Die Regel, daß Abwehr vor Trieben zu deuten sei, kann jetzt unter einem etwas anderen Blickwinkel betrachtet werden. Zu Anfang der therapeutischen Arbeit (oder der Arbeit an einem bestimmten Problem) wird der Patient wahrscheinlich den wenig befriedigenden Kompromiß vorweisen, mit dem er sich schon seit geraumer Zeit durchzuschwindeln sucht. Zu diesem Zeitpunkt tut der Therapeut gut daran, sich in erster Linie auf die Abwehrmechanismen des Patienten zu konzentrieren. Dadurch macht er dem Patienten das Problem einsichtig und entmutigt ihn zugleich, diese Mechanismen weiterhin in seiner Erfahrungs- und Beziehungswelt zu verwenden. Wenn sich das Gleichgewicht verlagert und der Patient seine Abwehr zu modifizieren beginnt, kann auch der Therapeut seine deutenden Kommentare verlagern, indem er jetzt auf das sich verlagernde Gleichgewicht und den Wert der Änderung hinweist. Er kann also entweder deutlich machen, daß das Abwehrverhalten sich reduziert und die Unmittelbarkeit des Ausdrucks zugenommen hat, oder sich unmittelbar auf den Inhalt beziehen, indem er etwa sagt: »Ich stelle fest, daß Sie mir heute mehr darüber mitteilen, wie ärgerlich Ihre Mutter Sie manchmal machen kann.« Entsprechend den traditionellen Vorschriften hütet er sich davor, »zu tiefschürfende« Kommentare zu liefern. Er hält sich an das, was im Aufmerksamkeits- und Erfahrungshorizont des Patienten liegt.

Sehr wahrscheinlich wird der Fortschritt nicht stetig sein. Entweder wird der Patient eine Zeitlang auf einem erreichten Plateau verweilen und dort den neuen Kompromiß erproben, auf den der Therapeut gerade ermutigend reagiert hat, oder er wird sich sogar wieder auf das vorherige, stärker ausgeprägte Abwehrverhalten zurückziehen, das durch die Deutung implizit bestraft worden ist. (Dies mag vielerlei Gründe haben — einer der wichtigsten ist ein zeitweiliges, spontanes Wiederauftreten der Angst, die weitgehend für das Zustandekommen jenes Kompromisses verantwortlich war, der den Patienten in die Therapie geführt hat. Vgl. Kapitel 6.) Die Frage, ob der Therapeut nun Inhalt oder Abwehr interpretieren soll, hängt weitgehend davon ab, ob der Patient in seinem Verhalten an Offenheit und Ausdrucksfähigkeit gewonnen hat, ob der Zustand einer gewissen Stabilität eine Zeitlang angedauert hat oder ob er eine bereits erreichte Position wieder preisgegeben hat.

Interpretationen von Abwehr finden auch noch in einem späten Stadium statt. Der therapeutische Fortschritt ist unvermeidlichen Schwankungen unterworfen. In allen Stadien der Therapie gibt es Momente, da es dem Patienten widerstrebt, sich mitzuteilen und sich

unmittelbar zu äußern. Also sind Abwehrinterpretationen noch immer angebracht. Man darf davon ausgehen, daß sie gegen Ende der Therapie seltener vorkommen, aber sie verschwinden nie völlig. Keimende (wenn auch noch ganz und gar unbefriedigende) Veränderungen im adaptiven Verhalten können nicht nur durch ungeschickte Deutungen des Therapeuten zunichte gemacht werden, sondern auch durch das eigene Urteil des Patienten. Viele Patienten werden aufgrund ihres Abwehrstils selbstkritisch reagieren, wann immer sie einen positiven Schritt gemacht haben. Die Motive für solche Verhaltensmuster können vielfältig sein, je nach ihrer Natur werden unterschiedliche Interventionen notwendig. Doch in fast allen Fällen muß der Therapeut einen Weg finden, die Aufmerksamkeit des Patienten auf den Fortschritt zu lenken, den er macht. Er darf sich nicht davon ablenken lassen, daß der Patient bestrebt ist, sich selbst abzuwerten.
Mehr als einmal habe ich die Erfahrung gemacht, daß der Patient einen erheblichen Fortschritt hinsichtlich eines bestimmten Aspekts erzielte und daß ich mich dann in ein Netz neuer, verwirrender Klagen verstrickt sah, die scheinbar auf »tiefere« Schichten der Persönlichkeit verwiesen und die entweder implizit oder explizit die Botschaft enthielten, der vorhergegangene Fortschritt sei oberflächlich und nur der Tatsache zu verdanken, daß die zugrundeliegende Schwachheit oder gar Verderbtheit der Persönlichkeit verleugnet worden sei. Gewöhnlich war dies dann nicht verständlich, weil der neue Fokus entweder allmählich aufgetaucht war oder die Reaktion auf ein äußeres Ereignis darstellte, das nicht vorherzusehen gewesen war. Doch wenn ich mich dann mit meiner eigenen Entmutigung und dem Gefühl der Stagnation auseinandersetzte, wenn ich mir in Erinnerung rief, welche Bewegungen vorher zu verzeichnen gewesen waren, und den Fokus wieder darauf lenkte, geschahen in der Regel interessante Dinge. Nicht selten stellte sich der scheinbar tiefere und wahrhaftigere Seelenschmerz als Ablenkung von den neuen Verhaltensweisen und Gefühlen, die während der Zeit, in der der Patient Fortschritte gemacht hatte, evident geworden waren, heraus. Manchmal genügte dann schon ein einfacher Kommentar wie »Trotz allem habe ich das Gefühl, daß Sie sich Menschen gegenüber offener verhalten.« Bei anderen Gelegenheiten war es zur Überwindung der Krise notwendig, sich längere Zeit mit der Furcht vor dem auftauchenden Material zu beschäftigen und die Tatsache zu klären, daß der gegenwärtige Pessimismus defensiver Natur war.
In der Rückschau erscheinen mir diese Episoden als entscheidende Kreuzwege oder Prüfungen, in denen die Ernsthaftigkeit meines In-

teresses an einer wirklichen Veränderung im Leben des Patienten auf eine empfindliche Probe gestellt wurde. Da dieser sein ganzen Leben auf die Auffassung gegründet hatte, er müsse sich um jeden Preis in einer bestimmten Weise verhalten, um akzeptiert zu werden, war er natürlich nicht sofort bereit, leichten Herzens auf meine gute Absicht zu vertrauen. Die Ablenkung schien dazu bestimmt zu sein, mir einen »Ausweg« zu eröffnen, die neuen Gefühls- und Handlungsweisen wieder im Meer versinken zu lassen, wenn ich nicht eine besondere Anstrengung machte, sie zu retten. Dadurch konnte ich mein Engagement unter Beweis stellen. Solch ein Manöver ist gefährlich für den Patienten. Denn wenn es dem Therapeuten nicht gelingt, dieses Muster zu erkennen, kann das weit mehr Ursachen haben als nur die, daß es ihm an echter Billigung für die neue Seinsweise des Patienten fehlt. Die Fähigkeit des Patienten, diese zu verbergen, oder die mangelnde Fähigkeit des Therapeuten, sie zu bemerken, kann zu einer Eskalation von Pessimismus und Mißerfolg führen, selbst wenn die Annahme des Patienten falsch ist, er könne es nicht wirklich wagen, die neuen Verhaltensmuster durchzusetzen. Ich frage mich jetzt, ob eine oder mehrere solcher Perioden, in denen der Patient den Therapeuten mittels eines derartigen pessimistischen Rückzugs auf die Probe stellt, nicht für jede psychotherapeutische Änderung eine wesentliche Durchgangsstufe darstellen. Deshalb habe ich auch damit begonnen, noch sorgfältiger darauf zu achten, ob sich ein solches Muster abzeichnet, und ich frage mich, ob Mißerfolge in der Vergangenheit möglicherweise darauf zurückzuführen waren, daß es mir nicht gelungen ist, diese Rückschritte zu entdecken und bereits im Ansatz vorhandene Änderungen im Blick zu behalten. Ein nützliches Gegenmittel gegen die verwirrenden und entmutigenden Versuche des Patienten, dem therapeutischen Bemühen entgegenzuwirken, besteht darin, sich regelmäßig zu fragen, welche Aspekte in den unproduktiven Lebensmustern des Patienten begonnen haben, sich zu ändern, und dafür zu sorgen, daß auch der Patient diese Änderung bemerkt.

Deutung und Verständnis

Wenn hier erörtert wird, wie Kommentare, die gewöhnlich als Deutungen verstanden werden, sich als Verstärkung betrachten lassen, so sollte das nicht so aufgefaßt werden, als würde die traditionelle Funktion dieser Kommentare in Abrede gestellt. Selten wird jemand psychotherapeutische Behandlung in Anspruch nehmen und durch sie nicht klarer erkennen — nicht klarer erkennen müssen —, welche Wünsche er hegt und von welchen Annahmen er ausgeht, wenn er nach der Erfüllung dieser Wünsche strebt. Die Bedingungen, unter denen wir aufwachsen — einerseits die für westliche Industriegesellschaften typischen Bedingungen und andererseits die, die sich aus der einfachen biologischen Tatsache erklären, daß der Mensch in jungen Jahren hilflos, abhängig und unfähig ist, die Welt zu verstehen —, tragen dafür Sorge, daß wir vor einer ganzen Reihe von Gedanken und Gefühlen Angst bekommen und ein Bild unserer selbst entwicklen, das unvollständig und zumindest ungenau ist. Viel menschliches Elend resultiert daraus, daß Lebensstrategien auf einer irreführenden Sicht vom Selbst und von der Welt aufgebaut und von Ängsten geleitet werden, die dem erwachsenen Menschen längst nicht mehr entsprechen. Der Deutungsprozeß in der Psychotherapie bietet die Gelegenheit, die Basis unseres Lebens neu zu prüfen. Äußerungen, die der Therapeut im Verlaufe dieser Überprüfung macht, werden unvermeidlich als belohnend oder bestrafend empfunden und spielen deshalb eine wichtige Rolle für die Änderung. Doch wenn solche Äußerungen nicht auch unser Verständnis von uns selbst erweitern, dann wird ihre positive Wirkung wahrscheinlich begrenzt bleiben.

Bei meiner eigenen Arbeit stelle ich fest, daß ich, obwohl ich vom Wert aktiver Intervention überzeugt bin, viel Zeit mit dieser Art deutenden, klärenden Bemühens verbringe. Darin spiegelt sich zum einen die nach wie vor für mich gültige Überzeugung, daß ein besseres Selbstverständnis und eine tiefere Erfahrung ihren eigenen Wert besitzen, und zum anderen das Gefühl, daß Empathie und Deutung von seiten des Therapeuten häufig entscheidend dazu beitragen, daß auch andere Veränderungen herbeigeführt werden. Für manche Patienten scheint diese Art von therapeutischer Arbeit alles zu sein, was sie wirklich brauchen. Für zahlreiche andere gilt, daß dies alles ist, was sie akzeptieren, besonders in den Anfangsstadien. Selbst wenn explizite Verhaltenstechniken einen zentralen Platz in der Behandlung einnehmen, ist nach meiner Überzeugung der deutende, klärende Aspekt weiterhin von entscheidender Bedeutung. Er erleichtert dem Patienten nicht nur das Verständnis, er schafft auch eine Beziehung, in der der Patient darauf vertrauen kann, daß ich daran interessiert bin, *alles* von ihm zu erfahren, nicht nur das, was er zu »präsentieren« gelernt hat.

Epilog

12

Einige Fragen zur Ethik und zum Menschenbild

Für viele traditionelle Therapeuten sind die Methoden, die ich erörtert habe — selbst wenn sie erfolgreich sind —, nicht zu akzeptieren, weil sie sie für manipulativ und mit der Menschenwürde unvereinbar halten. Die Methoden der herkömmlichen Therapie werden hingegen so verstanden, daß sie die autonome Entwicklung der dem Patienten innewohnenden Möglichkeiten fördern, daß sie ihm ermöglichen, sich seinem inhärenten »Plan« entsprechend zu entwickeln oder sein wahres Selbst auszudrücken. Die Rolle des Therapeuten besteht hier nicht in Einflußnahme, sondern in einer Art psychischer Geburtshilfe. Er ist während der Geburt anwesend, besitzt nützliche Fertigkeiten, achtet aber nur darauf, daß ein natürlicher Prozeß nicht schief läuft.

Dieses Bild bringt nach meiner Auffassung zwar zum Ausdruck, in welchem Geiste viele Therapeuten ihre Arbeit gerne sehen würden, doch trifft es nur bedingt zu. Die Lebensgeschichte hat den Patienten an einen Punkt geführt, an dem er sich ziemlich sicher sein kann, daß die Geburt ohne die Mithilfe eines Therapeuten wohl nicht stattfinden kann. Doch — um in der Metapher zu bleiben — der traditionelle Therapeut würde zumindest darauf bestehen, daß er nicht die Rolle eines gynäkologischen Chirurgen übernehmen will und kann, der einen Kaiserschnitt ausführt. Die Geburt kann nicht erfolgen, wenn der Patient in Narkose liegt und operiert wird.

Die Vorstellung, daß verhaltensorientierte Methoden dem Geist des psychotherapeutischen Unterfangens völlig fremd seien, beruht nach meiner Überzeugung darauf, daß die Geburtshelfer-Aspekte der herkömmlichen Therapie einerseits und die chirurgieähnlichen Funktionen des Verhaltenstherapeuten andererseits übertrieben werden. Herkömmliche Therapeuten haben im allgemeinen die Tatsache nicht akzeptiert, daß auch sie das Verhalten ihrer Patienten beeinflussen. Und sie haben sich nicht klargemacht, wie sehr auch der Erfolg des Verhaltenstherapeuten darauf beruht, daß es ihm gelingt, eine aktive, kooperative Beziehung zum Patienten herzustellen, in der dieser ganz und gar nicht in Narkose liegt und irgendeine Behandlung über sich ergehen läßt, sondern in der er bestimmte Dinge tun muß, wenn er sich verändern will.

Die Verantwortung für dieses falsche Bild, das man sich so häufig von der Arbeit des Verhaltenstherapeuten macht, muß zum Teil den Äußerungen der Verhaltenstherapeuten selbst zugeschrieben werden. Obschon jüngere Ausführungen zu Fragen wie Selbstkontrolle und therapeutische Beziehung in der Verhaltenstherapie das Bild langsam zurechtrücken, erwecken verhaltensorientierte Autoren mit ihren Bemerkungen über Verhaltenskontrolle und Manipulation von Variablen noch immer den Eindruck, ihre Arbeit und ihr Standpunkt seien kalt, mechanisch und mit der Vorstellung von menschlicher Entscheidungsfähigkeit und Freiheit nicht zu vereinbaren. Dieses Bild ist ohne Zweifel eine Reaktion darauf, daß in der herkömmlichen Therapie gewöhnlich jede Einflußnahme *geleugnet* wird, wie auch auf die alles andere als überzeugenden Beweismaßstäbe, die in der herkömmlichen Literatur häufig Anwendung finden. Doch in dem Versuch, da streng zu sein, wo die bisherige Literatur ihrer Meinung nach nachlässig gewesen ist, haben Verhaltenstherapeuten sich häufig eine sehr enge Auffassung von Wissenschaft und eine pedantische Redeweise zu eigen gemacht, die der Freiheit und dem Reichtum des Erlebens, zu dem ihre Methoden in Wahrheit beizutragen vermögen, kaum gerecht werden.

Ich gehe davon aus, daß *alle* Therapeuten ihre Patienten beeinflussen, wenn sie irgendeine Wirkung erzielen. Niemals sind wir nur Beobachter oder nur Interpreten. Man schafft eine falsche Dichotomie, wenn man Struktur, Manipulation und Kontrolle einerseits und Freiheit, Autonomie, Entwicklung und Wahlfreiheit andererseits einander gegenüberstellt. Ein und dieselbe Ereignisfolge kann, durch die eine Linse betrachtet, so verstanden werden, daß das Verhalten durch eine Vielfalt von Faktoren determiniert wird; durch eine andere so, daß eine bestimmte Wahl in Reaktion auf eine Vielfalt von Alternativen getroffen wird. Keine Auffassung ist richtiger als die andere. Freiheit, Autonomie und Entscheidungsfähigkeit sind nach meiner Auffassung weder ein philosophischer noch ein praktischer Gegenpol zu Einfluß, Rat oder Anleitung.

Viele Fragen können (und sollten) zur *Natur* des therapeutischen Einflusses gestellt werden. Geht der Einfluß des Therapeuten beispielsweise in eine Richtung, die im Interesse des Patienten liegt, oder steht er eher im Dienste seiner eigenen Bedürfnisse? Werden bestimmte positive Ergebnisse, zum Beispiel Reduktion der Angst, auf Kosten anderer positiver Ergebnisse erreicht, etwa auf Kosten einer erweiterten Vorstellung des Patienten von den vielen Möglichkeiten, die das Leben bietet, oder einer größeren Fähigkeit zur Selbststeuerung? Ist der Patient vollständig über die Art von Einfluß informiert, die der Therapeut ausüben möchte, und über die Ziele, die er anstrebt? Wird die Wahl des Patienten in übertriebener Weise von der Angst bestimmt, dem Therapeuten zu mißfallen, und nicht so sehr von seinen eigenen Bedürfnissen? Ich möchte im folgenden diese und andere Fragen erörtern und dabei Fälle aufzeigen, wo die Verwendung verhaltensorientierter Methoden diese Schwierigkeiten noch vergrößert (ebenso aber Situationen, in denen sie besser als herkömmliche Methoden zur Lösung bestimmter Schwierigkeiten beitragen). Stets aber werde ich nachdrücklich betonen, daß verhaltensorientierte Methoden weder Einfluß noch Kontrolle in eine Situation einbringen, in der es sie zuvor nicht gab. Psychotherapie ist eine Situation, in der ein Mensch (der Therapeut) so zu handeln versucht, daß dadurch ein anderer Mensch in die Lage versetzt wird, andere, befriedigendere Handlungs- und Verhaltensmuster zu entwikkeln. Dies gilt gleichermaßen für Psychoanalyse wie für Verhaltenstherapie.

Die Auffassung eines Psychoanalytikers von der Verhaltenstherapie

Wir wollen uns noch etwas eingehender mit diesen Problemen beschäftigen, indem wir das Bild betrachten, das ein besonders eloquenter Psychoanalytiker, Allen Wheelis, von der Verhaltenstherapie entwirft. Wheelis (1973) beschreibt Verhaltenstherapie als »eine auf Zwang beruhende Behandlung, wobei der Therapeut als Agent der Gesellschaft handelt und das Ziel Anpassung ist«. Obgleich er Verhaltenstherapie als »nicht ganz so extrem« wie Gehirnwäsche oder Lobotomie bezeichnet, ist sie diesen nach seiner Auffassung ähnlich. Er behauptet, daß »alle diese Behandlungen den Menschen als Objekt verstehen und die erwünschte Änderung durch Manipulation zu erreichen versuchen« (S. 103 f.).

Wheelis fährt fort:

»Wir sind nicht in der Lage, uns über die Wirksamkeit von Verhaltenstherapie, wie sie im allgemeinen praktiziert wird, zu äußern, doch im Prinzip wissen wir, wie sie funktioniert. Man kann Menschen in der Tat als Objekte behandeln und sie dadurch tiefgehend beeinflussen. Wenn ein Hund oft genug getreten wird, wird er feige oder tükkisch. Wenn Menschen getreten werden, werden auch sie feige oder tückisch. Ihre Auffassung von der Welt und von der eigenen Person wandelt sich. Die Überlebenden aus den Konzentrationslagern Hitlers können bezeugen, daß die Behandlung, die sie erhielten, ihre Wirkung gezeitigt hat. Es besteht auch kein Grund, an den Ergebnissen zu

zweifeln, die über die chinesischen Methoden zur Gedankenkontrolle berichtet werden. Man kann Menschen in der Tat — zu ihrem Vor- oder Nachteil — einer Gehirnwäsche unterziehen.
Nicht in bezug auf Wirksamkeit befindet sich Verhaltenstherapie deshalb im Gegensatz zur Selbsttranzendenz. Der Gegensatz betrifft die Freiheit. Wenn das Schicksal eines Menschen durch Manipulation bestimmt wird, wird er stärker Objekt, weniger Subjekt, hat er Freiheit verloren. Dabei macht es wenig aus, ob die Manipulation dem Menschen, auf den sie wirkt, bewußt ist. Er kann sogar selbst die Erfahrungen bestimmen, die ihn beeinflussen sollen, er behandelt sich dennoch als Objekt — und *wird* deshalb bis zu einem gewissen Grade Objekt. Wird das Geschick des Menschen jedoch von innen bestimmt, dann wird er mehr zum Schöpfer, hat er Freiheit gewonnen. Das ist Selbsttranzendenz, ein Änderungsprozeß, der im eigenen Herzen seinen Ursprung hat und nach außen ausgreift, immer im Blickfeld und in Richtung auf ein erkennendes Bewußtsein. Er beginnt mit einer Vision der Freiheit und dem ›Ich möchte werden . . .‹, mit dem Gefühl, man besitze die Möglichkeit, zu werden, was man nicht ist. Im Dunkeln tastet man nach dieser Vision, ohne Führer, ohne Karte und ohne Garantie. Hier handelt man als Subjekt, Urheber, Schöpfer« (S. 104 f.).
Mit dieser Passage unterscheidet sich Wheelis in seiner Auffassung von Verhaltenstherapie gar nicht so sehr von vielen Psychotherapeuten. Wenn er eine Analogie zu getretenen Hunden und nationalsozialistischen Konzentrationslagern herstellt, so entwickelt er eigentlich nur mehr rhetorischen Schwung als die meisten, und wenn er Methoden zur Verhaltensformung ablehnt, wie änderungswirksam sie auch immer sein mögen, so ist er lediglich absoluter. Wheelis Beschreibung eignet sich deshalb so gut als Ausgangspunkt, weil er in fast jeder Passage seines prachtvollen Buches Argumente vorlegt, die den meinen auffällig entsprechen und die genau jene Erwägungen widerspiegeln, aufgrund derer ich zu verhaltensorientierten Methoden gelangt bin.
Beispielsweise meidet Wheelis in seinem Buch über weite Strecken die falsche Dichotomie von Freiheit und Determinismus, die viele Therapeuten zu dem Schluß führt, daß die »Freiheit« des Patienten reduziert werde, wenn Mittel wie »Kontrolle« verwendet würden. Wheelis sagt: »Man kann durchaus das Produkt von Konditionierung sein und die Freiheit besitzen, sich zu ändern. Das sind keine einander ausschließenden Vorgänge. Beide treffen zu. Sie koexistieren . . . Zum Schlachtfeld werden diese beiden Pole nur, wenn man

einen von ihnen als absolut versteht, so daß der andere ausgeschlossen wird. Denn wenn die Richtigkeit der einen Auffassung so überdehnt wird, daß sie die Richtigkeit der anderen ausschließt, ist das nicht nur falsch, sondern sogar unlogisch. Wir müssen Freiheit und Verantwortung bejahen, ohne zu leugnen, daß wir ein Produkt der Umstände sind, und wir müssen zugeben, daß wir ein Produkt der Umstände sind, ohne zu leugnen, daß wir die Freiheit haben, diese Kausalität zu tranzendieren, daß wir etwas werden können, das aus den Umständen, die uns geformt haben, nicht vorhergesehen werden konnte. Das Argument des Behavioristen wird nicht zunichte gemacht von der Evidenz, die er beibringt, um zu beweisen, daß wir von der Umwelt kontrolliert werden — dies ist völlig überzeugend —, sondern davon, daß er diesen Beweis verwendet, um die Freiheit zu leugnen« (S. 87 f.).

Ich bin völlig seiner Meinung. Ich habe sogar ähnliches in einem anderen Zusammenhang geäußert (Wachtel, 1969, S. 653 f.). Wenn der Behaviorist seine Daten dazu verwendet, um zu »beweisen«, daß wir nicht frei sind, macht er sich an ein törichtes Unterfangen. Denn ob der Mensch frei ist oder nicht, das ist keine empirische Frage, nichts, was sich mit einer Reihe von Beobachtungen belegen ließe. Das ist eine Auffassungssache, eine Frage des Standpunktes; es hängt davon ab, wie man die Beobachtungen versteht, die gemacht werden.

Doch aus eben diesem Grunde lehne ich die Auffassung ab, die besagt, daß die Ergebnisse der verhaltensorientierten Forschung und die Methoden, die aus ihr erwachsen sind, überhaupt nicht verwendet werden dürfen, weil damit die Freiheit und Entscheidungsfähigkeit des Menschen preisgegeben würden. Die Frage nach der Wahlfreiheit und Verantwortung wird durch solche Arbeit ergänzt, aber niemals ausgeschlossen. Der Mensch läßt sich immer als wählendes Subjekt verstehen. Die Frage ist, welche Wahlmöglichkeiten oder Alternativen verfügbar sind. Der Phobiker hat, so glaubt er, die Wahl, sich entweder dem zu nähern, was er fürchtet, und dadurch schauderhaften Schrecken zu erleben, oder das zu vermeiden, was er fürchtet, und so notgedrungen sein Leben einzuschränken. Durch systematische Desensibilisierung eröffnet sich ihm eine dritte Möglichkeit. Er kann sich einer festgelegten Reihe von Erfahrungen aussetzen, die ihn dazu befähigen, dem gegenüberzutreten, was er gefürchtet hat, ohne den Schrecken erleben zu müssen. Natürlich ist systematische Desensibilisierung nicht die *einzige* Möglichkeit; darum geht es mir nicht. Ich möchte vielmehr deutlich machen, daß

diese Methode dem Menschen eine zusätzliche Möglichkeit bietet, um eine attraktivere und realistische Wahl zu treffen. *Er hat tatsächlich* die Wahl. Nach Wheelis Auffassung kann solch ein Verfahren aber dadurch nicht legitimiert werden, daß der Mensch frei wählt, sich ihm zu unterziehen. »Er kann sogar selbst die Erfahrung bestimmen, die ihn beeinflussen sollen. Er behandelt sich dennoch als Objekt — und wird deshalb bis zu einem gewissen Grade Objekt.«
Hier gibt Wheelis nach meiner Meinung die zuvor bezogene Position auf, derzufolge Konditionierung und Freiheit einander ergänzende Perspektiven seien. Wir werden nicht dadurch zum Objekt, daß wir bestimmten Kontingenzen oder Bedingungen ausgesetzt sind. Wir sind alle zugleich konditioniert und frei. Wir können weder das eine noch das andere vermeiden. Die Frage ist allein, in welchem Geist eine therapeutische Behandlung durchgeführt wird. Liefert sich der Patient in einem Gefühl der Hilflosigkeit einem anderen aus, der ihm sagen soll, wie er zu retten sei? Oder wendet er sich in dem Wunsch, die Grenzen seines Lebens auszuweiten, an jemanden, der ihm helfen kann, seine Fertigkeiten zu entwickeln (sagen wir durch Muskelentspannung oder strukturierte Darbietung), so daß er fähig wird, seine phobischen Grenzen zu überschreiten? Der Unterschied zwischen diesen beiden Haltungen ist entscheidend; und das Anliegen des Therapeuten, der sich in dem von mir beschriebenen Bezugssystem bewegt, ist es, dem Patienten klarzumachen, in welchem Geiste er dieses Verfahren angeht, und ihm zu helfen, das Verfahren selbst zu erlernen. Doch auch dieser Aspekt ist ihm wichtig. Denn wie Wheelis selbst deutlich macht: Freiheit, Reichtum und Ganzheitlichkeit lassen sich nicht dadurch erreichen, daß man die Kausalität *leugnet*, sondern nur indem man die Ursachenverknüpfung *versteht* und akzeptiert, so daß man diese Erkenntnis unter einem anderen Blickwinkel dazu benutzen kann, um die Kausalität zu transzendieren. Der Mensch, der sich selbst gegenkonditioniert, *kann* ein Objekt aus sich machen. Doch kann er das Verfahren auch dazu verwenden, *weniger* Objekt zu sein, sich seiner vergangenen Geschichte weniger auszuliefern und in Zukunft weit größere Wahlmöglichkeiten zu erhalten.
Schwierigere Fragen scheinen durch operante Methoden aufgeworfen zu werden. Alles in allem beschränkt sich die Desensibilisierung darauf, Angst zu reduzieren. So fällt es (zumindest mir) einigermaßen leicht, sie im Dienste der Freiheit zu sehen. Denn Angst ist eine der größten *Einschränkungen* der Freiheit. Eine Methode, die dazu beiträgt, ihren einengenden Einfluß aufzuheben, ermöglicht dem Men-

schen bessere Wahrnehmung und Exploration. Bekräftigungskontingenzen hingegen werden nicht nur dazu benutzt, Angst zu verringern, sie lassen sich auch auf viele andere Aspekte menschlichen Verhaltens anwenden — auf die Wahl einer Frau, des Berufs, der Religion oder der politischen Partei ebenso wie auf die mutige Annäherung an ein Objekt, das man seit seiner Kindheit fürchtet. Überdies beschreiben viele der Therapeuten, die operante Methoden verwenden, ihre Arbeit häufig ausschließlich unter dem Aspekt der Kontrolle und sind mit Skinner (1971) der Auffassung, daß Freiheit nur eine Illusion sei. Auch scheinen operante Methoden die Botschaft zu vermitteln, der Patient solle nichts tun, was er intrinsisch zu tun wünsche, er solle vielmehr entweder durch materielle Belohnung zu bestimmten Verhaltensweisen bewegt werden oder weil der Therapeut dies gerne hätte. Die Gefahr der Konformität oder der Entfremdung vom innersten Selbst scheint hier also verbunden zu sein mit der seit je in der Geschichte zu beobachtenden Gefahr, daß ein einzelner oder eine Gruppe Belohnungen und Bestrafungen dazu verwendet, das Verhalten anderer zu beeinflussen. Selbst wenn man sich nur auf Beispiele beschränkte, in denen die Leute, die Belohnungen und Bestrafungen austeilten, von guten Absichten bewegt waren, man könnte eine ziemlich niederschmetternde Liste zusammenstellen.

Diese Erwägungen sollten ernst genommen werden. Meines Erachtens sind beispielsweise jene Methoden, die zur systematischen Anwendung von Bekräftigungskontingenzen in institutionellen Umfeldern entwickelt worden sind, so leicht zu mißbrauchen, daß sie äußerst fragwürdig werden. Wo sie sich als effektiv erweisen und wo klar ist, daß keine anderen Möglichkeiten zur Verfügung stehen, um das Subjekt vor einem elenden, leeren oder destruktiven Leben zu bewahren, mögen sie gerade noch gerechtfertigt sein. Doch als Routineverfahren der Gesellschaft dazu benutzt, mit deviantem Verhalten fertigzuwerden, werfen sie schwerwiegende ehtische Fragen auf.

Auch wenn man einmal von Institutionen absieht, in denen manche Menschen große Macht über andere haben, scheint es immer noch problematisch, Bekräftigungskontingenzen bewußt einzusetzen, um therapeutische Änderung zu erzielen. Haben wir überhaupt das Recht — so fragen manche —, Menschen zu helfen, indem wir sie manipulieren?

Die Frage unter dem Gesichtspunkt der Manipulation stellen, heißt jedoch eine Antwort bereits präjudizieren. In manchen Zusammenhängen kann der Ausdruck »Manipulation« die Bedeutung eines

Hand- und Kunstgriffs haben, also Geschicklichkeit und Kenntnis meinen. Doch wenn es darum geht, diesen Begriff in Diskussionen über Psychotherapie zu definieren, dann erhält er fast immer die Bedeutung, die das Wörterbuch als sekundäre Definitionen aufführt: »Machenschaften, Kniffe, Beeinflussung, gezielte Lenkung.«[1] Das wäre in der Tat keine humane Weise, andere Menschen zu behandeln. Wenn man statt dessen sagt, der Therapeut sei verpflichtet, alle denkbaren Anstrengungen zu unternehmen, um seine Kenntnisse, Fertigkeiten und Einsichten dazu zu benutzen, dem Patienten zu helfen, sich aus einem destruktiven Ereigniszyklus zu befreien, dann erhält dies eine ganz andere Bedeutung. Der Therapeut kann in der Tat das Verhalten des Patienten so billigen oder ablehnen, als sei er ein Puppenspieler, der die Fäden zieht. Doch ist es auch möglich, therapeutisches Handeln als eine ehrliche Kommunikation zu verstehen, wobei der Patient die Rückmeldung erfährt, wie jemand anders sein Tun empfindet.

Verwirrung erwächst einfach aus der Tatsache, daß Bekräftigung von vielen — Fürsprechern wie Gegnern gleichermaßen — als etwas verstanden wird, das einen unerbittlich kontrollierenden Einfluß auf das Verhalten des Menschen ausübt, ihm die Fähigkeit zu jeder Wahl raubt und ihn zu einem Automaten oder einem ordnungsgemäß aufgezogenen Uhrwerk herabwürdigt. Die Skinnersche Metaphysik wird implizit von vielen traditionellen Therapeuten akzeptiert, die offenbar der Meinung sind, daß die Freiheit an der Tür abgewiesen werde, wenn Bekräftigungen im Therapiezimmer zugelassen würden. Mir erscheinen die Argumente von Wheelis viel zwingender, der sagt, daß Wahlfreiheit und Umweltkontrolle einander ergänzen. Auch »bekräftigt« treffen Menschen eine Wahl. Es gibt keine unerbittliche Kraft, die den Patienten zu tun zwingt, was der Therapeut wünschenswert findet und was seine »wirklichen« Wünsche vergewaltigen würde. Die Reaktion des Therapeuten ist eine von vielen Konsequenzen, die der Patient bei der Wahl eines bestimmten Handlungsverlaufes berücksichtigen kann.[2]

Verstärkung scheint in Skinnerschen Experimenten von unerbittlicher Wirkung zu sein, weil der Organismus vorher in einen solchen Zustand der Deprivation gebracht worden ist, daß unwahrscheinlich wird, daß irgend etwas anderes als Wert erscheinen kann, was nicht

---

[1] Duden, Fremdwörterbuch, Mannheim/Wien/Zürich, 1971.

[2] Zur Erörterung der Frage, ob die Präferenzen des *Therapeuten* dank der sich entwikkelnden Übertragung eine besondere Bedeutung haben, vgl. unten (S. 349—51).

Nahrung ist (wenn der Proband etwa ein hungerndes Tier ist), oder was keine »Privilegien« bringt (wenn der Proband einem Münz-Verstärkungs-System ausgeliefert ist). Nur weil derjenige, der die Verstärkung einsetzt, die Macht hat, die betreffenden Organismen psychisch zu deprivieren, erhalten folglich auch seine Bekräftigungen ihre scheinbar unwiderstehliche Kraft. Und seine Macht, nicht-kooperativen Probanden schwerwiegende Deprivationen auferlegen zu können, sollte Besorgnis hervorrufen — nicht die kontingente Natur seiner Reaktion.

Einfluß und Mißbrauch

Die Unterscheidung zwischen kontingenten Reaktionen des Therapeuten und der Macht, schwerwiegende Deprivationen bewirken zu können, wenn sich keine Kooperationsbereitschaft zeigt, ist wichtig. Sie betrifft nicht nur Überlegungen zur Bekräftigung, sie gilt auch für den Einfluß einerseits (der in jeder zwischenmenschlichen Beziehung wirksam ist) und die mißbrauchte Macht oder Kontrolle andererseits (die beide eine Übertreibung und Perversion von Einfluß sind). In dem Bemühen, solche Extreme zu vermeiden, haben Therapeuten versucht, sich von jeder Einflußnahme loszusagen. Sie haben behauptet, der Therapeut solle und könne kein Interesse daran haben, für welchen der zur Wahl stehenden Handlungsverläufe der Patient sich entscheidet, oder auch nur daran, ob der Patient sich infolge der therapeutischen Begegnung ändere oder besser fühle. Sein einziges Interesse habe sich darauf zu richten, einen Prozeß des Selbstverstehens zu fördern.[3]

Nun läßt sich Einfluß an sich jedoch nicht vermeiden, noch gibt es einen Grund dafür, warum seine Vermeidung oder Reduzierung auf ein Minimum das Ziel humaner oder hilfreicher Interaktion sein

[3] Erschwert werden diese Fragen durch den Umstand, daß man glaubt, der Prozeß des Selbstverstehens führe, wenn alles mit rechten Dingen zugehe, auch dazu, daß der Patient sich schließlich besser fühle und sich in Richtung auf ein adaptiveres und befriedigenderes Verhalten ändere. So braucht man sich erst gar nicht mit der Frage zu beschäftigen, ob der Verstehensprozeß wirklich das einzige und alles entscheidende Ziel ist und ob man spezifische Verhaltensänderungen wirklich nicht anzustreben braucht. Wenn dann solche Änderungen nicht eintreten, nimmt man in der Regel an, daß der Verstehensprozeß des Patienten falsch oder unvollständig gewesen sei. So kann der Therapeut behaupten, er kümmere sich nicht um Verhaltensänderung, und trotzdem im Geschäft bleiben.

sollte. Die Fähigkeit, beeinflußt zu werden, ist vielmehr ein wesentlicher Aspekt unseres Lebens. Der Mensch, der nicht auf das reagiert, was um ihn herum geschieht, der nicht beeinflußt werden kann, lebt kaum. Der Therapeut, der keinen Einfluß hat, könnte ebensogut nicht existieren.

Shapiro (1965) beschreibt die zwangsneurotische Persönlichkeit als einen Menschen, der kaum von anderen beeinflußt wird und der ganz unabhängig von dem, was andere sagen, seine Richtung beibehält. Shapiro führt lebhaft vor Augen, wie steril ein solches Leben ist. Die gesunde Persönlichkeit macht die Entscheidung, für welche Handlungsverläufe sie sich entscheidet, nicht allein von irgendwelchen »inneren« Eingebungen abhängig. Sie bleibt für alle möglichen Hinweisreize offen, die ihr zur Verfügung stehen, um ihre Situation zu erfassen und die möglichen Konsequenzen ihrer Handlungen abzuschätzen. Wenn der Therapeut versucht, sich als Quelle solcher Hinweisreize auszuschalten, führt er dadurch noch keine grundlegende Änderung in den Entscheidungen des Patienten herbei. Er schaltet damit bloß eine mögliche (und unter Umständen sehr wertvolle) Informationsquelle aus der Vielzahl der vorhandenen aus, die der Patient prüft, bevor er sich entscheidet.

Tatsächlich ist diese Unterscheidung zwischen einem von äußerem Einfluß bestimmten und dem genuinem, innengeleiteten Verhalten von viel Verwirrung getrübt, und sie weist auf einen außerordentlich wichtigen Aspekt hin. Es gibt natürlich einen ungeheuren Unterschied zwischen dem Menschen, der genau weiß, wer er ist und was er will und der sein Leben freudig und rückhaltlos lebt, und demjenigen, der das Gefühl hat, einmal diesem, einmal jenem Druck nachzugeben, der sich nur selten sicher ist, ob er das, was er tut, auch wirklich tun möchte. Stumpf, entfremdet, gefügig oder »unwirklich« — diese Menschen scheinen gerade für unsere Zeit charakteristisch. Eine Therapie, die zwar Symptome, nicht aber eine solche Lebensweise behandeln kann, hat schwerwiegende Mängel. Doch wenn man dies zu einer Frage von inneren Determinanten einerseits und von außen kommender Einflußnahme andererseits macht und glaubt, daß der Weg zum wahren Leben und zu innerer Integrität sich öffne, wenn der Therapeut jede Einflußnahme vermeide, dann begeht man nach meiner Meinung einen großen Fehler.

Weder Patient noch Therapeut können ein deutlicheres Bild vom »inneren« Menschen gewinnen, wenn sie »äußere« Einflüsse ausschalten. Wir sind keine *Dinge*, die von der Welt, in der wir leben, zu trennen und unabhängig von ihr zu beschreiben wären. Freie Assoziation oder die Konzentration auf körperliche Empfindungen oder Spannungen mögen für das Selbstverständnis förderlich sein, doch sind diese Methoden am nützlichsten, wenn sie als Teil eines Prozesses verstanden werden, in dem der Patient sich über Erfahrungen und Ereignisse in seinem Leben klar wird. Sie sind kein Blick auf eine innere Welt, die von diesen Ereignissen geschieden werden könnte. Unvermeidlich wird so auch der Therapeut ein Teil der Welt des Patienten. Er beeinflußt dessen Wünsche und dessen Sicht der Dinge. Dieser Einfluß ist nicht schädlich und hindert weder den Therapeuten noch den Patienten daran, zu erkennen, was der Patient *wirklich* ist, und er ist Teil des Lebensprozesses, der kontinuierlichen Assimilation und Akkomodation an neue Ereignisse.

Der Therapeut braucht nicht zu fürchten, daß das, was er sagt, für den Patienten bedeutsam sein könnte. Die Gefahr liegt darin, daß es nicht bedeutsam sein könnte. Die Aufgabe des Patienten ist es, *Gebrauch* zu machen von dem, was der Therapeut tut, es in Betracht zu ziehen, es in Rechnung zu stellen. Wenn er ihm blind folgt, macht er von dessen Tun unreflektierten Gebrauch. Wenn er dem Therapeuten nach dem Munde redet oder lediglich eine Kopie oder eine blasse Replik des Therapeuten zu werden scheint, dann ist es Sache des Therapeuten, laut und deutlich darauf hinzuweisen. Es ist aber *nicht* seine Pflicht, ignoriert zu werden. Vielmehr ist es seine Pflicht, alles dranzusetzen, um sicherzustellen, daß dies nicht geschieht.

Autonomie, Reaktivität und Reaktionsbereitschaft

Therapeuten zögern auch manchmal, ausdrücklichen Einfluß auf ihre Patienten auszuüben, weil sie den Menschen als autonom handelndes Wesen verstehen bzw. die von manchem Behavioristen vertretene Ansicht ablehnen, der Mensch sei bloß ein reagierendes Wesen, nichts als ein Bündel von Reflexen, die nur dadurch zusammengehalten werden, daß sie zufällig im selben Fleischklumpen vorkommen. Therapeuten, die sich gegen dieses reaktive Modell wenden, haben in der Regel die Autonomie zu ihrem zentralen Konzept gemacht. Die Forderung nach Autonomie wird häufig von jenen als das alles überragende Ziel angegeben, die sich in Gegnerschaft zur Verhaltenstherapie befinden. So verwendet Skinner (1971) in seinem Angriff auf die herkömmlichen Auffassungen vom Menschen oft den Ausdruck »autonomer Mensch«, um das traditionelle humanistische Konzept zu kennzeichnen.

Wenn dem Therapeuten als Ziel gesetzt wird, die Autonomie des Patienten zu fördern, wird er häufig davor gewarnt, seine eigenen Präferenzen, Reaktionen oder Vorstellungen einzubringen. Statt dessen soll der Patient ermutigt werden, *seine eigenen* Neigungen und Vorstellungen in bezug auf die Lösung von Problemen zu entdecken. Doch woher rührt die der Persönlichkeit eigene, ganz besondere Strategie oder woher ihre Präferenzen für bestimmte Dinge? Wieder bin ich der festen Überzeugung, daß die Person nicht einfach »nach innen« greift oder alles »dort« entdeckt. Sie entwickelt und schafft zwar ihre Lösungen selbst, doch tut sie es nicht in Isolation, sondern in Berührung mit dem, was sie um sich her wahrnimmt.

Wenn der Therapeut Hinweise auf seine eigenen Gedanken oder Gefühle auf ein Minimum einschränkt, wird er (möglicherweise) in der Lage sein, den Patienten fast ganz daran zu hindern, bei seinen Entscheidungen seine (des Therapeuten) Auffassungen und Vorlieben mit einzubeziehen. Doch führt das kaum soweit, daß der Patient autonom entscheidet. Möglicherweise wird die Unabhängigkeit des Patienten *vom Therapeuten* gefördert, und zwar in dem Sinne, daß der Patient seine Entscheidungen wahrscheinlich nicht allein auf der Grundlage der Weltanschauung des Therapeuten fällt. Doch werden seine Entscheidungen *andere* Orientierungspunkte und Einflüsse widerspiegeln, mit denen er in Berührung ist. Die Entscheidungen sind niemals nur »seine«.

Damit ist *nicht* gesagt, daß der Mensch lediglich ein Produkt äußerer Kräfte sei, oder daß er den »Realismus« von Skinner akzeptieren müsse, sondern nur, daß »Autonomie« ein klägliches Motto ist, um einen Krieg gegen eine rein reaktive Auffassung vom Menschen zu führen. Das Autonomiekonzept impliziert zu sehr die Bedeutung von Isolation oder Trennung von fremden Kräften. Es wirft sich einem unklaren Begriffsverständnis in die Arme, das denen, die da sagen: »Alles ist Umwelt«, entgegenhält: »Zum Teufel mit der Umwelt, es zählt nur der innere Mensch«.

Sicherlich können jene, für die Autonomie ein wichtiges Konzept ist, diese falsche Dichotomie nicht akzeptieren. Differenziert argumentierende psychoanalytische Autoren haben sich sehr ernsthaft mit dem Verhältnis von Autonomie und umweltbedingten und endogenen Ereignissen auseinandergesetzt — ebenso mit der Beziehung zwischen diesen beiden Aspekten von Autonomie (vgl. Holt, 1967b; Rapaport, 1958). Darüber hinaus hat die psychoanalytische Ichpsychologie ganz *allgemein* versucht, die falsche Dichotomie zwischen außen und innen zu überwinden und aufzuzeigen, wie unser Verhalten und unsere Erfahrung verstanden werden können im Sinne dessen, was wir geworden sind, wie auch im Sinne dessen, was jetzt um uns herum geschieht. Ich habe jedoch an vielen Stellen in diesem Buch die Auffassung vertreten, daß dieses Bemühen nicht so erfolgreich war, wie im allgemeinen behauptet wird, und meine, der Nachdruck, der auf Autonomie, selbst auf relative Autonomie gelegt wird, zeigt, daß diese Frage auch von der Psychoanalyse und anderen psychodynamisch orientierten Richtungen nur unzulänglich gelöst wurde.

Autonomie wird immer dargestellt als Autonomie *von*. Dies spiegelt eine Auffassung wider, der zufolge die Menschen unabhängig existierende Einheiten sind, deren Dynamik oder Motive sich losgelöst von ihrem Lebenskontext verstehen lassen und die das, was sie wirklich in sich tragen, entdecken können, indem sie sich nicht mehr von äußeren Dingen ablenken lassen. Wem in erster Linie an Autonomie gelegen ist, der braucht nur noch einen kleinen Sprung zu tun, um die Einschränkung des Einflusses und der Führung des Therapeuten zu seinem Hauptanliegen zu machen. Doch das gleiche humanistische Anliegen — dem es um eine Lebensweise geht, die genuin, integrativ und nicht bloß reaktiv ist bzw. sich den Forderungen und Ansichten anderer anpaßt — läßt sich als Freiheit *zu*, statt als Freiheit *von* fassen (Fromm, 1941). Statt dem Skinnerschen »reaktiven« Menschen den »autonomen« Menschen entgegenzusetzen, könnte man vom *empfänglichen* (responsive) Menschen ausgehen.

Empfänglichkeit als therapeutisches Ziel impliziert nicht, wie Autonomie, Isolation oder Abgeschiedenheit, sondern ganz im Gegenteil Lebendigkeit, In-Berührung-Sein oder Eingestimmt-Sein, die gleichsam Merkmale eines Menschen sein sollten, der maximalen Nutzen aus einer therapeutischen Erfahrung gezogen hat. Empfänglichkeit ist das Gegenteil von Apathie, Passivität oder Unbeeinflußbarkeit. Der empfängliche Mensch steht ganz gewiß den Einflüssen und Kontingenzen offen, die seine Umwelt ihm bietet. Doch diese Offenheit unterscheidet sich grundlegend von der Anfälligkeit für Umweltkontrolle, die von den Vertretern eines reaktiven Modells vom Menschen postuliert wird. Der empfängliche Mensch wählt aus, filtert und organisiert aktiv den Input, den er empfängt. Er wird von dem, was um ihn her geschieht, beeinflußt, doch nicht blind, hilf- und verständnislos umhergestoßen.

Mit dieser Vorstellung als Wegweiser für seine therapeutische Strategie wird der Therapeut vielleicht weniger zögern, die Erfahrungen des Patienten anzuleiten und zu strukturieren oder etwa Verfahren in die Therapie einzuführen, die Angst durch Darbietung von Angst reduzieren können. Sein Ziel ist es nicht, eine klare Trennung von äußeren und inneren Einflüssen zu ermöglichen, sondern vielmehr den Menschen in die Lage zu versetzen, all die Möglichkeiten besser nutzen zu können, die das Leben ihm bietet, ohne von Ängsten gefesselt zu sein, die auf unüberprüften Kindheitsvorstellungen beruhen oder auf Defizite des sozialen Lernens zurückgehen (diese bestimmen sonst weiterhin seine Lebenserfahrungen und machen so die Chance zunichte, sie zu korrigieren). Das ändert nichts daran, daß sich dieser Therapeut entschieden gegen die Auffassung wenden wird, der Mensch sei lediglich reaktiv und müsse entsprechend behandelt werden. Doch hält er Autonomie *von* unerwünschtem Einfluß nicht für ein so wesentliches Ziel wie die Empfänglichkeit des Patienten *für* die Ereignisse in seinem Leben.

Implikationen der Übertragung

Wenn hier die Auffassung vertreten wird, daß die Billigung eines anderen Menschen oder seine Mitteilung, daß man auf dem richtigen Wege sei, *generell* nur eine von vielen Konsequenzen sei, die man in Betracht ziehen könne, und deshalb nicht unbedingt als Zwang oder unangebrachte Einschränkung anzusehen sei, so läßt sich dagegen allerdings einwenden, daß im Kontext der Psychotherapie spezielle Gesichtspunkte von Bedeutung seien. Dort werde — so wird manchmal argumentiert — eine Sachlage geschaffen, in der das Wort des Therapeuten eine ganz besondere, fast übermächtige Kraft gewinne — etwa so, wie für das Kleinkind die Verhaltensmaßregeln von Vater oder Mutter. Die Analogie ist natürlich nicht zufällig. Ich meine hier das Übertragungskonzept, demzufolge der Therapeut buchstäblich zum Empfänger der Gefühle und Einstellungen wird, die der Patient als Kind einst seinen Eltern entgegenbrachte. Wenn der Therapeut also seine Macht, die ihm aufgrund seiner therapeutischen Rolle übertragen wurde, dazu benutzt, den Patienten zu beeinflussen — und zwar nicht, indem er sich an den Patienten als an einen rational entscheidenden Erwachsenen wendet, sondern indem er sich dessen durch den therapeutischen Prozeß geweckte kindliche Ängste und Sehnsüchte zunutze macht —, mißbraucht er, so könnte man meinen, das Vertrauen, das in ihn gesetzt wird.

Dazu ist einiges anzumerken. Zuerst einmal muß daran erinnert werden, daß die therapeutische Beziehung, innerhalb derer ich für Anleitung, Anweisung oder Bekräftigung eintrete, nicht die klassische analytische Beziehung, sondern jene Art von Arbeitsbeziehung ist, die ich überall in diesem Buch beschrieben habe. Eine meiner Hauptprämissen ist die, daß eine regressive Übertragungsneurose nicht notwendig ist, um maximale Persönlichkeitsänderung herbeizuführen. Entsprechende Maßstäbe sind an die therapeutische Beziehung anzulegen, von der ich hier ausgehe. Patient und Therapeut arbeiten diesem Konzept entsprechend aktiv zusammen. Häufig erörtern sie gemeinsam, welche Ziele zu setzen und wie sie zu erreichen sind. In einem solchen Kontext wird die Rolle des Therapeuten weitgehend entmystifiziert. Die Wahrscheinlichkeit, daß er zum Objekt mächtiger regressiver Triebe wird, wird erheblich verringert. Folglich ist sein Einfluß eher der eines Experten (Sullivan) oder einer rationalen Autorität (Fromm) als der einer irrational gefürchteten oder verehrten Elternfigur.[4]

Zusätzlich dient die Entmystifizierung dazu, den Patienten in seiner Rolle als aktiv wählendes Subjekt zu bestärken, ihm das Gefühl zu nehmen, er sei Objekt, auf das bloß eingewirkt werde. Seiner Teilnahme an der Therapie sind keine Grenzen gesetzt und sein Beitrag beschränkt sich nicht allein darauf, Phantasien zu äußern. In seiner Verantwortung liegt es, in seiner Lebenswirklichkeit zu handeln, dieses Handeln und die Konsequenzen, zu denen es führt, zu beobachten und mit dem Therapeuten die Ereignisse seines Lebens wie auch seine Gefühle innerhalb und außerhalb des Behandlungszimmers vollständig und offen zu erörtern. Der Therapeut hat seinerseits die Pflicht, dem Patienten mitzuteilen, welche Ziele ihm für diesen Patienten wichtig erscheinen (einschließlich konfliktträchtiger und unbewußter Ziele und Strebungen) und wie sie sich nach seinem Dafürhalten erreichen lassen.

Dabei wird der Therapeut zum Objekt heftiger Gefühle, wie es jedem ergeht, der im Leben eines Menschen eine wichtige Rolle spielt, besonders wenn zu dieser Rolle gehört, daß über sehr persönliche Dinge gesprochen wird. Doch ist es nicht Aufgabe des Therapeuten, mit Hilfe eines vieldeutigen Schweigens diese Gefühle zu intensivieren bzw. Kindheitsgefühle aufleben zu lassen. Vielmehr sollte er ständig bestrebt sein, die Gefühle des Erwachsenen, der vor ihm sitzt, zu akzeptieren und zu artikulieren, statt den Versuch zu unternehmen, die Gefühle jenes Kindes wiederzuleben, das dieser vor langer Zeit gewesen ist.

Der ganz besondere Einfluß, den der Therapeut in psychoanalytisch

[4] Natürlich meine ich hier relative, nicht absolute Unterschiede.

orientierten Therapien auszuüben scheint, kann gerade auf die interpretative, nichtdirektive Haltung zurückgehen, die eingenommen wird, um diesen Einfluß zu vermeiden. Wenn meine Auffassung zutrifft, daß der Therapeut in irgendeiner Weise dem Patienten mitteilt, daß er bestimmte Handlungen des Patienten für hilfreicher und geeigneter ansieht als andere, dann kann eine deutlich nichtdirektive Haltung bewirken, daß der Einfluß des Therapeuten unbemerkt ausgeübt wird und somit schlechter in den Griff zu bekommen ist. Man wird an Laings (1969) Beschreibung erinnert: Eltern können häufig die Tatsache verheimlichen, daß sie einem Kind vorschreiben, was es zu tun hat, indem sie eine Äußerung wählen, die ausdrückt, wie sie das Kind wahrnehmen (beispielsweise: »Du bist ein guter Junge. Du bist lieb zu deinem kleinen Bruder und magst ihn.«)

Diese Haltung kann sehr wirksam sein, doch nicht deshalb, weil sie die Fähigkeit des Patienten fördert, die Dinge zu ordnen und klare, bewußte Entscheidungen zu treffen. Implizit ausgeübter und unerkannter Einfluß kann sehr mächtig sein und den Patienten für Änderungen zugänglich machen, weil seine Kritikfähigkeit teilweise ausgeschaltet wird. Der Prozeß ist vielleicht verwandt mit dem Geschehen in Experimenten zur kognitiven Dissonanz, wo Willfährigkeit ohne hinreichend erlebte Rechtfertigung durchgesetzt wird, oder mit dem, was in Experimenten abläuft, die sich an der Attributionstheorie orientieren, wo Menschen schließen, sie müßten etwas Bestimmtes fühlen, da sie so handeln, als fühlten sie es. Es scheint sich auch als eine Form jener paradoxen Kommunikationen, die man auch Beziehungsfallen (double bind) nennt, verstehen zu lassen, von denen Haley (1963) berichtet. Teilt man seine eigenen Wertvorstellungen hingegen offen mit, kann der Patient deutlicher erkennen, wo er steht und wohin er geht. Er kann sich durch die Erwartung des Therapeuten unter Druck gesetzt und geängstigt fühlen, doch ist er potentiell weit besser in der Lage, festzustellen, inwiefern sich seine eigenen Vorstellungen unter Umständen von denen des Therapeuten unterscheiden.

Es wird manchmal behauptet, daß der Patient, wenn ihm der Therapeut sagt, was er zu tun habe, wahrscheinlich das Gefühl habe, er enttäusche den Therapeuten, wenn er nicht genau tue, was dieser vorschlägt. Da in solchen Fällen der Therapeut wirklich deutlich gemacht hat, daß ihm an einem bestimmten Verhalten des Patienten liegt, läßt sich das Gefühl der Enttäuschung nicht durch Deutung beseitigen. Es ist jedoch ein sehr wesentlicher Unterschied zwischen dem Gefühl der Enttäuschung beim Therapeuten, weil der Patient etwas nicht tut, und dem Wunsch des Therapeuten, den Patienten aufzugeben oder sich von ihm zurückzuziehen. Das macht für viele Patienten ihre Schwierigkeiten aus, daß sie nicht in der Lage sind, diese Unterscheidung zu treffen. Wenn der Patient den Therapeuten enttäuscht und dies als ein katastrophales Ereignis erlebt, das den gefährlichen Verlust einer wichtigen Person bedeutet, dann läßt sich das Problem untersuchen. Dabei ist hier eine Lösung deshalb leichter, weil die sonst häufig implizit vermittelten Erwartungen und Präferenzen in diesem Fall explizit und diskutierbar sind. Der Patient hat Gelegenheit, empirisch zu lernen, daß man jemanden zwar enttäuschen, aber dennoch eine enge und aufrichtige Beziehung zu ihm bewahren kann. Unter Umständen ist dies eines der wertvollsten Dinge, die die Therapie vermitteln kann.

Exploration und Selbstverständnis

Manche Therapeuten werden bereitwillig einräumen, daß sie auf ihre Patienten Einfluß ausüben — und dies sogar beabsichtigen. Aber sie werden hartnäckig bei der Auffassung bleiben, daß dieser Einfluß darauf beschränkt bleiben sollte, das Selbstverständnis der Patienten zu fördern.[5] So werden sie sich überhaupt nichts dabei denken, zuzugeben, sie interpretierten Abwehr in der Hoffnung, daß der Patient dadurch veranlaßt werde, sie aufzugeben und so zu einem klareren Selbstverständnis zu kommen. Vielleicht werden sie sogar zugestehen, daß ihr Schweigen in Antwort auf irgendeinen Gefühlsausdruck des Patienten bzw. auf eine implizite oder explizite Frage als Technik oder Trick (Manipulation?) zu verstehen sei, die dem Patienten zu einer bestimmten Erfahrung verhelfen sollte — und zwar so, daß er sie nicht länger verleugnen könne. Doch werden sie sich immer noch hartnäckig gegen jeden Versuch wehren, den Bereich alltäglichen Verhaltens beeinflussen zu wollen. Selbst innerhalb der Sitzung wird es ihnen nicht behagen, den Patienten zu irgend etwas aufzufordern (etwa zur Desensibilisierung oder zum Rollenspiel).

Häufig wird Psychotherapie in diesem Zusammenhang als *Explora-*

---

[5] Ihre Wurzeln hat diese Auffassung in Freuds Schriften. Freud war sich über die Notwendigkeit völlig im klaren, den Patienten zu überreden und zu überzeugen — sogar darüber, daß die positive Übertragung zu diesem Zwecke benutzt werden müsse. Doch sollte die Überredung dazu dienen, die Haltung des Patienten zu sich selbst zu ändern, nicht dazu, sein alltägliches Verhalten zu beeinflussen.

tionsprozeß beschrieben, der zur Selbstentdeckung führt. Aus zahlreichen Gründen ist dieser metaphorische Ausdruck für viele Therapeuten attraktiv. Zum einen vermittelt er das Gefühl von Aufregung, die Vorstellung von einer kühnen und abenteuerlichen Reise, wie sie von historischen Figuren unternommen wurde, die wegen ihres Wagemuts bewundert werden und von denen man annimmt, sie hätten das Beste aus ihrem Leben gemacht. Doch »Exploration« oder »exploratorisch« haben nicht nur die Bedeutung von Risikobereitschaft, von Handeln und Suche nach neuen Ländern, sie können auch etwas Beruhigendes und Vorläufiges zum Ausdruck bringen — in dem Sinne, daß das Handeln oder die Entscheidung aufgeschoben wird, bis man mehr weiß; daß man sich erst einmal umsieht, hier nachgräbt, dort die Sachlage prüft, alles berücksichtigt. So scheint die Vorstellung, daß Therapie ein exploratorischer Prozeß sei, etwas schonungsvoller zu sein als jene, wonach Therapie Intervention bedeutet. Auch die Tugenden der Offenheit und der Bereitschaft, alles zu akzeptieren, was sich herausstellt, werden damit angedeutet. Schließlich — so würde ich meinen — sind die Ausdrücke »exploratorisch« oder »Exploration« von einer dankbar begrüßten Zweideutigkeit, soweit es die Rolle des Therapeuten und seine Beziehung zum Patienten angeht. Einmal kann die Metapher der Exploration die Nebenbedeutung von gemeinsam zu erlebender Aufregung und Gefahr haben, nach dem Motto »Diese Sache stehen wir gemeinsam durch«, ein andermal läßt sich dieselbe Metapher dazu verwenden, um im Patienten die Vorstellung zu wecken, er müsse eine einsame Reise ins Unbekannte antreten, wohin ihm niemand wirklich folgen könne. Das Widerstreben des Therapeuten, konventionelle oder technische Hilfe zu leisten, dient dann dazu, den Patienten nicht von der alles entscheidenden Reise ins Herz der Finsternis abzulenken.

Die Verwendung eines solchen Begriffs scheint mir, abgesehen von seiner beträchtlichen Zweideutigkeit, problematisch. Der wirkliche Entdecker stößt auf etwas, was in dem Zustand, in dem er es schließlich auffindet, schon lange vor seiner Ankunft vorhanden gewesen ist und das sich ganz unabhängig vom Tun des Entdeckers oder vom Explorationsprozeß beschreiben läßt. In der Psychotherapie dagegen verändert der Akt der Exploration, was entdeckt werden soll. Der psychische Entdecker verändert den Menschen.

Sicherlich gibt es Argumente, die die Auffassung stützen, daß diese Unterscheidung keine absolute ist. Die Entwicklungen, die Wissenschaft und Philosophie in unserem Jahrhundert genommen haben, lassen uns daran zweifeln, ob sich *irgend etwas* beobachten läßt, ohne daß der Akt des Beobachtens es nicht gleichzeitig verändert. Nichts von dem, was wir sehen, ist einfach »da«. Von dem Augenblick an, da der erste Holländer seinen Fuß auf die friedliche, grüne Insel Manhattan setzte, war sie bereits dabei, etwas grundsätzlich anderes zu werden. Und wenn Entdecker eine Kultur auffinden, die vorher keinerlei Berührung gehabt hat mit dem, was wir Zivilisation nennen, beobachten sie diese Kultur natürlich bereits im Zustand des Übergangs, wobei keine Rolle spielt, wie stabil sie jahrhundertelang vor dem Augenblick dieser Berührung gewesen ist. Wenn wir nun unseren Blickwinkel ändern, dann müssen wir anerkennen, daß auch der Patient in der Psychotherapie in gewisser Hinsicht zuvor unbekannte Dinge über sich entdeckt, so daß sich zumindest eine grobe Analogie zu dem geographischen Entdecker ergibt, der einem Fluß bis zu seiner Quelle folgt.

Trotzdem wiegen die Unterschiede schwer genug. Mir scheint, daß diese Metapher zu einer bedauerlichen Einschränkung der psychotherapeutischen Interventionen beigetragen hat. Bei dem Versuch der Selbstexploration und der Selbstentdeckung ist es außerordentlich wichtig, sich bewußt zu machen, daß man nichts Unveränderliches entdeckt — daß der Beobachtungsprozeß hier weit mehr (und weit schneller) verändert, was beobachtet wird, als wenn Flüsse, Wälder oder selbst die Gebräuche eines Stammes erkundet werden. In gewisser Hinsicht ist dies natürlich eine zentrale Prämisse der meisten Psychotherapeuten, daß nämlich Einsicht zur Änderung beiträgt, daß man sich ändert, wenn man erkennt, wie man wirklich ist. Doch um wirklich zu verstehen, welcher Unterschied zwischen Selbstexploration und der Exploration fremder Länder im eigentlichen Sinne des Wortes besteht, müssen wir noch weiter gehen. Die komplexe Beziehung zwischen Beobachter und Beobachtetem, das Ausmaß, in dem das Tun des Beobachters den Menschen verändert und damit auch das, was er über sich selbst entdecken kann und was er wahrscheinlich weiter tun wird — all dies hebt die Psychotherapie von anderen Formen der Exploration ab.[6]

---

[6]Die Grenzen dieser Metapher — zumindest soweit sie die Vorstellung von der Entdeckung fremder Länder wachruft — sind den Grenzen einer Psychologie verwandt, die sich weitgehend auf räumliche, statt auf zeitliche Konzepte stützt, die sich ihren Gegenstand also in räumlicher und nicht in zeitlicher Ausdehnung vorstellt. Mischel (1973b) meint, daß es eine überraschende Ähnlichkeit zwischen dem verhaltensorientierten und dem existentiellen Modell vom Menschen gebe, insofern beide das *Tun* der Menschen und nicht die Eigenschaften, die sie *haben,* in den Blick rücken. Er un-

Die Entdeckungen der psychischen Exploration werden sehr begrenzt bleiben, wenn der Entdecker versucht, seine Beobachtung auf das zu beschränken, was schon immer »dort drinnen« gewesen ist. Und die Änderungen werden wahrscheinlich nicht sehr groß sein, wenn er erwartet, daß sie sich wie von selbst in seinem Alltagsverhalten nach Abschluß seiner inneren Reise einstellen. Einige der wichtigsten Einsichten oder Selbstentdeckungen kommen erst dann zustande, nachdem der Mensch in seinem Alltag erst einmal auf neue Weise zu handeln begonnen hat. Die herkömmliche Bedeutung von Exploration in der Psychotherapie rückt in der Regel etwas ganz anderes als Verhaltensänderung in den Blick. Die Vorstellung nämlich, daß der Therapeut eine unmittelbare Anstrengung unternehmen sollte, um bestimmte Änderungen im Alltag herbeizuführen, wird von Therapeuten häufig ausdrücklich im Namen von Exploration und Selbsterkenntnis zurückgewiesen. Dadurch wird Selbsterkenntnis aber eher begrenzt als erweitert.

Auch nicht-verhaltensorientierten Therapeuten ist die Auffassung keineswegs unvertraut, daß Einsicht auf Verhaltensänderung folgen wie auch ihr vorangehen kann. Dieser Gedanke leitete Alexander und French (1946) bei dem Versuch, entscheidende Veränderungen an der psychoanalytischen Technik vorzunehmen. Eine der letzten Schriften von Alexander (Alexander, 1963) läßt sogar darauf schließen, daß er sehr deutlich sah, welche Zusammenhänge möglicherweise zwischen psychoanalytischen Methoden und den Methoden bestanden, die sich aus der Lerntheorie ergaben.

Interessanterweise sind jedoch gerade die Wissenschaftler, die am klarsten gesehen haben, daß es eine reziproke Beziehung zwischen Einsicht und der Entscheidung für neue Handlungsverläufe gibt, die überzeugtesten Gegener von verhaltensorientierten Methoden gewe-

---

terscheidet dies von dem, was psychodynamische Theoretiker betonen, die Strukturen und inneren Zuständen größere Wichtigkeit beimessen und sich weniger für das interessieren, was der Mensch in verschiedenen Situationen tatsächlich tut. Das ist eine scharfsichtige Beobachtung, wenn Mischel sie auch in mancherlei Hinsicht überpointiert (Wachtel, 1973a, b). Schafers (1973) Handlungsmodell der Psychoanalyse formuliert die wesentlichen psychoanalytischen Konzepte unter der Perspektive dessen, was Menschen tun (wenn auch seine Vorstellung von der Vielfältigkeit der Dinge, die wir tun, und der Art und Weise, wie wir sie tun, weit umfassender ist als bei Mischel). Es wird interessant sein festzustellen, ob dieses Modell, in größerem Umfange angewendet, zu einer veränderten Auffassung führen wird, wie in der Psychotherapie zu verfahren sei.

sen, obgleich doch gerade diese einen solchen Prozeß anbahnen können. Abermals ist Wheelis (1973) ein außerordentlich interessantes Beispiel. Seine Auffassung von Neurose und Änderung ist der meinen sehr ähnlich — und doch kommt er zu einem durch und durch negativen Schluß hinsichtlich verhaltensorientierter Methoden. Wheelis sagt, daß sich zwar unter Umständen die Korrelation zwischen einem inneren Gefühl und einer bestimmten Lebensweise zunächst nicht zeige, daß aber »kein solches Gefühl von Verhalten unhängig sein kann; und wir brauchen diese Verbindung nur zu entdecken, um zu sehen, wie *eine Veränderung in unserer Lebensweise das ändert, was wir fühlen*« (S. 112; Hervorhebung von P. L. W.). Er beschreibt auch, wie der Beginn direkten Handelns zu weiterreichender Einsicht und zu der Erkenntnis zuvor verborgener Aspekte des Selbst führe. Durchgehend weist er darauf hin, wie entscheidend das veränderte Verhalten als Teil des Änderungsprozesses und nicht nur als Ergebnis sei. Ebenso betont er, wie schwer es ist, das neue Verhalten erst einmal zu beginnen und dann beizubehalten.

»Persönlichkeitsänderung folgt auf Verhaltensänderung. Da wir sind, was wir tun, müssen wir, wenn wir ändern wollen, was wir sind, damit beginnen, zu ändern, was wir tun, müssen wir uns eine neue Handlungsweise aneignen. Da die Folge solchen Handelns Änderung ist, wird es sich an tiefverwurzelten Kräften stoßen, die sich zur Wehr setzen und Widerstand leisten. Die neue Handlungsweise wird als schwierig, unerfreulich, gezwungen, unnatürlich, angstauslösend empfunden werden. Der Beginn kann leicht sein, doch wird sich dieses Bemühen nur unter Aufbietung beträchtlicher Willensanstrengung fortsetzen lassen. Änderung wird nur eintreten, wenn solches Handeln über längere Zeit beibehalten wird« (S. 101).

Nach Wheelis' Ansicht lassen sich also nützliche Einsicht und wirkliche Selbsterkenntnis nicht von dem Bemühen trennen, anders zu sein, und der Erfolg des ersteren hängt entscheidend vom Erfolg des zweiten ab. Außerdem läßt sich nach seiner Auffassung eine neue Verhaltensweise nur äußerst schwer aufrechterhalten. Er sieht sehr klar, wie tiefverwurzelte Handlungsweisen sich jeder Veränderung widersetzen und Verhältnisse schaffen, unter denen sich neues Verhalten außerordentlich schwer beibehalten läßt. Doch läßt er dem Therapeuten dennoch wenig Raum, dem Patienten in diesem schwierigen Kampf zu helfen. Der Patient muß »im Dunkeln nach dieser Vision tasten.«

Für mich ergibt sich jedoch aus Wheelis' Argumenten der Schluß, daß der Therapeut eine aktivere Rolle übernehmen kann (und soll), um dem Patienten zu helfen, sich anders zu verhalten. Und statt den Patienten am Selbstverständnis und an dem Gefühl, er sei für sich selbst verantwortlich, zu hindern, kann solche Hilfe entscheidend zum Prozeß der Selbsterkenntnis und des Bemühens um Integrität beitragen. Wenn neues Verhalten nicht nur der Nachtisch, sondern das Fleisch und die Kartoffeln der Änderung der eigenen Identität und der Selbsterkenntnis sind, dann ist die Forderung, neues Verhalten zu bewirken, eine unabweisliche Pflicht für den Therapeuten, der seine Aufgabe wirklich erfüllen will.

Wheelis hat recht, wenn er feststellt, daß es sehr schwer ist, neue Verhaltensweisen aufrechtzuerhalten, die dem früheren Lebensstil entgegengesetzt sind. Er macht klar, daß die Erfolge, die die meisten Patienten mit Hilfe jenes Verfahrens erzielen, für das er eintritt, zwar bedeutsam, aber durchaus nicht spektakulär sind. Doch wagt er den alles entscheidenden Sprung nicht. Er ringt sich nicht zu der Auffassung durch, daß der Therapeut dem Patienten *helfen* muß, die Verhaltensänderung herbeizuführen, da Verhaltensänderung so schwer zu erreichen ist und da sie so eng mit einer Erweiterung des Selbstverständnisses verknüpft ist. Und er hält es auch nicht für notwendig, daß der Therapeut über die reine Deutung hinausgehen sollte. Nach seiner Auffassung sollte der Therapeut seine Kenntnis der Verhaltensprinzipien nicht dazu benutzen, um dem Patienten die Änderung so leicht wie möglich zu machen. Ferner betont Wheelis so nachdrücklich, daß der Patient seinen Kampf allein ausfechten müsse und daß keine Möglichkeit bestehe, diesen Kampf leichter zu machen, weil er von der Auffassung ausgeht, daß der (sich seiner ethischen Verantwortung bewußte) Therapeut lediglich Einsicht anbieten kann. Sicherlich hat Wheelis recht, wenn er feststellt, daß die Hilfe des Therapeuten »ohne Nutzen sein wird, wenn von ihm verlangt wird, Einsicht in einem Ausmaß oder in einer Form zu liefern, die schon an sich Änderung bewirkt« (S. 102). Beschreibt er, wie töricht der Therapeut ist, der sich um immer frühere und noch frühere Konstruktionen bemüht, wenn der Patient Änderung vermissen läßt, dann decken sich seine Ausführungen vollkommen mit der Auffassung dieses Buches. Wie Wheelis bin ich der Meinung, daß man, statt das Geschäft des Patienten mit immer brillanteren Einsichten zu besorgen, diesen fragen sollte, warum er eigentlich ständig auf Äußerungen seines Therapeuten warte und was er selbst hinsichtlich seines Problems zu unternehmen gedenke. Doch Einsichten in psychodynamische Mechanismen müssen nicht alles sein, was der Therapeut zu bieten hat. Man ist sich heute sehr wohl darüber klar, daß

Wärme, Unterstützung und Zuwendung — oder ihr Fehlen — entscheidenden Anteil daran haben können, ob der Patient die Schritte, die zur Änderung führen, unternimmt oder nicht unternimmt. Weniger klar ist man sich darüber, daß auch das Angebot an technischer Hilfe, das auf einem echten Verständnis der wahrscheinlichen Konsequenzen verschiedenartiger Ereignisse beruht, eine entscheidende Rolle spielen kann. Dabei muß es sich durchaus nicht um etwas handeln, das die Selbsterkenntnis begrenzt. Wenn der Therapeut Desensibilisierung oder ähnliche Methoden verwendet, um der Person dabei zu helfen, sich dem auszusetzen, was sie ängstlich vermieden und/oder rationalisiert hat; wenn er ihr hilft, Begegnungen in ihrem alltäglichen Leben zu planen und zu strukturieren, die wahrscheinlich belohnend sind und ihrer Entwicklung dienen; wenn er den Patienten darin unterstützt, sich des Rollenspiels zu bedienen und neue Verhaltensweisen in der sicheren Umwelt des Behandlungszimmers zu erproben; wenn er ihm ganz deutlich macht, daß er einen Schritt getan hat, der ihn aus seinem Dilemma hinausführt, und wenn er ihn wissen läßt, daß er (der Therapeut) sich darüber freut — dann kann er wesentlich dazu beitragen, daß die Aneignung neuer Verhaltensweisen, die zu neuen Einsichten führen, weniger den Charakter einer Herkulesaufgabe hat, die nur wenige leisten können. Weigert er sich, solche Hilfe anzubieten, steht er damit nicht auf der Seite von Einsicht oder Selbsterkenntnis, sondern nur auf der Seite der Dinge, die das Leben des Patienten schwierig machen.

Zur Ethik des einsamen Kampfes

Natürlich versuchen nur sehr wenige Therapeuten, die Dinge ihren Patienten absichtlich schwer zu machen, und wenige würden sich als strenge Moralisten bezeichnen. Doch haben andererseits nicht wenige der Voraussetzungen und Grundregeln, die der herkömmlichen psychotherapeutischen Arbeit zugrunde liegen, einen Beigeschmack von Puritanismus, und dies trotz der Tatsache, daß die Billigung der sexuellen, aggressiven und anderen »antisozialen« Gefühle des Patienten ein realer und sehr wichtiger Teil der therapeutischen Beziehung ist.

Heute werden Wärme und Zuwendung als (oft sogar wesentliche) Merkmale der Beziehung in weit stärkerem Maße akzeptiert als zu jener Zeit, da das Modell der »tabula rasa« vorherrschte und die Frustration eine bedeutende Rolle in den Schriften zur psychoanalytischen Technik spielte. Doch wehren sich viele immer noch heftig dagegen, unmittelbare Hilfe zu leisten. Immer noch herrscht die Auffassung vor, daß eine »hilfreiche Hand« das therapeutische Unterfangen lähme oder einschränke. Der Ausdruck »unterstützende Therapie« ist negativ vorbelastet. Aktiv geholfen in irgendeinem erwähnenswerten Maße wird nur, wenn man die Möglichkeiten des Patienten für eingeschränkt hält. In diesem Ausdruck kommt also insofern therapeutischer Pessimismus zum Ausdruck, als man mit ihm auch begrenztere Ziele akzeptiert.

Nach meiner Meinung ist unterstützende Therapie in dem Maße negativ, wie ihr Ergebnis eine fortdauernde Abhängigkeit vom Therapeuten schafft und dieser weiterhin Richtungszeichen und Bestätigung liefern muß. Doch wenn Abhängigkeit vom Therapeuten der Weg zu Unabhängigkeit ist, dann hat aktive Hilfe ganz andere Folgen. Das Bemühen des Therapeuten, dem Patienten eine Reihe von Erfahrungen zu ermöglichen und diese zu strukturieren, verträgt sich sehr gut mit dem Ziel, eine grundlegende Persönlichkeitsänderung herbeizuführen. Entscheidend ist nicht, ob der Therapeut auf diesem Wege Hilfe und Beistand leistet, sondern ob er eine Beziehung herstellt, deren Ziel ihre eigene Auflösung ist.

Wenn Änderung von »innen« in den Blick gerückt, wenn betont wird, daß der Therapeut dem Patienten nicht zeigen dürfe, wie er mit bestimmten Problemen fertigwerden könne und daß er ihm keine Fertigkeiten beibringen oder unmittelbare Anstrengungen zur Erleichterung seiner Angst unternehmen dürfe — wie bei der systematischen Desensibilisierung —, dann scheint mir dies den außerordentlich individualistischen Geist widerzuspiegeln, der unsere Kultur kennzeichnet. Obgleich psychoanalytisch arbeitende Therapeuten in vielerlei Hinsicht zur Gesellschaftskritik tendieren, vertreten die meisten, zumindest implizit, eines der fundamentalen (und in gewisser Weise überaus problematischen) Dogmen unserer Gesellschaft — die tiefverwurzelte Überzeugung, daß jeder Mensch mit seinen Schwierigkeiten selbst fertigwerden müsse. Eine solche Ethik hat gewiß ihre Stärke und ist wahrscheinlich in der einen oder anderen Weise mit unserer Wertschätzung für die Rechte und staatsbürgerlichen Freiheiten des einzelnen verknüpft, doch trägt sie auch an zahlreichen unglückseligen Zügen amerikanischen Lebens die Schuld. Zwar kann diese Form des Individualismus — wie in der Zeit der Pioniere — mit beträchtlichem Gemeinschaftsgefühl verbunden werden, doch scheint sie heute eher zum Verlust dieses Gefühls beizutragen — einem Verlust, der das Leben im heutigen Amerika so entscheidend prägt.

Die Anomie und die Haltung des »Ich will damit nichts zu tun haben« — und als Folge zum Beispiel die Angst, daß man sich nicht mehr auf die Straßen trauen kann, weil niemand einem bei Gefahr zu Hilfe kommen wird — ist die Kehrseite jener Moral, derzufolge jedermann für sich selbst verantwortlich sei. Die therapeutische Moral, daß es inhuman und unwürdig sei, einem Patienten einen strukturierten Handlungsverlauf vorzuschlagen, oder ihn einem therapeutischen Verfahren wie der systematischen Desensibilisierung zu unterziehen, hat bestürzende Parallelen zur Wohlfahrtsmoral von Nixon mit ihrer Behauptung, man leiste der Untätigkeit Vorschub, wenn man gesunden Männern und Frauen unmittelbare Hilfe zukommen lasse. Die psychotherapeutische Spielart dieser Moral trägt zwar nicht den selbstsüchtigen, mitleidlosen und engherzigen Charakter wie die politische Seite. Im politischen Bereich bestimmt der Geist des »Meine Eltern haben sich aus dem Elend herausgestrampelt, ohne daß ihnen irgend jemand geholfen hat; sollen ›diese Leute‹ es doch auch tun; es wird ihnen gut tun« die Szene. Das psychotherapeutische Feld wird natürlich stärker von den humanen Aspekten bestimmt. Doch ich glaube, daß es dennoch Parallelen gibt, die gewöhnlich nicht bemerkt werden, und daß viele Therapeuten, die der Verhaltenstherapie vorwerfen, sie mache sich zum Agenten kultureller Normen, einen der wichtigsten Glaubenssätze unserer kapitalistischen Gesellschaft — unwissentlich — verteidigen, wenn sie so nachdrücklich behaupten, daß Änderung nur auf autonomem Handeln beruhe, und die Notwendigkeit unmittelbarer Hilfe von anderen verächtlich abtun. In einer Kultur mit einem ausgeprägten Sinn für die Gemeinschaft, in der die Norm gegenseitiger Beistand und nicht unerschütterliche Selbständigkeit wäre, könnten die Ziele und Methoden militant individualistischer psychodynamischer und humanistischer Psychotherapeuten ganz anders erscheinen. Schließlich wird Menschsein ebenso dadurch bestimmt, daß man in der Lage ist, sich anderen zuzuwenden, wie dadurch, daß man alleine steht.

Ein weiterer, verwandter Punkt ist der, daß sich die Betonung von Autonomie, Unabhängigkeit und Selbsterkenntnis in vielen Schriften zur Psychotherapie mit der Einstellung verbindet, die Erleichterung von Leiden an sich sei nebensächlich, manchmal sogar mit dem heftigen Widerstand gegen Maßnahmen, die für eine solche Erleichterung sorgen könnten. Sicherlich ist dieser Nachdruck teilweise eine Funktion der theoretischen Erwägungen, die davon ausgehen, daß das direkte Bemühen, Leiden zu erleichtern, auf lange Sicht zu einer weniger dauerhaften bzw. vollständigen Erleichterung führen würde (und große Teile des vorliegenden Buches sind eine Kritik dieser

theoretischen Erwägungen). Hinzu kommt häufig die Vorstellung, daß Erleichterung von Symptomen oder Angst kein so vornehmes Ziel sei wie das Bemühen um die Entwicklung des Individuums, kurz, daß jenes diesem untergeordnet werden müsse.
Diese Haltung widerspiegelt nicht mangelndes Empfinden für menschliches Leiden. Ihr liegt vielmehr die Hoffnung zugrunde, daß, wenn der Patient das Leiden eine Zeitlang ertragen kann, das Ergebnis letztlich sowohl Erleichterung von Leiden *wie auch* umfassende Entwicklung des Selbst ist. Und die Auffassung, daß dies der reinen Symptomerleichterung vorzuziehen sei, ist durchaus nicht inhuman. Inhuman ist wahrscheinlich nur der selten anzutreffende Typus des Therapeuten, der tiefe Verachtung für die Praktiker erkennen läßt, die ihr Bemühen vor allen Dingen in den Dienst der Symptomerleichterung stellen, oder für Patienten, die dieses Ziel anstreben (in privaten Gesprächen bin ich manchmal auf eine solche Einstellung gestoßen). Wenn man die direkte Intervention in störende Reaktionen und Lebensmuster im Namen von Autonomie oder Freiheit ablehnt, besteht jedoch die Gefahr, daß, wenn Leidensminderung als ein in sich ausreichendes Ziel angesehen wird, diesem Ziel die Wirkung genommen werden kann. Manchmal muß Leiden ertragen werden, damit überdauernde oder umfassendere Besserung erzielt wird. Doch wohnt dem Ertragen von Leid kein moralischer Wert an sich inne. Wenn man jemandem hilft, sich selbst zu verstehen, ist das an sich kein wichtigeres oder weniger wichtiges Ziel, als wenn man ihm dabei hilft, seine Leiden zu beenden.

Die Frage der Symptombeseitigung

Die rasche Intervention mit dem Zweck, dem Patienten dabei zu helfen, störendes Verhalten zu verändern, wird manchmal noch aus einem weiteren Grund abgelehnt, der den bislang erörterten verwandt ist, sich aber dennoch von ihnen unterscheidet: Es handelt sich um die Auffassung, daß Symptome eine Mitteilung darstellten. Wenn man also Symptome beseitigt, kann das dieselbe Wirkung haben als forderte man den Patienten auf, den Mund zu halten. Ich würde allerdings bezweifeln, daß alle Symptome notwendigerweise Mitteilungen sind (sogar, daß alle »Symptome« wirklich »Symptome« sind; manchmal sind die Schwierigkeiten, über die die Patienten sich beklagen, nicht symptomatisch für ein breiteres charakterologisches Muster oder für einen Lebensstil, sondern einfach spezifische Fälle fehlerhaften Lernens oder Erlebens). Doch sicherlich ist ein Symptom häufig ein Signal, das uns auf eine schädliche oder selbstzerstörerische Lebensweise aufmerksam macht. Schon früh entdeckte Freud, daß der Versuch, Symptome zu beseitigen, ohne sich mit den Lebensproblemen zu beschäftigen, die zu ihnen führten, in der Regel nutzlos blieb. Die Symptome traten wieder auf, oder andere nahmen ihren Platz ein. Als sich psychoanalytisches Denken und psychoanalytische Praxis allmählich entwickelten, wurde deutlich, daß ein anderes — auf lange Sicht möglicherweise noch traurigeres — Ergebnis einer rein symptomatischen Behandlung möglich ist: Der Patient kann sich beruhigen, in den früheren Zustand ohne akute Störung zurückfallen und zu einem Leben verurteilt werden, in dem Unzufriedenheit und Sinnlosigkeit so zur Norm geworden sind, daß sie kaum noch irgendwelches Leid verursachen. Häufig wird die Behandlung problematischen Verhaltens durch verhaltensorientierte Methoden mit jener Form der Symptombeseitigung verwechselt, die Freud mit gutem Recht aufgab. Doch macht es einen recht erheblichen Unterschied, ob man zum Beispiel ein hysterisches Symptom hypnotisch beseitigt, ohne daß seine Grundlage exploriert würde, oder ob man wird systematische Desensibilisierung dazu verwendet, den Patienten in die Lage zu versetzen, sich einer Sache zu nähern, die er bislang ängstlich vermieden hat, oder Selbstbehauptungstraining dazu, einem Menschen zu helfen, seine Unzufriedenheit (oder seine »Krankheit«) auszudrücken, statt sie zu verbergen und direkt oder indirekt darunter zu leiden.

Sicherlich gibt es Verhaltenstherapeuten, die diese Methoden einfach dazu benutzen, jemanden zu einem Verhalten zu bewegen, das für seine Umgebung angenehmer ist, oder die akutesten Störungen zu beseitigen, ohne grundsätzlichere Probleme anzugehen. Doch 1. ist diese Art, verhaltensorientierte Methoden zu verwenden, keineswegs effektiv (vgl. Lazarus, 1971); 2. ist sie gewiß nicht die im Kontext der aktiv-intervenierenden psychodynamischen Therapie empfohlene, von der in diesem Buch die Rede war; 3. gehen selbst viele strikt verhaltensorientierte Therapeuten, die ihre Interventionen auf eine ziemlich eingehende Verhaltensanalyse gründen und die Auffassung zurückweisen, daß das Symptom die Neurose sei, nicht so vor; und 4. gibt es Fälle, da eine reine Symptomerleichterung — selbst wenn sie auf Kosten einer umfassenden Berücksichtigung des kommunikativen Aspekts des Symptoms geht — gerechtfertigt sein kann (womit wir wieder bei der Frage sind, ob die Erleichterung des Leidens ein wichtiges Ziel an sich ist).

In den meisten Fällen sind verhaltensorientierte Methoden, wenn sie richtig angewendet werden, keineswegs als »Symptombeseitigung« zu charakterisieren. Diese Methoden sind — wie ich an zahlreichen Stellen dieses Buches zu zeigen versucht habe — von Wert, eben weil sie dem Menschen helfen, sich seinen entscheidenden Problemen, Hemmungen und Verzerrungen zu stellen. Sie können mißbraucht werden, wie auch die Psychoanalyse mißbraucht werden kann. Doch sie können auch dazu verwendet werden, den Menschen fähig zu machen, nicht nur sein Dilemma mitzuteilen (wie wertvoll dies auch immer sein mag), sondern zudem, eine brauchbare Lösung zu entwickeln. Wenn der Therapeut willens ist, sich mit dem Patienten in die Verantwortung zu teilen, ein Verfahren auszuarbeiten, mit dessen Hilfe sich die Dinge ändern lassen, sobald sie verstanden worden sind, dann kann er dazu beitragen, daß der Kampf des Patienten um ein erweitertes Selbstverständnis und um ein befriedigenderes Leben weniger einsam ist — und nicht vielleicht damit endet, daß er seine Verzweifelung nur besser zu artikulieren weiß.

Bibliographie

Agras, W. S.: Transfer During Systematic Desensitization Therapy. *Behaivour Research and Therapy*, 5, 1967, 193—200.

Alexander, F.: The Dynamics of Psychotherapy in the Light of Learning Theory. *American Journal of Psychiatry*, 120, 1963, 440—448.

Alexander, F., T. French u. a.: Psychoanalytic Therapy. New York: Ronald Press, 1946.

Allen, K. E., B. Hart, J. S. Buell, F. R. Harris und M. M. Wolf: Effects of Social Reinforcement on Isolate Behavior of a Nursery School Child. *Child Development*, 35, 1964, 511—518.

Andrews, J. D.: Psychotherapy of Phobias. *Psychological Bulletin*, 66, 1966, 455—480.

Arlow, J. A. und C. Brenner: Psychoanalytic Concepts and the Structural Theory. New York: International Universities Press, 1964. Deutsch: Grundbegriffe der Psychoanalyse. Reinbek: Rowohlt, 1976.

Ayllon, T. und N. H. Azrin: The Token Economy. New York: Appleton Century Crofts, 1968.

Bandura, A.: Principles of Behavior Modification. New York: Holt, Rinehart and Winston, 1969.

—: Psychotherapy Based upon Modeling Principles. In: A. E. Bergin und S. L. Garfield (Hrsg.): *Handbook of Psychotherapy and Behavior Change*. New York: Wiley, 1971.

—: Behavior Theory and the Models of Man. *American Psychologist*, 29, 1974, 859—869.

Bandura, A. und R. Walters: Social Learning and Personality Development. New York: Holt, Rinehart and Winston, 1963.

Barlow, D. H., W. S. Agras, H. Leitenberg und J. P. Wincze: An Experimental Analysis of the Effectiveness of »Shaping« in Reducing Maladaptive Avoidance Behavior: An Analogue Study. *Behaviour Research and Therapy*, 8, 1970, 165—173.

Barlow, D. H., H. Leitenberg, W. S. Agras und J. P. Wincze: The Transfer Gap in Systematic Desensitization: An Analogue Study. *Behaviour Research and Therapy*, 7, 1969, 191—196.

Baum, M.: Extinction of Avoidance Responding Through Response Prevention (Flooding). *Psychological Bulletin*, 74, 1970, 276—284.

Bergin, A. E.: The Evaluation of Therapeutic Outcomes. In: A. E. Bergin und S. L. Garfield (Hrsg.): *Handbook of Psychotherapy and Behavior* Change. New York: Wiley, 1971, 217—270.

Bernstein, D. A. und G. L. Paul: Some Comments on Therapy Analogue Research with Small Animal »Phobias«. *Journal of Behavior Therapy and Experimental Psychiatry*, 2, 1971, 225—237.

Bibring, C.: Psychoanalysis and the Dynamic Psychotherapies. *Journal of the American Psychoanalytic Association*, 2, 1954, 745—770.

Bolles, R. C.: Reinforcement, Expectancy, and Learning. *Psychological Review*, 79, 1972, 394—409.

Bowers, K. S.: Situationism in Psychology: An Analysis and a Critique. *Psychological Review*, 80, 1973, 307—336.

_: The Psychology of Subtle Control: An Attributional Analysis of Behavioral Persistence. *Canadian Journal of Behavioral Science*, 7, 1975, 78—95.

Breger, L. und L. L. McGaugh: A Critique and Reformulation of »Learning Theory«. Approaches to Psychotherapy and Neurosis. *Psychological Bulletin*, 63, 1965, 338—358. Deutsch: Kritik und Neufassung »lerntheoretischer« Ansätze zur Psychotherapie und zum Begriff der Neurose. In: H. Westmeyer und N. Hoffmann: Verhaltenstherapie. Hamburg: Hoffmann und Campe, 1977, 70—74.

Breuer, J. und S. Freud (1895): Studien über Hysterie. Frankfurt: Fischer-Taschenbuch, 1970.

Brody, N.: Personality. New York: Academic Press, 1972.

Brush, F. R.: The Effects of Shock Intensity on the Acquisition and Extinction of an Avoidance Response in Dogs. *Journal of Comparative and Physiological Psychology*, 50, 1957, 547—552.

Chapman, L. J. und J. P. Chapman: Illusory Correlations as an Obstacle of the Use of Valid Psychodiagnostic Signs. *Journal of Abnormal Psychology*, 74, 1969, 271—280.

Chein, I.: The Image of Man. *Journal of Social Issues*, 18, 1962, 1—35.

Cooper, J. E.: A Study of Behavior Therapy in Thirty Psychiatric Patients. *Lancet*, 1, 1963, 411—415.

Cooper, J. E., M. C. Gelder und I. M. Marks: Results of Behavior Therapy in 77 Psychiatric Patients. *British Medical Journal*, 1, 1965, 1222—1225.

Crisp, A. H.: Transference, Symptom Emergence, and Social Repercussions in Behavior Therapy: A Study of 54 Treated Patients. *British Journal of Medical Psychology*, 39, 1966, 179—196.

Crowder, J. E. und D. W. Thornton: Effects of Systematic Desensitization, Programmed Fantasy and Bibliotherapy on a Specific Fear. *Behavioural Research and Therapy*, 8, 1970, 35—41.

Davison, G. C.: Systematic Desensitization as a Counter-conditioning Process. *Journal of Abnormal Psychology*, 73, 1968, 91—99.

_: Appraisal of Behavior Modification Techniques with Adults in Institutional Settings. In: C. Franks (Hrsg.): Behavior Therapy: Appraisal and Status. New York: McGraw-Hill, 1969.

Davison, G. C. und J. M. Neale: *Abnormal Psychology*. New York: Wiley, 1974. Deutsch: Klinische Psychologie. München: Urban & Schwarzenberg, 1979.

Davison, G. C. und G. T. Wilson: Critique of »Desensitization: Social and Cognitive Factors Underlying the Effectiveness of Wolpe's Procedure.« *Psychological Bulletin*, 78, 1972, 28—31.

_: Process of Fear Reduction in Systematic Desensitization: Cognitive and Social Reinforcement Factors in Humans. *Behavior Therapy*, 4, 1973, 1—21.

Delprato, D. J.: Exposure to the Aversive Stimulus in an Animal Analogue to Systematic Desensitization. *Behaviour Research and Therapy*, 11, 1973, 187—192.

Dewald, P.: The Psychoanalytic Process. New York: Basic Books, 1972.

Dollard, J. und N. E. Miller: Personality and Psychotherapy. New York: McGraw-Hill, 1950.

D'Zurilla, T. J., G. T. Wilson und R. A. Nelson: Preliminary Study of Effectiveness of Graduated Prolonged Exposure in the Treatment of Irrational Fear. *Behavior Therapy*, 4, 1973, 672–685.

Easterbrook, J. A.: The Effect of Emotion on Cue Utilization and the Organization of Behavior. *Psychological Review*, 66, 1959, 183–201.

Eisler, K. R.: Some Comments on Psychoanalysis and Dynamic Psychiatry. *Journal of the American Psychoanalytic Association*, 4, 1956, 314–317.

_: Remarks on Some Variations in Psychoanalytical Technique. *International Journal of Psycho-Analysis*, 39, 1958, 222–229.

Ellis, A.: Reason and Emotion in Psychotherapy. New York: Lyle Stuart, 1962. Deutsch: Die rational-emotive Therapie. München: Pfeiffer, 1977.

Epstein, S.: The Measurement of Drive and Conflict in Humans: Theory and Experiment. In M. R. Jones (Hrsg.): Nebraska Symposium on Motivation. Lincoln: Univ. of Nebraska Press, 1962.

_: Toward a Unified Theory of Anxiety. In B. A. Maher (Hrsg.): Progress in Personality Research, Bd. 4. New York: Academic Press, 1967.

Epstein, S. und W. D. Fenz: Theory and Experiment on the Measurement of Approach-Avoidance Conflict. *Journal of Abnormal Psychology*, 64, 1962, 97–112.

_: Steepness of Approach and Avoidance Gradients in Humans as a Function of Experience: Theory and Experiment. *Journal of Experimental Psychology*, 70, 1965, 1–12.

Erdelyi, M. H.: A New Look at the New Look: Perceptual Defence and Vigilance. *Psychological Review*, 81, 1974, 1–25.

Erikson, E. H. (1950): Childhood and Society. New York: Norton, 1963. Deutsch: Kindheit und Gesellschaft. Stuttgart: Klett-Cotta, [7]1979.

Escalona, S.: The Roots of Individuality. Chicago: Aldine, 1968.

_: The Differential Impact of Environmental Conditions as a Function of Different Reaction Patterns in Infancy. In: J. Westman (Hrsg.): Individual Differences in Children. New York: Wiley, 1972.

Eysenck, H. J.: Learning Theory and Behavioral Therapy. *Journal of Mental Science*, 105, 1959, 61–75.

_: Behavior Therapy Is Behavioristic. *Behavior Therapy*, 3, 1972, 609–613. Deutsch: Verhaltenstherapie ist behavioristisch. In: H. Westmeyer und N. Hoffmann: Verhaltenstherapie. Hamburg: Hoffmann & Campe, 1974, 92–95.

Eysenck, H. J. und R. Beech.: Counterconditioning and Related Methods. In: A. E. Bergin und S. L. Garfield (Hrsg.): *Handbook of Psychotherapy and Behavior Chance*. New York: Wiley, 1971, 543–611.

Feather, B. W. und J. M. Rhoads: Psychodynamic Behavior Therapy: II: Clinical Aspects. *Archives of General Psychiatry*, 26, 1972, 503–511.

Fenichel, O.: Review of New Ways in Psychoanalysis by Karen Horney. *Psychoanalytic Quarterly*, 9, 1940, 114–121.

_: The Psychoanalytic Theory of Neurosis. New York: Norton, 1945. Deutsch: Psychoanalytische Neurosenlehre, 3 Bde. Olten: Walter, 1974–1977.

Fenz, W. D.: Conflict and Stress as Related to Physiological Activation and Sensory, Perceptual and Cognitive Functioning. Psychological Arousal of Experienced and

Novice Parachutists as a Function of an Approaching Jump. *Psychosomatic Medicine*, 29, 1967, 33—51.

Fodor, I. G.: The Phobic Syndrome in Women: Implications for Treatment. In: V. Franks und V. Burtle (Hrsg.): Women in Therapy: New Psychotherapies for a Changing Society. New York: Brunner/Mazel, 1974, 132—168.

Frank, J. D.: Persuasion and Healing: A Comparative Study of Psychotherapy. Baltimore: John Hopkins University Press, 1973. Dt.: Die Heiler. Wirkungsweisen psychotherapeutischer Beeinflussung. Stuttgart: Klett-Cotta 1981.

_: Therapeutic Components of Psychotherapy: A Twenty-five Year Progress Report of Research. *Journal of Nervous and Mental* Disease, 159, 1974, 325—342.

Frankl, V.: Paradoxical Intention: A Logotherapeutic Technique. *American Journal of Psychotherapy*, 14, 1960, 520—535.

Freud, S. (1887—1902): Aus den Anfängen der Psychoanalyse, Briefe an Wilhelm Fliess, Abhandlungen und Notizen aus den Jahren 1887—1902. London: Imago, 1950.

_(1895): Entwurf einer Psychologie. In: Aus den Anfängen der Psychoanalyse. London: Imago, 1950, 371—466.

_(1896): Weitere Bemerkungen über die Abwehr-Neuropsychosen. G. W., Fischer: Frankfurt, Bd. 1, 377—403.

_(1905): Drei Abhandlungen zur Sexualtheorie. G. W., Bd. 5, 27—145.

_(1910): Über »wilde« Psychoanalyse. G. W., Bd. 8, 117—125.

_(1912): Ratschläge für den Arzt bei der psychoanalytischen Behandlung. G. W., Bd. 8, 375—387.

_(1914a): Weitere Ratschläge zur Technik der Psychoanalyse: II. Erinnern, Wiederholen und Durcharbeiten. G. W., Bd. 10, 125—136.

_(1914b): Zur Geschichte der psychoanalytischen Bewegung. G. W., Bd. 10, 43—113.

_(1917): Vorlesungen zur Einführung in die Psychoanalyse. G. W., Bd. 11.

_(1923): Das Ich und das Es. G. W., Bd. 13, 235—289.

_(1926a): Hemmung, Symptom und Angst. G. W., Bd. 14, 111—205.

_(1926b): Die Frage der Laienanalyse. G. W., Bd. 14, 207—286.

Fromm, E.: Escape from Freedom. New York: Holt, Rinehart and Winston, 1941. Deutsch: Die Furcht vor der Freiheit. Zürich: Steinberg, 1945.

Fromm-Reichmann, F.: Principles of Intensive Psychotherapy. Chicago: Univ. of Chicago Press, 1950. Deutsch: Intensive Psychotherapie. Stuttgart: Hippokrates, 1959.

Gelder, M. G. und I. M. Marks: Severe Agoraphobia: a Controlled Prospective Trial of Behaviour Therapy. *British Journal of Psychiatry*. 112, 1966, 309—319.

Gelder, M. G., I. M. Marks und H. H. Wolff: Desensitization and Psychotherapy in the Treatment of Phobia States: A Controlled Inquiry. *British Journal of Psychiatry*, 113, 1967, 53—73.

Gill, M. M.: Psychoanalysis and Exploratory Psychotherapy. *Journal of American Psychoanalytic Association*, 2, 1954, 771—797.

_: Topography and Systems in Psychoanalytic Theory. *Psychological Issues*, Bd. 3,2 (Nr. 10). New York: International Universities Press, 1963.

Goffman, E.: Asylums. New York: Doubleday Anchor, 1961. Deutsch: Asyle. Frankfurt: Suhrkamp, 1974.

Goldfried, M. R.: Systematic Desensitization as Training in Self-Control. *Journal of Consulting and Clinical Psychology*, 37, 1971, 228—234.

Goldfried, M. R. und G. C. Davison: Clinical Behavior Therapy. New York: Holt, Rinehart and Winston, 1976.

Goldfried, M. R., E. T. DeCenteceo und L. Weinberg: Systematic Rational Restructuring as a Self-Control Technique. *Behavior Therapy*, 5, 1974, 247—254.

Goldfried, M. R. und M. Merbaum (Hrsg): Behavior Change Through Self-Control. New York: Holt, Rinehart and Winston, 1973.

Goldfried, M. R. und J. N. Sprafkin: Behavioral Personality Assessment. Morristown, N. J.: General Learning Press, 1974.

Goldstein, A. P., J. Martens, J. Hubben, H. A. van Belle, W. Schaaf, H. Wiersma und A. Goedhart: The Use of Modeling to Increase Independent Behavior. *Behaviour Research and Therapy*, 11, 1973, 31—42.

Greenacre, Ph.: The Role of Transference: Practical Considerations in Relation to Psychoanalytic Therapy. *Journal of the American Psychoanalytic Association*, 2, 1954, 671—684.

Greenson, R. R.: The Technique and Practice of Psychoanalysis. New York: International Universities Press, 1967. Deutsch: Technik und Praxis der Psychoanalyse. Stuttgart: Klett-Cotta, 1975.

Greenspan, S. I.: The Clinical Use of Operant Learning Approaches: Some Complex Issues. *American Journal of Psychiatry*, 131, 1974, 852—857.

—: A Consideration of Some Learning Variables in the Context of Psychoanalytic Theory: Toward a Psychoanalytic Learning Perspective. Psychological Issues, Bd. 9, Nr. 1 (Nr. 33). New York: International Universities Press, 1975.

Grossberg, J. M.: Generalization of Extinction Effects in Fear Scene Hierarchies. *Behaviour Reserarch and Therapy*, 11, 1973, 343—346.

Groves, P. M. und R. F. Thompson. Habituation: A Dual-process Theory. *Psychological Review*, 77, 1970, 419—450.

Guntrip, H.: Schizoid Phenomena, Object Relations and the Self. New York: International Universities Press, 1969.

Haley, J.: Strategies of Psychotherapy. New York: Grune and Stratton, 1963. Deutsch: Gemeinsamer Nenner Interaktion. Strategien der Psychotherapie. München: Pfeiffer, 1978.

Hartmann, H., E. Kris und R. M. Lœwenstein: Comments on the Formation of Psychic Structure. *The Psychoanalytic Study of the Child*, 2, 1946, 11—38.

Helson, H.: Adaption Level Theory. New York: Harper and Row, 1964.

Holmes, D. S.: Investigations of Repression: Differential Recall of Material Experimentally or Naturally Associated with Ego Threat. *Psychological Bulletin*, 81, 1974, 632—653.

Holt, R. R.: A Review of Some of Freud's Biological Assumptions and Their Influence on his Theories. In: N. S. Greenfield and W. C. Lewis (Hrsg.): Psychoanalysis and Current Biological Thought. Madison: University of Wisconsin Press, 1965.

—: Beyond Vitalism and Mechanism: Freud's Concept of Psychic Energy. In: J. H. Masserman (Hrsg.): Science and Psychoanalysis, Bd. 2. New York: Grune and Stratton, 1967a, 1—41.

—: Ego Autonomy Re-evaluated. *International Journal of Psychiatry*, 3, 1967b, 481—502.

Horney, K.: New Ways in Psychoanalysis. New York: Norton, 1939. Deutsch: Neue Wege in der Psychoanalyse. München: Kindler, 1977.

—: Self-Analysis. New York: Norton, 1942. Deutsch: Selbstanalyse. München: Kindler, 1974.

—: Our Inner Conflicts. New York: Norton, 1945. Deutsch: Unsere inneren Konflikte München: Kindler, 1973.

Hull, C. L.: Principles of Behavior. New York: Appleton-Century-Crofts, 1943.

Irwin, F. W.: Intentional Behavior and Motivation: a Cognitive Theory. New York: J. B. Lippincott, 1971.

Jacobson, E.: Progressive Relaxation, Chicago: University of Chicago Press, 1938.

Kanfer, F. H. und J. S. Phillips: Learning Foundations of Behavior Therapy. New York: Wiley, 1970.

Kaplan, H. S.: The New Sex Therapy. New York: Brunner/Mazel, 1974.

Kelly, G. A.: The Psychology of Personal Constructs, Bd. 1. New York: Norton, 1955.

Kiesler, D. J.: Some Myths of Psychotherapy Research and the Search for a Paradigm. *Psychological Bulletin*, 65, 1966, 110—126.

Klein, G. S.: Cognitive Control and Motivation. In G. Lindzey (Hrsg.): Assessment of Human Motives. New York: Rinehart, 1958, 87—118.

—: Peremptory Ideation: Structure and Force in Motivated Ideas. *Psychological Issues*, Bd. 5, 2—3, 80—128. New York: International Universities Press, 1967.

Klein, M. H., J. T. Dittman, M. B. Parloff and M. M. Gill: Behavior Therapy: Observations and Reflections. *Journal of Consulting and Clinical Psychology*, 33, 1969, 259—266.

Korchin, S.: Anxiety and Cognition. In C. Scheerer (Hrsg.): Cognition: Theory, Research, Promise. New York: Harper and Row, 1964, 58—78.

Kuhn, T. S.: The Structure of Scientific Revolutions. Chicago: University of Chicago Press, 1962. Deutsch: Die Struktur wissenschaftlicher Revolutionen. Frankfurt: Suhrkamp, 1973.

Lader, M. H.: Palmar Conductance Measures in Anxiety and Phobic States. *Journal of Psychosomatic Research*, 11, 1967, 271—281.

Lader, M. H. und A. M. Mathews: A Physiological Model of Phobic Anxiety and Desensitization. *Behaviour Research and Therapy*, 6, 1968, 411—421.

Lader, M. H. und L. Wing: Physiological Measures, Sedative Drugs, and Morbid Anxiety. London: Oxford University Press, 1966.

Laing, R. D.: The Politics of the Family. New York: Pantheon, 1969. Deutsch: Die Politik der Familie. Köln/Berlin: Kiepenheuer & Witsch, 1974.

Lang, P. J.: The Application of Psychophysiological Methods to the Study of Psychotherapy and Behavior Modification. In: A. E. Bergin und S. L. Garfield (Hrsg.): *Handbook of Psychotherapy and Behavior Change*, 75—125. New York: Wiley, 1971.

Langs, R.: The Technique of Psychoanalytic Psychotherapy. New York: Jason Aronson, 1973.

Lazarus, A. A.: Group Therapy of Phobic Disorders by Systematic Desensitiziation. *Journal of Abnormal and Social Psychology*, 63, 1961, 504—510.

_: Variations in Desensitization Therapy. *Psychotherapy: Theory, Research and Practice*, 5, 1968, 50—52.

_: Behavior Therapy and Beyond. New York: McGraw-Hill, 1971. Deutsch: Verhaltenstherapie im Übergang. München: Ernst Reinhardt, 1978.

_ (Hrsg.): Clinical Behavior Therapy. New York: Brunner/Mazel, 1972. Deutsch: Angewandte Verhaltenstherapie. Stuttgart: Klett, 1976.

_: Avoid the Paradigm Clash. *International Journal of Psychiatry*, 11, 1973, 157—159.

_: Multimodal Behavior Therapy. New York: Springer, 1976. Deutsch: Multimodale Verhaltenstherapie. Frankfurt: Fachbuch für Psychologie, 1978.

Lazarus, A. A. und M. Serber: Is Systematic Desensitization Being Misapplied? *Psychological Reports*, 23, 1968, 215—218.

Leeper, R. W.: Cognitive Learning Theory. In. M. H. Marx (Hrsg.): Learning: Theories. New York: Macmillan, 1970.

Leitenberg, H., W. S. Agras, D. H. Barlow und D. C. Oliveau: The Contribution of Selective Positive Reinforcement and Therapeutic Instructions to Systematic Desensitization Therapy. *Journal of Abnormal Psychology*, 74, 1969, 113—118.

Leitenberg, H., W. S. Agras, K. Butz und J. Wincze: Relations Between Heart-Rate and Behavior Change During the Treatment of Phobias. *Journal of Abnormal Psychology*, 78, 59—68.

Levenson, E. A.: The Fallacy of Understanding: An Inquiry in the Changing Structure of Psychoanalysis. New York: Basic Books, 1972.

Levine, F. M. und G. Fasnacht: Token Rewards May Lead to Token Learning. *American Psychologist*, 29, 1974, 816—820.

Locke, E. A.: Is »Behavior Therapy« Behavioristic? (An Analysis of Wolpe's Psychotherapeutic Methods). *Psychological Bulletin*, 76, 1971, 318—327. Deutsch: Ist die »Verhaltenstherapie« behavioristisch? Eine Analyse von Wolpes psychotherapeutischer Methode. In: H. Westmeyer und N. Hoffmann: Verhaltenstherapie. Hamburg: Hoffmann und Campe, 1977, 78—91.

Loevinger, J.: Three Principles for a Psychoanalytic Psychology. *Journal of Abnormal Psychology*, 71, 1966, 432—443.

Lomont, J. F. und L. Brock: Stimulus Hierarchy Generalization in Systematic Desensitization. *Behaviour Research and Therapy*, 9, 1971, 197—208.

LoPiccolo, J.: Effective Components of Systematic Desensitization, Dissertation, Yale University, 1969.

Luborsky, L., M. Chandler, A. H. Auerbach, J. Cohen und H. M. Bachrach: Factors Influencing the Outcome of Psychotherapy: A Review of Quantitative Research. *Psychological Bulletin*, 75, 1971, 145—185.

Mahoney, M.: Cognition and Behavior Modification. Cambridge, Mass.: Ballinger, 1974. Deutsch: Kognitive Verhaltenstherapie. München: Pfeiffer, 1977.

Maricia, J. E., B. M. Rubin und J. S. Efran: Systematic Desensitization: Expecting Change or Counter-conditioning? *Journal of Abnormal Psychology*, 74, 1969, 382—387.

Marks, I. M.: Fear and Phobias. New York: Academic Press, 1969.

_: Flooding (Implosion) and Allied Treatments. In: W. S. Agras (Hrsg.): Behavior Modification: Principles and Clinical Applications. Boston: Little, Brown und Co., 1972.

—: Perspective on Flooding. *Seminars in Psychiatry*, 4, 1972, 129—138.
—: Behavioral Treatment of Phobic and Obsessive-compulsive Disorders: A Critical Appraisal. In: M. Hersen, R. Eisler und P. Miller (Hrsg.): Progress in Behavior Modification, Bd. 1. New York: Academic Press, 1975.
Marks, I. M. und G. M. Gelder: A Controlled Retrospective Study of Behavior Therapy in Phobic Patients. *British Journal of Psychiatry*, 3, 1965, 561—573.
—: Common Ground Between Behaviour Therapy and Psychodynamic Methods. *British Journal of Medical Psychology*, 39, 1966, 11—23.
Marmor, J.: Dynamic Psychotherapy and Behavior Therapy. *Archives of General Psychiatry*, 24, 1971, 22—28.
McFall, R. M. und C. T. Twentyman: Four Experiments on the Relative Contributions of Rehearsal, Modeling, and Coaching to Assertive Training. *Journal of Abnormal Psychology*, 81, 1973, 199—218.
Meehl, P. E.: Some Methodological Reflections on the Difficulties of Psychoanalytic Research. *Psychological Issues*, Bd. 8, Nr. 2 (Monograph Nr. 30). New York: International Universities Press, 1973, 104—117.
Meichenbaum, D.: Cognitive Factors in Behavior Modification: Modifying What Clients Say to Themselves. In: C. M. Franks und G. T. Wilson (Hrsg.): Annual Review of Behavior Therapy, Theory and Practice, Bd. 1. New York: Brunner/Mazel, 1973, 416—431.
—: Self-instructional Methods. In: F. H. Kanfer und A. P. Goldstein (Hrsg.): Helping People Change. New York: Pergamon, 1974.
Menninger, K.: The Theory of Psychoanalytic Technique. New York: Basic Books, 1958. Deutsch: Theorie der psychoanalytischen Technik. Stuttgart-Bad Cannstatt: Fromann-Holzboog, 1977.
Miller, N. E.: Studies of Fear as an Acquirable Drive: I: Fear as Motivation and Fearreduction as Reinforcement in the Learning of New Responses. *Journal of Experimental Psychology*, 38, 1948, 89—101.
—: Theory and Experiment Relating Psychoanalytic Displacement to Stimulus-Response Generalization. *Journal of Abnormal Psychology*, 43, 1948, 155—178.
—: Learnable Drives and Rewards. In: S. S. Stevens (Hrsg.): *Handbook of Experimental Psychology*, 435—472, New York: Wiley, 1951.
—: Liberalization of Basic S-R Concepts: Extensions to Conflict Behavior Motivation and Social Learning. In: S. Koch (Hrsg.): Psychology: A Study of a Science, Bd. 2. New York: McGraw-Hill, 1959, 196—292.
Miller, N. E. und J. Dollard: Social Learning and Imitation. New Haven: Yale University Press, 1941.
Mischel, W.: Personality and Assessment. New York: Wiley, 1968.
—: Introduction to Personality. New York: Holt, Rinehart and Winston, 1971.
—: Toward a Cognitive Social Learning Reconceptualization of Personality. *Psychological Review*, 80, 1973a, 252—283.
—: On the Empirical Dilemmas of Psychodynamic Appoaches: Issues and Alternatives. *Journal of Abnormal Psychology*, 82, 1973b, 335—344.
Montgomery, G. T. und J. E. Crowder: The Symptom Substitution Hypothesis and the Evidence. *Psychotherapy: Theory, Research and Practice*, 9, 1972, 98—102.

Moore, N.: Behavior Therapy in Bronchial Asthma: A Controlled Study. *Journal of Psychosomatic Research*, 9, 1965, 257–276.

Mowrer, O. H. und P. Viek: Experimental Analogue of Fear From a Sense of Helplessness. *Journal of Abnormal and Social Psychology*, 43, 1948, 193–200.

Neisser, U.: Cognitive Psychology. New York: Appleton-Century-Crofts, 1967. Deutsch: Kognitive Psychologie. Stuttgart: Klett-Cotta, 1974.

Orne, M. T.: Demand Characteristics and the Concept of Quasi-Controls. In: R. Rosenthal und R. L. Rosnow (Hrsg.): Artifact in Behavioral Research. New York: Academic Press, 1969, 147–179.

Patterson, G. R.: A Basic for Identifying Stimuli with Control Behaviors in Natural Settings. *Child Development*, 45, 1974, 900–911.

Paul, G. L.: Insight vs. Desensitization in Psychotherapy: An Experiment in Anxiety Reduction. Stanford, Calif.: Stanford University Press, 1966.

_: Outcome of Systematic Desensitization: I: Background Procedures, and Uncontrolled Reports of Individual Treatment. In: C. M. Franks (Hrsg.): Behavior Therapy: Appraisal and Status. New York: McGraw-Hill, 1969a, 63–104.

_: Outcome of Systematic Desensitization: II: Controlled Investigations of Individual Treatment, Technique Variations, and Current Status. In: C. M. Franks (Hrsg.): Behavior Therapy: Appraisal and Status, 105–159. New York: McGraw-Hill, 1969b.

Paul, I. H.: Letters to Simon: On the Conduct of Psychotherapy. New York: International Universities Press, 1974.

Penfield, W. und L. Roberts: Speech and Brain-Mechanisms. Princeton: Princeton University Press, 1959.

Porter, R. (Hrsg.): The Role of Learning in Psychotherapy. London: J. und A. Churchill, Ltd., 1968.

Premack, D.: Reinforcement Theory. In: D. Levine (Hrsg.): Nebraska Symposium on Motivation, 1965, 123–180. Lincoln: University of Nebraska Press, 1965.

Pribram K. und M. M. Gill: Freud's »Project« Reassessed: Preface to Contemporary Cognitive and Neuropsychology. New York: Basic Books, 1975.

Rachman, S.: Studies in Desensitization: I: The Separate Effects of Relaxation and Desensitization. *Behavior Research and Therapy*, 3, 1965, 245–251.

_: The Role of Muscular Relaxation in Desensitization Therapy. *Behaviour Research and Therapy*, 6, 1968, 159–166.

Rachman, S. und R. I. Hodgson: Synchrony and Desynchrony in Fear and Avoidance. *Behaviour Research and Therapy*, 12, 1974, 311–318.

Rangell, L.: Similarities and Differences between Psychoanalysis and Dynamic Psychotherapy. *Journal of the American Psychoanalytic Association*, 2, 1954, 734–744.

Rapaport, D.: Review of J. Dollard and N. E. Miller's Personality and Psychotherapy. *American Journal of Orthopsychiatry*, 23, 1953, 204–208.

_: The Theory of Ego Autonomy: A Generalization. *Bulletin of the Menninger Clinic*, 22, 1958, 13–35.

_: (1960): On the Psychoanalytic Therory of Motivation. In: M. M. Gill (Hrsg.): The Collected Papers of David Rapaport. New York: Basic Books, 1967, 853–915.

Rapaport, D. und M. M. Gill: The Points of View and Assumptions of Metapsychology. *International Journal of Psycho-Analysis*, 40, 1959, 153–162.

Reich, W.: Charakteranalyse. Köln/Berlin: Kiepenheuer & Witsch, ²1970.

Rhoads, J. M. und B. W. Feather: Transference and Resistance Observed in Behaviour Therapy. *British Journal of Medical Psychology*, 45, 1972, 99—103.

Riccio, D. C. und R. Silvestri: Extinction and Avoidance Behavior and the Problem of Residual Fear. *Behaviour Research and Therapy*, 11, 1973, 1—9.

Rosenthal, R.: Experimenter Bias in Behavioral Research. New York: Appleton-Century-Crofts, 1966.

Saltz, E.: The Cognitive Bases of Human Learning. Homewood, Ill.: Dorsey, 1971.

Schachtel, E.: Metamorphosis. New York: Basic Books, 1959.

Schafer, R.: An Overview of Heinz Hartmann's Contributions to Psycho-analysis. *International Journal of Psycho-Analysis*, 51, 1970, 425—446.

—: Internalization: Process or Fantasy? *The Psychoanalytic Study of the Child*, Bd. 27. New York: Quadrangle, 1972, 411—436.

—: Concepts of Self and Identity and the Experience of Separation-Individuation in Adolescence. *Psychoanalytic Quaterly*, 42, 1973a, 42—59.

—: Action: Its Place in Psychoanalytic Interpretation and Theory. *The Annual of Psychoanalysis*, Bd. 1. New York: Quadrangle, 1973b. 159—196.

Schimek, J. G.: A Critical Re-examination of Freud's Concept of Unconscious Mental Representation. *International Review of Psycho-Analysis*, 2, 1975, 171—187.

Schmale, H. T.: Working through (Panel-Bericht). *Journal of the American Psychoanalytic Association*, 14, 1966, 172—182.

Schubot, E. D.: The Influence of Hypnotic and Muscular Relaxation in Systematic Desensitization of Phobic Behavior. Dissertation, Stanford Universität, 1966.

Schur, M: The Id and the Regulatory Principles of Mental Functioning. New York: International Universities Press, 1966. Deutsch: Das Es und die Regulationsprinzipien des psychischen Geschehens. Frankfurt: Fischer, 1973.

Searles, H.: Collected Papers on Schizophrenia and Related Subjects. New York: International Universities Press, 1966. Deutsch: Der psychoanalytische Beitrag zur Schizophrenieforschung. München: Kindler, 1974.

Seligman, M. E. P.: Helplessness. San Francisco: Freeman, 1974. Deutsch: Erlernte Hilflosigkeit. München: Urban & Schwarzenberg, 1979.

Seligman, M. E. P. und B. A. Campbell: Effects of Intensity and Duration of Punishment on Extinction of an Avoidance Response. *Journal of Comparative and Physiological Psychology*, 59, 1965, 295—297.

Seligman, M. E. P. und J. C. Johnston: A Cognitive Theory of Avoidance Learning. In: F. J. McGuigan und D. B. Lumsden (Hrsg.): Contemporary Approaches to Conditioning and Learning. New York: Winston, 1973.

Shapiro, D.: Neurotic Styles. New York: Basic Books, 1965.

Sheffield, F. D. und H. W. Temmer: Relative Resistance to Extinction of Escape Training and Avoidance Training. *Journal of Experimental Psychology*, 40, 1950, 287—298.

Sherman, A. R.: A Real-life Esposure as a Primary Therapeutic Factor in the Desensitization Treatment of Fear. *Journal of Abnormal Psychology*, 79, 1972, 19—28.

Sherrington, C. S.: The Integrative Action of the Nervous System. New Haven, Conn.: Yale University Press, 1906.

Sidman, M.: On the Persistence of Avoidance Behavior. *Journal of Abnormal and Social Psychology*, 50, 1955, 217—220.

Silverman, L. H.: An Experimental Technique for the Study of Unconscious Conflict. *British Journal of Medical Psychology*, 44, 1971, 17—25.

—: Drive Stimulation and Psychopathology: On the Conditions Under Which Drive-related External Events Evoke Pathological Reactions. In: R. R. Holt and E. Peterfreund (Hrsg.): Psychoanalysis and Contemporary Science, Bd. 1. New York: Macmillan, 1972, 306—326.

—: Some Psychoanalytic Considerations of Non-Psychoanalytic Therapies: On the Posibility of Integrating Treatment Approaches and Related Issues. *Psychotherapy: Theory, Research and Practice*, 11, 1974, 298—305.

—: Psychoanalytic Theory: The Reports of My Death are Greatly Exaggerated. *American Psychologist*, 1976.

Silverman, L. H., S. G. Frank und P. Dachinger: A Psychoanalytic Reinterpretation of the Effectiveness of Systematic Desensitization: Experimental Data Bearing on the Role of Merging Fantasies. *Journal of Abnormal Psychology*, 83, 1974, 313—318.

Singer, J. L.: Imagery and Daydream Techniques in Psychotherapy and Behavior Modification. New York: Academic Press, 1974. Deutsch: Phantasie und Traum. Imaginative Methoden in der Psychotherapie. München: Pfeiffer, 1978.

Skinner, B. F.: Beyond Freedom and Dignity. New York: Knopf, 1971. Deutsch: Jenseits von Freiheit und Würde. Reinbek: Rowohlt, 1973.

Sloane, R. B.: The Converging Paths of Behavior Therapy and Psychotherapy. *American Journal of Psychiatry*, 125, 1969, 49—57.

Sloane, R. B., F. R. Staples, A. H. Cristol, N. J. Yorkston und K. Whipple: Psychotherapy Versus Behavior Therapy. Cambridge: Harvard University Press, 1975.

Solley, C. M. und G. Murphy: Development of the Perceptual World. New York: Basic Books, 1960.

Solomon, R. L. und L. C. Wynne: Traumatic Avoidance Learning: The Principles of Anxiety Conservation and Partial Irreversibility. *Psychological Review*, 61, 1954, 353—385.

Spielberger, C. D. und L. D. De Nike: Descriptive Behaviorism Versus Cognitive Theory in Verbal Operant Conditioning. *Psychological Review*, 73, 1966, 306—326.

Staub, E.: Duration of Stimulus Exposure as Determinant of the Efficacy of Flooding Procedures in the Elimination of Fear. *Behaviour Research and Therapy*, 6, 1968, 131—132.

Stone, L.: The Psychoanalytic Situation, New York: International Universities Press, 1961. Deutsch: Die psychoanalytische Situation. Frankfurt: Fischer, 1973.

Sue, D.: The Effect of Duration of Exposure on Systematic Desensitization and Extinction. *Behaviour Research and Therapy*, 13, 1975, 55—60.

Sullivan, H. S.: The Interpersonal Theory of Psychiatry. New York: Norton, 1953. Dt.: Die interpersonale Theorie der Psychiatrie. Frankfurt: Fischer, 1980.

—: The Psychiatric Interview. New York: Norton, 1954. Deutsch: Das psychotherapeutische Gespräch. Frankfurt: Fischer-Taschenbuch, 1976.

Truax, C. B.: Reinforcement and Nonreinforcement in Rogerian Psychotherapy. *Journal of Abnormal Psychology*, 71, 1966, 1—9.

Valins, S. und A. A. Ray: Effects of Cognitive Desensitization on Avoidance Behavior. *Journal of Personal and Social Psychology*, 7, 1967, 345—350.

Van Egeren, L. F.: Psychophysical Aspects of Systematic Desensitization: Some Outstanding Issues. *Behaviour Research and Therapy*, 9, 1971, 65—77.

Van Egeren, L. F., B. W. Feather und P. L. Hein: Desensitization of Phobias: Some Psychophysical Propositions. *Psychophysiology*, 8, 1971, 213—228.

Vodde, T. W. und F. H. Gilner: The Effects of Exposure to Fear Stimuli on Fear Reduction. *Behaviour Research and Therapy*, 9, 1971, 169—175.

Wachtel, P. L.: Conceptions of Broad and Narrow Attention. *Psychological Bulletin*, 68, 1967, 417—429.

—: Anxiety, Attention, and Coping with Threat. *Journal of Abnormal Psychology*, 73, 1968, 137—143.

—: Psychology, Metapsychology, and Psychoanalysis. *Journal of Abnormal Psychology*, 74, 1969, 651—660.

—: Cognitive Style and Style of Adaptation. *Perceptual and Motor Skills*, 35, 1972, 779—785.

—: On Fact, Hunch, and Stereotype: A Reply to Mischel. *Journal of Abnormal Psychology*, 82, 1973a, 537—540.

—: Psychodynamics, Behavior Therapy, and the Implacable Experimenter: An Inquiry into the Consistency of Personality. *Journal of Abnormal Psychology*, 82, 1973b, 324—334.

—: Behaviour Therapy and the Facilitation of Psychoanalytic Exploration. *Psychotherapy: Theory, Research and Practice*, 12, 1975, 68—72.

—: Interaction Cycles, Unconscious Processes, and the Person-Situation Issue. In: D. Magnusson und N. Endler (Hrsg.): Personality at the Crossroads: Towards an Interaction Psychology. In Vorb.

Wachtel, P. L. und A. Arkin: Projective Test Assessment Before and After Behavior Therapy. Vervielfältigt. Stadtuniversität von New York, 1976.

Wagner, M. K. und N. R. Cauthen: A Comparison of Reciprocal Inhibition and Operant Conditioning in the Systematic Desensitization of a Fear of Snakes. *Behaviour Research and Therapy*, 6, 1968, 225—227.

Waters, W. F. und R. N. McCallum: The Basis of Behavior Therapy: Mentalistic or Behavioristic? A Reply to E. A. Locke. *Behaviour Research and Therapy*, 11, 1973, 157—163.

Waters, W. F., D. G. McDonald und R. L. Koresko: Psychophysiological Responses During Analogue Systematic Desensitization and Non-relaxation Control Procedures. *Behaviour Research and Therapy*, 10, 1972, 355—366.

Watts, F.: Desensitization as an Habituation Phenomen. I: Stimulus Intensity as Determinant of the Effects of Stimulus Lengths. *Behaviour Research and Therapy*, 9, 1971, 209—217.

Weitzman, B.: Behaviour Therapy and Psychotherapy. *Psychological Review*, 74, 1967, 300—317.

Wheelis, A.: How People Change. New York: Harper and Row, 1973.

Wiggins, J. A., K. E. Renner, G. L. Clore und R. J. Rose: The Psychology of Personality. Reading, Mass.: Addison-Wesley, 1971.

Wilkins, W.: Desensitization: Social and Cognitive Factors Underlying the Effectiveness of Wolpe's Procedure. *Psychological Bulletin*, 76, 1971, 311—317.

Wilson, G. T. und G. C. Davison: Processes of Fear Reduction in Systematic Desensitization: Animal Studies. *Psychological Bulletin*, 76, 1971, 1—14.

Wolf, E.: Learning Theory and Psychoanalysis. *British Journal of Medical Psychology*, 39, 1966, 1—10.

Wolitzky, D. L. und P. L. Wachtel: Personality and Perception. In: B. Wolman (Hrsg.): *Handbook of General Psychology*. Englewood Cliffs, N. J.: Prentice-Hall, 1973.

Wolpe, J.: Psychotherapy by Reciprocal Inhibition. Stanford, Calif.: Stanford University Press, 1958.

—: The Practice of Behavior Therapy. Elmsford, N. Y.: Pergamon Press, 1969. Deutsch: Praxis der Verhaltenstherapie. Bern: Huber, 1972.

Wolpe, J., J. P. Brady, M. Serber, W. S. Agras und R. P. Liberman: The Current Status of Systematic Desensitization. *American Journal of Psychiatry*, 130, 1973, 961—965.

Zetzel, E. und W. W. Meissner: Basic Concepts of Psychoanalytic Psychiatry. New York: Basic Books, 1973.

Personenregister

Sachregister